THE START

BPMN & DMN User Guide

저자 소개

김 연홍 (doublegi@hanmail.net)
아이티포럼 대표

강의 및 이력 사항
- 삼성 멀티캠퍼스 강사
- MS 공인교육센터 강사
- KTDS 교육센터 강사 외 다수
- 세일즈포스 프로젝트 PM 외 다수

저서
- 알기 쉽게 해설한 데이터베이스 모델링
- SQL Server 2005를 위한 데이터베이스 모델링
- 함께하는 SQL Server 2008 개발자 Part 1
- 함께하는 SQL Server 2008 개발자 Part 2
- BPMN 2.0 (번역서) 감수
- SharePoint 2010 Development with Visual Studio 2010(번역서) 감수
- 이장래와 함께하는 SQL Server 2012 감수
- 권태돈과 함께하는 SQL Server 2012 BI 감수
- DKBMC Salesforce User Guide 감수
- BPMN & DMN User Guide

 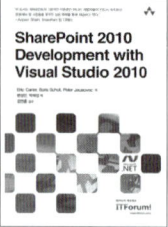  

김연홍 대표는 2021년 3월부터 세일즈포스 전문 구축 기업인 DKBMC 교육 컨설팅 이사로 함께 하고 있으며, 세일즈포스 프로젝트를 비롯한 다수의 프로젝트에서 PM 및 컨설팅 역할을 수행하였고, 삼성멀티캠퍼스, MS 공인 교육센터 등에서 베테랑 강사로 활동한 이력을 가지고 있다.

아이티포럼

THE START

BPMN & DMN User Guide

저자 **김연홍**

BPMN 연구소
(www.bpmn.co.kr)

책 소개

2009년 BPMN의 존재를 처음 알았고, BPMN의 보급과 활성화를 위해서 2010년 12월 왼쪽에 있는 "BPMN 2.0 – 비즈니스 프로세스 모델링 입문" 서적을 국내에서 최초로 번역 출판을 하였습니다.

그러나 해당 서적은 기대와 달리 시장에서 반응이 좋지 않았으며, 어쩔 수 없이 국내 최초의 한글화된 BPMN 서적이라는 의미만을 남기고 해당 서적은 단종되었습니다.

물론 해당 서적이 초기 번역본이라 구성과 완성도에서 부족한 부분이 적지는 않았습니다.

서적에 대한 반응은 좋지 않았지만 그 이후에도 필자는 강의와 프로젝트에서 BPMN을 적극적으로 사용했으며, 언제나 기대 이상의 효율성과 구성원들의 긍정적인 평가를 얻을 수 있었습니다.

이번에 출간하는 "BPMN & DMN User Guide"는 제가 BPMN을 인지하고 공부하기 시작한 지 15년만에 집필한 서적이며, 번역본이 아닌 순수 집필 서적입니다.

그 동안 강의와 프로젝트에서 적용했던 적지 않은 실무 경험과 지식을 기반으로 각기 표기법에 대한 세부적인 용도와 활용 방법을 현실적인 예제들을 기반으로 설명하기 위해서 노력했으며, 특히나 추가적으로 DMN도 함께 소개함으로써 현업에서 이를 활용하는데 있어서 필요한 완성도 높은 다이어그램 작성 방법에 대해 설명하고 있다고 자부합니다.

BPMN과 DMN은 어느 한 순간 나타났다 사라지는 기술적 이슈들이 아니며, 점점 우리들의 일상 생활 중심에 자리잡게 될 것입니다.

BPMN 연구소(www.bpmn.co.kr)

저의 작은 노력으로 이렇게 책을 출간할 수는 있겠지만, BPMN을 보다 널리 보급하기 위해서는 여러 다양한 전문가들의 참여와 시너지를 낼 수 있는 단위가 필요하다고 생각합니다.

이 때문에 BPMN 연구소를 생각하게 되었으며, 이를 통해 학계와 산업계 그리고 각기 분야의 전문가 또는 일반인이 참여하는 거버넌스를 구축하려고 합니다. 아직은 어떠한 형태로 발전될 지 몰라서 우선 네이버 카페(https://cafe.naver.com/bpmn)를 이용합니다.

많은 참여를 부탁드립니다.

인사말

저녁에 혼자서 차를 몰고 집에 가다 보면 가끔씩 그런 생각이 듭니다.

만일 내가 가고 있는 차선 옆이 천길 낭떠러지라면, 내가 지금 이 속도로 계속 운전할 수 있을까? 하는 생각입니다.

저는 제 차선만 이용할 것이고 옆 차선의 도움 없이도 저는 집에 갈 수 있습니다.

그러나 옆 차선이 없다고 생각하면, 그 순간부터 오금이 저려옵니다.

아마도 그 상황이 현실이라면, 저는 당장 브레이크부터 밟을 것입니다.

세상의 일들이 모두 그러한 것 같습니다.

어렸을 때는 나를 위해서 모든 상황이 존재한다고 생각했던 적도 있었습니다.

그러나 주변의 모든 것들이 존재하기에 내가 존재할 수 있다는 지극히 평범한 사실을 그간의 삶을 통해서 깨닫고 있습니다.

제가 달리고 있는 지금 이 속도가 빠르건 아니면 느리건 간에 쓰러지지 않고 달릴 수 있다는 사실에 항상 감사합니다.

특별히 저와 제 처를 낳아주셔서 행복한 가정을 만들 수 있게 길러주신, 아버님과 어머님 그리고 장인어른과 장모님께 진심으로 감사를 드립니다.

그리고 사랑하는 와이프 경아와 아들 현이, 딸 연이 그리고 가족 친지 모두에게 감사의 마음을 전합니다.

그리고 지난 3년 동안 함께 동고동락했던, DKBMC 가족 모두에게 감사의 마음을 전합니다

끝으로 언제나 멋진 원섭형, 종덕형, 해룡이, 승환이, 만수 수석님께도 감사의 마음을 전합니다.

감사합니다.

2024년 1월 함박눈 내리는 저녁
선정릉역 사무실에서
김연홍 드림

추천사

혁신을 꿈꾸는 창업가와 사업가에게 필수적인 도구

BPMN은 혁신을 꿈꾸는 창업가와 사업가에게 필수적인 도구이며, 『BPMN & DMN User Guide』 이 책은 단순한 가이드북을 넘어 당신의 아이디어를 현실로 전환하는 마법같은 열쇠를 제공할 것입니다.

이 책은 매뉴얼상에 나와 있는 BPMN 기호들에 대한 도식적인 의미를 전달하는데 그치지 않고, 실제 다양한 사례를 통해 깊이 있는 통찰을 제공함으로써, 이를 통해 당신의 사업적인 비전을 실행 가능한 계획으로 바꾸는 데 필요한 핵심적인 가이드를 제공할 것입니다.

성공적인 비즈니스를 위해 협업은 매우 중요한 요소이며, 이러한 협업에서 가장 중요한 점은 바로 '소통'입니다. 그러므로 BPMN 없이 사업이나 프로젝트를 시작한다는 것은 스스로 성공의 기회를 줄이는 일이라고 얘기하고 싶습니다.

여러분들이 성공적인 창업과 성공적인 프로젝트 여정을 원한다면, 이 책에서 소개하고 있는 BPMN과 DMN은 여러분들에게 기대 이상의 매우 중요한 가치를 제공해줄 것입니다.

디지털 트랜스포메이션(Digital Transformation)시대에 나의 미래를 바꾸고 싶다면, 이 책이 그 첫 걸음이 될 것이라 확신합니다.

마지막으로 10여년 전 BPMN의 국내 도입을 위해 저와 함께 BPMN 번역서를 출판했으며, 이후에도 꾸준히 BPMN의 보급과 확산을 위해 노력해주신 저자분께 감사의 마음을 전합니다.

감사합니다.

경상국립대학교 교수
박상혁

한국 최고의 IT 전문가가 집필한 디지털 트랜스포메이션 필수 지침서

지금은 조직, 프로세스, 비즈니스 모델, 문화, 시스템 모든 것이 근본적으로 변화하는 디지털 대전환의 시대입니다. '비즈니스 프로세스를 정의하고 개선하여 최적화하는 과정'은 디지털 트랜스포메이션(Digital Transformation)의 필수적인 단계이며, 성공을 위한 전제 조건이라고 할 수 있습니다.

저자는 25년 경력의 IT 컨설턴트로서 제가 보아온 사람 중에 국내 최고의 전문가입니다. 저자는 오랜 경험과 전문 지식을 바탕으로 BPMN과 DMN의 개념을 쉽게 설명하고 있습니다. 특히, BPMN은 이론적인 기반을 전제로 하지 않아 현업 담당자들이 쉽게 이해하고 활용할 수 있는 표기법으로서 실무에서 즉시 활용할 수 있는 기반을 제공합니다.

이 책은 BPMN의 표현력과 실용성을 강조하며, 비즈니스 프로세스 모델링과 관리에 대한 실제적인 지식과 도구를 제공합니다. 이는 현업 담당자들 간의 의사소통을 원활히 하고, 비즈니스 분석가나 IT 엔지니어와의 협업을 효과적으로 이끌어내는데 도움이 될 것입니다.

『BPMN & DMN User Guide』는 디지털 트랜스포메이션(Digital Transformation)을 추진하고자 하는 모든 비즈니스 관리자와 실무자들에게 강력히 추천하는 바입니다. 이 책을 통해 비즈니스 프로세스의 효율성을 극대화하고 더 나은 미래를 위한 준비를 할 수 있기를 바랍니다.

감사합니다.

한국공학대학교 경영학부 교수
이재광

추천사

디지털 트랜스포메이션(DX)의 시대의 필독서

이 책의 내용은 비즈니스 프로세스 관리(BPM)에 대한 단순한 업무 절차의 정의에 그치지 않고, BPMN을 활용하여 기업의 효율성과 생산성을 극대화하는 방법론에 대한 심도 깊은 이해를 제공합니다.

저자는 비즈니스 프로세스가 단순히 일련의 업무 절차를 넘어서, 기업 전략의 실현을 가능하게 하는 핵심 요소임을 자세히 설명하고 있으며, BPM의 기본 개념부터 시작하여 효율적인 프로세스 관리를 위한 전략적 접근법과 실용적 도구에 대한 활용 방법까지 구체적으로 보여 줍니다.

특히, 이 책은 OMG에서 주관하는 국제 표준 표기법인 BPMN(Business Process Model and Notation)과 DMN(Decision Model and Notation)의 활용을 통해, 비즈니스 프로세스를 보다 체계적이고 표준화된 방식으로 모델링하는 방법들을 상세히 다룹니다. 이는 기업이 변화하는 시장 환경에 빠르게 적응하고, 고객의 요구를 충족시키며, 경쟁 우위를 확보하는 데 필수적인 요소입니다.

디지털 트랜스포메이션(DX)의 시대에 BPM의 중요성은 더욱 강조되고 있으며, 이 책은 해당 분야의 전문가 뿐만 아니라, 비즈니스 프로세스 관리에 관심 있는 모든 이들과 대학에서 공부하고 있는 학부생들에게도 BPMN에 대한 귀중한 바이블이 될 것입니다.

감사합니다.

국립공주대학교 산학협력중점교수
김진동

비즈니스 프로세스 관리(BPM)의 시작을 위한 BPMN

비즈니스 프로세스 관리(Business Process Management, BPM)의 복잡한 세계를 쉽게 접근할 수 있도록 설명하고 있는 이 책은 BPMN을 통해 기업의 운영을 혁신적으로 변화시킬 수 있다고 이야기합니다.

저자는 BPM의 기본 개념과 함께 풍부한 IT 경험을 기반으로 비즈니스 프로세스를 쉽게 작성하고, 효율적으로 관리하는 방법들을 체계적으로 소개하고 있으며, 이를 통해 독자들은 비즈니스 프로세스를 어떻게 정의하고 공유하며, 이를 개선할 수 있는지에 대한 이해를 할 수 있게 될 것입니다.

이 책은 BPMN의 기호를 단순히 설명하는 데서 그치지 않고, 비즈니스 프로세스를 문서화하는 방법, 프로세스를 효율적으로 관리하기 위한 전략, 그리고 비즈니스 프로세스 관리 시스템(BPMS)의 선택과 구현에 대한 이해도 함께 제공합니다.

빠르게 변화하는 디지털 업무 환경 속에서 경쟁 우위를 확보하고자 하는 기업에게 이 책은 필수적인 지침서가 될 것입니다.

이 책을 통해 BPMN과 DMN이 많은 현장에서 적극적으로 활용되길 바라며 추천사를 보냅니다.

감사합니다.

경희대학교 경영대학원 교수
안찬민

CONTENTS

1장 BPMN(Business Process Model and Notation) 소개

1. 비즈니스 프로세스 관리(Business Process Management) — 3
2. BPMN(Business Process Model and Notation) 소개 — 8
   - 2.1 BPMN(Business Process Model and Notation) 이란? — 8
   - 2.2 BPMN 연혁 — 12
   - 2.3 모두의 중심 BPMN — 15
   - 2.4 BPMN 2.0의 새로운 기능 — 18
   - 2.5 ChatGPT에서 BPMN 물어보기 — 20

3. 시각화의 중요성 — 23
   - 3.1 BPMN과 순서도(Flow Chart) 비교 — 23
   - 3.2 시각화의 중요성 — 27
   - 3.3 BPMN 기호 소개 — 30
   - 3.4 BPMN의 3단계 수준 — 36

4. BPMN 도구 사용 — 39
   - 4.1 BPMN.io 소개 — 39
   - 4.2 구인광고 내기 프로세스 BPMN 다이어그램 작성 — 41

Exercises — 52

2장　BPMN 핵심 표기법

1. 게이트웨이(Gateway) — 57
- 1-1 게이트웨이(Gateway) 소개 — 57
- 1-2 배타적 게이트웨이(Exclusive Gateway) — 58
- 1-3 병렬 게이트웨이(Parallel Gateway) — 64
- 1-4 포괄적 게이트웨이(Inclusive Gateway) — 67
- 1-5 복합 게이트웨이(Complex Gateway) — 71
- 1-6 게이트웨이 사용 시 주의사항 — 76

2. 이벤트(Event) — 79
- 2-1 이벤트(Event) 소개 — 79
- 2-2 시작 이벤트(Start Event) — 81
- 2-3 종료 이벤트(End Event) — 90
- 2-4 중간 이벤트(Intermediate Event) — 96
- 2-5 이벤트 기반 결정(Event-Based Decision) — 103

3. 액티비티(Activity) — 106
- 3-1 액티비티(Activity) 소개 — 106
- 3-2 하위 프로세스(Sub Process) — 107
- 3-3 작업의 유형(Task Type) — 118
- 3-4 프로세스 호출(Call of Process) — 127
- 3-5 반복 액티비티(Loop Activity)와 다중 인스턴스 액티비티(Multi Instance Activity) — 130
- 3-6 임의적인 하위 프로세스(Ad-hoc Sub Process) — 134

Exercises — 136

CONTENTS

3장 BPMN 고급 표기법

1. **협업(Collaboration) 모델링** — 143
   - 1-1 협업(Collaboration)에 대한 소개 — 143
   - 1-2 메시지 플로(Message Flow) 모델링 — 145
   - 1-3 안무 다이어그램(Choreography Diagram) — 151
   - 1-4 대화형 다이어그램(Conversation Diagram) — 153

2. **예외 처리(Handling of Exception)** — 156
   - 2-1 방해 중간 이벤트(Interrupting Intermediate Event) — 156
   - 2-2 비 방해 중간 이벤트(Non-Interrupting Intermediate Event) — 159
   - 2-3 오류 중간 이벤트(Error Intermediate Event) — 161
   - 2-4 에스컬레이션 중간 이벤트(Escalation Intermediate Event) — 164
   - 2-5 이벤트 하위 프로세스(Event Sub Process) — 167

3. **트랜잭션과 보상 프로세스(Transaction and Compensation)** — 170
   - 3-1 트랜잭션(Transaction)의 개념 — 170
   - 3-2 하위 프로세스를 이용한 트랜잭션(Transaction) 처리 — 172
   - 3-3 보상(Compensation) 이벤트를 이용한 트랜잭션 처리 — 174
   - 3-4 트랜잭션 하위 프로세스(Transaction Sub-Process) — 175
   - 3-5 이벤트 하위 프로세스를 활용한 보상 프로세스 1 — 176
   - 3-6 이벤트 하위 프로세스를 활용한 보상 프로세스 2 — 178

4. **데이터 객체(Data Object)** — 180
   - 4-1 데이터 객체(Data Object) — 180
   - 4-2 입력 데이터 객체(Input Data Object)와 출력 데이터 객체(Output Data Object) — 182
   - 4-3 다중 데이터 객체(Multiple Data Object) — 183

   Exercises — 184

4장 DMN(Decision Model and Notation) 모델링

1. **DMN(Decision Model and Notation)** — 189
   - 1-1 DMN(Decision Model and Notation) 소개 — 189
   - 1-2 DMN(Decision Model and Notation) 표기법 — 192
   - 1-3 결정 테이블(Decision Table) — 193
   - 1-4 히트 정책(Hit Policy) — 194

2. **DMN(Decision Model Notation) 모델링 실습** — 202
   - 2-1 BPMN.io DMN 도구 사용 — 202
   - 2-2 맛있는 라면 끓이기 DMN 모델링 — 213
   - 2-3 국립자연휴양림 위약금정책 DMN 모델링 — 216
   - 2-4 MBTI 유형별 궁합 모델링 — 225

   Exercises — 239

CONTENTS

5장 BPMN, DMN 모델링 실습

1. Camunda 솔루션 소개 — **245**
  1-1 Camunda 툴(Tool) 소개 — 245
  1-2 1부터 100까지 더하기 BPMN 작성 실습 — 250
  1-3 구구단 계산 BPMN 작성 실습 — 254

2. 북 카페 대여 프로세스 모델링 — **260**
  2-1 북 카페(Book Café) 대여 프로세스 모델링 준비 — 260
  2-2 대여 요청 프로세스 BPMN 모델링 — 262
  2-3 회원 등록 프로세스 BPMN 모델링 — 263
  2-4 대여 협의와 대여료 결제 프로세스 BPMN 모델링 — 265
  2-5 포인트 적립 DMN 모델링 — 267
  2-6 비즈니스 규칙 작업과 DMN의 결정(Decision) 연결 — 268

3. 자동차 견적내기 프로세스 모델링 — **271**
  3-1 자동차 견적내기 프로세스 — 271
  3-2 엔진 타입과 구동 타입 BPMN 모델링 — 273
  3-3 외장 컬러 선택 BPMN 모델링 — 275
  3-4 차량 패키지와 타이어 및 휠 선택 BPMN 모델링 — 277
  3-5 내장 디자인 및 컬러 선택 BPMN 모델링 — 279
  3-6 옵션 패키지 및 개별옵션 선택 BPMN 모델링 — 282
  3-7 자동차 견적내기 DMN 모델링 — 288

4. 다이어그램 관리하기 — **296**
  4-1 다이어그램 공유 및 저장하기 — 296
  4-2 다이어그램 이력 및 버전 관리하기 — 303
  4-3 Visual Studio Code에서 BPMN 사용하기 — 309

BPMN & DMN User Guide

1장

BPMN
(Business Process Model and Notation) 소개

1. 비즈니스 프로세스 관리(Business Process Management)
2. BPMN(Business Process Model and Notation) 소개
   2.1 BPMN(Business Process Model and Notation) 이란?
   2.2 BPMN 연혁
   2.3 모두의 중심 BPMN
   2.4 BPMN 2.0의 새로운 기능
   2.5 ChatGPT에서 BPMN 물어보기
3. 시각화의 중요성
   3.1 BPMN과 순서도(Flow Chart) 비교
   3.2 시각화의 중요성
   3.3 BPMN 기호 소개
   3.4 BPMN의 3단계 수준
4. BPMN 도구 사용
   4.1 BPMN.io 소개
   4.2 구인광고 내기 프로세스 BPMN 다이어그램 작성

THE START

THE START

1. 비즈니스 프로세스 관리(Business Process Management)

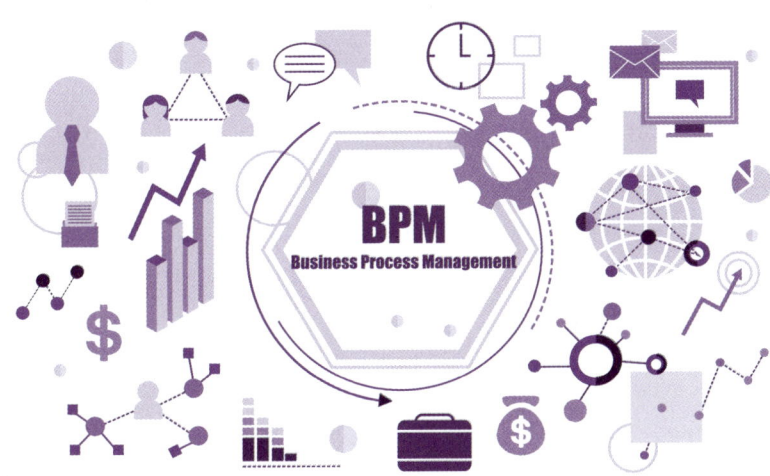

비즈니스 프로세스 관리(Business Process Management)란? 기업의 비즈니스 프로세스를 파악하고 정의하며, 이를 보다 효율적으로 개선하기 위한 관리체계를 말한다. 그리고 여기서 관리 체계가 의미하는 것은 사람과 사람, 사람과 시스템, 그리고 시스템과 시스템의 상호 작용을 포함하는 모든 비즈니스 프로세스를 관리할 수 있는 도구와 서비스라고 Gartner에서는 정의하고 있다.

① 비즈니스 프로세스 관리(BPM, Business Process Management)

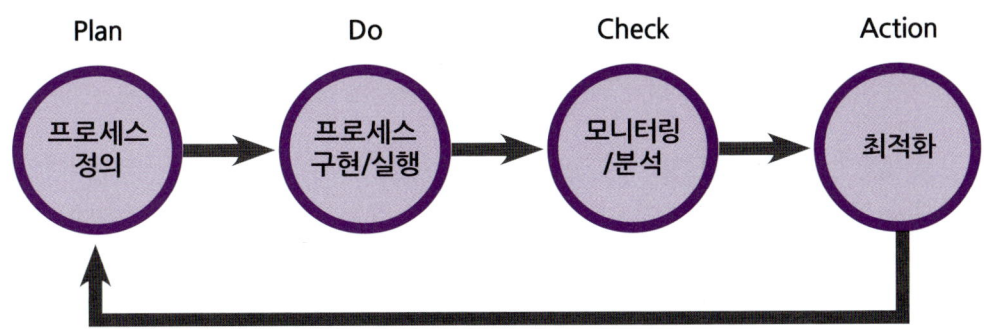

"비즈니스 프로세스 관리"란 용어 자체를 이해하는 건 어려운 일이 아니다. 그러나 비즈니스 프로세스를 관리하자라고 했을 때는 얘기가 달라진다.

만일 직장 상사가 지금 당장 여러분들에게 비즈니스 프로세스를 관리하라고 한다면, 여러분들은 어떠한 수단으로 비즈니스 프로세스를 정의해야 하고, 또 그것들을 관리하기 위해서 어떠한 방법을 이용해야 하는지 막막하게 느껴질 것이다. 일반적으로 그렇게 느끼는 이유는 우리가 그러한 주제에 대해서 진지하게 고민해 보지 않았기 때문일 것이다.

비즈니스 프로세스 관리를 위해 우선 비즈니스 프로세스(Business Process)에 대한 용어 정리부터 해보기로 하자. 비즈니스 프로세스란? 기업에서 발생하는 모든 업무들을 처리하기 위한 절차를 말한다.

다시 얘기해서 우리가 회사에서 업무 담당자들이 각기 맡은 일들을 처리하기 위한 절차들이 바로 비즈니스 프로세스가 되는 것이다. 이러한 비즈니스 프로세스는 작은 단위들부터 시작해서 작은 단위들이 모여서 큰 단위를 이루기도 한다. 그런데 만일 동일한 업무를 수행하는데 있어서 담당자마다 방법의 차이가 존재한다면 어떠한 상황이 발생할지 생각해보기로 하자.

예를 들어서 동일한 행정 업무를 처리하는데 한 사람은 서류를 중심으로 일을 처리하는데 반해서 다른 사람은 서류보다 직접 면담을 중심으로 업무를 처리한다고 생각해보자.

첫 번째 업무 담당자는 업무를 처리하는 시간은 빠르겠지만, 서류가 부족하거나 아니면 준비된 서류의 내용이 불충분한 경우에는 업무처리 결과가 만족스럽지 못한 경우가 발생할 것이고, 두 번째 업무 담당자는 직접 대화를 통해 상황을 파악하고 업무를 진행하기 때문에 처리 결과는 비교적 만족스럽게 나올 수 있겠지만, 첫 번째 업무 담당자에 비해 더 많은 업무 처리 시간이 요구될 것이다.

이러한 상황은 회사 입장에서 보면 같은 상황에서 고객에게 서로 다른 품질의 서비스가 제공되는 상황이 될 것이며, 고객의 입장에서 보면 어떤 경우에는 이렇게 하라고 하고 어떤 경우에는 저렇게 하라고 하니 적지 않게 혼란스러워질 것이다.

그러므로 이러한 상황은 회사에서도, 그리고 소비자 입장에서도 만족스러운 상황이 될 수 없다.

업무 담당자들의 성향에 따라서 비즈니스 프로세스가 좌우되는 이유는 궁극적으로 업무 처리에 대한 절차와 규칙이 없고, 이를 관리할 수 있는 관리 체계 또한 부재하기 때문이다. 그러므로 비즈니스 프로세스 관리(BPM)를 통해 비즈니스 프로세스에 대해 체계적이고 표준화된 프로세스를 정립하고, 이를 전사적으로 적용함으로써 고객에게 일관되고, 안정적인 서비스 품질을 유지해야만 한다.

비즈니스 프로세스 관리를 위해 가장 먼저 해야 할 일은 비즈니스 프로세스를 문서화하는 일이다. 문서를 작성하는 이유는 해당 업무 처리에 대한 정리된 내용을 가지고 이를 개선하기 위한 의미도 있지만, 이를 효율적으로 공유하고, 커뮤니케이션 하기 위한 목적이 가장 기본이다.

그러므로 문서의 작성은 최대한 간결하고 정확하게 정리해야 하는데 가급적 텍스트로 정리하기 보다는 시각적으로 정형화된 기호를 사용해서 정리하면 더욱 좋을 것이다. 시각적으로 표현된 문서는 텍스트로 정리된 문서보다 가독성이 월등히 높은데, 문서의 가독성이 높다는 것은 결국 문서의 생산성이 높다는 것을 의미하므로 매우 중요한 가치를 갖는다.

그러므로 문서화는 비즈니스 프로세스 관리의 시작이자 핵심이라고도 할 수 있는 것이다.

다음 자료는 비즈니스 프로세스 관리(BPM)를 도입한 목적을 Gartner에서 2003년도에 조사해서 발표한 자료이다. 조금 오래된 자료이긴 하지만, BPM의 의미와 목적을 이해하는데 도움이 될 것이다.

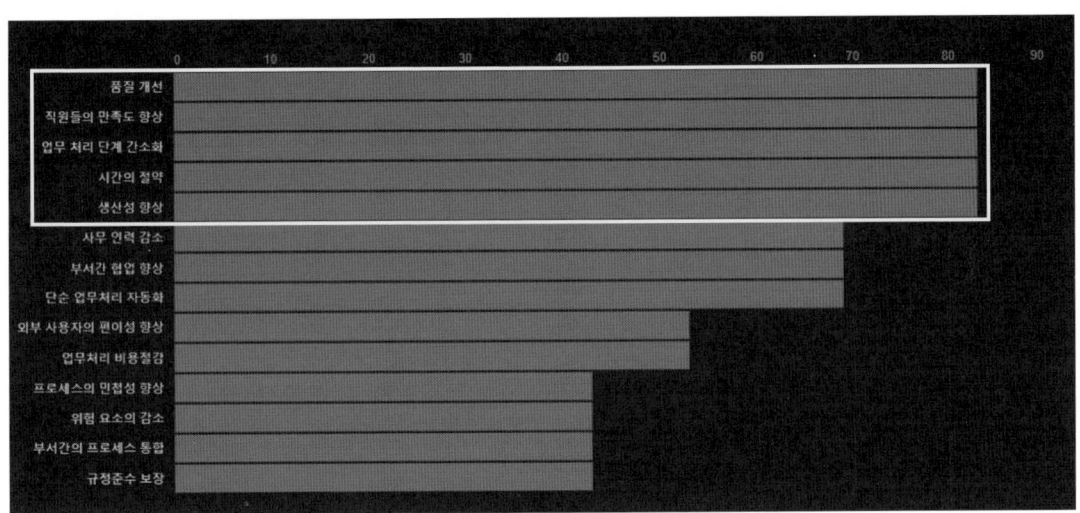

위의 표를 보면 BPM을 도입하려는 주된 이유가 시간 절약, 품질 개선, 생산성 향상, 그리고 비용 절감 등에 주로 운영의 효율성 등에 포커스가 맞춰져 있는 것을 확인할 수 있다. 그리고 그 외에도 많은 요소들이 기업에서 주로 고민하고 개선을 필요로 하고 있는 업무 영역들일 것이다.

그리고 다음 자료는 2006년도에 Gartner에서 조사한 자료이다.

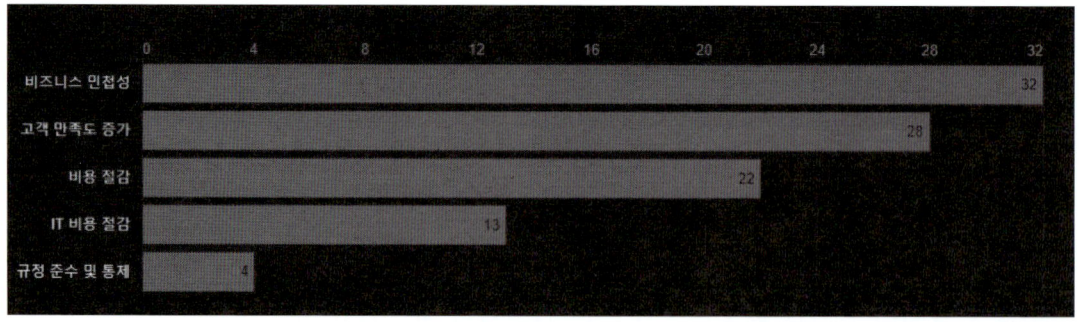

초기 비즈니스 프로세스 관리의 도입 목적은 주로 운영의 효율성을 통한 생산성 향상에 포커스가 맞춰져 있었다면, 그 이후에는 점차적으로 비즈니스 전략의 실현을 목표로 하고 있다는 것을 알 수 있다. 그만큼 변화하는 업무환경과 고객들의 요구사항들을 체계적으로 관리하고, 이를 지원하기 위해서는 비즈니스 프로세스 관리를 내재화하는 것이 기업 운영의 중요한 핵심이라고 할 수 있다.

② 비즈니스 프로세스 관리 시스템(BPMS, Business Process Management System)

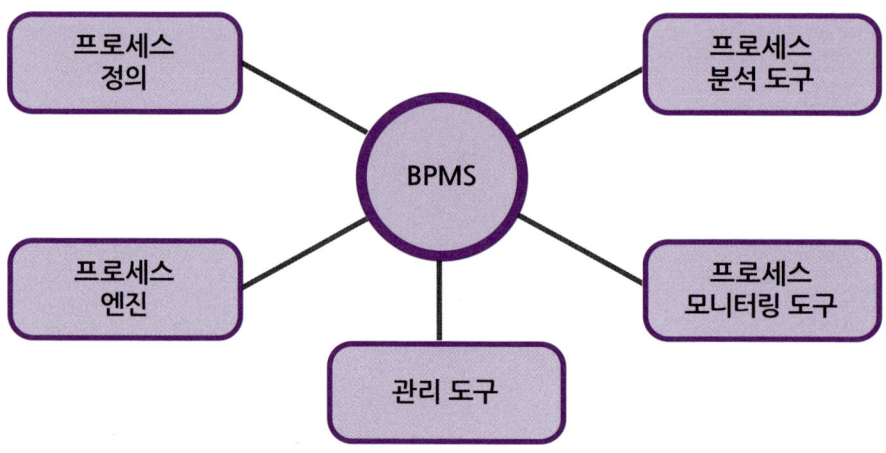

비즈니스 프로세스에 대한 문서가 작성됐다고 하더라도 이에 대한 관리를 모두 수작업으로 처리해야 한다면, 이 또한 현실적으로 한계가 있을 수밖에 없다. 아마도 규모가 큰 기업이라면 수작업으로 관리하는 것 자체가 불가능할 수도 있을 것이다.

그러므로 이렇게 정의된 기업의 비즈니스 프로세스들을 효율적으로 관리하기 위한 체계와 비즈니스 프로세스에 따른 효율적인 시스템 운영을 가능하게 해주는 솔루션들이 있는데, 이를 비즈니스 프로세스 관리 시스템(BPMS, Business Process Management System)이라고 한다.

비즈니스 프로세스 관리 시스템(BPMS)은 비즈니스 프로세스를 설계, 실행, 모니터링 그리고 분석을 지원하는 기능을 포함하고 있으며, 이와 관련한 여러 가지 다양한 솔루션들이 존재한다. 그리고 각기 솔루션마다 지원기능이 상이하기에 도입을 검토하는 상황이라면 충분히 테스트를 해서 적합한 솔루션인지를 확인해 보아야 할 것이다.

IMARC Group의 보고에 따르면 전 세계적으로 비즈니스 프로세스 관리 시장 규모는 2022년 133억달러에 달했으며, 2028년에는 245억달러에 이를 것이라고 전망했다. 이는 연 평균 10.68%의 성장률(CAGR)을 갖는다는 것으로 비즈니스 프로세스 관리는 과거에도 중요했고, 지금도 중요하며, 앞으로도 중요한 기업의 경영 활동인 것이다.

최근에 기업 경영에서 화두가 되는 용어 중에 하나가 디지털 트랜스포메이션(Digital Transformation)이다.

무언가 막연하고 거창한 얘기 같지만 그렇게 어려운 용어는 아니다. 과거 수작업으로 진행했던 일들을 디지털 인프라(프로그램, 솔루션, 서비스 활용-)를 활용해서 운영함으로써 고객과 시장의 변화에 빠르게 적응할 수 있는 디지털 시스템 인프라를 구축하기 위한 일련의 활동을 말한다.

쉽게 얘기해서 영업 사원의 경우 자신의 모든 업무와 관련한 내용들을 다이어리에 빼곡히 기록해가면서 업무를 진행했었다. 그러나 지금은 Salesforce와 같은 CRM 솔루션을 많은 회사들이 도입해서 운영하고 있다. 이러한 CRM 솔루션이 도입된 회사의 경우 영업 사원들은 기존 다이어리에 기록했던 모든 내용들을 CRM 솔루션에 기록하게 된다. 이렇게 시스템에 기록된 데이터들은 분석과 추적이 가능해져서 고객과 시장의 변화에 빠르게 대응할 수 있게 하여, 결국 담당자나 경영진의 올바른 의사 결정에 도움을 주게 된다.

기업에서 이렇게 디지털 트랜스포메이션(Digital Transformation) 환경을 구축하기 위한 전제 조건은 기존 비즈니스 프로세스(As-is)에 대한 정의와 이를 개선하려는 비전(To-be)이 구체적으로 정리되어 있어야 한다는 점이다. 그래야 정확한 목적을 가지고 디지털 트랜스포메이션 전략을 가져갈 수 있으며, 이는 성공적인 디지털 시스템 인프라를 구축하는 핵심이 된다.

이상으로 간략히 비즈니스 프로세스 관리(BPM)에 대한 용어와 필요성에 대해서 정리했으며, 실제 BPM은 하나의 학문으로 이를 좀 더 전문적으로 학습하기 위해서는 인터넷 서점에서 "비즈니스 프로세스 관리" 또는 "비즈니스 프로세스 경영"이란 제목의 책을 검색해서 별도로 학습을 해야 할 필요가 있다.

이제 이 책의 주제라고 할 수 있는 BPMN에 대해서 살펴보기로 하자.

THE START

2. BPMN (Business Process Model and Notation) 소개

2-1 BPMN(Business Process Model and Notation) 이란?

BPMN(Business Process Model and Notation)은 비즈니스 프로세스를 모델링하기 위한 표기법으로, 2006년도에 UML의 표준화 주관 단체로 잘 알려진 OMG(Object Management Group)에 의해서 표준으로 제정되었다.

앞에서 비즈니스 프로세스 관리에 대해서 설명했는데 비즈니스 프로세스를 관리하기 위한 가장 첫 번째 작업은 바로 현행 비즈니스 프로세스를 정의하고 이를 문서화하는 일이다.

그런데 문서화하는 방법이 서로 다르다면 곤란하다.

어떤 사람은 글로써 비즈니스 프로세스를 정의하려 할 것이고, 또 어떤 사람은 순서도나 파워포인트와 같은 시각적인 도구나 프로그램을 이용해서 비즈니스 프로세스를 설명하려고 할 것이다. 이렇게 비즈니스 프로세스를 정의하는 표현 방식이 모두 다르다면, 보는 사람에 따라 해석이 달라질 뿐만 아니라 이에 대한 추가적인 설명이 필요해지게 된다.

이렇게 되면 문서의 가독성이나 생산성을 담보할 수가 없다.

결국 문서가 생명력을 가지려면 반드시 미리 정의된 양식에 맞게 글을 쓰거나 아니면 정해진 형태의 도형으로 표현되어야 하는데, 이를 위해 표준화가 필요하다. 그리고 일반적으로 글보다는 도형을 이용한 표현이 오해의 소지가 적고 가독성이 높다. 그래야만 작성된 문서를 보다 쉽고 빠르게 이해하고, 이를 다른 사람들과 원활하게 공유할 수 있게 된다.

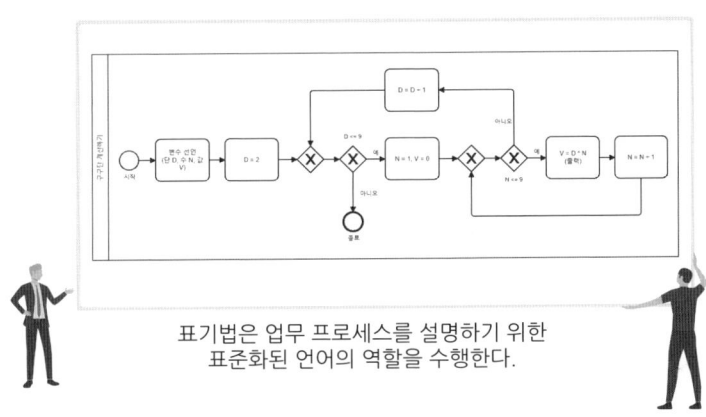

표기법은 업무 프로세스를 설명하기 위한
표준화된 언어의 역할을 수행한다.

가독성이 좋아야 문서의 생산성이 좋아진다.

30년 전에도 비즈니스 프로세스를 작성하기 위한 다양한 방법과 솔루션들이 존재했었다. 그러나 그 솔루션들이 시장에서 실질적인 입지를 갖추지 못하게 된 결정적인 이유 중에 하나가 바로 표준의 부재 때문이었다. 물론 순서도(Flow Chart)라는 아주 훌륭한 도구가 있었지만, 이도 역시 국제 표준이기는 하지만, 순서도는 간단한 알고리즘(Algorism)이나 로직(Logic)을 설명하기 위한 도구로 출발했으며, 현대 기업의 복잡한 업무를 표현하고 전달하는데 많은 한계를 가지고 있다.

BPMN의 고민은 바로 이러한 지점에서 출발했다. 보다 복잡한 업무들을 체계적으로 표현할 수 있어야 하고, 이들이 BPMS에서 실행가능한 수준까지 연결되어야 한다는 전제는 2000년대 초반 많은 기업들의 바램이자 고민이었고, 이러한 고민을 해결하기 위해 탄생된 표기법이 바로 BPMN(Business Process Model and Notation)이다.

이렇게 설명하면 IT 전문가들의 경우 기존 UML(Unified Modeling Language)의 액티비티 다이어그램(Activity Diagram)을 포함한 몇몇 다이어그램들도 비즈니스 프로세스를 표현하는데 사용될 수 있지 않느냐고 반문할 수도 있을 것이다. 그러나 UML은 객체지향(Object Oriented) 개발 환경에서의 표준화된 개발 방법론이지 비즈니스 프로세스를 표현하기 위한 표준이 결코 아니다.

실제 BPMN의 표준화 주관 단체는 다름 아닌 UML의 표준화 주관 단체인 OMG(Object Management Group, www.omg.org)이다. 그러므로 비즈니스 프로세스를 표현하는 방법에 있어서 UML과 BPMN이 가지고 있는 가치가 서로 충돌된다면, 나중에 제안된 BPMN은 애초에 성립되지 않았을 수도 있었을 것이다. 물론 UML이 비즈니스 프로세스를 표현하는데 사용될 수 있지만, 그 기능과 표현이 다소 전문적이어서 일반인들이 UML을 이용해서 비즈니스 프로세스를 작성한다는 것은 아주 먼 얘기로, 이는 개발자의 영역이라고 보는 것이 맞다.

BPMN의 목적은 실행 가능한 비즈니스 프로세스를 표현하기 위한 단순한 표기법에서 그치는 것이 아니라 BPM의 관점과 BPMS의 관점 그리고 EA(Enterprise Architecture) 관점에서도 상당히 중요한 위치를 차지하게 된다.

그리고 특히 중요한 것은 여태까지의 모든 모델링(UML or 데이터베이스 모델링)들은 IT 전문가들이 익히고 사용해왔다면, BPMN은 현업에 있는 업무 담당자 즉, 일반 업무 담당자들이 주로 작성하고 사용하는 표기법이란 점이다. 왜냐하면 BPMN은 UML이나 데이터 모델링처럼 이론적 기반을 전제로 하지 않기 때문이다.

BPMN은 이론적 기반을 전제로 하지 않기 때문에 표기법만 익히면 바로 사용할 수 있다. 마치 운전면허 시험볼 때 교통 표지판의 의미만 알면 되는 것과 같이, BPMN 표기법은 이론적 기반을 전제로 하지 않기 때문에 매우 쉽고 또 즉시 사용할 수 있다. 바로 이러한 점 때문에 일반인들이 광범위하게 BPMN을 수용할 수 있는 기반이 제공되는 것이다.

그러므로 BPMN으로 작성된 다이어그램은 현업 담당자들간 의사 소통을 위해서 또는 현업 담당자들과 분석가 또는 현업 담당자들과 IT 엔지니어들 간의 의사 소통을 위한 확실한 수단으로 자리매김하고 있다.

이러한 BPMN의 사용에 대한 이점은 극명하다.

예를 들어서 프랜차이즈 지점의 사장님을 생각해보기로 하자.

해당 지점은 사장님과 3명의 아르바이트생이 함께 일을 하고 있다. 사장님은 새로운 아르바이트생이 올 때마다 아르바이트생에게 전반적인 비즈니스 프로세스와 함께 구체적으로 각 시기마다 어떠한 일을 어떻게 해야 하는지 등 세부적인 내용들을 자세히 설명해 주어야만 한다. 그러나 아르바이트 생은 자주 바뀌기 때문에 사장님은 새로운 아르바이트생이 올때 마다 이러한 설명을 매번 반복해야만 한다.

그러나 만일 해당 업무에 대한 절차와 설명이 BPMN으로 작성되어 있다면, 사장님은 그 문서를 보여주는 것만으로도 해당 아르바이트생에게 모든 업무적인 설명을 대신할 수 있게 된다.

물론 이렇게 되기 위해서는 사장님이나 아르바이트생 모두 BPMN을 알고 있어야 한다는 전제가 필요하다. 그러나 이제 대다수 사람들이 BPMN을 알게 될 것이다. 왜냐하면 앞에서 언급했던 것처럼 BPMN은 학습하기 매우 쉽기 때문이다. 이제 앞으로 모든 회사나 학교 혹은 교육기관에서 BPMN에 대한 교육이 기본적으로 이뤄지게 될 것이다. (스위스의 경우에는 이미 10여년 전부터 전자 정부 시스템을 구축하면서 BPMN을 표준으로 사용하고 있다.)

그렇게 되면 당연히 모든 비즈니스 프로세스들이 BPMN 다이어그램으로 작성되고, 이를 통해서 업무에 대한 커뮤니케이션이 빠르고 정확하게 이루어지게 되며, 궁극적으로 BPM의 목적이라고 할 수 있는 비즈니스 프로세스에 대한 개선(TO-BE) 활동도 훨씬 더 쉽고, 자연스럽게 이루어지게 될 것이다.

바로 이것이 시각화되고 표준화된 문서의 힘, 즉 BPMN의 힘인 것이다.

참고로 어떤 국내 조사에 의하면 실제 조직 내의 업무 처리에 대한 생산성을 분석한 결과 업무 자체에 소요되는 시간은 10%정도이고, 나머지 90%의 시간은 업무간 전이 또는 전달시간에 소요된다는 보고서가 있었다. 그리고 2018년 기사에 따르면 한국의 시간당 노동생산성은 28.9달러로 OECD 평균치인 46.7달러 크게 못 미친다고 한다.

이는 국가적으로도 매우 심각한 상황이다.

이를 개선하기 위해서 BPMN을 기반으로 프로세스를 정의하는 것은 효율적인 커뮤니케이션과 업무 생산성을 높이는 매우 중요한 기반이 될 것이다.

> ※ **모델(Model)과 다이어그램(Diagram)**
>
> 모델(Model)을 통해서 얻어진 결과물을 다이어그램(Diagram)이라고 한다. 즉 UML을 통해서 얻어진 결과물을 UML 다이어그램이라고 하고, BPMN을 통해서 얻어진 결과물을 BPMN 다이어그램이라고 한다.

2-2 BPMN 연혁

연도	내용
2004년 5월	BPMI에 소속된 IBM팀에서 첫 번째 스펙이 발표됨
2005년 6월	BPMI와 OMG가 통합됨
2006년 2월	공식적인 OMG 표준으로 BPMN 1.0 스펙이 확정됨
2008년 1월	BPMN 1.1 버전으로 릴리즈 됨
2009년 1월	BPMN 1.2 버전으로 릴리즈 됨
2009년 8월	BPMN 2.0 Beta 1
2010년 6월	BPMN 2.0 Beta 2
2011년 1월	BPMN 2.0 공식 릴리즈 됨

BPMN은 2000년도에 굴지의 IT 회사들로 구성된 협회인 BPMI(Business Process Management Initiative)에 의해서 개발되었으며, 처음에는 그 목적이 실행 가능한 프로세스에 대한 그래픽적 표기법을 제공하기 위한 것이었다.

BPMI(Business Process Management Initiative)

BPMI(Business Process Management Initiative)는 2000년 8월 인탈리오(Intalio)회사 주도로 IBM과 SAP등을 포함한 16개의 IT관련 회사들이 모여 창설되었으며, 전자 비즈니스(e-business)와 기업 간 전자 상거래(B2B)의 발전을 촉진할 목적으로 공통 비즈니스 프로세스의 표준화를 추진하기 위해 설립된 비영리 단체이다. 목적은 프로세스 설계, 배치, 실행, 유지보수 및 최적화를 위한 표준을 제정하고, 이를 통해 비즈니스 프로세스 관리(BPM)의 사용을 촉진 발전시키는 데 있다. - 출처 : TTA 정보통신 용어 사전

여기서 중요한 점은 BPMN은 IT 전문 회사들이 중심이 된 단체에서 만들어졌다는 점이다. 이는 IT 엔지니어의 관점이 BPMN에 충분히 반영됐을 거라는 점을 짐작하게 할 수 있다. 더불어 설계, 배치, 실행, 유지보수 및 최적화를 위한 표준 제정의 의미는 결국 BPMN이 단순한 표기법에서 그치지 않고, BPM의 자동화 관점 즉, BPMS를 염두해둔 표기법이라는 의미를 갖는다.

BPMN의 최초 버전은 스티븐 A. 화이트가 이끄는 IBM팀에 의해서 2004년 5월에 발표되었으며, 그 이후 2005년 BPMI와 OMG가 공식적으로 통합하게 된다. 그리고 그 이후 2006년 2월에 공식적으로 발표된 BPMN 버전 1.0이 OMG의 공식적인 표준으로 받아들여지게 되었으며, 2008년 1월에 BPMN 버전 1.1로 버전업 되었다.

2009년 8월에는 BPMN 2.0 Beta 버전이 나왔으며, 드디어 2011년 2월 BPMN 2.0이 정식으로 릴리즈 되었다. 현 시점 BPMN의 최근 버전이 2013년 11월 발표된 BPMN 2.0.1이니 BPMN 2.0부터 상당히 완숙한 단계로 모델이 정립되었다고 이해하면 좋을 것 같다.

더불어 2013년 9월에는 BPMN 2.0.1이 ISO/IEC 19510:2013에 따라 국제 표준화 기구(ISO)에 의해 ISO 표준으로 BPMN이 발표되었다.

OMG(Object Management Group)

OMG는 1989년도에 결성되었으며, 코바(CORBA) 아키텍처와 UML(Unified Modeling Language) 그리고 모델 기반 아키텍처(MDA, Model-Driven Architecture)를 제정한 협회이다. 현재 700여개 이상의 회원사를 보유하고 있다.

이러한 과정을 통해 명실상부한 국제 표준 표기법으로 자리잡은 BPMN은 현재 전 세계적으로 많은 각광을 받고 있으며, 이를 지원하는 도구들도 무려 100여 개가 넘을 정도로 많은 인기를 얻고 있는 것이 현실이다. 여기서 중요한 점은 BPMN을 도입한 회사가 100여 개가 넘는 것이 아니라 BPMN 툴과 솔루션을 제공하는 회사들이 100여 개가 넘는다는 점이다.

Name	Creator	OS	Platform/OS	BPMN Version	First Release	Latest Release	Software License
ActiveVOS	Informatica	Windows, Linux	Windows, Linux	BPMN 2.0	2005	2014	proprietary
Activiti Modeler	Alfresco and the Activiti community	Cross-Platform	Cross-platform	BPMN 2.0	2010-05-17	2014-12-18	Open Source
ADONIS (software)	BOC Information Technologies Consulting AG	Windows	Windows	BPMN 2.0	1995	2012	proprietary
Aeneis	Intellior AG	Cross-Platform Windows Linux Unix Mac	Cross-platform	BPMN 2.0		2016-09-19	proprietary
Agiles BPMS & ECM	IMAGE Technology S.A.	Windows Linux Mac	Windows, Linux, Mac	BPMN 2.0	2003-10	2013-09	proprietary
Altova UModel	Altova	Windows	Windows	BPMN 1.1, 2.0	2005	2013-06-12	proprietary
Apparad Platform	Apparad	Cross-Platform Windows Linux Unix Mac	Cross-platform	BPMN 2.0	2023-06-22	2023-07-10	proprietary
ARCWAY Cockpit	ARCWAY AG	Windows Linux Mac	Windows, Mac (Linux unofficially)	BPMN 2.0	2005	2014	free proprietary
ARIS Express	Software AG	Windows Linux Mac	Windows (and Linux, Mac unofficially)	BPMN 2.0	2009-07-28	2012-12-19	free
AuraPortal	AuraPortal	Windows	Windows	BPMN 2.0	2001	2016	free
BIC Platform	GBTEC Software AG	Cross-Platform Windows Linux Unix	Cross-platform	BPMN 2.0	2006	March 2019	proprietary
Bizagi BPM Suite	Bizagi	Windows	Windows	BPMN 2.0			proprietary
Bizagi Process Modeler	Bizagi	Windows Linux	Windows	BPMN 2.0			free
BiZZdesign Architect	BiZZdesign	Windows	Windows	BPMN 2.0	2012	2014	proprietary
Bonita	Bonitasoft	Windows Mac	Cloud, Windows, Linux, Mac	BPMN 2.0	2001	2023	free Open Source
Borland Together	Borland	Windows Linux Mac	Windows, Linux, Mac, Solaris			2009-07-04	proprietary share
BPM Software	Creately	Cross-Platform Windows Linux Mac	Browser based (cross platform)	2.0	2008	2021-03-01	free proprietary
BPM.WIKI	process4.biz GmbH	Windows	Browser	BPMN 2.0	2019	2020	
bpmn-visualization	Bonitasoft	Cross-Platform Windows Linux Unix Mac	Browser	BPMN 2.0	2020-03-09	2023 (Bi-monthly)	free Open Source
BPMN Sketch Miner	Cesare Pautasso	Cross-Platform	Browser	BPMN 2.0	2019	2019	
BPMN Visio Modeler	Trisotech	Windows	Windows	BPMN 2.0	2010	Bi-yearly	proprietary share
BPMN Web Modeler	Trisotech	Cross-Platform	Cloud	BPMN 2.0	2012	Bi-monthly	proprietary share
bpmn.io	Camunda Services GmbH	Cross-Platform Windows Linux Unix Mac	Cloud	BPMN 2.0	2014-02	2016-07-29	free proprietary Open Source

위 사이트(https://bpmnmatrix.github.io/)는 BPMN을 지원하는 다양한 툴들을 소개하고 있는 사이트인데 해당 페이지에만 80여 개 가까운 툴들이 등록되어 있고, 여기에는 이름을 올리지 않았지만 다양한 그리기 도구들 에서도 광범위하게 BPMN을 지원하고 있다.

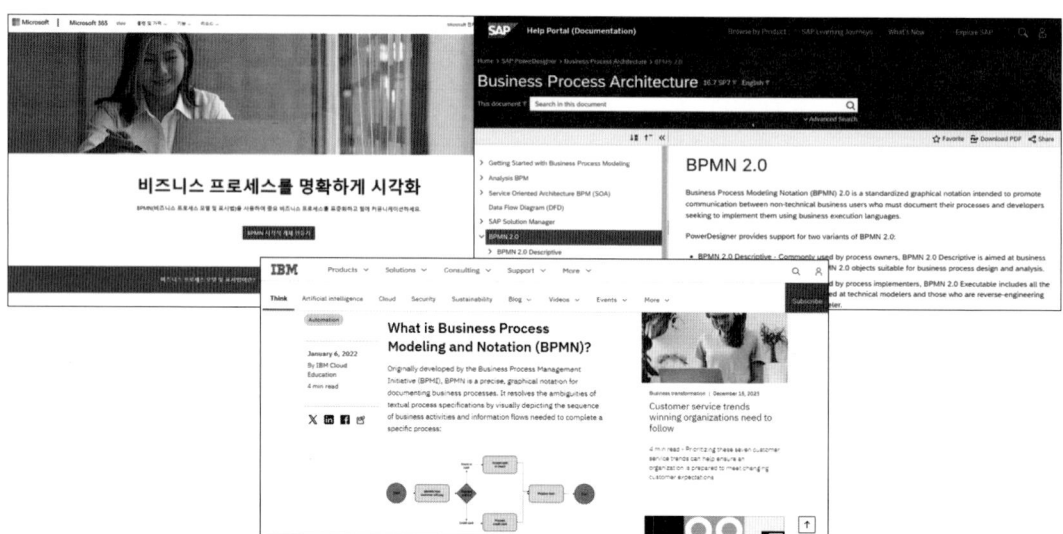

위 화면은 Microsoft사와 SAP 그리고 IBM 사이트에서 BPMN을 소개하고, 자사의 솔루션을 소개하고 있는 페이지들이다. 자사의 홈페이지에 BPMN을 소개하고, 자사의 솔루션들을 설명할만큼 이미 BPMN은 대중화의 길을 가고 있다.

결론적으로 BPMN이 비즈니스 프로세스 모델링을 위한 궁극의 표기법이며, 앞으로 전 세계 모든 사람들이 BPMN을 사용하게 될 것이다. 독자분들은 지금 BPMN을 공부하는 것이 아니라 전 세계 모든 사람들과 소통할 수 있는 하나의 언어를 배운다고 표현해도 과언이 아니다.

2-3 모두의 중심 BPMN

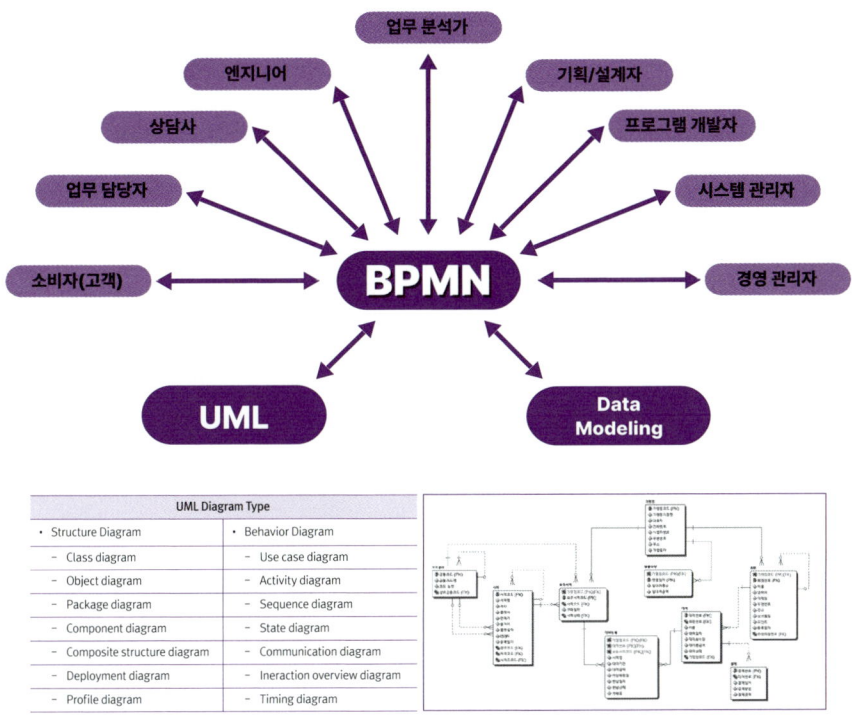

UML(Unified Modeling Language)은 1990년대 말 2000년대 초에 전 세계적으로 엄청난 성공을 거둔 객체지향 분석 설계 방법론의 표준이다. 이러한 UML의 성공을 견인한 것은 바로 1990년대 말 JAVA라는 언어의 전 세계적인 확산과 성공에 기인한다. 왜냐하면 JAVA라는 언어가 바로 객체지향 프로그램 개발 언어이기 때문이다. JAVA의 엄청난 성공에 힘입어 객체지향 분석 설계 언어인 UML도 전 세계적으로 큰 성공을 거두며 빠르게 확산되었다.

2000년대 초 당시 UML 1.0 시절이었는데 UML의 성공에 고무된 OMG는 향후 UML 2.0 버전에서는 데이터 모델링(Data Modeling) 영역까지 UML이 통합할 수 있도록 UML의 기능을 확장하겠다고 발표를 했던 기억이 있다.

실제로도 UML은 초창기 7~8개의 다이어그램으로 출발했지만, 현재는 위 표에서 보는 바와 같이 시스템의 정적인 구조를 표현하기 위한 구조 다이어그램(Structure Diagram)과 시스템의 수행 기능을 표현하기 위한 행동 다이어그램(Behavior Diagram)으로 구분되고, 각기 모두 7개씩의 상세 다이어그램을 가지고 있기 때문에 모두 합치면 14개나 되는 다이어그램 유형을 보유하고 있다.

그러나 OMG의 의도대로 UML이 데이터 모델링 영역을 통합하는 일은 일어나지 않았다. 만일 그때의 OMG의 주장이 현실화됐다면 지금 우리는 데이터 모델링 대신 UML을 공부해야 했을 것이다.

OMG의 주장이 현실화되지 못한 가장 결정적인 이유는 UML과 데이터 모델링은 관점이 다르기 때문이다. UML은 절차 중심의 객체지향 프로그램을 개발하기 위한 모델링 언어이다. 그러므로 과정과 절차를 매우 중요시할 수밖에 없다. 그러나 데이터 모델링은 데이터를 저장하기 위한 구조를 설계하기 위한 것으로 이는 결과 중심이다.

예를 들어서 김연아 선수가 경기하는 과정을 UML로 표현한다면 어떻게 될까? UML은 절차 중심이기 때문에 김연아 선수의 경기 시작부터 첫 번째 프로그램, 두 번째 프로그램, 세 번째 프로그램…. 그리고 마지막 엔딩까지 모든 과정에 관심이 있을 것이다.

그러나 데이터 모델링은 결과 중심이다. 그래서 김연아 선수의 경기를 데이터 모델링으로 표현하게 되면 "김연아 228.56점 1등" 이러한 데이터를 저장할 수 있는 테이블 구조만 만들어지면 된다.

UML과 데이터 모델링은 이렇게 근본적인 관점과 목표가 다르기 때문에 이를 통합하기 위해서는 상당히 임의적인 상황들을 정리해야 하는데 이렇게는 결코 표준으로 정립될 수가 없다.

2000년대 초반 UML이 이렇게 여러 발전 방향을 모색하고 있는 동안 앞의 연혁에서도 소개한 바와 같이 2004년 BPMN이 새롭게 등장했으며, 더군다나 UML의 표준화 주관 단체인 OMG가 BPMI의 표준안인 BPMN을 수용하면서 비즈니스 프로세스에 대한 정의를 무엇으로 해야 하는 지에 대한 논의는 일단락된 것이다.

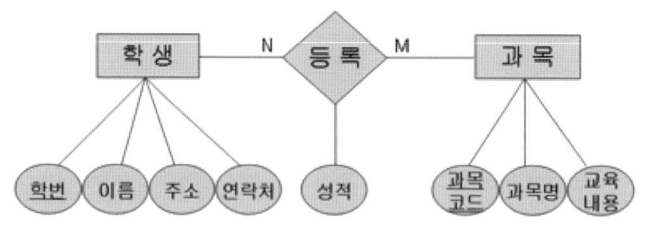

이 뿐만이 아니라 BPMN의 등장은 데이터 모델링에도 역시 변화를 주게 된다. 이제 데이터 모델링 단계에서 ER-Model을 통한 ER-Diagram은 더 이상 작성하지 않아도 된다. 왜냐하면 ER-Diagram을 작성하는 가장 중요한 이유가 업무를 일반화시키기 위함인데 업무를 일반화시키기 위한 목적에 가장 부합하는 것이 바로 BPMN이기 때문이다. (참고, "일반화시킨다"는 말은 누구나 알기 쉽게 표현한다는 의미이다.)

UML과 데이터 모델링 모두 업무를 기반으로 설계하는 것이기 때문에 UML과 데이터 모델링 모두 BPMN을 바라보고 각기 모델링을 진행하면 된다. 이렇게 되면 BPMN으로 작성된 어떠한 요소들이 UML로 표현되고, 또 데이터베이스에 테이블로 정의됐는지를 확인할 수 있게 되며, 이렇게 구성된 아키텍처가 바로 진정한 엔터프라이즈 아키텍처(Enterprise Architecture)가 되는 것이다.

그리고 BPMN은 이러한 인프라 설계의 기초 자료를 제공하는 것뿐만 아니라 업무와 관련한 모든 사람들이 서로 업무를 공유하고, 이해하기 위한 수단의 중심으로 자리잡게 된다. 즉, 업무와 관련한 모든 역할 및 담당자들은 BPMN을 통해서 관련 내용을 소통하게 된다.

결론적으로 BPMN은 업무와 관련한 모든 담당자들을 연결시켜주기 위한 역할 뿐만 아니라 실제 업무와 시스템 인프라를 연결시켜주는 핵심 고리역할을 수행하게 된다. 왜냐하면 모든 건 업무 중심이기 때문이다.

✱ ER-Model(Entity Relation Model)

ER-Model(Entity Relationship Model)은 1976년 P. Chen이 제안한 것으로서 이 모델의 장점은 표현력이 풍부하고 직관적이어서 일반적으로 사람의 관점과 유사한 모델을 제공한다는 점이다. 이러한 장점 덕분에 그동안 데이터 모델링 단계에서 업무의 시각화와 데이터 관련 항목들을 정리하기 위해서 사용되어졌다.

2-4 BPMN 2.0의 새로운 기능

- 메타 모델과의 연동 : 다른 BPMN 구조(메타 모델)와의 관계 표현
- 표준화된 메타 모델의 교환 지원 : XMI 표준 지원을 통해 다른 메타 모델과 매핑할 수 있게 확장됨.
- 실행 프로세스에 대한 정의 기능 개선
- 새로운 이벤트 타입: 병렬 다중 이벤트(parallel multiple event), 그리고 단계 상승 이벤트 (escalation event)
- 프로세스를 시작하기 위한 병렬 이벤트 기반 게이트웨이(parallel event-based gateway)
- 액티비티(activity)에 덧붙여진 비 방해 중간 이벤트들(intermediate events)
- 특별히 정의된 이벤트 발생 시에만 실행되는 이벤트 하위 프로세스(event sub-processes)
- 데이터의 표현을 위한 확장된 옵션: 예를 들어 데이터 저장소와 데이터 객체를 나타내는 리스트
- 다중 인스턴스 참가자들의 협업(collaboration) 모델링 기능의 업그레이드
- 인벨롭 심볼(메시지 기호)로 표현되는 참가자들간 메시지 전달 표시 방법
- 다른 종류의 작업(task)을 표현하기위한 기호(symbol)
- 다른 곳에서 정의된 액티비티를 호출하는 모델링의 새로운 방법
- 병렬 혹은 순차적 실행에 따른 다중 인스턴스 액티비티(multi- instance activity)를 위한 표기

BPMN 2.0의 표기법은 기존 BPMN 1.1과 1.2 버전에 비해서 크게 바뀌지 않았기 때문에 BPMN 1.1이나 BPMN 1.2에 기반을 둔 모델들은 기본적으로 BPMN 2.0과 서로 호환된다. 그리고 BPMN 2.0에서는 위에서 정의된 내용들이 추가되어 보다 더 확장 가능한 형태로 발전했다고 할 수 있다.

기본적인 BPMN 표기법에 대한 자세한 설명은 다음 장부터 다뤄질 내용이므로 여기서는 표기법이 아닌 몇 가지 중요한 개선 혹은 추가된 기능에 대해서 살펴보기로 하겠다.

◇ 메타 모델과의 연동

메타 모델(Meta Model)이란 시스템과 객체들에 대한 명세를 말하는데 이러한 메타 모델은 데이터베이스나 프로그램에서 주로 사용되는 용어이다. 그러므로 메타 모델과의 연동을 지원한다는 것은 BPMN으로 작성된 객체들이 데이터베이스와 프로그램에서 어떠한 객체들과 매핑 되는지를 정의할 수 있는 수단이 있다는 것이다.

◆ 표준화된 메타 모델의 교환 지원

BPMN을 통해서 작성한 다이어그램은 표준화된 XML을 통해서 다이어그램에 대한 정보를 내보내기 할 수 있으며, BPMN 표준을 준수하는 다른 모델링 도구들은 이를 통해서 해당 툴의 다이어그램으로 가져오기 작업을 할 수 있다. 이렇듯 BPMN은 특정 벤더에 종속된 솔루션이 아니라 산업계 전반에서 통용되는 국제 표준이기 때문에 BPMN으로 작성된 다이어그램의 호환성 및 활용도도 그만큼 높아지게 되는 것이다.

◆ 메타 모델과 실행 가능 모델

BPMN 2.0은 실행 프로세스에 대한 정의 기능도 많이 개선되어 프로세스 엔진에서 특정 모델을 실행하는 방법에 대한 혼선이 줄어들었으며, BPMN 모델을 실행 가능한 BPEL(Business Process Execution Language) 포맷으로 변환하는 데에 필요한 규칙 또한 갖고 있다.

이렇게 BPMN 2.0은 표준화된 교환 형식을 제공하기 때문에 앞으로 특정 툴에서 작성된 BPMN 다이어그램은 결국 모델링 툴 뿐만 아니라 툴과 BPMS 사이에서도 호환이 가능하게 될 것이다.

이 외에도 BPMN 2.0에서는 다양한 액티비티 기호들을 통해서 시각적으로도 해당 작업이 어떠한 수단을 통해서 구현되는 것인지를 확인할 수 있도록 향상되었으며, 다양한 기능들이 추가되거나 확장되어 구체적이고 세밀한 부분까지 프로세스를 정의할 수 있게 되었다.

2-5 ChatGPT에 BPMN 물어보기

 You

bpmn의 장점에 대해서 알려주세요

 ChatGPT

BPMN (Business Process Model and Notation)은 비즈니스 프로세스를 모델링하고 시각적으로 표현하기 위한 표준화된 표기법으로 다음과 같은 장점을 갖고 있습니다:

1. **시각적 표현과 이해:** BPMN은 그래픽 요소를 사용하여 비즈니스 프로세스를 시각적으로 표현합니다. 이를 통해 복잡한 프로세스도 직관적이고 이해하기 쉽게 시각화할 수 있으며, 프로세스의 흐름과 구조를 명확하게 파악할 수 있습니다.
2. **표준화된 표기법:** BPMN은 국제 표준으로 인정받는 표기법으로, 다양한 산업과 조직에서 널리 사용됩니다. 표준화된 표기법을 사용하면 프로세스 모델링의 일관성을 유지하고, 상호 운용성을 확보하여 협업과 지식 공유를 용이하게 합니다.
3. **비즈니스와 IT 간의 연계:** BPMN은 비즈니스 프로세스와 IT 시스템 간의 연결을 위한 표준화된 방법을 제공합니다. 이를 통해 프로세스 모델을 기반으로 소프트웨어 개발, 시스템 통합, 워크플로우 자동화 등과 같은 기술적인 측면에서의 업무 자동화를 수행할 수 있습니다.
4. **재사용성:** BPMN은 특정한 프로세스 모델을 다른 프로세스에서 재사용하고 수정할 수 있습니다. 이를 통해 비즈니스 프로세스의 효율성과 일관성을 유지하면서 재사용이 가능합니다.
5. **실행 가능성:** 일부 BPMN 도구는 모델을 실행 가능한 형태로 변환할 수 있습니다. 이를 통해 프로세스 모델을 시뮬레이션하고 분석하여 병목 현상이나 비효율성을 파악하고 개선할 수 있습니다.
6. **비즈니스 의사 결정에 도움:** BPMN은 프로세스의 성능 지표, 비용, 리스크 등을 모델에 표현할 수 있습니다. 이를 통해 프로세스의 향상 방향을 결정하는 데 도움이 되며, 비즈니스 의사 결정에 기반을 제공합니다.

BPMN을 사용하면 프로세스를 명확하게 모델링하고, 이해하기 쉽게 시각화하여 조직 내에서 협업하고, 효율적으로 관리하며, 자동화 및 최적화할 수 있는 강력한 도구를 제공합니다.

BPMN을 사용하는 이유는 무엇인가요?

BPMN(Business Process Model and Notation)을 사용하는 이유는 다양하며, 주요한 몇 가지 이유는 다음과 같습니다:

1. **표준화된 표기법:** BPMN은 비즈니스 프로세스를 모델링하고 시각적으로 표현하기 위한 국제 표준으로서, 다양한 기업과 조직 간에 공통된 언어로 프로세스를 표현할 수 있습니다. 이를 통해 의사소통이 향상되고 혼란이 줄어듭니다.
2. **시각적 표현:** BPMN은 다양한 그래픽 요소와 기호를 사용하여 복잡한 비즈니스 프로세스를 직관적이고 이해하기 쉬운 형태로 시각적으로 표현합니다. 이로써 프로세스의 구조와 흐름을 쉽게 파악할 수 있습니다.
3. **프로세스 관리 및 개선:** BPMN을 사용하면 비즈니스 프로세스를 모델링하고 분석함으로써 프로세스의 효율성을 개선할 수 있습니다. 프로세스를 시각화하고, 문제점을 파악하여 최적화하거나 개선하는 데 도움이 됩니다.
4. **자동화 및 실행:** BPMN 다이어그램은 프로세스를 자동화하는 데 사용될 수 있습니다. 이러한 다이어그램은 프로세스를 구현하고 실행하는 데 유용한 정보를 제공하며, 프로세스 자동화 도구와 통합하여 실제로 프로세스를 실행할 수 있습니다.
5. **팀 간 협업:** BPMN은 여러 이해관계자들 간에 프로세스에 대한 이해를 돕는 데 사용됩니다. 프로세스를 시각적으로 표현하고 공유함으로써 다양한 팀이나 이해관계자들 간에 협업을 촉진합니다.
6. **문서화 및 교육:** BPMN은 프로세스를 문서화하고 교육하는 데 유용합니다. 새로운 직원을 교육하거나 프로세스를 이해하는 데 도움이 되며, 기업 내에서 프로세스에 대한 표준 문서를 생성하는 데 사용될 수 있습니다.

이러한 이유들로 BPMN은 비즈니스 프로세스 관리와 개선을 위한 강력한 도구로서 널리 사용되고 있습니다.

You

짜장라면 조리방법 BPMN으로 알려주세요

ChatGPT

짜장라면을 조리하는 과정을 BPMN(Business Process Model and Notation)으로 표현하면 다음과 같이 나타낼 수 있습니다.

```plaintext
Start Event -> Boil Water -> Add Jjajang Powder -> Add Noodles -> Cook
```

여기서 사용된 각 요소는 다음과 같은 의미를 가지고 있습니다:

1. **Start Event:** 프로세스 시작을 나타냅니다.
2. **Boil Water (물 끓이기):** 물을 끓이는 단계입니다.
3. **Add Jjajang Powder (짜장가루 넣기):** 끓는 물에 짜장라면의 분말을 넣는 단계입니다.
4. **Add Noodles (면 넣기):** 가루를 넣은 후 끓는 물에 면을 넣는 단계입니다.
5. **Cook Noodles (면 익히기):** 면을 익히는 단계입니다.
6. **Drain Water (물 걸러내기):** 익힌 면의 물을 걸러내는 단계입니다.
7. **End Event:** 프로세스 종료를 나타냅니다.

이러한 BPMN 다이어그램은 짜장라면 조리 과정을 간단하게 시각적으로 나타냅니다. 다양한 추가 단계나 세부 과정이 있을 수 있지만, 이는 라면을 조리하는 일반적인 프로세스를 기반으로 표현한 간략한 예시입니다.

THE START

3. 시각화의 중요성

3-1 BPMN과 순서도(Flow Chart) 비교

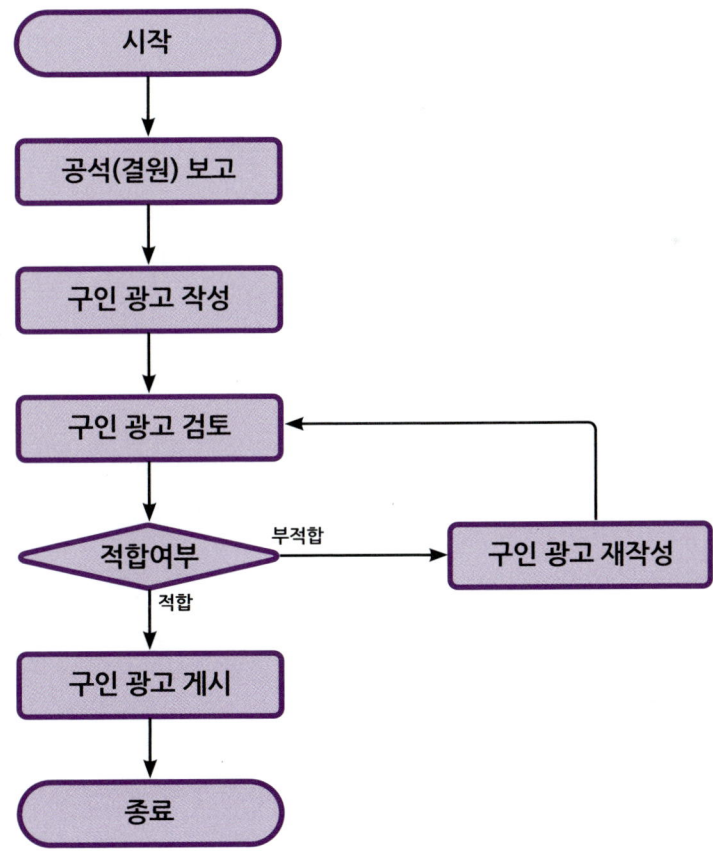

구인광고 내기 순서도

필자는 BPMN을 소개할 때 한마디로 이렇게 얘기한다. "BPMN은 순서도(Flow Chart)의 개선된 버전이다." 그런데 사실 BPMN은 이벤트 기반 프로세스 체인(Event Based Process Chain)에 더 근접하며 정확히 표현하자면, 순서도와 이벤트 기반 프로세스 체인의 장점들이 모여 발전된 형태라고 보는 것이 맞다. 그럼에도 "BPMN은 순서도(Flow Chart)의 발전된 버전이다."라고 얘기했던 이유는 일반분들이 이벤트 기반 프로세스 체인에 대해서 잘 모르기 때문이다.

순서도는 1921년부터 사용되기 시작했기 때문에 무려 100년이 넘는 유구한 역사를 가지고 있으며, 1985년에는 ISO 표준으로도 제정된 바 있는 전통적인 알고리즘이나 로직을 정의하기 위한 표기법으로, 오늘 날 워드나 파워포인트 등 다양한 문서도구에서 빠지지 않고 기본으로 지원하고 있는 도형이 바로 순서도이다.

실제 BPMN의 핵심 요소들은 대부분 순서도와 이벤트 기반 프로세스 체인에서 유래했으며, 이들의 많은 요소들은 BPMN에서도 대부분 같은 개념으로 사용된다. 여기서 잠시 우리 모두가 알고 있는 순서도의 구조를 살펴보는 것은 BPMN을 이해하는데 많은 도움이 될 것이다.

위 화면은 회사에서 구인광고를 내기위한 절차를 순서도로 표현한 것이다.

익히 많은 분들이 순서도를 그려보거나 확인해본 경험을 가지고 있을 것이기 때문에 순서도에서 사용되는 기호의 구체적인 의미를 설명하지는 않겠다. 다만 위 화면을 기준으로 잠깐 설명하자면 우선 순서도는 시작과 끝이 있으며, 단계별로 처리해야 하는 작업들이 사각형으로 표현되고, 각 단계는 실선으로 연결되어 있다. 그리고 판단에 따라 흐름이 달라지는 경우를 표현하기 위해서 마름모가 사용되었다.

이렇듯 순서도는 매우 단순한 구조를 갖기 때문에 작성이 쉽고, 직관적이어서 내용에 대한 전달력이 뛰어난 장점을 갖는다. 그러나 이러한 순서도는 작은 단위 업무 절차나 알고리즘 등을 논리적으로 표현하는 것은 편리하지만, 복잡한 업무나 다양한 요소들이 참여해서 상호작용하며, 진행하는 업무를 표현하는 데는 많은 한계점을 가지고 있다.

그도 그럴 수밖에 없는 이유가 1921년이면 현재보다 업무를 진행하는 구조가 매우 단순했을 것이다. 현대사회에서는 업무를 처리하는데 있어서 분업과 협업이 기본이다. 그리고 그러한 업무는 컴퓨팅 운영환경을 통해 제공되는 다양한 서비스들과 상호작용을 하면서 진행되는데 아무래도 순서도는 이에 대한 고려가 부족할 수밖에 없다.

물론 순서도도 지속적으로 업그레이드되면서 컴퓨팅 환경에 대한 고려가 없었던 건 아니다.

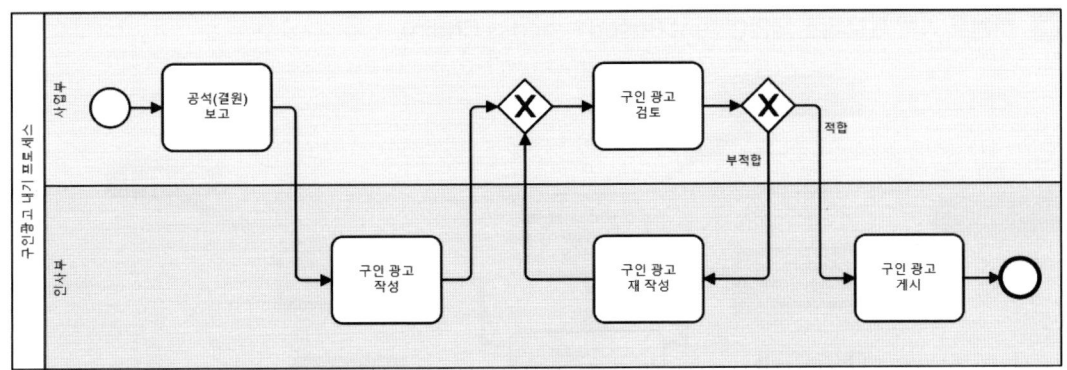

위 화면은 앞서 순서도에서 표현한 구인 광고를 게시하기 위한 절차를 BPMN을 이용해서 작성한 다이어그램이다. 우선 아래 설명을 보기 전에 위 BPMN 다이어그램을 보고 어떠한 내용인지 확인해보기로 하자. 별다른 설명 없이도 어떠한 내용인지 이해할 수 있을 것이다. 앞에서도 언급했지만 BPMN은 매우 쉽다.

그러면 간단히 위 다이어그램의 요소들에 대해서 설명하기로 하겠다. 우선 BPMN에서는 비즈니스 프로세스(Business Process)를 표현하는데 있어서 풀(Pool)을 사용하는데 풀 안에 비즈니스 프로세스가 담기게 된다. 위 화면에서 가장 외곽 라인이 바로 '풀'이다. 그리고 그 풀 안에는 업무의 참여 단위 또는 역할들을 '레인(Lane)'으로 구분한다. 마치 수영장(풀장)에 레인과 같은 모습이고, 용어도 동일하다.

해서 위 다이어그램을 보면 구인 광고를 내기 위한 업무에는 사업부와 인사부가 참여해서 서로 협력하고 있는 것을 쉽게 이해할 수 있다. 그리고 업무의 시작과 끝이 원으로 표시되고 있으며, 순서도와 마찬가지로 단계별로 처리해야 하는 작업들은 네모 상자로, 그리고 이들은 모두 실선으로 연결되어 있다. 그리고 역시나 마찬가지로 판단에 따라 흐름이 달라지는 경우를 표현하기 위해서 마름모가 사용된다.

앞의 두 화면을 보면 첫 번째 순서도는 진행 절차를 위에서 아래로 나열한 방식이며, BPMN은 가로로 진행 절차를 표현한 것 정도의 차이만을 생각할 수 있을 것이다. 그러나 BPMN에서 표현할 수 있는 기호는 순서도와는 비교되지 않을 정도로 많은 다양한 기호가 포함되어 있으며, 참고로 BPMN도 세로 방향으로 표현할 수 있다.

❋ 이벤트 기반 프로세스 체인(Event Based Process Chain)

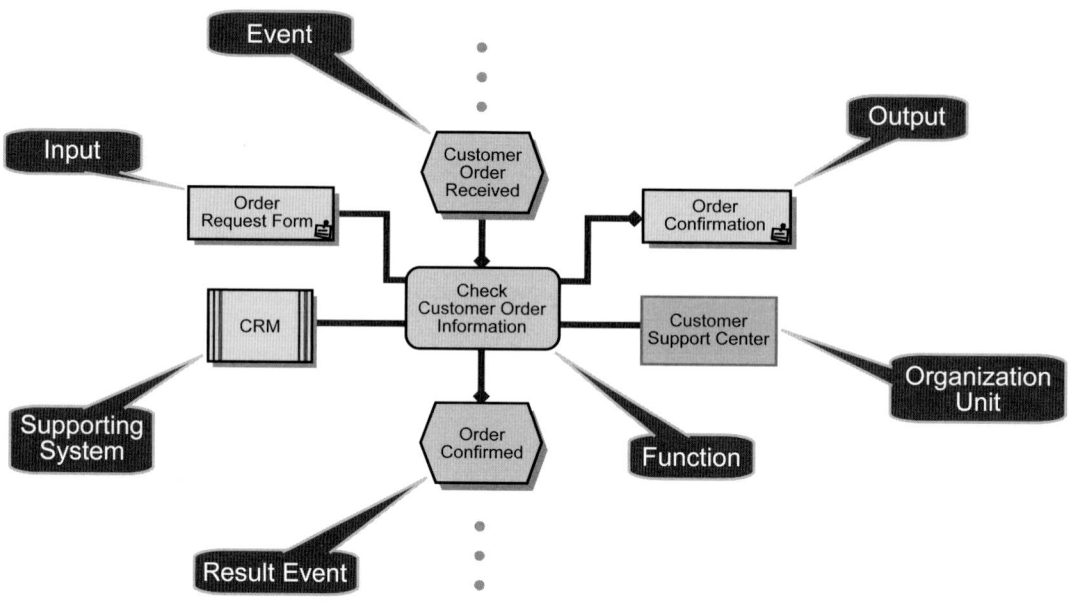

이벤트 기반 프로세스 체인(Event Based Process Chain)은 1990년대 August-Wilhelm Scheer에 의해 통합 정보 시스템 아키텍처(ARIS) 프레임워크 내에서 개발되었으며, 비즈니스 프로세스를 모델링, 분석 및 재설계하는 데 사용되기 위한 표기법이다.

이벤트 기반 프로세스 체인의 경우 순서도의 개념을 뛰어넘어 본격적으로 비즈니스 프로세스를 작성하기 위해서 사용됐지만, 이 역시 이제 BPMN으로 대체된다.

위 이미지는 Wikipedia에서 참조했습니다.

3-2 시각화의 중요성

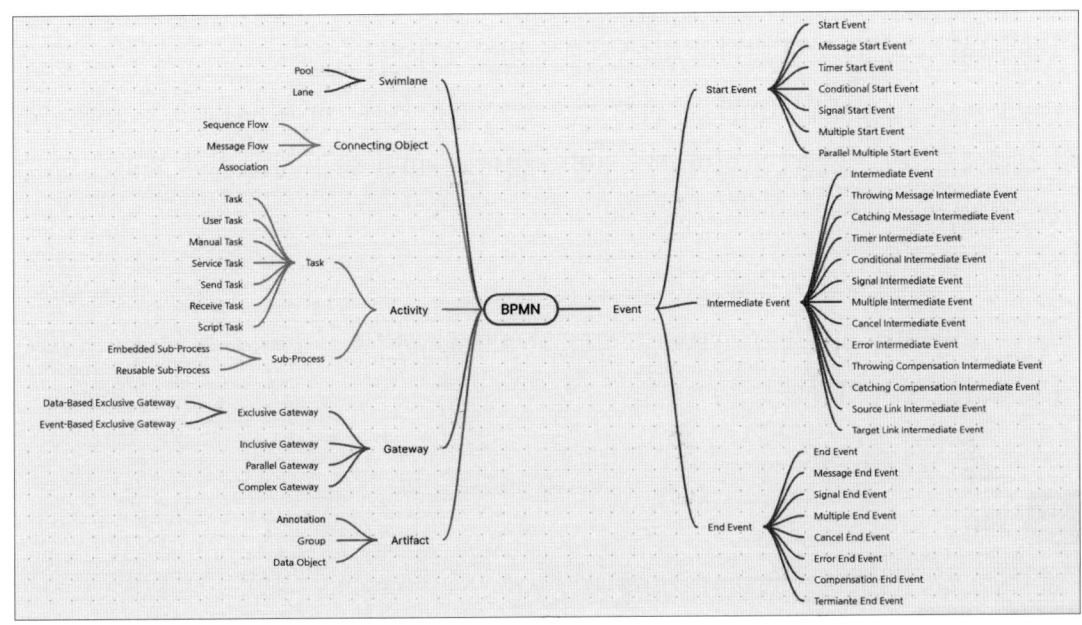

위 화면은 이후에 설명할 BPMN 다이어그램의 구성 요소들을 마인드맵(Mind Map)으로 작성한 다이어그램이다. 위 내용을 보면 마인드맵은 중앙을 중심으로 관련 내용들이 가지처럼 뻗어 나가며 항목들 중심으로 연관된 요소들을 정리해서 표현해주고 있다.

이렇듯 마인드맵은 주제를 중심으로 관련 항목들을 체계적으로 정리하고 분류하는데 있어서 매우 뛰어난 표현력을 가지고 있다. 물론 마인드맵이 프로세스를 설명하는 도구는 아니다. 다만 개념들을 정리하고, 분류 체계를 시각화 함으로써 보는 사람의 이해도를 높여주는 훌륭한 도구인 것이다.

만일 위와 같은 분류 항목들을 텍스트로 설명했다면, 설명하는 사람이나, 그걸 보고 이해해야 하는 사람 모두 서로 대략 난감해질 것 같다.

책을 읽을 때 10번은 읽어야 그 책이 내 것이 된다는 얘기가 있다.

그 말의 의미는 무엇일까? 처음 산 책을 한번 읽는다. 그러면 각기 주요 등장인물들과 줄거리에 대해서는 파악이 되지만, 작가가 의도하는 심오한 관계와 설정은 미처 파악하지 못할 수 있다. 그리고 그 책을 두 번째 읽으면 그리고 세번째 읽으면…

이제부터는 각 등장인물의 포지션과 주위 사람들 그리고 그 위치에서 서로 간의 연결관계가 머리속에 그려지기 시작한다. 그걸 몇 번 더 반복하기 시작하면, 책 전체의 무대가 머리속에서 완성되기 시작하고, 더 반복하면 이제 완전히 전체 판을 이해한 상태에서 각 등장 인물의 상황을 세부적으로 이해하고, 분석하며 책을 읽을 수 있게 된다.

이것은 비단 소설책 만이 아니라 전문 서적도 마찬가지이다.

그러나 책을 읽기 전에 미리 전체 판의 구조를 이해한 상태라면 즉, 전체 구조가 파악이 된 상태에서 책을 읽는다면 아마 책을 3번만 읽어도, 10번 읽은 것과 같은 효과가 날 수 있을 것이다.

이것이 바로 시각화가 중요한 이유이다.

우리는 매번 책을 읽으면서 공부하고 있다고 생각하지만, 혹시 머리속에 이미지를 완성하고 있었던 것은 아닐까?

 You

BPMN의 가장 중요한 장점 1가지만 얘기해주세요

 ChatGPT

BPMN의 가장 중요한 장점은 **시각적 표현력**입니다.
BPMN은 복잡한 비즈니스 프로세스를 시각적으로 나타내는 데 강력한 도구입니다. 그래픽 요소와 다양한 기호를 사용하여 프로세스를 표현함으로써, 이를 이해하기 쉽고 직관적으로 파악할 수 있습니다. 이 시각적 표현력은 프로세스 이해, 분석, 설계, 개선, 실행 등 다양한 단계에서 효과적으로 활용될 수 있습니다. 팀 간 소통이나 이해관계자 간 프로세스 공유에 있어서, 시각적 다이어그램은 복잡한 개념을 빠르게 전달할 수 있어 중요한 역할을 합니다. 이는 BPMN의 강점 중 하나로, 비즈니스 프로세스 관리와 문제 해결에 있어서 효율적인 도구로 활용됩니다.

참고로 앞에서 BPMN의 장점에 대해서 알려달라고 Chat GPT에 물어봤을 때 첫 번째 대답이 바로 "시각적 표현과 이해"였다. 이번에는 다시 위처럼 BPMN의 가장 중요한 장점 1가지만 얘기해달라고 했더니 바로 "시각적 표현력"이라고 대답하고 있는 것을 확인할 수 있다.

이처럼 BPMN을 통한 업무의 시각화는 상당히 중요한 의미를 갖는다.

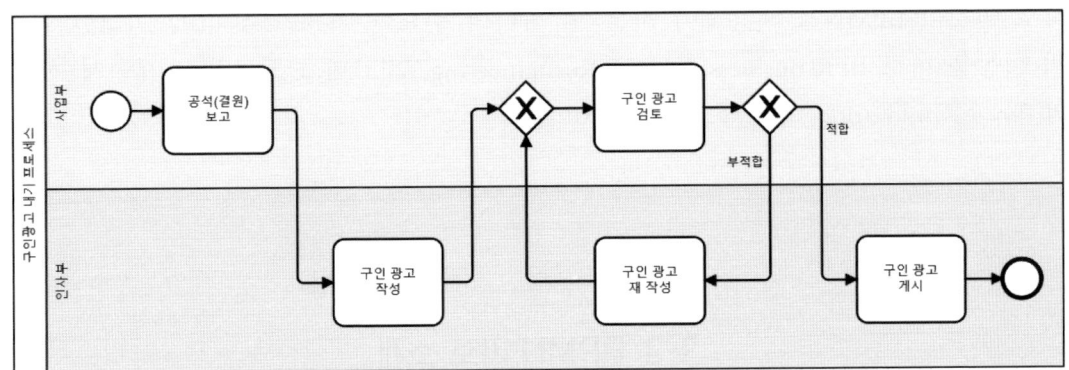

위와 같은 BPMN 다이어그램을 통해 업무를 전달한다고 생각해보자. 업무 전달할 때 위 다이어그램을 전달하고 그리고 그 후에 궁금한 점이 있다면, 그래서 그걸 물어보는 시간을 갖는다면 5분이면 충분할 것 같다.

현업에서 업무 인수인계 작업을 보통 보름동안 한다는 얘기를 들은 적이 있다.

물론 업무 특성에 따라 다르기도 하겠지만, 일반적인 업무 인수인계는 보름동안 할 필요가 없다. 담당자가 수행하는 비즈니스 프로세스가 미리 BPMN으로 작성되어 있다면, 전임자는 전체적인 구조와 자신이 경험하면서 느낀 바나 특이사항 정도를 얘기하면서 BPMN 다이어그램을 넘겨주면 된다.

그러면 오전에 인수인계 마무리하고, 같이 점심 먹으면서 서로 수고했다고, 그리고 수고하라고 인사하며 업무를 마무리할 수 있을 것이다.

그리고 더 중요한 점은 경영진의 경우 지시한 내용에 대해서 결과를 보고 받는다. 그러나 그 작업이 어떠한 과정을 통해 진행됐는지에 대해서는 별로 궁금해하지 않는다. 그러므로 결과가 좋으면 잘된 것이고, 결과가 만족스럽지 않다면 이는 잘 안 된 것이라고 판단한다. 그러므로 경영진의 입장에서는 현재 직원들이 수행하고 있는 비즈니스 프로세스는 사실 히든 처리된 영역(Black Box)이나 마찬가지다.

업무를 하다 보면 실무진들끼리 개선의 필요성을 느끼더라도 서로의 이해관계와 분위기 또는 조직 문화 때문에 개선할 비즈니스 프로세스들을 묻어두는 경우가 더러 있을 수 있다. 문제는 이를 지적하고 올바르게 개선을 지시할 수 있는 역할이 경영진에게 있는데 경영진은 업무 처리와 관련한 세부 사항에 대해서 잘 모른다.

그러나 BPMN으로 비즈니스 프로세스가 정의되어 있다면, 경영진 역시 세부적인 비즈니스 프로세스에 보다 쉽게 접근하고, 이를 개선하는데 있어서 경영진을 비롯한 더 많은 사람들이 참여할 수 있는 환경이 만들어지게 된다.

바로 이것이 BPMN을 사용해야 하는 또 하나의 주요한 이유인 것이고, 이러한 일련의 활동을 바로 BPR(Business process Reengineering, 비즈니스 프로세스 재설계) 또는 PI(Process Innovation, 프로세스 혁신)라고 한다.

3-3 BPMN 기호 소개

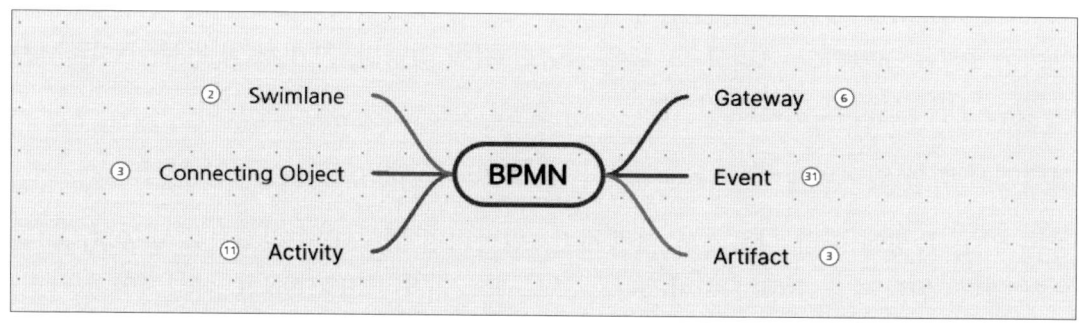

위 화면은 BoardMix라는 다양한 다이어그램을 지원하는 드로잉 툴로 작성한 마인드맵이다. BPMN의 기호는 위와 같이 모두 6가지 항목들로 구성되는데 이번에는 이들에 대해서 간단히 살펴볼 것이다.

그러면 BPMN 다이어그램의 구성 요소들에 대해서 살펴보기로 하자.

① 스윔레인(Swimlane)

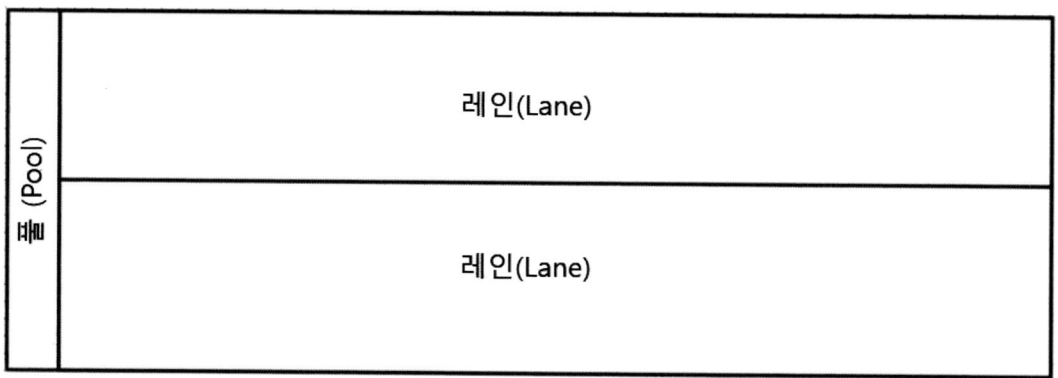

스윔레인(Swimlane)은 풀(Pool)과 레인(Lane)으로 구성되는데 풀(Pool)은 프로세스를 담는 그릇이라고 생각하면 된다. 그러므로 모든 비즈니스 프로세스는 풀 안에서 표현된다. 그리고 레인(Lane)은 해당 업무를 처리하는데 있어서 참여하는 역할에 따른 구분을 위해 사용된다. 부서간 구분이나 담당자들의 역할에 대한 구분을 레인을 통해서 표현할 수 있다

② 연결 객체(Connecting Object)

시퀀스 플로	조건 플로	메시지 플로	연관
→	◇→	○----▷	·······▷

이전 화면 왼쪽 중간에 있는 연결 요소(Connecting Object)는 순서도에서 봤었던 실선에 화살표가 있는 연결선이 있는데 이를 BPMN에서는 시퀀스 플로(순서 흐름, Sequence Flow)라고 한다. 이 시퀀스 플로는 풀 안에서 업무의 흐름을 표현하기 위해서 사용된다.

조건 플로(Conditional Flow)는 시퀀스 플로와 동일한 역할을 하지만, 다음 단계로 이동하기 위한 조건이 정의되어 있는 경우에 사용한다. 앞에서 소개했지만 업무 흐름이 분할되는 상황을 정의하기 위해서 게이트웨이를 사용한다. 그러나 조건 플로를 이용하면 게이트웨이를 사용하지 않고, 모델링을 할 수 있다. 이에 대한 예제는 뒤에서 다루기로 하겠다.

그리고 점선에 화살표 있는 연결선을 메시지 플로(Message Flow)라고 하는데 이는 순서도에서는 없는 연결 기호이다. 메시지 플로는 풀과 풀 사이에서 메시지나 정보의 전달을 표현하기 위해서 사용한다. 메시지 플로는 같은 풀 안에서는 사용될 수 없다.

연관(Association)은 기호에 대한 메모를 남기거나 관련 자료를 표시할 때 기호와 메모 또는 기호와 자료를 연결해서 서로 관련이 있음을 인지할 수 있도록 연결시켜주는 연결선이다.

③ 액티비티(Activity, 활동)

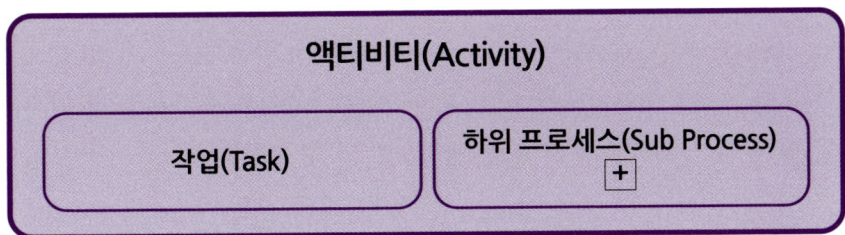

액티비티(Activity)은 업무가 진행되는 과정에서 처리해야 하는 일 즉, 작업(Task)을 정의하는 것으로 설명이 필요 없는 단순한 작업을 표현할 때는 작업(Task)을 사용하고, 해당 작업을 처리하는데 필요한 프로세스를 포함하고 있는 경우에는 하위 프로세스(Sub Process)를 사용한다.

④ 게이트웨이(Gateway) 소개

배타적		포괄적	병렬	복합
데이터 기반	이벤트 기반			
◇ or ✕	◎	◯	✚	✱

게이트웨이(Gateway)는 프로세스의 분할(Split)과 병합(Merge)을 표현할 때 사용한다. 순서도에서 이러한 역할을 하는 기호가 바로 판단(마름모)이다. 순서도에서는 판단(마름모)기호 하나로 프로세스의 분할과 병합을 포함하지만, BPMN에서는 게이트웨이의 종류가 네 가지 분류에 가지수로는 다섯 가지나 된다.

그 만큼 상황에 따른 다양한 프로세스의 분할과 병합을 세밀하게 정의할 수 있다.

⑤ 이벤트(Event) 소개

시작 이벤트	중간 이벤트	종료 이벤트
◯	◎	⬤

이벤트(Event)는 해당 시점에 발생되는 하나의 사건을 표현하기 위해서 사용되는데 이러한 이벤트는 시작 이벤트(단일선을 가진 원)와 중간 이벤트(두 개의 선을 가진 원) 그리고 종료 이벤트(두 선의 공간이 색이 칠해진 형태로 두꺼운 원)로 구분된다.

이러한 시작 이벤트와 중간 이벤트 그리고 종료 이벤트들은 각기 원 안에 다양한 기호(마커, Marker)를 포함할 수 있는데 이를 통해 업무 진행 시 발생하는 여러 사건들을 이벤트를 통해 훨씬 더 실질적으로 표현해 낼 수가 있다.

BPMN에서는 업무의 시작과 끝도 이벤트로 정의하며, 업무 중간에도 다양한 이벤트를 사용할 수 있다.

⑥ 아티팩트(Artifact)

주석	그룹	데이터 객체	데이터 저장조
주석 입력			Data Store

아티팩트(Artifact)는 한글로 "인공물"로 해석이 되는데 이는 업무 흐름에 영향을 주지 않으면서 다이어그램에 추가적인 정보를 제공하기 위해서 사용되는 기호들을 의미한다.

우선 주석은 다이어그램에서 사용된 특정 객체나 상황에 대한 설명이 필요한 경우 사용할 수 있다. 한마디로 부연 설명할 수 있는 공간을 마련해주는 역할을 한다. 그리고 그룹은 "파선 - 점선" 형태로 구성된 테두리 모양이다. 이러한 그룹은 복잡한 다이어그램에서 특정 영역을 표시하기 위한 용도로 사용된다.

데이터 객체는 파일 아이콘으로 표시되는데 문서나 데이터 또는 정보를 표시하는 의미로 사용되며, 마지막으로 데이터 저장소는 스토리지나 데이터베이스를 명시적으로 표현할 때 사용한다.

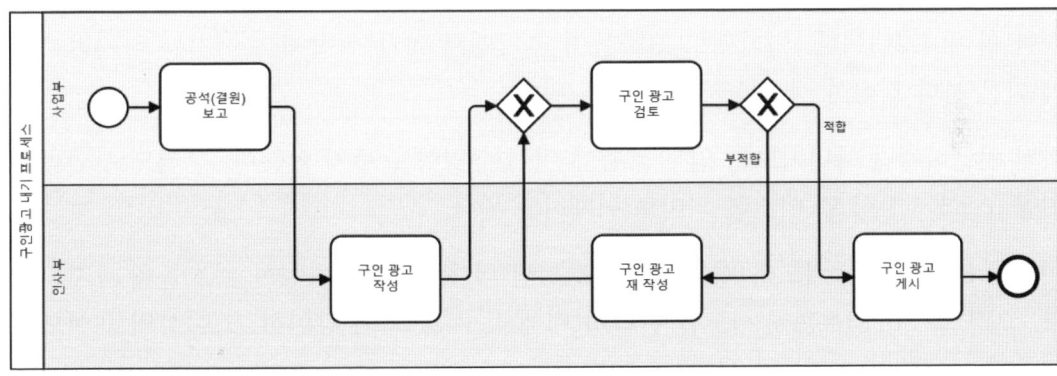

이제 다시 앞서 간략히 소개했던 "구인 광고 내기 프로세스" 다이어그램을 살펴보기로 하자. 우선 구인 광고를 내기 위해서는 사업부 레인에 시작 이벤트가 있는 곳에서 업무가 시작됨을 알 수 있다. 사업부에서는 구인하고자 하는 사원에 대한 구체적인 세부 내역 및 인원을 정리해서 인사부에 전달해주어야 한다. 그러면 해당 내용을 기반으로 인사부에서는 구인 광고를 작성하게 된다.

이렇게 작성된 구인 광고는 최초 구인을 요청했던 사업부에서 다시 검토가 이뤄지며, 검토 결과에 따라서 "적합" 내지 "부적합" 판단이 이뤄지게 된다. 만일 부적합 판단이 내려졌다면, 해당 수정 사항이 다시 전달돼서 인사부에서 수정 작업이 이뤄져야 하며, 사업부에서는 이를 다시 검토하게 된다. 이렇게 구인 광고 검토와 구인 광고 재 작성 단계가 순환하다 보면 언젠가는 사업부에서 요구한 내용대로 구인 광고가 만들어질 것이고, 그 결과 적합 판정이 내려지면 마지막으로 인사부에서 해당 구인 광고를 게시함으로써 "구인 광고 내기 프로세스"가 마무리된다.

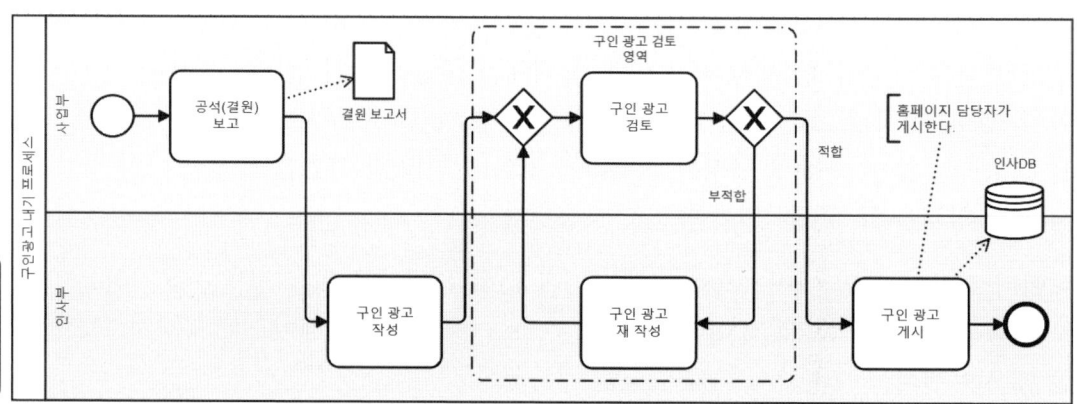

이번에는 기본적인 BPMN에 아티팩트 요소(주석, 그룹, 데이터 객체)들을 추가해서 작성한 다이어그램이다. 아티팩트 요소들이 추가돼서 약간 복잡해 보이기는 하지만 상황에 따른 보다 적합한 정보를 제공해 주게 된다.

다시 언급하지만 아티팩트는 업무 흐름에 어떠한 영향도 주지 않는다. 그러므로 인공물, 인공 구조물, 장식 뭐 이러한 의미로 이해하면 된다.

이렇듯 BPMN은 순서도와 비슷하면서도 훨씬 더 풍부하고, 다양한 기호들을 가지고 있다. 그러므로 BPMN은 순서도를 완벽히 대체할 수 있으며, 당연히 그 이상의 표현도 가능하다.

다음은 구구단을 계산하는 절차를 순서도를 표현한 것이다.

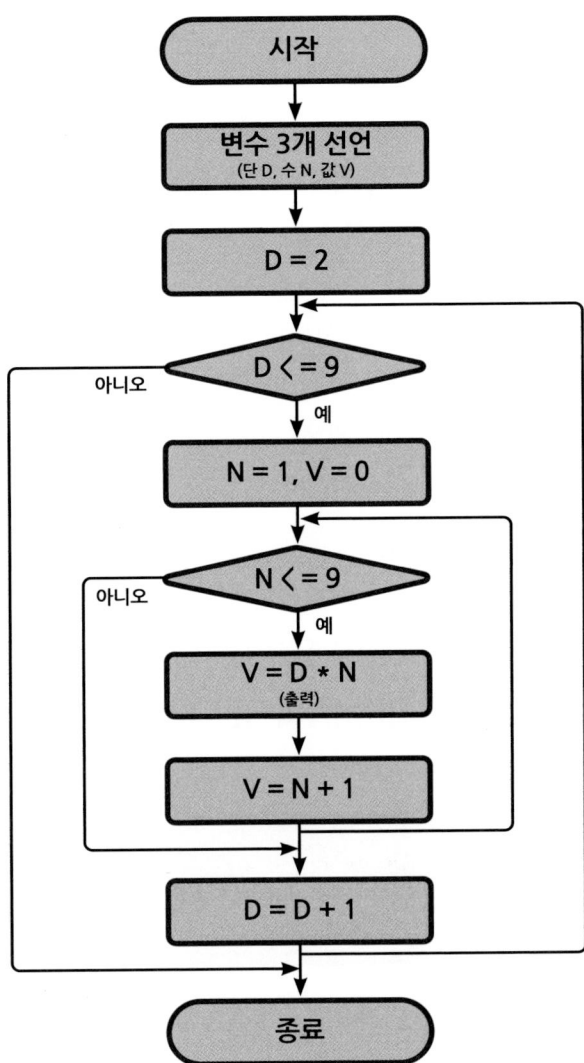

이 내용 역시 BPMN으로 다음과 같이 다이어그램을 작성할 수 있다.

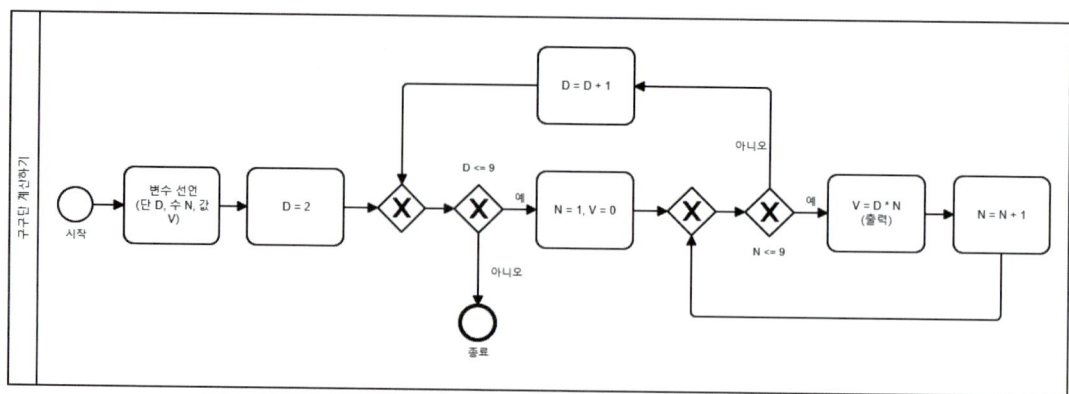

IT 전공이 아닌 일반분들이 보시기에 순서도나 BPMN이나 모두 복잡해 보일 수 있겠지만, 여기서 얘기하고 싶은 내용은 구구단을 계산하는 로직(Logic)을 설명하기 위함이 아니라 BPMN으로 순서도를 완벽히 대체할 수 있을 뿐만 아니라 그 이상을 표현할 수 있다는 것을 보여주기 위함이다.

3-4 BPMN의 3단계 수준

BPMN 다이어그램은 작성 목적에 따라 위와 같이 3가지 단계로 구분을 하는데 우선 첫 번째는 서술 수준(Descriptive Level)이다. 서술 수준은 다이어그램을 작성하는 가장 기본적이면서도 중요한 단계라고 할 수 있다. 앞에서 시각화의 중요성에 대해서 설명했는데 바로 서술 수준의 단계가 바로 비즈니스 프로세스를 시각화하는 단계이다.

현업의 비즈니스 프로세스는 업무 담당자의 머릿속에 있는 경우가 대부분이다. 이를 시각화해서 BPMN 다이어그램을 작성하게 되면, 이전에 언급했던 것과 같이 업무를 효율적으로 공유 및 전달할 수 있게 된다.

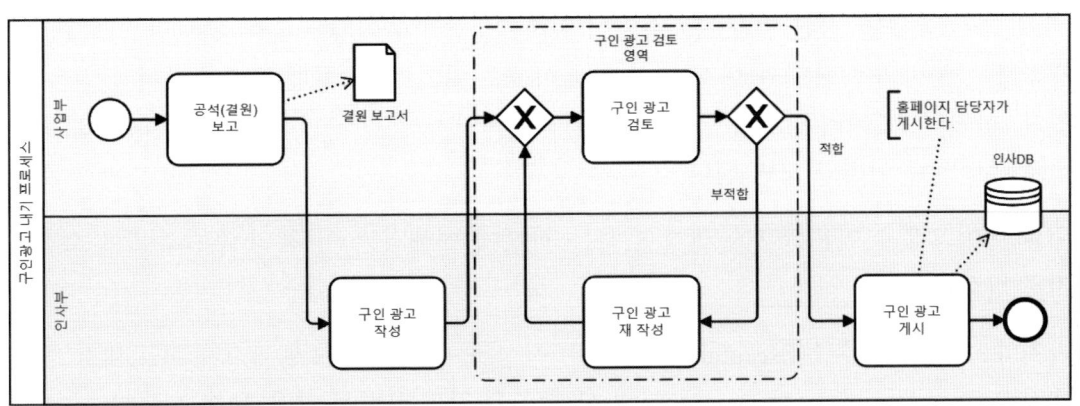

앞에서 살펴본 예제 중에 위 다이어그램이 바로 서술 수준의 BPMN 다이어그램이다. 우리는 위와 같은 BPMN 다이어그램을 통해 대략적으로 구인광고를 내기 위한 업무에 어떠한 사업부가 참여하고, 어떻게 업무가 단계별로 진행되고 있는지를 확인할 수 있다.

분석 수준(Analytic Level)은 비즈니스 프로세스의 개선 활동을 위해 현행 프로세스(As-is Process)를 분석해서 보다 나은 프로세스(To-be Process)로 개선하기 위한 일련의 모델링 단계이다. 이 단계에서는 효율적인 프로세스를 찾아내기 위해 다양한 프로세스들을 검토하고, 시뮬레이션하는 단계를 포함한다.

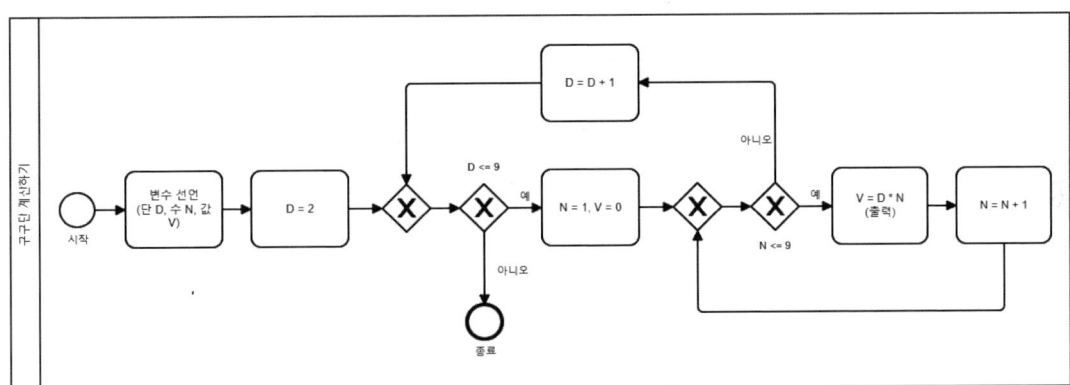

앞에서 살펴본 예제 중에 위 다이어그램이 바로 분석 수준의 BPMN 다이어그램이다. 이전 다이어그램과 내용만 다르지 아무런 차이를 느끼지 못할 수도 있을 것이다. 하지만 위 BPMN 다이어그램은 구구단을 출력하기 위한 로직(Logic) 또는 알고리즘(Algorism)이 정의되어 있는데, 위 다이어그램이 분석 수준의 다이어그램인 이유는 구구단을 출력하기 위한 많은 방법과 절차들 중에 가장 효율적으로 구구단을 출력하기 위한 절차를 담고 있기 때문이다. 그렇기 때문에 위 다이어그램은 최적화된 즉, 분석을 통해 가장 효율적으로 프로세스가 정의된 다이어그램이라고 할 수 있는 것이다.

"모로 가든 서울만 가면 된다."는 속담이 있다. 방법이야 어떻든 간에 결론만 얻으면, 상관없다는 의미의 속담인데 현재 위치에서 서울로 가기 위한 방법은 수백가지가 넘을 수 있다. 하지만 그 여러 방법들 중에서 가장 효율적인 방법을 고민하고 모델링하는 과정이 바로 분석 수준이라고 보면 된다.

위 다이어그램을 이용한 시뮬레이션 하는 과정에 대해서는 이 책의 후반부에서 소개하기로 하겠다.

마지막으로 실행 수준(Executable Level)은 작성된 비즈니스 프로세스가 프로세스 실행 엔진(Process Execution Engine)에 의해 실행될 수 있도록 하는 것을 목적으로 한다. 바로 BPMS의 활용을 전제로 한 모델링 레벨이라고 할 수 있으며, 실행 수준이 BPMN 모델링의 궁극적인 목적이라고 할 수 있다.

앞에서도 언급했던 것처럼 BPMN은 실행 가능한 비즈니스 프로세스를 정의하기 위해 만들어졌다는 점을 기억하자.

이 책에서는 대부분 서술 수준에 대한 내용을 기반으로 하며, 책 말미에 프로세스에 대한 시뮬레이션 과정을 소개함으로써 분석 수준 모델링에 대한 내용이 다뤄진다. 마지막 실행 수준으로의 모델링은 BPMS 솔루션마다 인터페이스와 요구 수준 등이 다르고, 실행을 위한 구체화 수준이 전문적일 필요가 있기 때문에 이 책에서는 다루지는 않는다.

4. BPMN 도구 사용

4-1 BPMN.io 소개

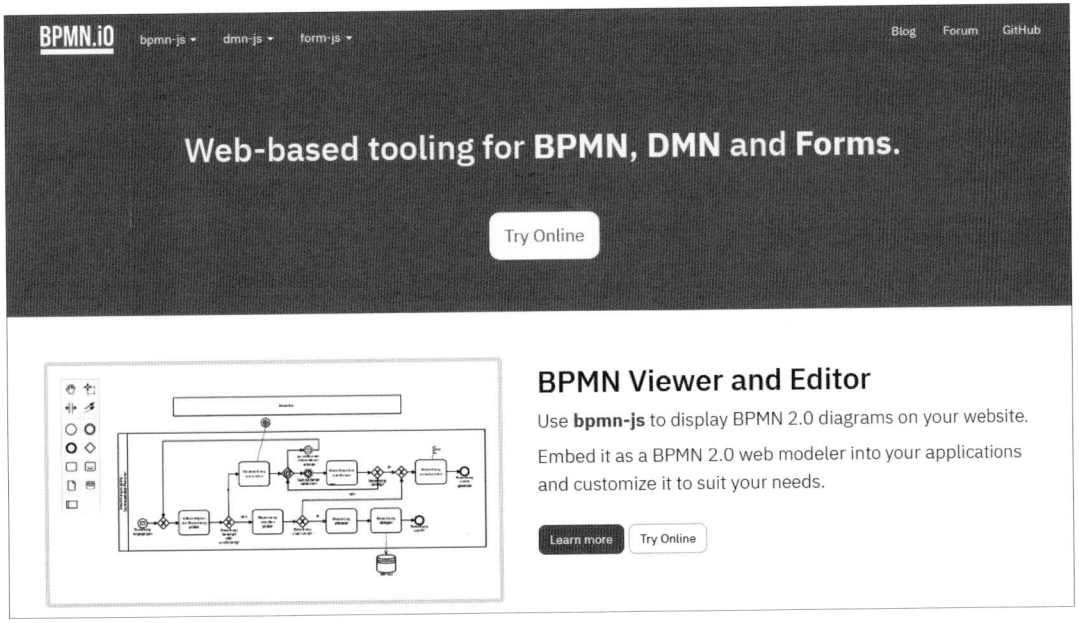

앞에서 잠깐 소개했던 BPMN 도구들 중에 우리는 가볍고, 웹 기반으로 쉽게 사용할 수 있으면서도 많은 사용자들로부터 좋은 평가를 받고 있는 https://bpmn.io/ 사이트에서 제공하고 있는 BPMN 도구를 이용할 것이다.

이 사이트로 이동하면 우선 위 화면처럼 BPMN Viewer and Editor을 제공하지만 아래로 내려가면, 우리가 이 책에서 다루려고 하는 주요 주제 중에 하나인 DMN Viewer and Editor도 제공하며, 이 책에서 다루는 주제는 아니지만 사례 관리 절차를 표현하기 위한 CMMN Viewer and Editor도 제공하고 있다.

BPMN.io 사이트는 프로세스 자동화 분야에서 강점을 가지고 있는 Camunda사와 독일의 전자상거래 업체인 Zalando사에 의해 프로세스와 의사 결정 지식을 보다 효과적으로 전달하기 위한 웹 기반의 모델링 도구를 제공하기 위해 시작되었다.

BPMN.io는 오픈소스이며, 이는 많은 사람들이 쉽게 접근하고 무료로 사용할 수 있다는 것을 의미한다. 심지어는 해당 사이트에 계정을 만들 필요도 없다. 그러면 위 사이트로 이동해서 BPMN Viewer and Editor에서 Try Online 버튼을 눌러 보기로 하자.

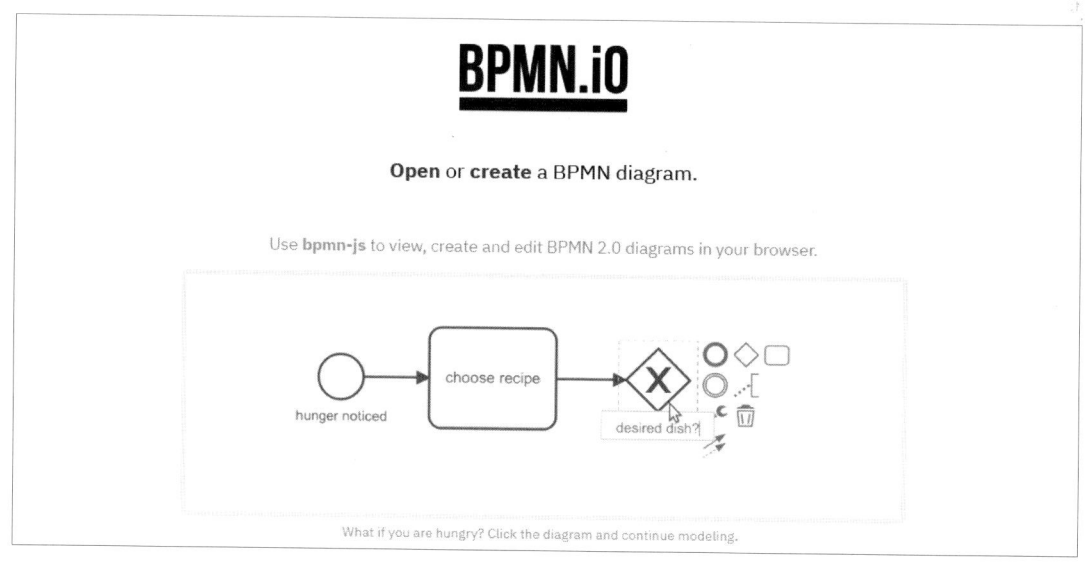

그러면 다음으로 이동하는데 위 화면에서는 기존에 만들어진 다이어그램을 불러오기 위해서 "Open"링크가 있고, 새로운 다이어그램을 만들기 위한 "Create" 링크가 존재한다. 우리는 새로운 다이어그램을 만들 것이므로 Create 링크를 클릭한다.

그러면 이제 시작 이벤트 하나가 덩그러니 포함된 빈 다이어그램이 나타난다. 화면에서 왼쪽 팔레트(Pallet)에는 각종 BPMN 기호들과 상단에 화면을 핸들링하기 위한 도구들이 포함되어 있는 것을 확인할 수 있다. 그러면 이제 BPMN 다이어그램을 작성할 준비가 모두 완료된 것이다.

4-2 구인광고 내기 프로세스 BPMN 다이어그램 작성

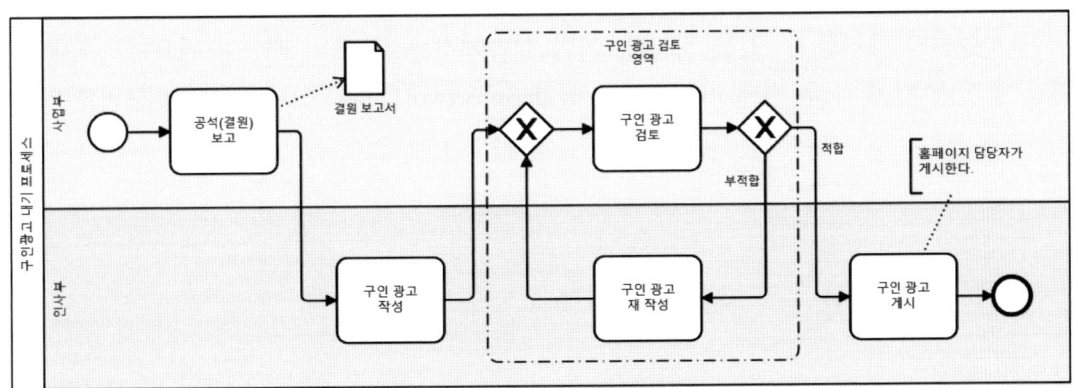

이번에 처음으로 우리가 작성해볼 BPMN 다이어그램은 앞서 대략적으로 소개했던 "구인광고 내기 프로세스" BPMN 다이어그램이다.

① 풀(Pool)과 레인(Lane) 추가

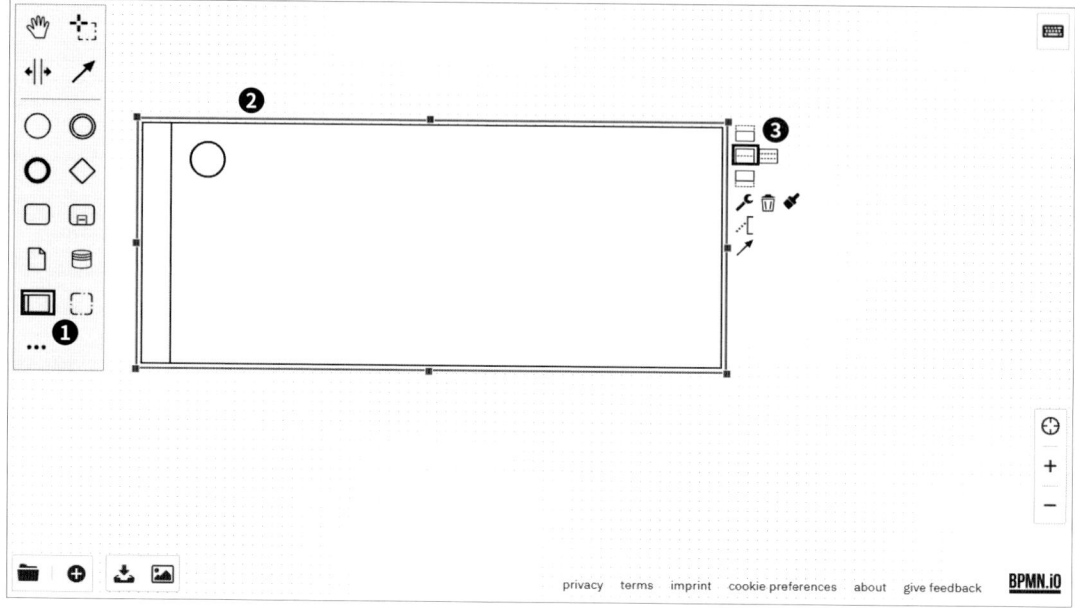

프로세스를 작성하기 위해서는 풀(Pool)을 추가해야 하기 때문에 왼쪽 팔레트에서 풀을 선택(1번)한 상태에서 바탕화면으로 드래그 하면, 위 화면처럼 시작 이벤트가 포함된 모습으로 풀이 추가된다. 이전 완성된 다이어그램에서는 두 개의 레인이 있기 때문에 이번에는 레인을 추가하기 위해 추가된 풀의 가장자리를 선택(2번)한다.

그러면 풀의 오른쪽 끝 바깥쪽에 여러 팝업 아이콘이 생성되는데 이 중에서 레인을 추가하는 팝업 아이콘들이 상단에 위치하게 된다. 대략 아이콘의 모습을 보면 어떠한 작업을 위한 것들인지 확인할 수 있을 것이다. 이번 실습에서는 두 개의 레인이 필요한 상황이기 때문에 첫 번째 줄의 두 번째 아이콘인 "Divide into two Lanes" 아이콘을 클릭(3번)한다.

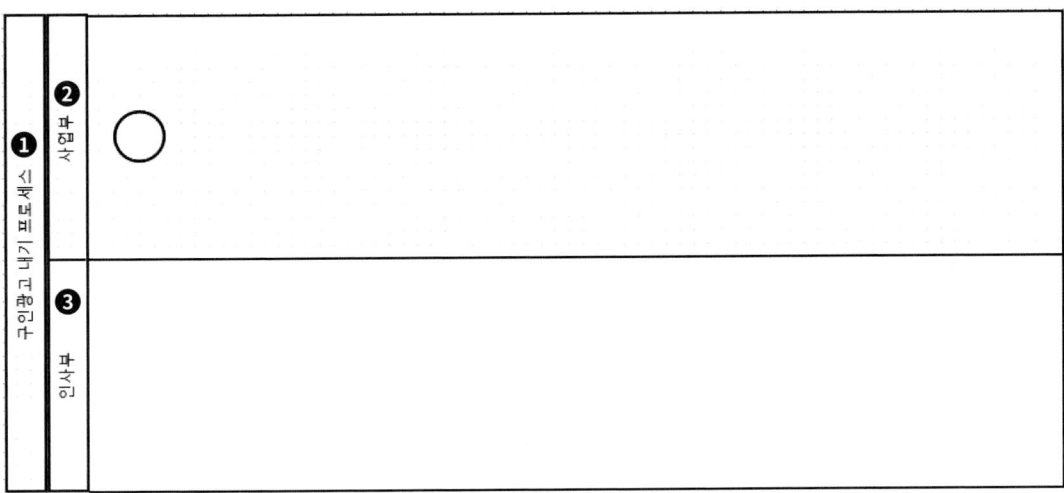

레인이 추가되었으면, 이제 풀과 각 레인의 이름을 정의해보기로 하자. 풀의 이름을 작성하기 위해서는 풀의 헤더(Header) 영역을 더블 클릭(1번)한 후 텍스트를 입력할 수 있는데 여기에서 "구인광고 내기 프로세스"라고 입력한다. 마찬가지로 레인의 헤더를 입력하기 위해서도 같은 방법으로 "사업부"(2번)와 "인사부"(3번)를 입력하면 된다.

풀과 레인을 추가했으면 이제 실질적으로 비즈니스 프로세스를 작성할 차례이다.

② 프로세스 작성

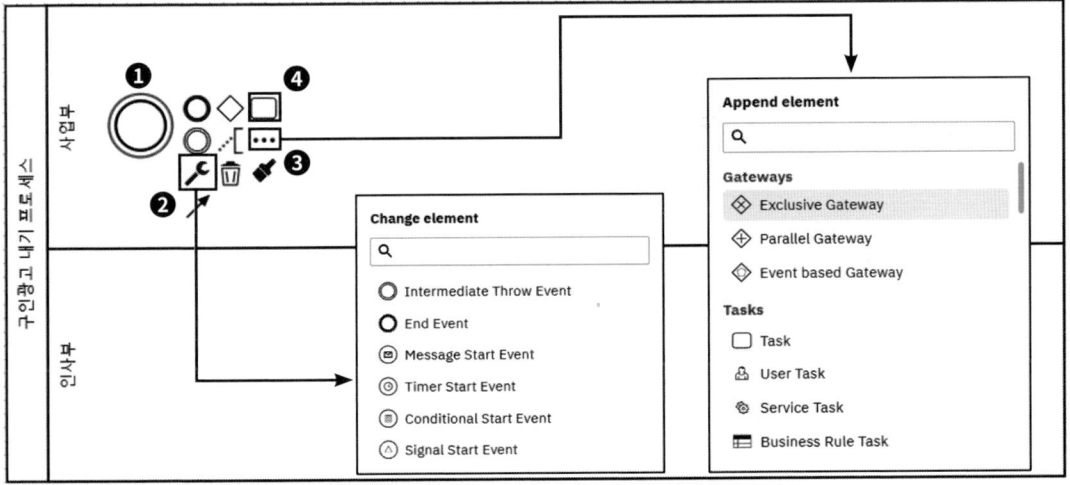

프로세스의 시작은 시작 이벤트이기 때문에 이를 기점으로 프로세스를 진행하기 위해서는 우선 시작 이벤트를 선택(1번)해야 한다. 그러면 시작 이벤트 오른쪽에 다양한 아이콘들이 팝업으로 나타나게 된다. 팝업으로 나타난 아이콘들을 살펴보면 종료 이벤트, 중간 이벤트, 게이트웨이, 태스크 등이 기본으로 표시되고 있으며, 시작 이벤트의 종류를 변경하기 위해서는 스패너(공구) 아이콘을 선택(2번)한 후 "Change element" 대화상자에서 원하는 시작 이벤트의 유형을 선택해주면 된다.

우리는 시작 이벤트의 유형을 변경하지 않을 것이므로 해당 팝업이 나타나는 것만 확인해보기로 하자.

그리고 점이 세 개 있는 미트볼 아이콘을 선택(3번)하면, 마찬가지로 팝업으로 다른 요소들을 추가할 수 있는 "Append element" 대화상자가 나타난다. 역시 어떠한 항목들이 있는지 확인해두기로 하자.

여기서는 기존에 노출되어 있는 작업(Task)을 추가할 것이므로 작업(Task) 버튼(4번)을 선택한 후 드래그 해서 원하는 위치에 놓는다.

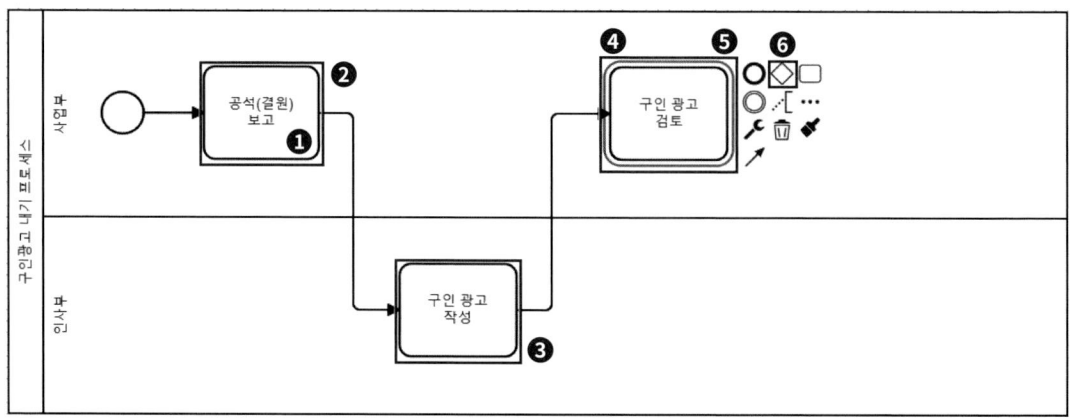

작업이 추가되면 기본적으로 시퀀스 플로(연결선)가 연결된 상태로 작업이 추가된다. 그러므로 보다 편리하게 다이어그램을 작성할 수 있게 된다. 그리고 작업에 문자를 작성할 수 있도록 텍스트를 입력할 수 있는 상태가 되는데 여기에 "공석(결원) 보고"라고 입력(1번)한다. 여기서 문자에 줄 바꿈을 하기 위해서는 Shift + Enter를 입력하면 된다.

같은 방법으로 "공석(결원) 보고" 작업을 선택(2번)한 다음 팝업 아이콘 중에 작업 아이콘을 선택한다. 그리고 인사부 레인에 "구인 광고 작성"(3번) 작업을 추가한 다음 다시 사업부 레인에 "구인 광고 검토"(4번) 작업을 추가한다. "구인 광고 검토" 작업 이후에는 판단이 들어가게 되므로 "구인 광고 검토" 작업을 선택(5번)한 상태에서 팝업 아이콘 중에 게이트웨이를 선택한다.

여기에서 원본 다이어그램을 보면 "구인 광고 검토" 작업 이전에 게이트웨이가 있는데 업무 흐름상 이 게이트웨이는 잠시 후에 추가할 것이다.

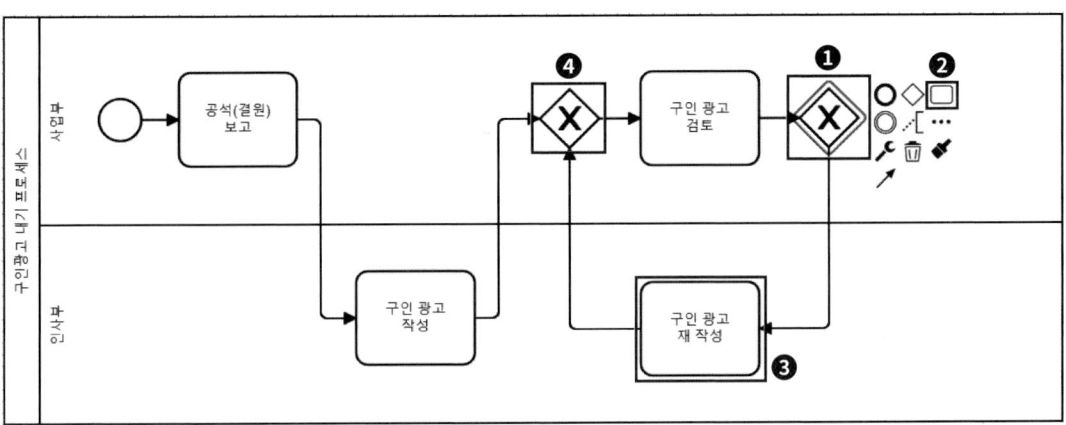

게이트웨이가 추가된 후에는 다시 인사부 레인에 "구인 광고 재 작성" 작업을 추가해야 하기 때문에 게이트웨이를 선택(1번)한 다음 팝업 아이콘 중에 "작업"을 선택(2번)하여 인사부 레인에 추가한 후 "구인 광고 재 작성"이라고 입력한다.

다음으로 "구인 광고 재 작성" 이후에는 다시 재 작성된 광고 내용을 사업부에서 검토해야 하기 때문에 구인광고 검토 이전으로 프로세스가 연결되어야 한다.

이를 위해 "구인 광고 재 작성" 작업을 선택(3번)한 후 나타나는 팝업 아이콘 중 게이트웨이를 선택해서 "구인 광고 작성" 작업과 "구인 광고 검토" 작업으로 연결되는 시퀀스 플로 위에 게이트웨이 아이콘을 오버랩시키면(4번), 위와 같이 바로 게이트웨이가 시퀀스 플로와 연결된 상태로 추가된다.

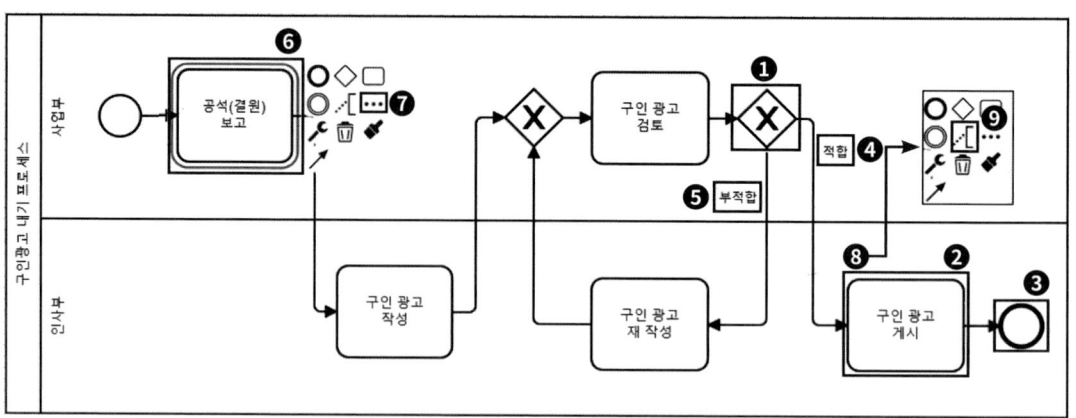

이제 프로세스를 완성해보기로 하자. 우선 "구인 광고 검토" 작업 다음에 있는 게이트웨이를 선택(1번)한 후 "인사부" 레인에 "구인 광고 게시" 작업을 추가(2번)하고, 이어서 "종료 이벤트"를 연결(3번)한다.

그러면 전체 프로세스는 완성이 된 것이다. 그러나 배타적 게이트웨이를 통해서 프로세스가 분할되는 경우에는 출구 조건을 텍스트로 정의해주어야 하는데, 이를 위해서 "게이트웨이"에서 "구인 광고 게시" 작업으로 연결되는 시퀀스 플로를 더블 클릭한다. 그러면 텍스트를 입력할 수 있는데 여기서 "적합"이라고 입력(4번)한 다음 마찬가지로 "게이트웨이"에서 "구인 광고 재 작성" 작업으로 연결되는 시퀀스 플로를 더블클릭 한 후 "부적합"을 입력(5번)한다.

그 다음으로 이제 데이터 객체를 추가하기 위해 "공석(결원) 보고" 작업을 선택(6번)한 후 팝업 아이콘 중에 미트볼 버튼(7번)을 누르면 Append element 대화상자가 나타난다. 여기에서 가장 하단으로 스크롤을 내리면 "Data Object Reference" 항목이 보이는데 이를 선택해서 다이어그램에 데이터 객체를 추가한 다음 "결원 보고서"라고 입력한다.

마지막으로 "구인 광고 게시" 작업에 주석을 추가할 것이므로 "구인 광고 게시" 작업을 선택(8번)한 후 주석 아이콘을 선택(9번)하면 주석 객체가 다이어그램에 추가된다. 여기에 "홈페이지 담당자가 게시한다."는 텍스트를 입력하면, 하나만 남겨두고 모두 작업이 완료됐다.

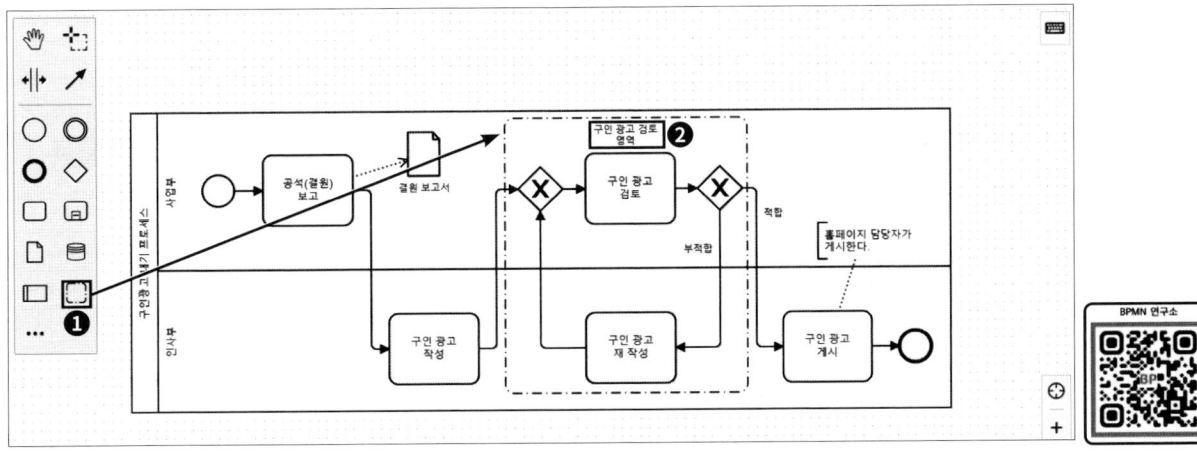

마지막 남은 하나는 바로 그룹을 지정하는 것이다. 이를 위해 팔레트에서 그룹(Group) 객체를 선택(1번)한 후 드래그해서 적당한 곳에 위치시키고 사이즈를 조정한다. 위치가 정리됐으면 이제 마지막으로 그룹 객체를 더블 클릭해서 "구인 광고 검토 영역"이라고 입력(2번)하면 다음과 같이 모든 작업은 완료된다.

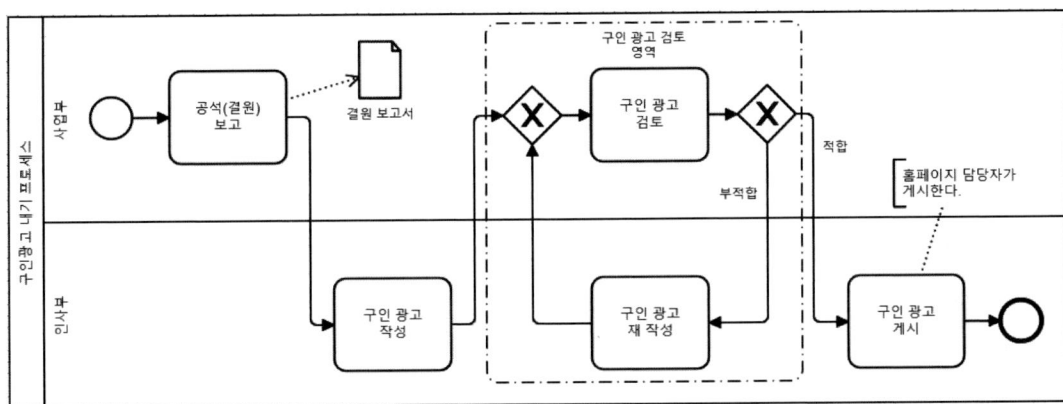

③ 위치 이동 및 영역 선택

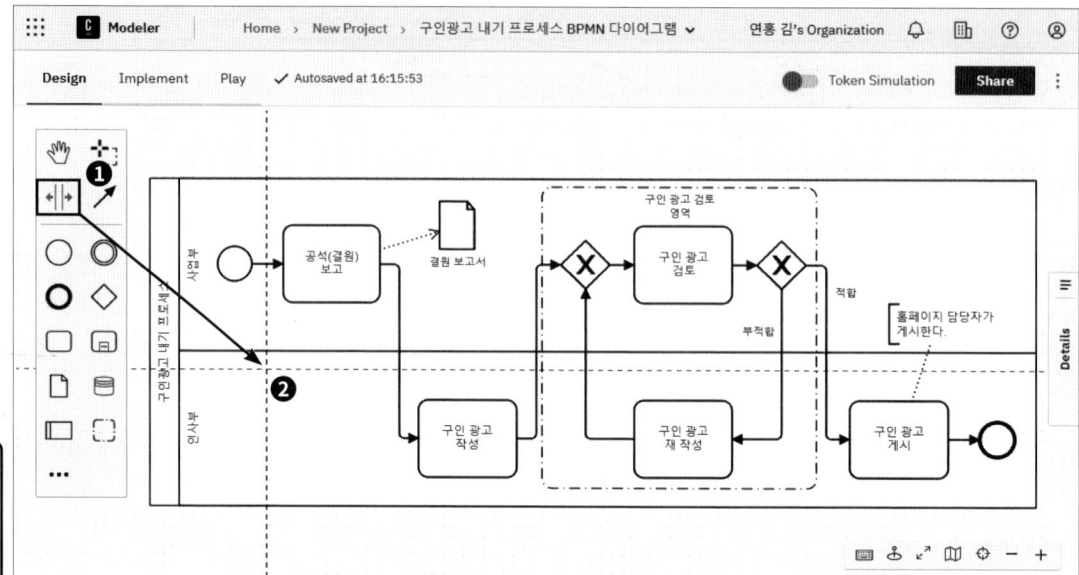

BPMN 다이어그램을 작성하다 보면 중간에 미처 생각하지 못했던 작업(Task)나 게이트웨이 등을 추가하거나 또는 빼기 위해서 특정 지점을 기점으로 다이어그램을 앞뒤로 밀거나 또는 위아래로 위치를 조정해야 하는 상황이 발생할 수 있다. 이를 위해서 왼쪽 팔레트에서 "Activate the create/remove space tool"을 선택(1번)하면 마우스 포인터를 기준으로 십자 점선이 같이 이동하게 되는데, 이때 원하는 지점을 클릭(2번)한 후 상하, 좌우로 위치를 넓히거나 줄일 수 있다.

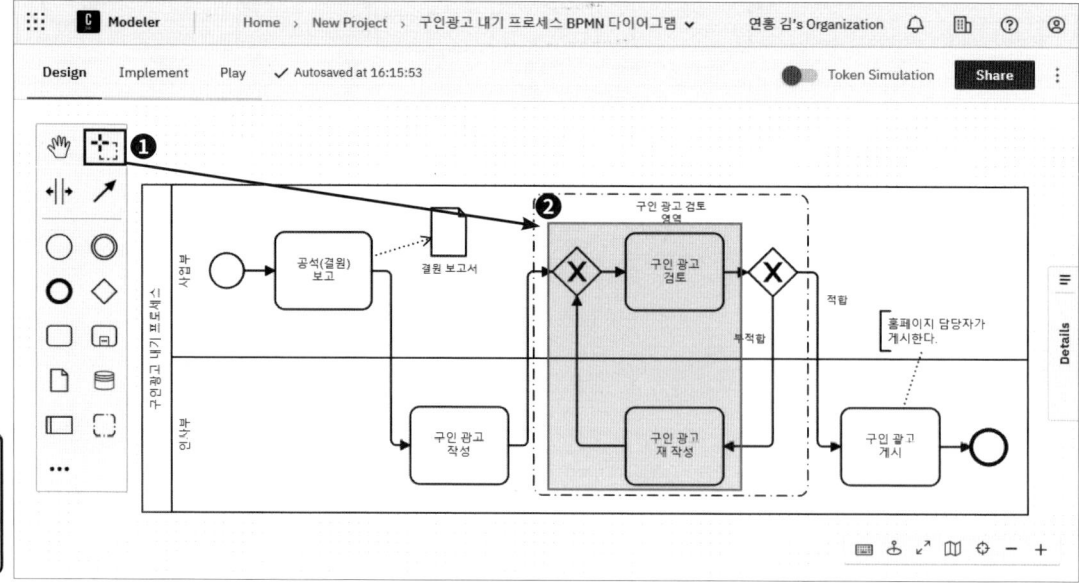

그리고 원하는 다이어그램 내에 개채들만 선택해서 위치를 이동하거나 복사하기 위해서는 마찬가지로 왼쪽 팔레트에서 "Activate the lasso tool"을 선택(1번)한 후 원하는 객체들이 있는 지점부터 영역을 선택(2번)하면 해당 영역에 포함된 객체들이 선택되며, 이상태에서 해당 객체들만 복사하거나 위치를 이동시킬 수 있다.

이 작업은 팔레트에서 "Activate the lasso tool"을 선택하지 않고, Shift 버튼을 누른 후 마우스 포인터로 영역을 지정해도 같은 작업을 수행할 수 있다.

④ 다이어그램 저장하기 및 불러오기

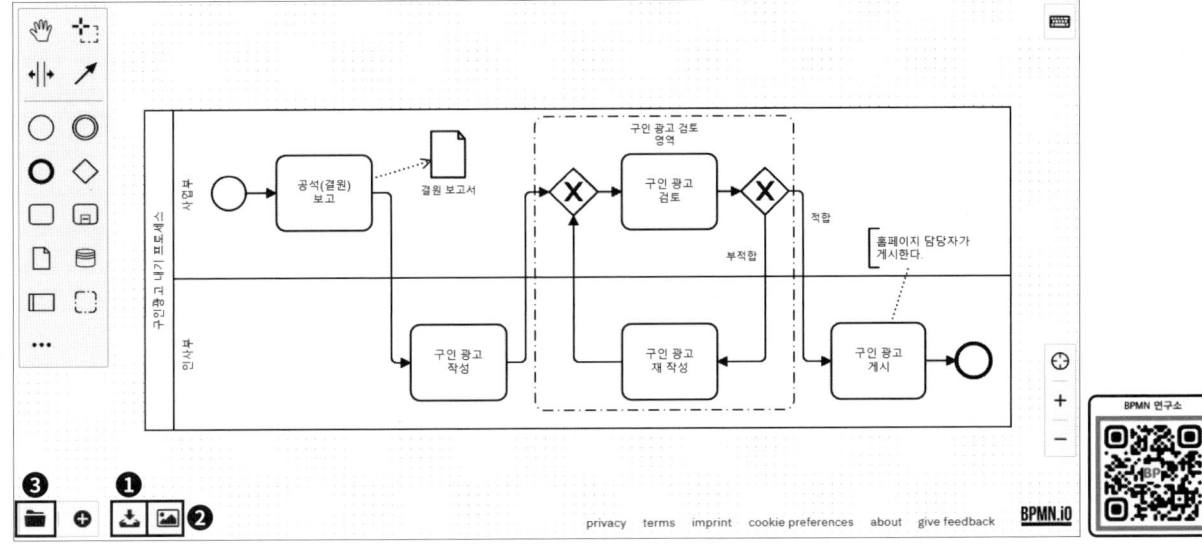

작성된 BPMN 다이어그램을 저장하기 위해서는 화면 하단에 있는 "Download as a BPMN 2.0 file" 버튼(1번)을 누르면 된다. 우리는 지금 웹 브라우저에서 작업을 했기 때문에 이를 저장하기 위해서는 저장이 아닌 다운로드(Download)를 해야 하는 것이다.

그리고 그 옆에 있는 "Download as SVG Image" 버튼(2번)은 현재 다이어그램을 이미지로 저장하게 되는데, 이때 저장되는 파일 형식은 확장할 수 있는 백터 이미지 형식인 SVG 파일로 저장된다.

저장 버튼을 눌렀다면 탐색기를 이용해서 "다운로드" 폴더로 이동하면 최초 "diagram.bpmn" 파일로 다운로드가 된다. 그러나 이렇게 파일명을 관리하면 나중에 헷갈릴 수밖에 없기 때문에 정확한 의미를 갖는 파일명으로 변경해주어야 한다.

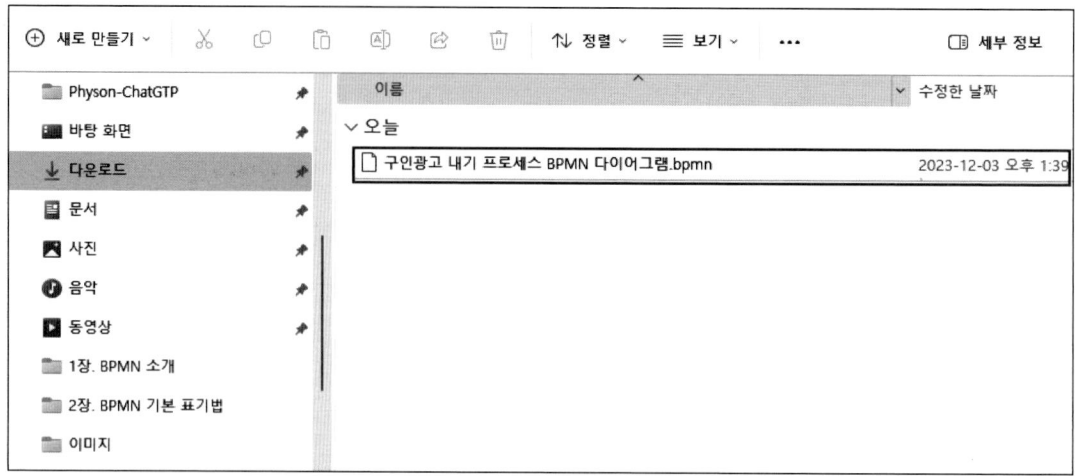

위 화면은 다운로드 된 파일명을 "구인광고 내기 프로세스 BPMN 다이어그램"으로 변경한 예이다.

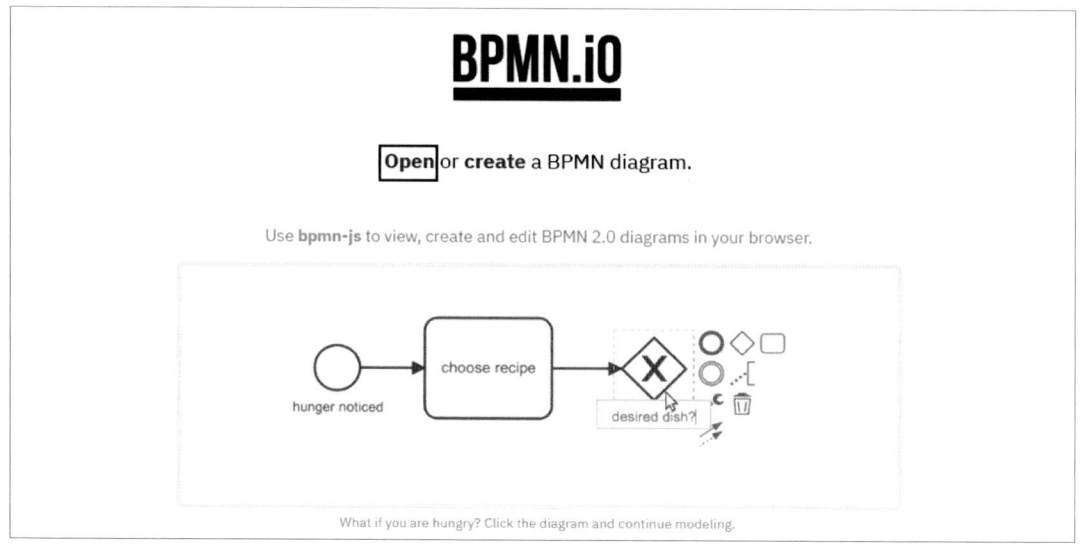

작업을 완료한 이후 다시 해당 파일을 불러오기 위해서는 이전 화면에서 열기 버튼(3번)을 누르거나 아니면 새로 해당 사이트에 접근하는 경우에는 위와 같이 다이어그램 생성 이전 화면에서 "Open" 링크를 선택해도 된다.

이렇게 기존 파일을 다시 불러서 다이어그램을 수정한 후 이를 저장하면 기존 저장된 파일명으로 다시 저장되기 때문에 파일명을 다시 변경해주어야 할 필요는 없다. 하지만 이렇게 다이어그램을 열어서 추가로 작업했다면, 이를 다시 다운로드 받아서 기존 파일과 버전이 겹치거나 충돌이 발생하지 않도록 파일 관리에 신경을 써주어야 한다.

BPMN.io 사이트는 브라우저에서 작업하고 결과를 다운로드 받는 툴이기 때문에 약간 번거롭지만 그래도 접근이 용이하다는 장점을 갖는다.

Exercises

chapter
1
BPMN(Business Process Model and Notation) 소개

01 기업의 비즈니스 프로세스를 파악하고 정의하며, 이를 보다 효율적으로 개선하기 위한 관리 체계를 무엇이라고 하는가?

① BPMS (비즈니스 프로세스 관리 시스템)
② BPM (비즈니스 프로세스 관리)
③ BPMM (비즈니스 프로세스 성숙도 모델)
④ BPR (비즈니스 프로세스 재설계)

02 다음 중 BPMN(Business Process Model and Notation)의 표준화 주관 단체는 무엇인가?

① BPMI (Business Process Management Initiative)
② ISO (International Organization for Standardization)
③ OMG (Object Management Group)
④ W3C (World Wide Web Consortium)

03 다음 중 BPMN(Business Process Model and Notation)의 장점이 아닌 것은 무엇인가?

① 표준화된 표기법　　　　　② 시각적 표현과 이해
③ 비즈니스 의사 결정에 도움　④ 결과 중심의 표현

04 다음 중 BPMN(Business Process Model and Notation)의 가장 중요한 장점은 무엇인가?

① 표준화된 표기법　　　　　② 시각적 표현과 이해
③ 비즈니스 의사 결정에 도움　④ 결과 중심의 표현

05 1990년대 August-Wilhelm Scheer에 의해 통합 정보 시스템 아키텍처(ARIS) 프레임워크 내에서 개발되었으며, 비즈니스 프로세스를 모델링, 분석 및 재설계하는 데 사용되기 위한 표기법은 무엇인가?

① 순서도(Flow Chart)
② Entity Relation Model
③ UML (Unified Modeling Language)
④ 이벤트 기반 프로세스 체인 (Event Based Process Chain)

06 다음 중 BPMN에서 업무에 참여하는 부서나 담당자들의 역할을 구분하기 위해서 사용하는 것은 무엇인가?

① 풀 (Pool) ② 레인 (Lane)
③ 게이트웨이(Gateway) ④ 액티비티 (Activity)

07 다음 중 풀(Pool)과 풀 사이에서 메시지나 정보의 전달을 표현하기 위해서 사용하는 연결 객체는 무엇인가?

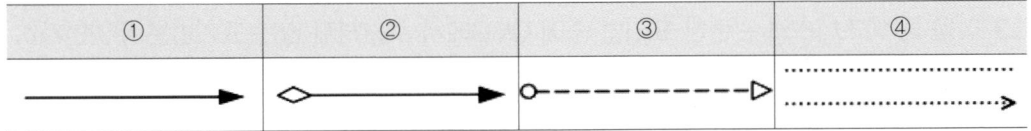

08 다음 중 판단을 해야 할 때 사용되며, 순서도에서 사용하는 것과 같은 역할을 하는 게이트웨이는 무엇인가?

① 배타적 게이트웨이 ② 포괄적 게이트웨이
③ 병렬 게이트웨이 ④ 복합 게이트웨이

09 다음 중 BPMN에서 제공하는 이벤트 유형에 해당하지 않는 것은 무엇인가?

① 시작 이벤트(Start Event) ② 중간 이벤트(Intermediate Event)
③ 종료 이벤트(End Event) ④ 참조 이벤트(Reference Event)

Exercises

10 다음 중 BPMN에서 프로세스의 흐름에는 영향을 주지 않으면서 추가적인 정보를 제공하기 위해 사용되는 기호들을 무엇이라고 하는가?

① 아티팩트(Artifact) ② 액티비티(Activity)
③ 이벤트(Event) ④ 게이트웨이(Gateway)

11 다음 중 BPMN 다이어그램에서 특정 영역을 표현하기 위해서 사용되는 그룹은 무엇인가?

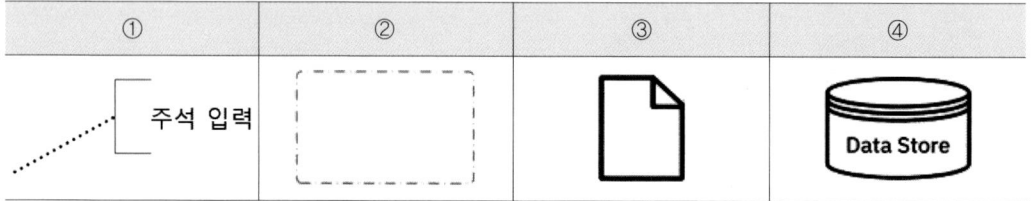

12 다음 중 BPMN의 3단계 수준에 해당하지 않는 것은 무엇인가?

① 서술 수준(Descriptive Level) ② 분석 수준(Analytic Level)
③ 실행 수준(Executable Level) ④ 최적화 수준(Optimization Level)

13 다음 중 비즈니스와 관련한 표기법 중에 OMG에서 주관하지 않는 표기법은 무엇인가?

① BPMN (Business Process Model and Notation)
② DMN (Decision Model Notation)
③ CMMN (Case Management Model Notation)
④ ER Model (Entity Relation Model)

1	2	3	4	5	6	7	8	9	10
②	③	④	②	④	②	③	①	④	①
11	12	13							
②	④	④							

BPMN & DMN User Guide

2장
BPMN 핵심 표기법

1. 게이트웨이(Gateway)
    1-1 게이트웨이(Gateway) 소개
    1-2 배타적 게이트웨이(Exclusive Gateway)
    1-3 병렬 게이트웨이(Parallel Gateway)
    1-4 포괄적 게이트웨이(Inclusive Gateway)
    1-5 복합 게이트웨이(Complex Gateway)
    1-6 게이트웨이 사용 시 주의사항
2. 이벤트(Event)
    2-1 이벤트(Event) 소개
    2-2 시작 이벤트(Start Event)
    2-3 종료 이벤트(End Event)
    2-4 중간 이벤트(Intermediate Event)
    2-5 이벤트 기반 결정(Event-Based Decision)
3. 액티비티(Activity)
    3-1 액티비티(Activity) 소개
    3-2 하위 프로세스(Sub Process)
    3-3 작업의 유형(Task Type)
    3-4 프로세스 호출(Call of Process)
    3-5 반복 액티비티(Loop Activity)와 다중 인스턴스 액티비티(Multi Instance Activity)
    3-6 임의적인 하위 프로세스(Ad-hoc Sub Process)

THE START

1. 게이트웨이(Gateway)

1-1 게이트웨이(Gateway) 소개

구분		표기	설명	
배타적 (Exclusive)	데이터 기반 (Data Based)	◇ or ✕	배타적 게이트웨이는 반드시 한 경로만 선택된다.	출구 조건을 갖는다.
	이벤트 기반 (Event Based)	◉		출구 조건을 갖지 않는다.
포괄적(Inclusive)		○	하나 혹은 그 이상의 경로로 분할되거나 병합한다.	
병렬(Parallel)		✚	두 개 이상의 경로로 분할되어 동시에 실행된다.	
복합(Complex)		✳	토큰을 처리하기 위한 임의의 규칙이 포함될 수 있다.	

게이트웨이(Gateway)는 프로세스의 분할(Split)과 병합(Merge)을 위해 사용되며, 순서도에서 판단(마름모) 기호의 역할에 해당한다. 순서도에는 이렇게 분할하거나 병합하기 위한 기호가 판단(마름모) 하나밖에 없지만, BPMN에서는 위 화면에서 보는 바와 같이 4가지 카테고리에 총 5가지의 게이트웨이가 존재한다.

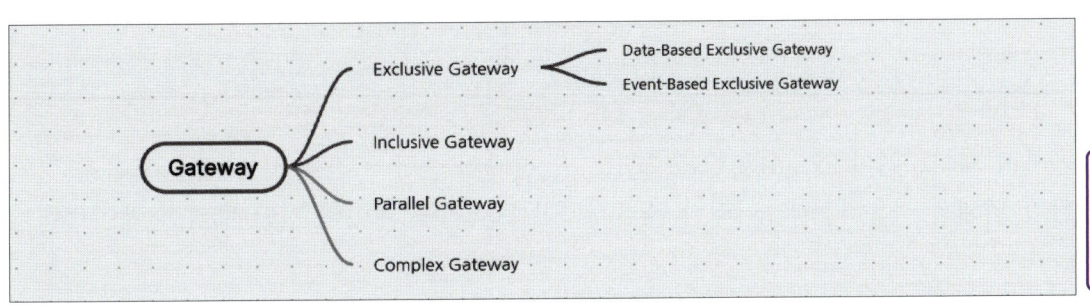

이들은 모두 상황에 따른 프로세스의 분할과 병합을 표현하기 위한 구분이며, 바로 이렇게 세분화된 게이트웨이의 존재는 복잡한 논리 구조를 BPMN을 통해서 표현해 낼 수 있게 해주는 강력함을 제공해준다. 이제 하나씩 관련 내용을 살펴보기로 하자.

이제 여러분들도 BPMN.io 사이트를 통해서 BPMN 다이어그램을 작성하는 기본 방법을 습득했기 때문에 다음 예제들은 같이 작성해보기로 하자. 이후에 예제 다이어그램을 작성 방법들은 별도 항목으로 구분해서 설명하지는 않겠지만, 설명을 필요로 하는 다이어그램 작성 방법에 대해서는 요소요소에서 설명을 추가하도록 하겠다.

1-2 배타적 게이트웨이(Exclusive Gateway)

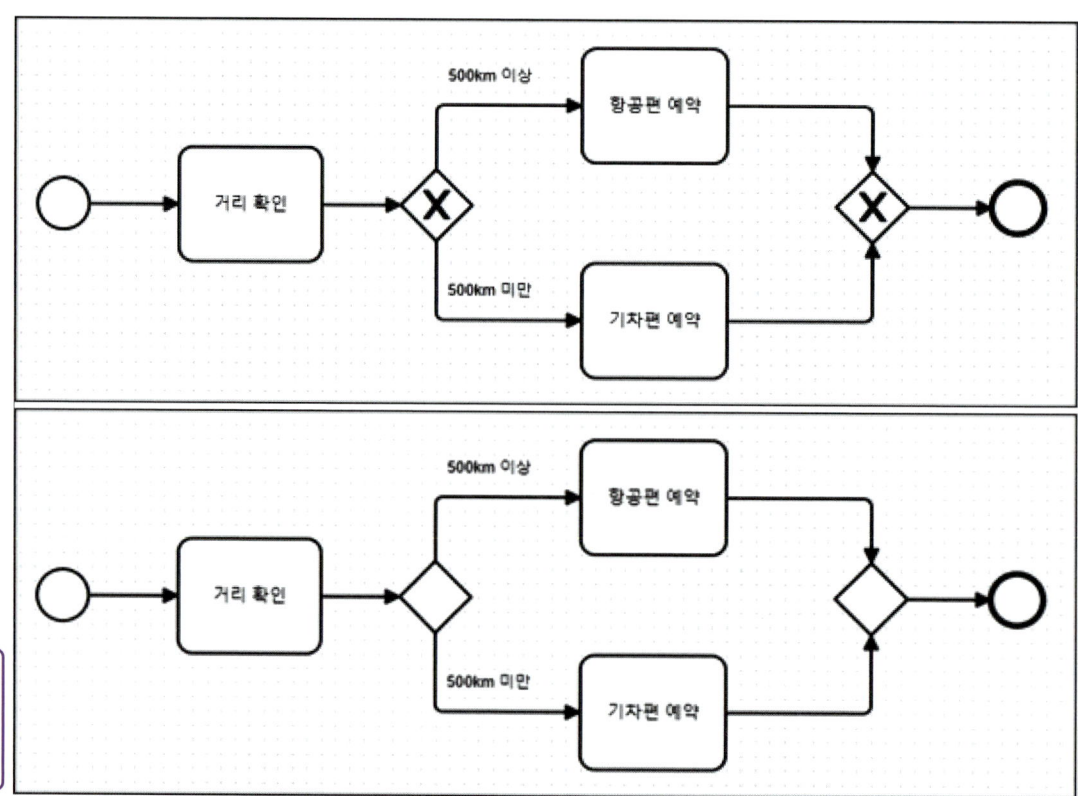

배타적 게이트웨이(Exclusive Gateway)는 단 하나의 출구 조건을 갖는 업무 흐름을 정의하기 위해서 사용하는데, 이러한 배타적 게이트웨이는 데이터 기반 배타적 게이트웨이

(Data Based Exclusive Gateway)와 이벤트 기반 배타적 게이트웨이(Event Based Exclusive Gateway) 두 가지 종류가 있다.

데이터 기반 배타적 게이트웨이는 업무 처리 과정에 대한 논리적 판단을 해야 하는 경우 판단에 따른 업무 흐름을 구분하기 위해서 사용된다. 위의 화면을 보면 우선 목적지의 거리를 확인한 후 거리가 500km 이상인 경우와 500km 미만인 경우로 흐름이 분할되는데, 500km 이상인 경우에는 항공편을 예약하는 쪽으로 업무 흐름이 이동하게 되고, 500km 미만인 경우에는 기차편을 예약하는 방향으로 업무 흐름이 이동하게 된다.

목적지의 거리가 500km 이상이면서 500km 미만일 수는 없기 때문에 이렇게 배타적 게이트웨이를 만나게 되면 확인된 거리에 따라서 조건에 맞는 단 하나의 경로만 선택된다. 이러한 조건을 출구 조건이라고 하는데 이러한 출구 조건에 대한 정의는 시퀀스 플로(Sequence Flow, 실선 화살표) 위에 텍스트로 정의하게 된다.

데이터 기반 배타적 게이트웨이에 대한 표현은 위 화면에서 보는 바와 같이 마름모 안쪽에 "X" 마커가 표시되어 있는 기호(화면 위)와 마름모 안쪽이 빈 기호(화면 아래)로 표시될 수 있는데, 두 기호 모두 동일하게 데이터 기반 배타적 게이트웨이를 표현하며, 기능적인 차이점은 없다.

참고로 BPMN.io 사이트에서 제공하는 툴의 경우 배타적 게이트웨이에 대한 표시로 "X" 마커가 있는 게이트웨이만 지원한다.

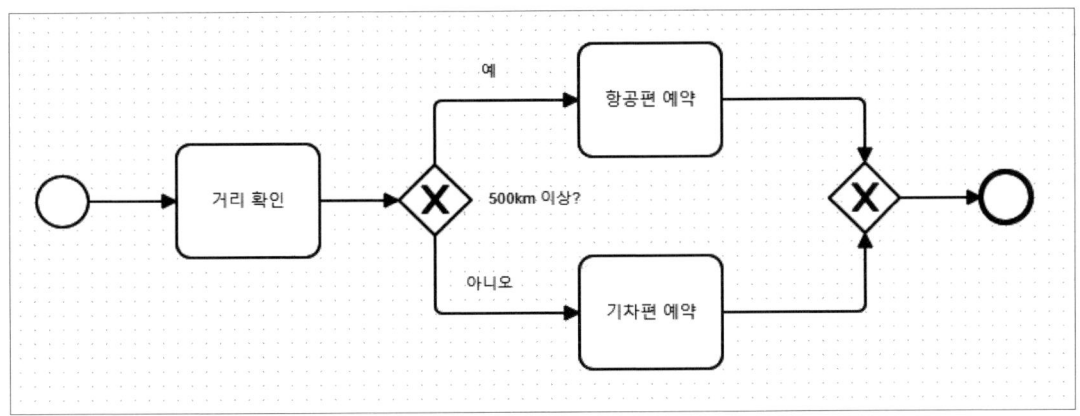

앞서 시퀀스 플로에 출구 조건을 정의할 수 있다고 했는데 이렇게 경우의 수가 둘 중의 하나인 경우라면 게이트웨이 텍스트 영역에 질문을 포함할 수도 있다. 위 화면에서는 게이트웨이에 "500km 이상?"이라는 질문이 포함됐다. 그렇다면 각기 연결된 시퀀스 플로에는 출구 조건을 "예" 또는 "아니오"만 적어주면 이전 화면과 같은 의미를 표현할 수 있게 되는 것이다.

위 다이어그램은 앞에서 소개한 조건 플로(Conditional Flow)를 이용해서 다음과 같이 표현할 수 있다.

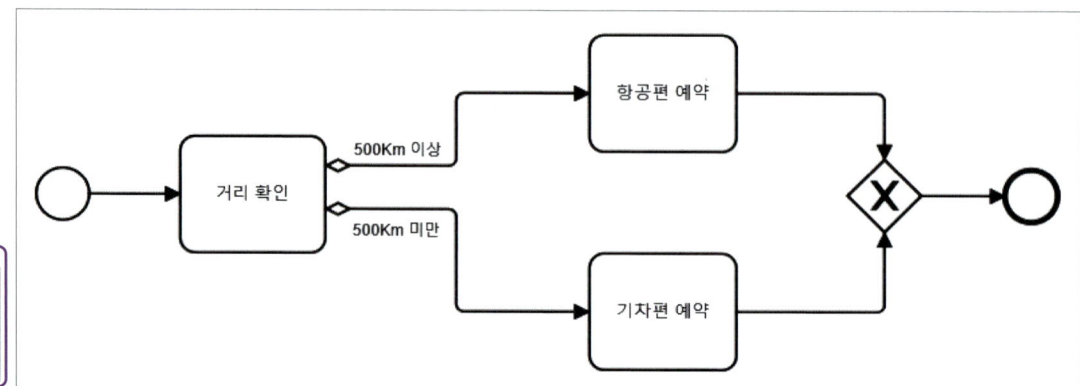

위 다이어그램은 배타적 게이트웨이를 사용하지 않고, 조건 플로(Conditional Flow)를 이용해서 모델링을 한 것이다. 이렇게 조건 플로는 시작 지점에 조건을 정의하게 되는데 이는 배타적 게이트웨이를 사용한 것과 같다. 그러나 필자 개인적인 성향일 수는 있지만 같은 표현을 할 수 있다면 필자는 이전 다이어그램과 같이 분할과 병합에 대한 표현을 같은 방법으로 표시하는 것을 선호한다.

왜냐하면 개인적으로 게이트웨이를 사용하는 것이 더 가독성이 좋게 느껴지기 때문이다.

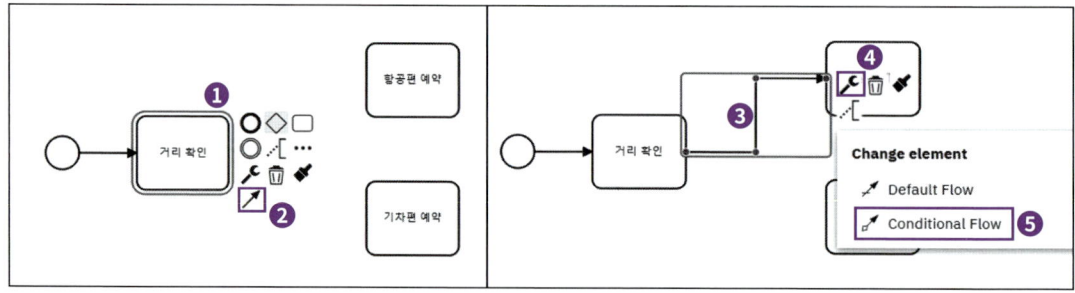

조건 플로를 이용해서 연결하기 위해서는 우선 "거리 확인" 작업을 선택(1번)한 후 팝업 아이콘 중 시퀀스 플로를 선택(2번)해서 "항공권 예약" 작업에 연결한다. 그리고 시퀀스 플로를 선택(3번)한 후 나타나는 팝업 아이콘 중에 "Change Type" 버튼을 선택(4번)하면, 하단에 "Change element" 팝업 상자가 나타나는데 여기에서 "Conditional Flow" 항목을 선택(5번)하면 된다.

① 분할 게이트웨이와 병합 게이트웨이

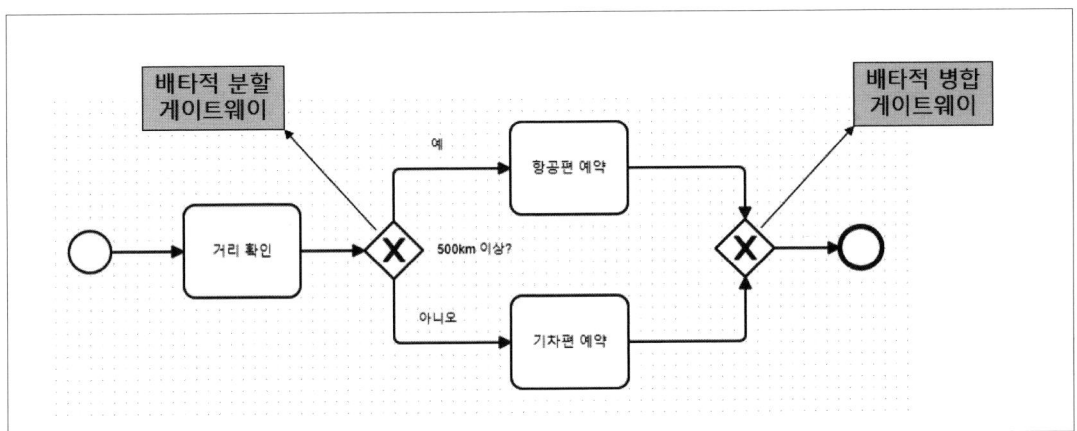

시퀀스 플로에 출구 조건을 "500km 이상", "500km 이하" 이렇게 길게 쓰게 되면, 같은 문장이 중복되면서 다이어그램에 텍스트가 많아지게 되고 이 때문에 전체 BPMN 다이어그램의 복잡도는 증가된다. 그러므로 이렇게 게이트웨이에 질문을 사용하는 것은 문서의 복잡도를 줄여 보다 가독성을 높여주는 방법이라고 할 수 있다.

그리고 같은 배타적 게이트웨이라고 하더라도 프로세스를 분할하기 위한 목적으로 사용되는 게이트웨이는 이름에 "분할"이란 단어를 넣어서 "배타적 분할 게이트웨이(Splitting Parallel Gateway)"라고 하며, 프로세스를 병합하기위한 게이트웨이는 이름에 "병합"이란 단어를 넣어서 "배타적 병합 게이트웨이(Merging Parallel Gateway)"라고 한다.

추가로 반드시 그런 것은 아니지만 기본적으로 배타적 게이트웨이로 분할된 프로세스를 병합하기 위해서는 마찬가지로 배타적 게이트웨이를 이용하는 것이 기본이다. 물론 상황에 따라 분할 게이트웨이와 병합 게이트웨이가 서로 다를 수 있겠지만, 가급적 다이어그램을 작성할 때 분할 게이트웨이와 병합 게이트웨이 종류를 같은 게이트웨이로 사용하는 것이 일반적으로 가독성이 좋다.

프로그램 관점에서 설명하자면, 데이터 기반의 배타적 게이트웨이는 두 가지 흐름 중에서 하나를 선택해야 하는 경우는 IF문에 해당하며, 여러 흐름들 중에서 하나를 선택해야 하는 경우는 CASE문에 해당한다.

② **여러 출구 조건을 갖는 배타적 게이트웨이**

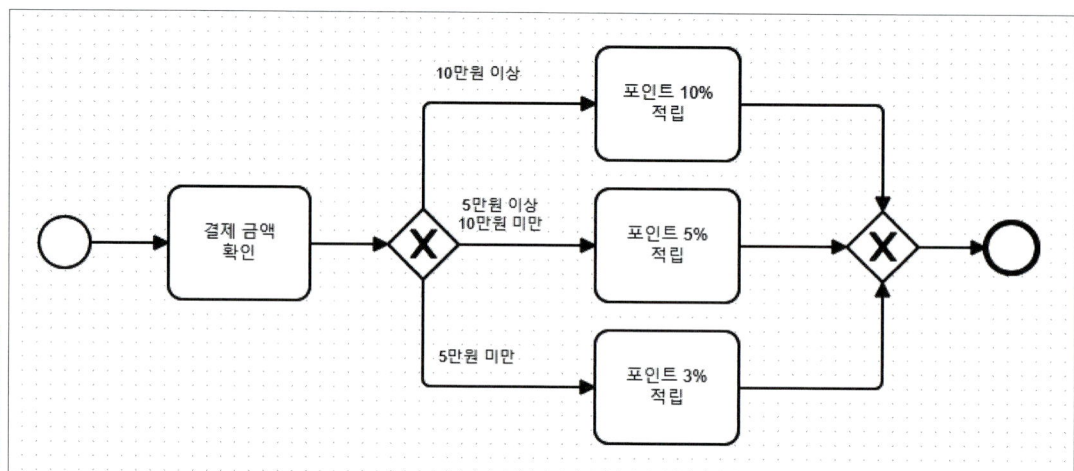

배타적 게이트웨이는 위 화면에서 보는 바와 같이 두 개 이상 여러 개의 업무 흐름으로 연결될 수 있다. 당연한 얘기이지만 배타적 게이트웨이가 여러 다양한 출구 조건을 갖는 다고 하더라도 배타적 게이트웨이이기 때문에 단 하나의 출구 조건만 가질 수 있다.

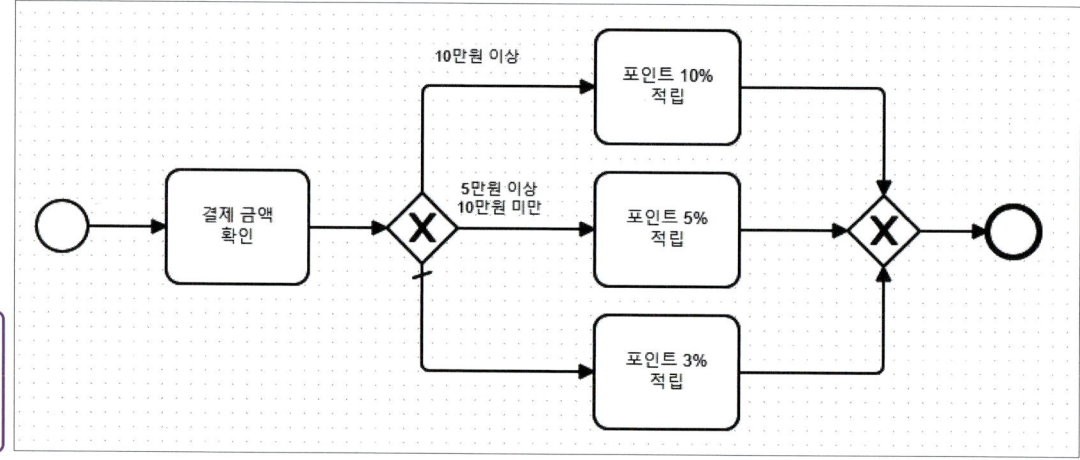

그리고 위의 예제에서 결제 금액을 기준으로 "10만원 이상"과 "5만원 이상 10만원 미만"의 경우가 아니라면 나머지는 "5만원 미만" 밖에 없다. 그러므로 3가지 경로 중에 두가지를 정의한 후 나머지 한 가지를 정의하는 경우에는 굳이 조건을 사용하지 않고 시퀀스 플로에서 사선을 그어 해당 흐름을 표시할 수 있는데, 이를 기본 흐름(Default Flow)라고 한다.

이 부분도 역시 프로그램 관점에서 얘기하자면, IF문이나 CASE문에 포함된 ELSE 절을 표현한다고 보면 된다.

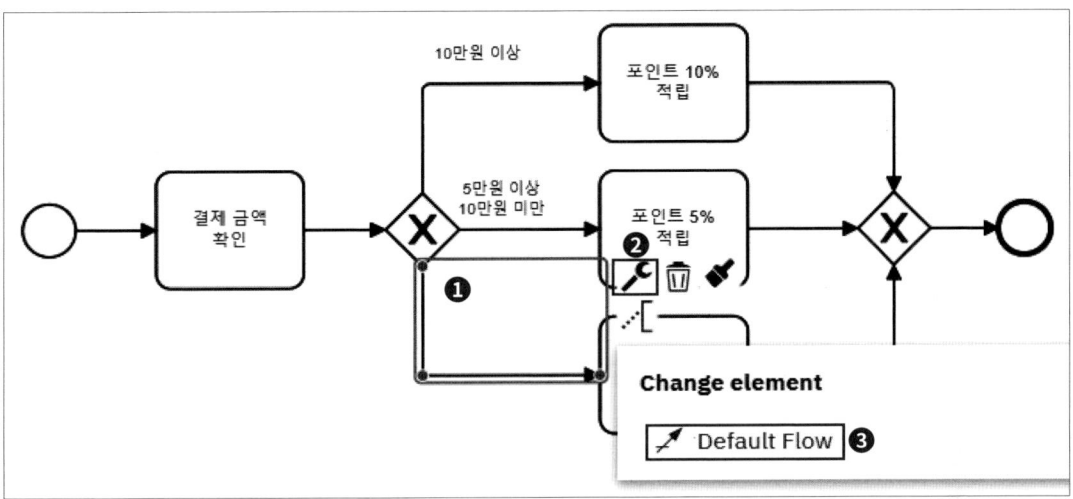

시퀀스 플로에 사선이 표시된 기본 흐름을 표시하기 위해서는 우선 시퀀스 플로를 선택(1번)한 후 팝업 아이콘 중에 "Change Type" 버튼을 선택(2번)한 후 나타나는 "Change element" 팝업 상자에서 "Default Flow"항목을 선택(3번)하면 된다.

배타적 게이트웨이는 데이터 기반 배타적 게이트웨이와 이벤트 기반 배타적 게이트웨이 이렇게 두 가지 종류가 있다. 데이터 기반 배타적 게이트웨이는 앞서 설명했으며 이제 이벤트 기반 배타적 게이트웨이를 설명해야 한다. 그러나 이벤트 기반 배타적 게이트웨이는 이벤트(Event)와 협업 모델(Collaboration Model)에 대한 내용을 이해한 후 설명해야 하기 때문에 이벤트 기반 배타적 게이트웨이에 대한 설명은 다음에 예제를 통해서 설명하기로 하겠다.

1-3 병렬 게이트웨이(Parallel Gateway)

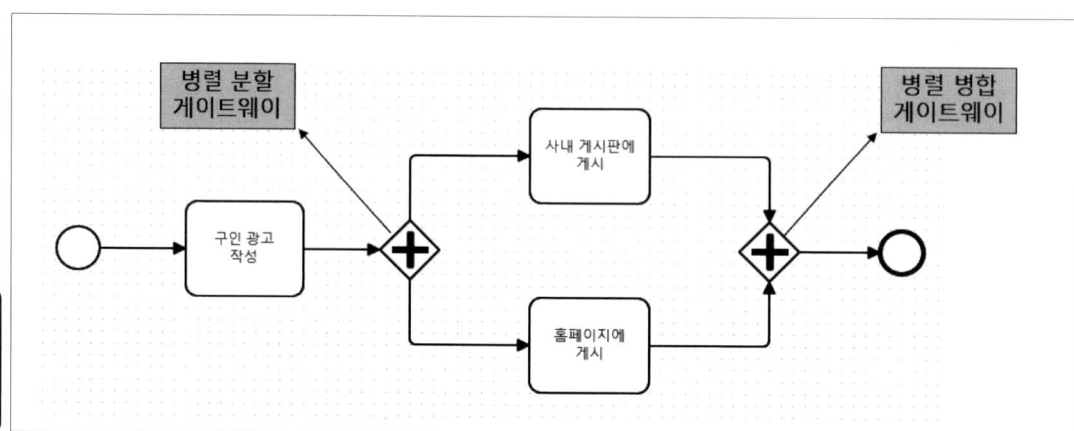

병렬 게이트웨이(Parallel Gateway)는 여러 작업이 동시에 실행되어야 하는 경우에 사용하는 게이트웨이로서 마름모 안에 "+" 마커가 들어있는 형태로 표현된다. 배타적 게이트웨이와 다르게 여기에는 출구 조건이 포함되지 않는다. 왜냐하면 병렬 게이트웨이를 만나면 프로세스는 병렬 게이트웨이와 연결된 모든 시퀀스 플로를 통해 여러 업무가 모두 실행되는 것을 의미하기 때문이다.

위 예제에서 보면 회사에서 구인 광고를 작성한 다음에는 구인 광고를 게시해야 하는데 구인 광고를 게시할 때 담당자는 사내 게시판에 게시함과 동시에 홈페이지에도 구인 광고를 게시해야 한다. 이렇게 동시에 여러 작업이 진행되어야 하는 경우를 표현할 때 바로 병렬 게이트웨이를 사용한다.

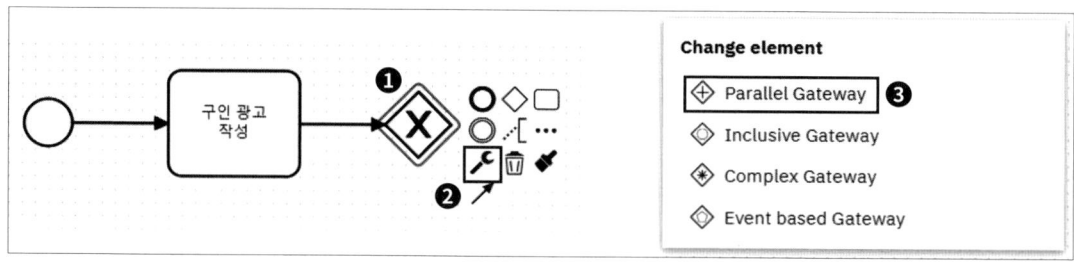

게이트웨이 타입을 병렬 게이트웨이로 변경하기 위해서는 우선 게이트웨이를 선택(1번)한 후에 나타나는 팝업 아이콘 중에 "Change Type" 버튼을 선택(2번)한 후 나타나는 "Change element" 팝업 상자에서 "Parallel Gateway"를 선택(3번)하면 된다.

병렬 게이트웨이 역시 프로세스를 분할하기 위한 목적으로 사용되는 병렬 게이트웨이를 "병렬 분할 게이트웨이"라고 하며, 프로세스를 병합하기 위한 목적으로 사용되는 병렬 게이트웨이를 "병렬 병합 게이트웨이"라고 한다. 앞에서 언급했던 것과 같이 이 둘은 일반적으로 쌍으로 같이 사용하는 것이 기본이다.

① **토큰(Token)을 이용한 프로세스 설명**

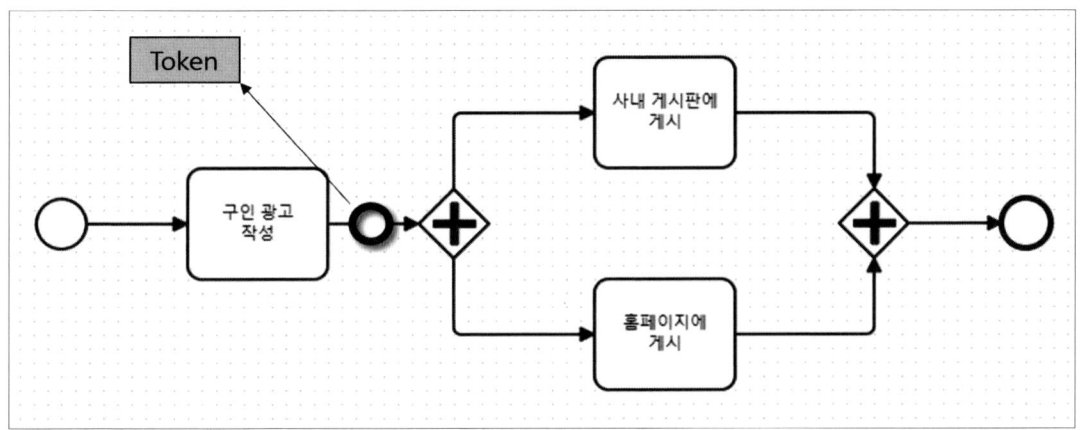

토큰(Token)은 BPMN의 정식 표기법에 포함된 기호는 아니지만 프로세스의 현재 진행 상태를 표현하기 위해 사용하는 기호이다. 위에서 토큰의 위치는 "구인 광고 작성" 단계를 지나서 "병렬 분할 게이트웨이"에 도달하기 전에 있다. 이것의 의미는 현재 프로세스 진행 상황이 병렬 분할 게이트웨이를 만나기 전까지 진행됐다는 의미이다.

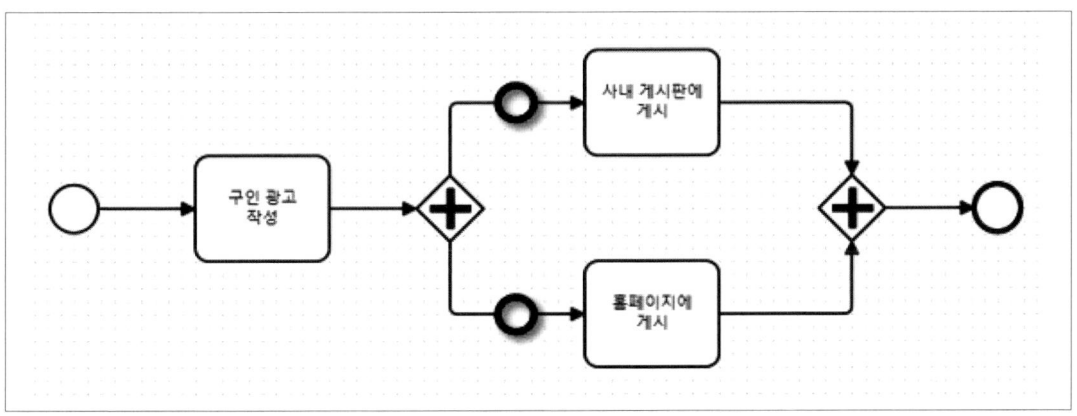

그러면 토큰은 이제 곧 병렬 분할 게이트웨이를 만나게 될 텐데 병렬 분할 게이트웨이를 만나면 연결된 모든 시퀀스 플로에 토큰이 복제되며, 이는 각기 업무가 동시에 진행되고 있음을 나타낸다.

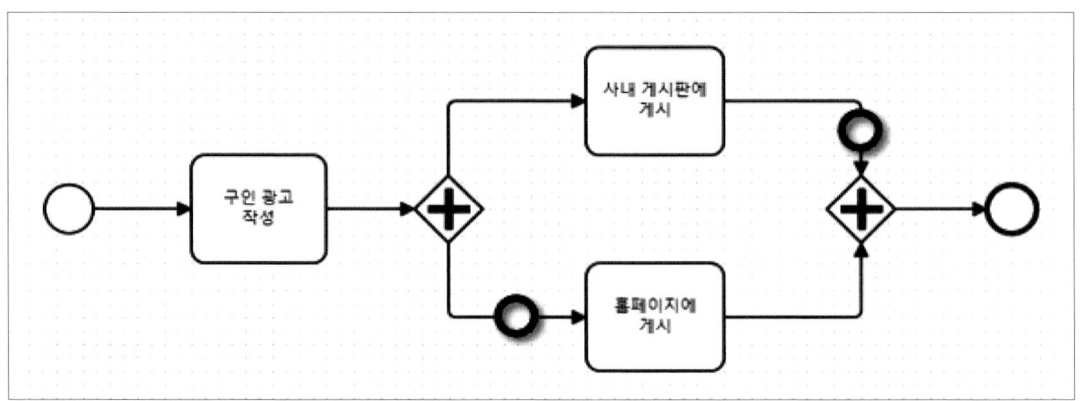

여러 업무가 동시에 실행되다 보면 어떤 업무는 빠르게 처리됐는데 다른 업무는 여러 이유로 처리가 늦어지는 상황이 발생할 수 있다. 예를 들어서 위의 경우를 보면, "사내 게시판에 게시"하는 일은 담당자가 바로 처리를 했는데 "홈페이지에 게시"하는 일은 홈페이지 담당자가 휴가 중이어서 바로 처리가 안되고 있는 상황을 가정해서 표현한 것이다.

그러면 두 개의 토큰 중 위에 있는 토큰은 자신의 업무를 끝냈으므로 다음에 있는 병렬 병합 게이트웨이를 지나서 다음 업무로 이동할 수 있을까?

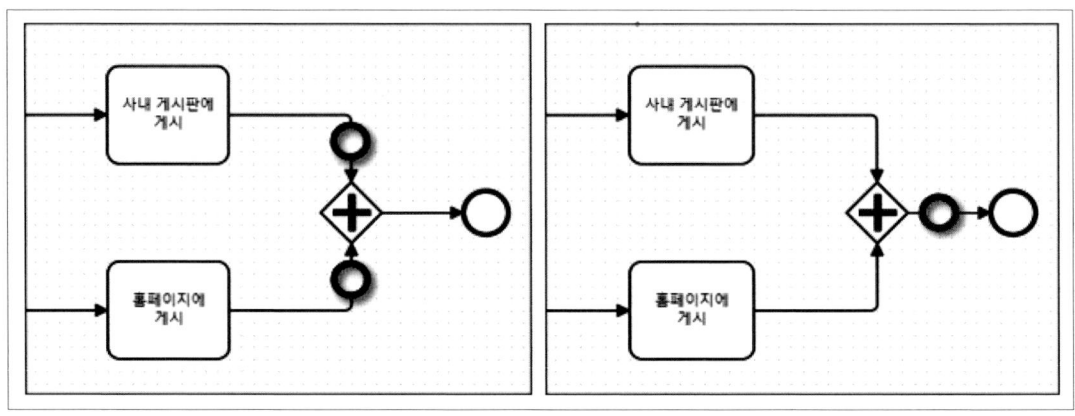

그렇지 않다. 병렬 분할 게이트웨이를 통해서 토큰이 두 개가 만들어졌다면, 두 개의 토큰이 병렬 병합 게이트웨이에 도착해야 복제된 토큰이 합쳐져서 다시 다음 단계로 넘어갈 수 있다. 마찬가지로 병렬 분할 게이트웨이를 통해서 토큰이 3개가 만들어졌다면, 병렬 병합 게이트웨이에 3개의 토큰이 모두 도착해야 다음 단계로 넘어갈 수 있는 것이다.

이러한 병렬 게이트웨이는 논리적으로 "And" 연산에 해당한다. 이것의 의미는 동시에 연결된 모든 작업이 진행되어야 한다는 것이다.

1-4 포괄적 게이트웨이(Inclusive Gateway)

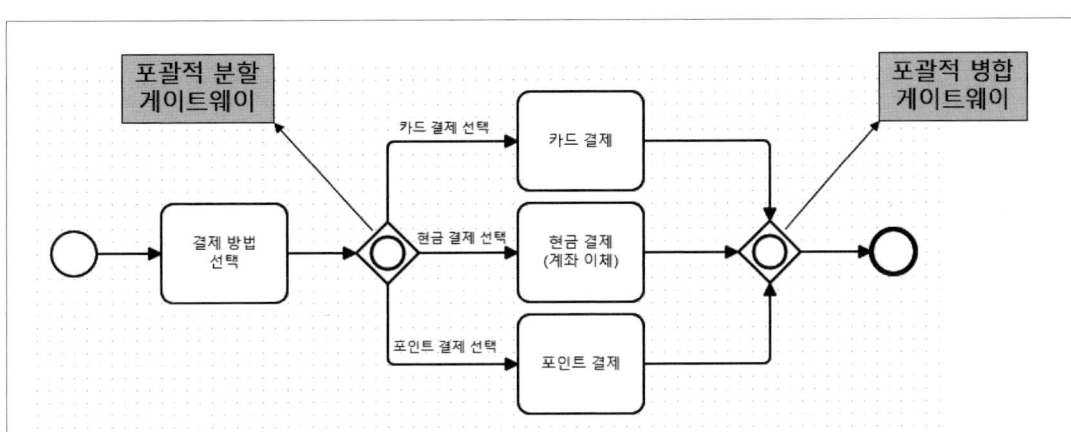

포괄적 게이트웨이(Inclusive Gateway)는 여러 흐름 중 최소한 하나 이상의 경로로 업무가 실행되어야 하는 경우에 사용하는 게이트웨이로서 마름모 안에 동그라미("O") 마커가 들어있는 형태로 표현된다. 포괄적 게이트웨이는 배타적 게이트웨이와 마찬가지로 출구 조건이 포함될 수 있으며, 포괄적 게이트웨이를 만나면 프로세스는 포괄적 게이트웨이와 연결된 모든 시퀀스 플로들 중 최소한 하나 이상의 경로로 업무가 실행되는 것을 표현한다.

포괄적 게이트웨이 역시 앞에서 프로세스를 분할하는 역할을 하는 포괄적 게이트웨이를 "포괄적 분할 게이트웨이"라고 하며, 프로세스를 병합하기 위한 역할을 하는 포괄적 게이트웨이를 "포괄적 병합 게이트웨이"라고 한다.

위의 예제는 화장품이나 뷰티 상품 등을 판매하는 회원제로 운영되는 매장이 있다고 가정했을 때의 결제 방법을 표현한 것이다. 우선 고객은 결제 방법을 "카드 결제"나 "현금 결제" 그리고 "포인트 결제" 중에 원하는 한 가지를 선택해서 결제를 완료할 수 있으며, 두 가지 결제방법 즉, "카드 결제"와 "현금 결제" 또는 "카드 결제"와 "포인트 결제" 아니면 "현금 결제"와 "포인트 결제"를 통해 결제할 수도 있으며, 아니면 "카드 결제"와 "현금 결제" 그리고 "포인트 결제"를 모두 이용해서 결제할 수도 있을 것이다.

포괄적 게이트웨이는 이와 같이 최소한 하나 이상의 모든 조합이 가능한 업무 진행을 표현하는 수단으로 사용된다.

이러한 포괄적 게이트웨이는 프로그램에서 논리적으로 "Or" 연산에 해당한다.

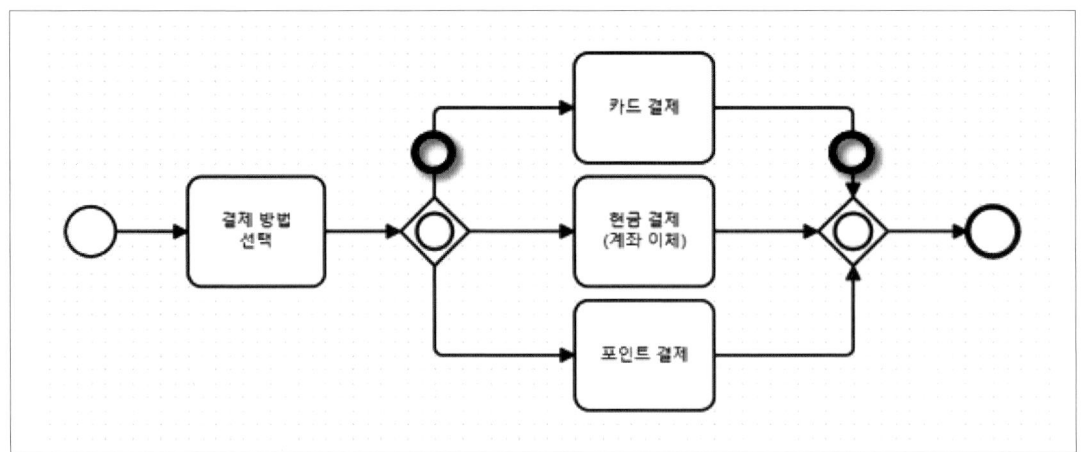

포괄적 게이트웨이는 포괄적 분할 게이트웨이를 통해서 하나의 토큰이 만들어지면, 포괄적 병합 게이트웨이에 하나의 토큰이 도착하면 다음 단계로 이동하게 된다. 마찬가지로 포괄적 분할 게이트웨이를 통해 두 개 또는 세 개의 토큰이 만들어졌다면, 포괄적 병합 게이트웨이에도 두 개 또는 세 개의 토큰 즉, 복제된 수만큼의 토큰이 포괄적 병합 게이트웨이에 모두 도착해야 다음 단계로 이동하게 된다.

① **모든 토큰(Token)이 포괄적 병합 게이트웨이에 도착하지 않을 수도 있다.**

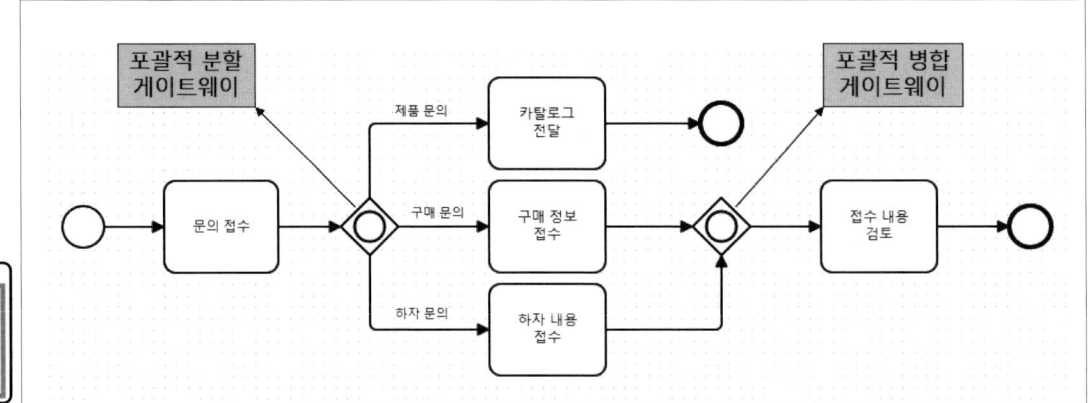

위 내용은 고객으로부터 접수받은 내용 중 "제품 문의"라면 카탈로그를 전송하면서 프로세스를 마무리하게 되고, 나머지 "구매 문의"나 "하자 문의"가 발생한 경우에는 추가로 접수된 내용을 검토하는 "접수 내용 검토" 단계를 거치도록 프로세스를 정리한 것이다.

그러므로 포괄적 분할 게이트웨이에서 제품 문의 시퀀스 플로에 생성된 토큰은 포괄적 병합 게이트웨이에 도착할 수 없는 상황이 된다. 왜냐하면 제품을 문의한 경우에는 해당 제품의 카탈로그만 전달하면, 종료 이벤트를 만나서 해당 프로세스가 종료되기 때문이다. 그러나 앞에서는 포괄적 분할 게이트웨이에서 복제된 토큰의 수만큼 포괄적 병합 게이트웨이에 도착해야 다음 단계로 이동할 수 있다고 설명했다. 그러므로 위와 같은 다이어그램은 BPMN 표준에 어긋난다고 생각할 수 있으나 이는 어긋난 표현이 아니다.

물론 위 다이어그램을 포괄적 분할 게이트웨이에서 복제된 토큰의 수만큼 포괄적 병합 게이트웨이에 도착하게 설계할 수도 있다.

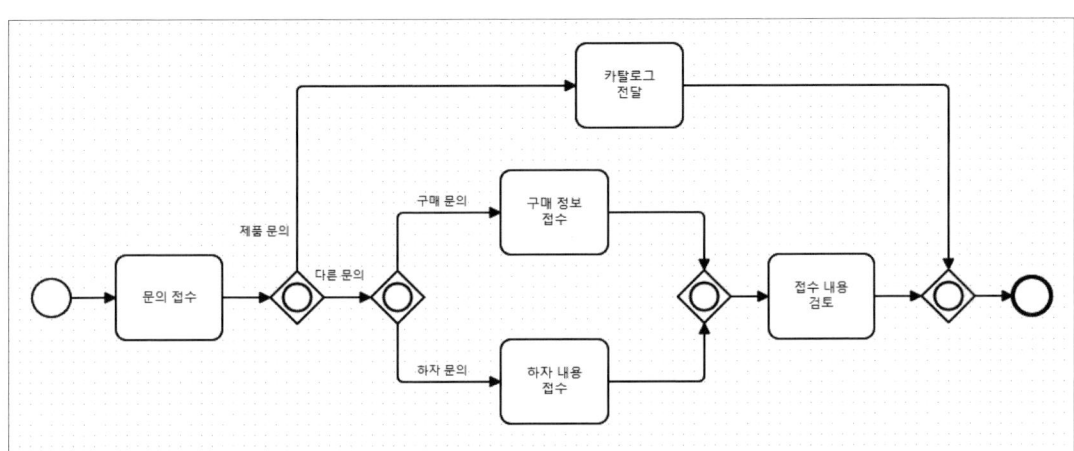

문의 사항 중에 "제품 문의"가 포함됐는지를 우선 확인해서 그렇다면 해당 프로세스는 "카탈로그 전달" 작업을 진행하도록 하고, 다른 문의도 있다면 문의 종류가 "구매 문의"인지, 아니면 "하자 문의"인지, 아니면 둘 다를 포함한 문의인지를 확인해서 "접수 내용 검토" 단계를 거치게 하면 된다.

위와 같이 다이어그램을 작성하게 되면, 포괄적 분할 게이트웨이를 통해 복제된 토큰의 수만큼 병렬 병합 게이트웨이에 도착하도록 할 수 있다. 그러나 위 다이어그램을 이전 화면의 다이어그램과 비교해보면 같은 내용이지만 다소 복잡하게 보인다.

그러므로 좀 더 간결한 표현을 위해 포괄적 게이트웨이에서는 포괄적 분할 게이트웨이에서 복제된 토큰들이 포괄적 병합 게이트웨이에 모두 도착하지 않는 것을 허용하는 것이다.

② 다른 게이트웨이에 의해서 분할된 흐름을 병합할 수 있다.

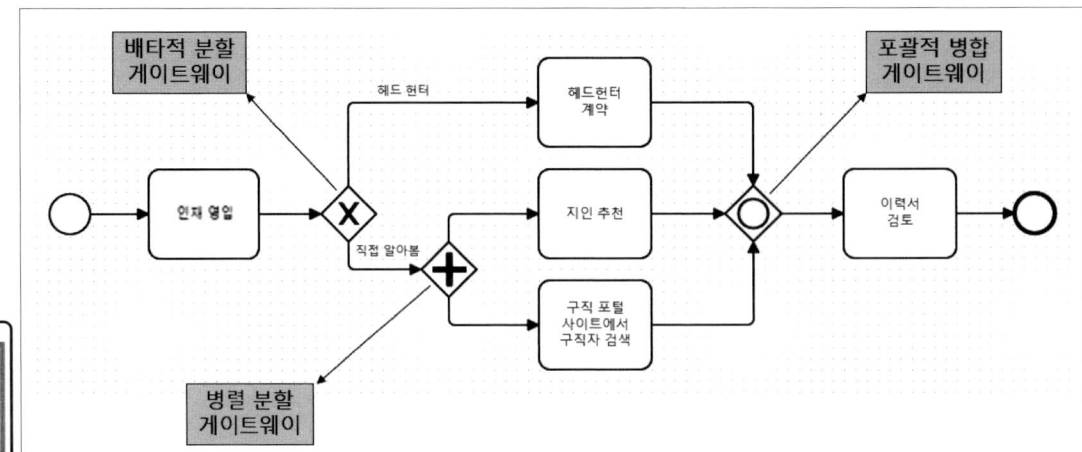

위 다이어그램을 보면 우선 인재를 영입하는 방법으로는 헤드 헌터를 이용하는 방법과 직접 알아보는 방법으로 구분되며, 직접 알아보는 경우에는 지인 추천과 구직 사이트에서 구직자를 검색하는 것을 병행하는 형태로 업무를 진행하는 것이다.

그림으로 우선 헤드 헌터를 이용할 것인지 직접 알아볼 것인지를 결정해야 되는데 이를 위해 배타적 분할 게이트웨이가 사용됐다. 이 의미는 둘 중에 하나의 방법만으로 인재 영입을 하겠다는 의미이다.

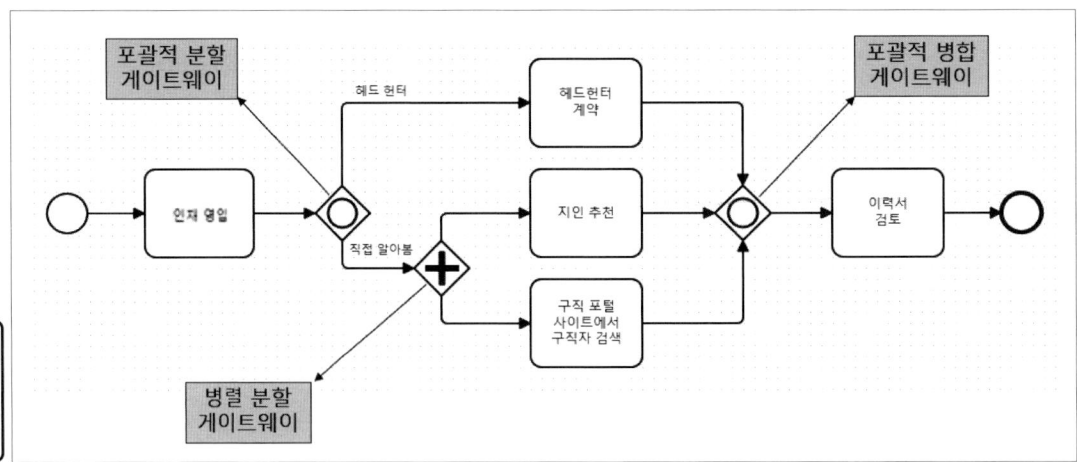

만일 헤드 헌터를 이용하는 것과 직접 알아보는 방법 둘 다 이용할 수 있는 상황도 표현해야 한다면 위와 같이 배타적 분할 게이트웨이 대신 포괄적 분할 게이트웨이를 사용하면 된다. 왜냐하면 포괄적 게이트웨이는 최소한 하나 이상의 경로로 업무가 흘러갈 수 있기 때문이다.

만일 위의 다이어그램도 분할과 병합을 같은 게이트웨이로 사용해야 한다면 다음과 같이 작성할 수 있을 것이다.

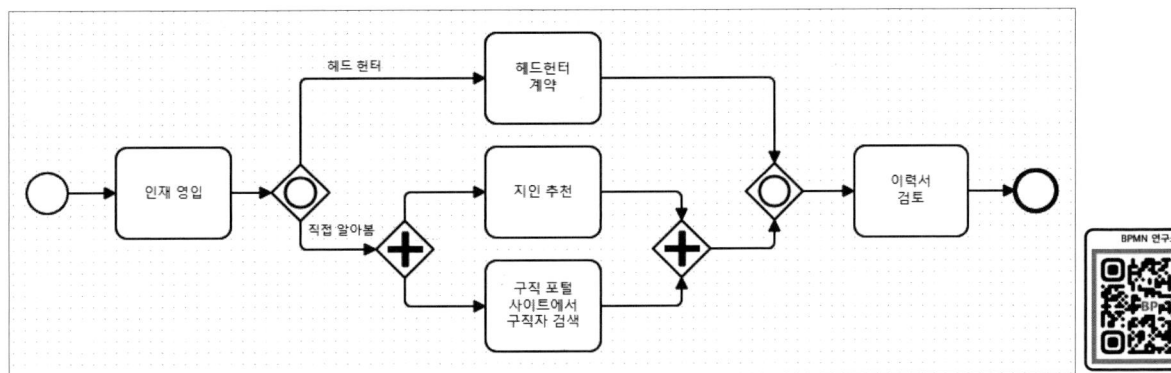

역시 약간 다이어그램이 좀 더 늘어나는 것을 확인할 수 있는데 필자는 오히려 이렇게 앞뒤로 동일한 게이트웨이가 사용되는 것을 더 선호한다. 사람마다 다르기는 하겠지만 필자는 이 방법이 가독성이 더 좋게 느껴진다.

아무튼 결론적으로 정리하고자 하는 핵심은 포괄적 병합 게이트웨이는 다른 분할 게이트웨이를 통해서 분할된 흐름을 병합할 수 있다는 점이다.

1-5 복합 게이트웨이(Complex Gateway)

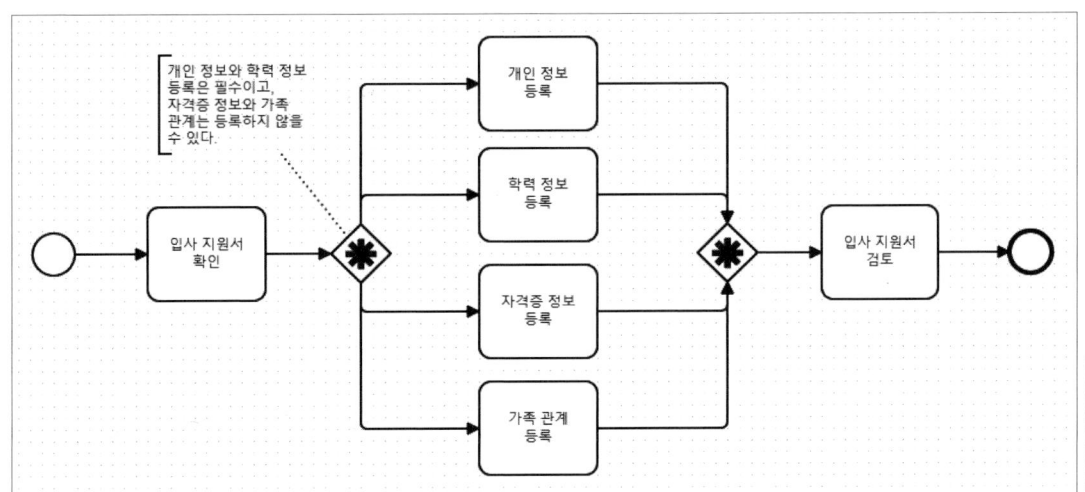

복합 게이트웨이(Complex Gateway)는 프로세스를 처리하기 위해 임의의 규칙을 정의할 수 있는 조금은 독특한 게이트웨이이다. 이 복합 게이트웨이를 사용하면 다소 복잡해질 수 있는 다이어그램을 비교적 단순화시킬 수 있다는 장점이 있다.

위 다이어그램에서 보면 접수받은 입사 지원서를 확인해서 각 지원자들의 개인 정보, 학력 정보, 자격증 정보 그리고 가족 관계를 등록하기 위한 절차가 나와 있는데, 여기에서 개인 정보와 학력 정보 등록은 필수라고 가정해 보자. 즉, 개인 정보와 학력 정보는 무조건 입력해야 하고, 자격증 정보와 가족 관계 등은 있으면 입력하고, 없으면 입력하지 않아도 된다는 것이다.

이러한 프로세스를 표현하기 위해서 앞서 배운 게이트웨이를 사용해서 프로세스를 정의한다면, 다음과 같이 다이어그램을 작성할 수 있을 것이다.

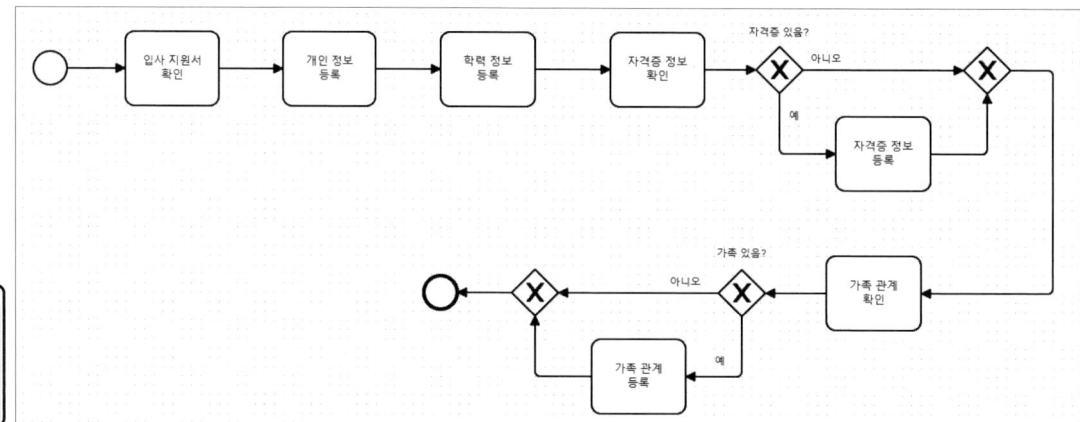

프로세스가 길어서 아래로 나열했는데 위 다이어그램을 살펴보면 개인 정보와 학력 정보는 반드시 등록해야 다음 단계로 이동할 수가 있다. 그러나 자격증 정보는 입력하기 전 자격증 정보가 있는지를 확인하고 자격증이 있는 경우에만 자격증 정보를 등록할 수 있도록 했으며, 가족 관계 또한 가족이 있는 경우에만 가족 관계를 등록할 수 있도록 표현했다.

물론 위 다이어그램이 틀렸다고 얘기하는 것은 아니다. 다만 다음과 같이 복합 게이트웨이를 사용한다면 훨씬 더 단순한 구조의 다이어그램을 만들어낼 수 있다.

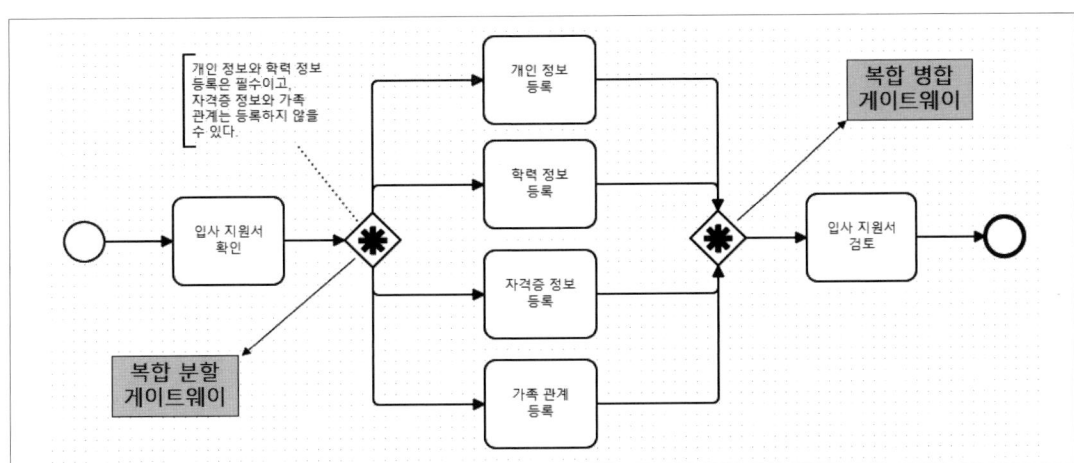

같은 내용이지만 복합 게이트웨이를 사용한 경우에는 복합 분할 게이트웨이에서 주석을 통해 나름의 조건을 기술하는 것으로 업무적인 규칙을 정의할 수가 있다. 이렇게 복합 게이트웨이를 사용하면, 이전 다이어그램과 비교해서 논리적인 절차들을 텍스트로 정의할 수 있기 때문에 다이어그램 구조가 좀 더 간결해 진다.

그러나 IT 엔지니어의 관점에서 보면 복합 게이트웨이를 기반으로 해당 비즈니스 프로세스를 프로그램 로직(Logic)으로 구현하는 데는 한계가 있는 게 사실이다. 프로그램 개발은 논리적인 과정이기 때문에 위처럼 원하는 조건을 임의대로 기술한다는 것은 프로그램 개발자의 입장에서 내용을 파악하는 데는 도움이 되지만, 예외 처리를 위한 로직은 다시 고민해야 하기 때문이다.

이렇듯이 요구 사항은 전달이 되지만, 다이어그램 따로, 개발 로직 따로라면 좋은 다이어그램이라고 얘기하기에는 부족함이 있는 것이다. BPMN은 실행 가능한 프로세스를 작성하는 것 또한 중요한 가치 중에 하나이기 때문에 복합 게이트웨이를 사용하는 것보다는 다른 게이트웨이를 이용하여 최대한 논리적으로 다이어그램을 작성하는 것이 바람직한 접근방법이라고 할 수 있다. 다음 다이어그램에서는 복합 게이트웨이를 사용하지 않고 해당 상황을 정리해 보았다.

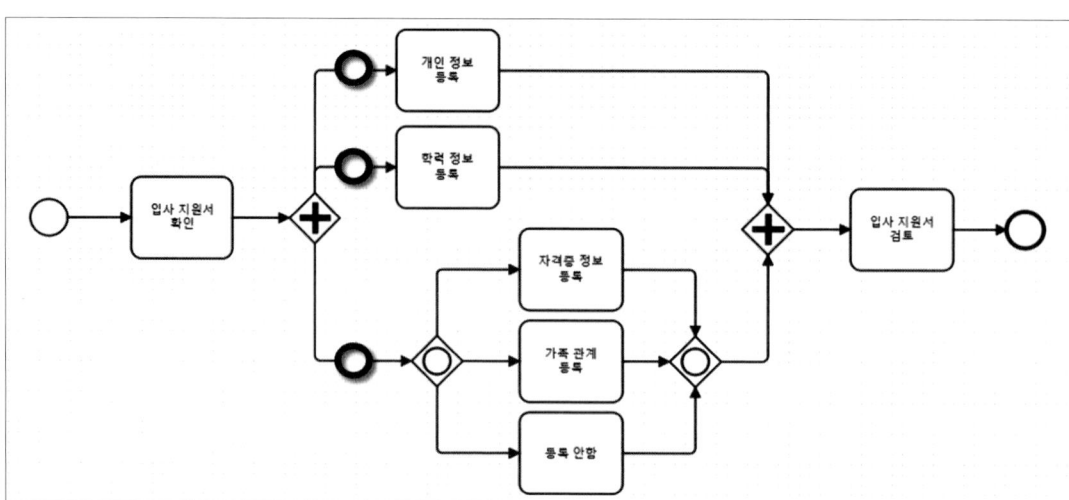

위 다이어그램은 복합 게이트웨이를 사용하지 않고, 작성한 예제이다. 우선 "입사 지원서 확인" 작업 이후 병렬 분할 게이트웨이를 만나게 된다. 그러면 병렬 분할 게이트웨이를 통해서 연결된 시퀀스 플로가 3개이므로 3개의 토큰이 만들어지게 된다.

그러면 "개인정보 등록"과 "학력 정보 등록" 작업은 무조건 진행되는 절차가 된다. 그 다음 아래쪽 토큰은 다시 "포괄적 분할 게이트웨이"를 만나게 된다. 이를 통해 선택사항인 "자격증 정보"와 "가족 관계" 중 원하는 것을 등록할 수도 있고, 아니면 아래쪽 "등록 안함"을 이용해서 선택사항을 등록하지 않고 다음으로 이동할 수 있게 된다.

병렬 게이트웨이는 논리적으로 And 연산을 수행하고, 포괄적 게이트웨이는 논리적으로 Or 연산을 수행하기 때문에 위 상황을 기반으로 프로그램을 개발 로직을 일관되고 논리적으로 작성할 수 있게 되며, 이는 자동화의 관점에서도 훨씬 더 유리한 다이어그램이 된다.

때문에 필자는 IT 관련 프로젝트에서 복합 게이트웨이를 자주 사용하지 않는 편이다. 다이어그램이 좀 더 길어지더라도 개발에 따른 절차들을 정확히 정의해가면서 다음 단계로 넘어가는 논리적인 다이어그램을 작성하는 것이 보다 유리하며, 그래야 IT 개발자들이 업무 절차대로 프로그램을 개발하는데 훨씬 더 효율적이었다.

그렇다고 일부러 복합 게이트웨이의 사용을 주저할 필요는 없다. 복합 게이트웨이는 전체 다이어그램을 단순화하는데 도움이 되고, 이는 결국 가독성에 영향을 미치기 때문에 나름의 장점을 분명히 가지고 있다.

위의 예제는 복합 분할 게이트웨이에서 임의의 규칙을 정의하는 내용이었으며, 다음 예제는 복합 병합 게이트웨이를 통해 임의의 규칙을 정의하는 내용이다. 같이 살펴보기로 하자.

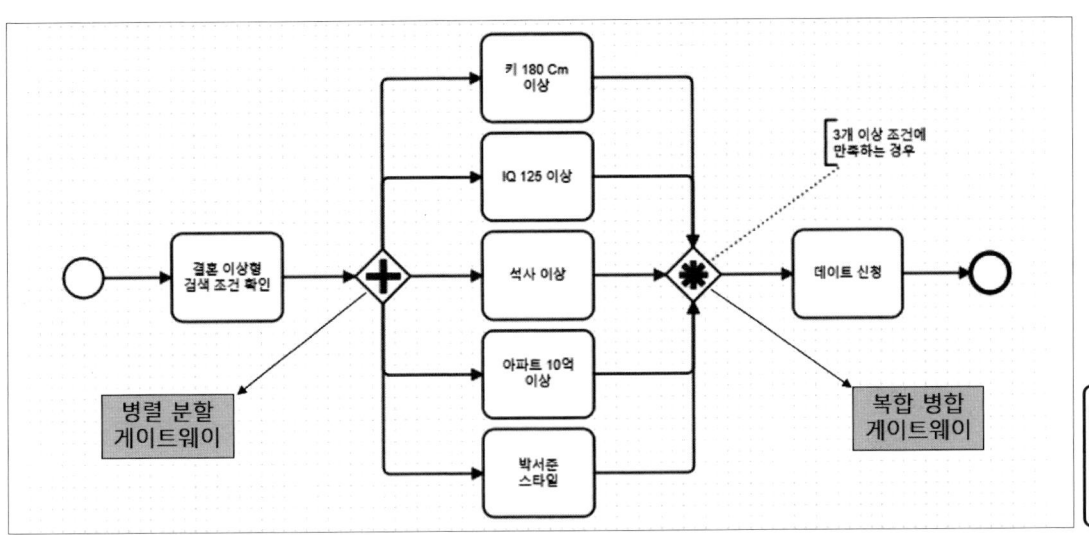

위의 다이어그램은 BPMN이 우리 생활에 얼마나 밀접한 관련이 있는지를 보여주기 위한 의도로 다소 속물적인 주제를 가지고 예제를 준비했습니다. 필자는 위 상황에서 단 한 개도 부합하는 경우가 없으니 필자의 가치관이나 도덕성을 의심하지 않기를 바랍니다. ^^

위의 예제는 결혼 이상형을 검색하기 위한 조건으로 5가지 항목을 확인하는 과정에서 그 중 3개 이상의 조건을 만족하는 경우에 한해서 데이트를 신청하는 프로세스를 정의하고 있다. 만일 위의 절차를 앞에서 진행했던 것처럼 복합 게이트웨이를 사용하지 않고 정의했다면 상당히 옆으로 길어진 다이어그램이 만들어질 것이다. 그러나 복합 게이트웨이는 이러한 상황을 간단하게 한 화면에서 다이어그램을 작성하고, 또 확인할 수 있는 편리함을 제공해 준다.

BPMN은 IT 전문가들의 전유물이 아니라 논리적 이해력을 높이는 초등학생부터 아르바이트생을 비롯한 현업의 업무 담당자들과 IT 전문가들 모두의 것이다. 필자는 IT 전문가이기 때문에 모든 예제나 표현 방식이 다소 IT스럽지만 실제 BPMN은 우리의 모든 상황들을 정의해 줄 수 있는 국제 표준 표기법이다.

관련해서 현재 초,중,고등학생들의 프로그램 코딩 교육을 보면서 느낀 점을 얘기해보고자 한다. 현재 코딩 교육의 목적은 코딩 교육을 기반으로 학생들의 논리적 사고력을 키우는 것이다. 그러나 여기에는 심각한 문제가 있다. 왜냐하면 프로그램을 잘 하기 위해서는 우선 논리적인 사고력이 뒷받침되어야 하기 때문이다.

그러므로 코딩 교육을 기반으로 논리적인 사고력을 키운다는 것 자체가 모순이라는 생각이 든다. 다시 얘기해서 논리적 사고력을 키우기 위해서 굳이 프로그램을 공부할 필요는 없다.

학생들의 논리력을 키워주기 위해서는 상황을 분석하고, 정리하고, 이를 표현할 수 있는 BPMN을 학습하는 것이 훨씬 더 교육의 목적에 부합하는 합리적인 교육 방법이라고 생각한다. 이는 마치 학생들에게 순서도를 가르쳤던 이유와 같은 것이다.

BPMN은 단계별 진행 상황을 논리적으로 정리하고, 판단을 해야 하거나 예외 처리를 해야 하는 상황들을 쉽게 표현해낼 수 있다. 그러므로 BPMN에 익숙해지는 것은 그 만큼 논리적 사고와 분석한 내용을 정리해내는데 도움을 주며, 이는 종합적인 사고력을 증가시키는데 보다 더 도움되는 방식이 될 것이다.

1-6 게이트웨이 사용 시 주의사항

① 분할 게이트웨이와 병합 게이트웨이를 함께 사용하지 않는다.

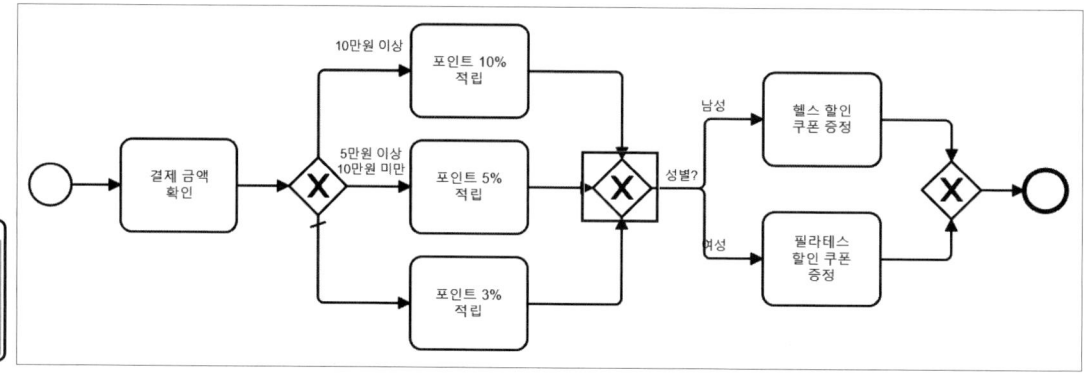

위 다이어그램은 이전에 배타적 게이트웨이에서 사용했던 포인트 적립 예제를 확장해서 작성한 다이어그램이다. 위 다이어그램은 두 가지 문제를 가지고 있는데 우선 첫 번째부터 설명하기로 하겠다. 위 다이어그램의 가장 첫 번째 문제는 분할 게이트웨이와 병합 게이트웨이가 동시에 사용되고 있다는 점이다.

이러한 모습이 BPMN 표준 표기법에 정확히 어긋나는 것은 아니다. 그러나 같은 게이트웨이가 기존 프로세스의 병합과 새로운 프로세스의 분할 역할을 동시에 한다는 것은 논리적으로 이치에 맞지 않을 수밖에 없다.

BPMN의 목적은 실행 가능한 비즈니스 프로세스를 정의하기 위함이기 때문에 이를 위해서라도 당연히 각기 역할을 구분해주는 것이 바람직한 표현 방식이다.

② **게이트웨이에서는 논리적인 흐름만 정의한다.**

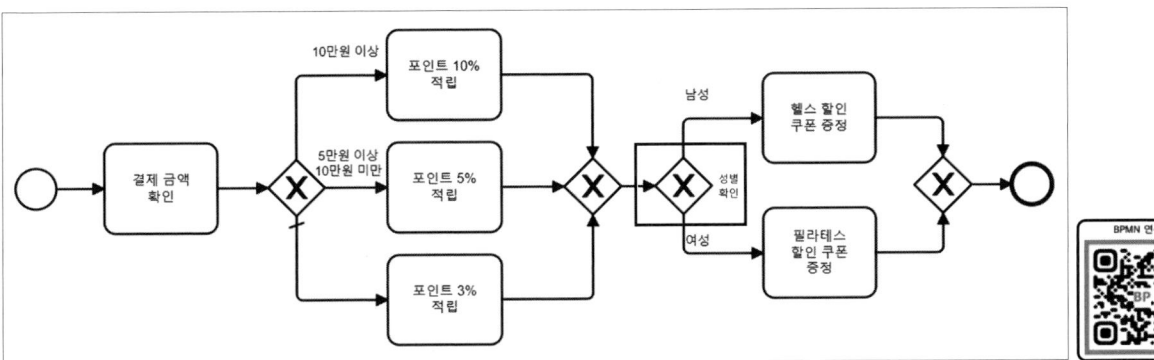

위 다이어그램은 이전에 병합 게이트웨이와 분할 게이트웨이 역할을 분리한 모습이다. 그러나 이 다이어그램은 또 하나의 문제를 가지고 있다. 이유는 게이트웨이에서 작업의 역할과 논리적인 분할의 역할을 함께하고 있다는 점이다.

이는 모델링 하면서 흔히 볼 수 있는 모습인데 성별을 확인하는 작업(Task)과 그에 따른 프로세스의 분리는 엄연히 구분되어야만 한다. 그러므로 다이어그램에서도 이에 대한 역할 구분을 명확히 해주는 것이 필요하다.

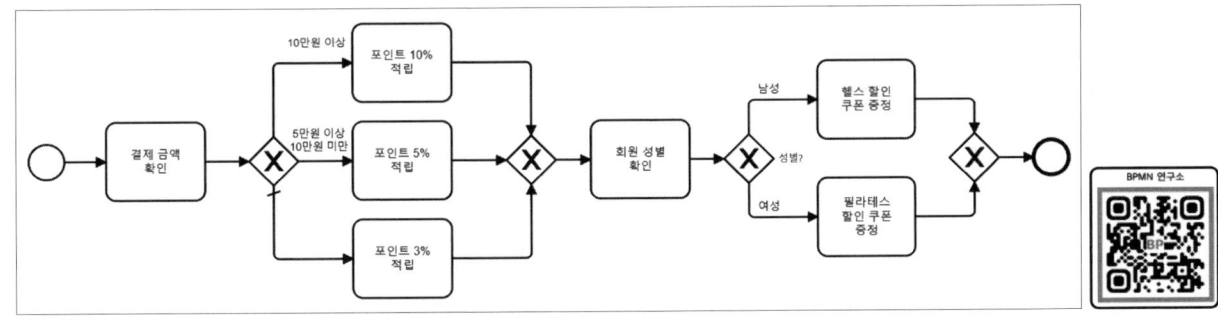

위 다이어그램을 보면 작업(Task)에서 해야 할 일과 게이트웨이에서 해야 할 일이 구분되어 표현됐다. 그러므로 작업과 게이트웨이가 하나로 표현되는 모습이 제거된 제거된 보다 정리된 상태의 다이어그램이 완성된 것이다.

물론 이렇게 했을 때 다이어그램이 좀 더 길어져서 전체적으로 더 복잡하게 보일 수도 있겠지만, 논리적으로 그리고 가독성 측면에서도 보다 유리한 다이어그램이 됐다고 할 수 있다.

BPMN 다이어그램을 작성하다 보면, 이와 같이 게이트웨이에서 작업과 흐름을 동시에 표현하는 경우를 자주 보게 된다. 하지만 권장되는 표현은 아니므로 이 부분은 주의를 하는 것이 좋을 듯하다.

BPMN 다이어그램 작성 실습

실습 1 결선 투표제 진행 과정을 BPMN 다이어그램으로 작성하시오.

 처음에는 막연하겠지만, 우선 투표가 진행되는 과정을 나열하다 보면 어렵지 않게 다이어그램을 완성할 수 있습니다. 중요한 점은 머릿속에서 다이어그램을 완성하려 하지 말고, 정리가 되지 않았다고 하더라도 일단 BPMN 다이어그램 작성을 시작해 보는 것이 중요합니다.

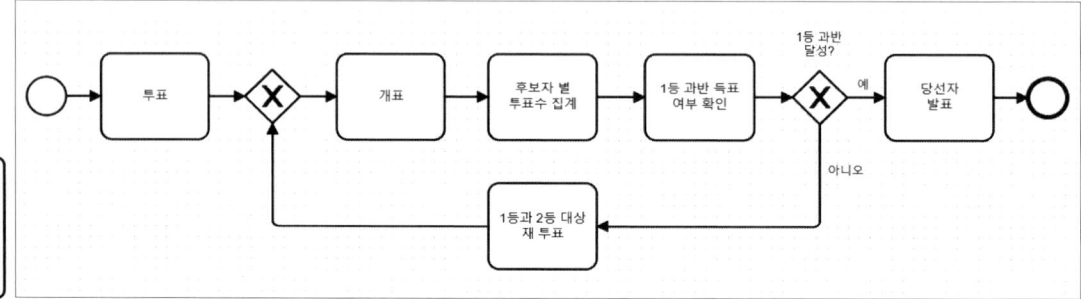

실습 2 학과 선택 시 1지망은 필수이고, 2지망과 3지망은 선택인 경우를 BPMN 다이어그램으로 작성하시오.

 필수와 선택의 옵션은 병렬 게이트웨이와 포괄적 게이트웨이를 통해서 해결합니다. 이는 필수 요소와 선택적 요소를 BPMN에서 표현할 때 주요하게 사용되는 하나의 패턴입니다.

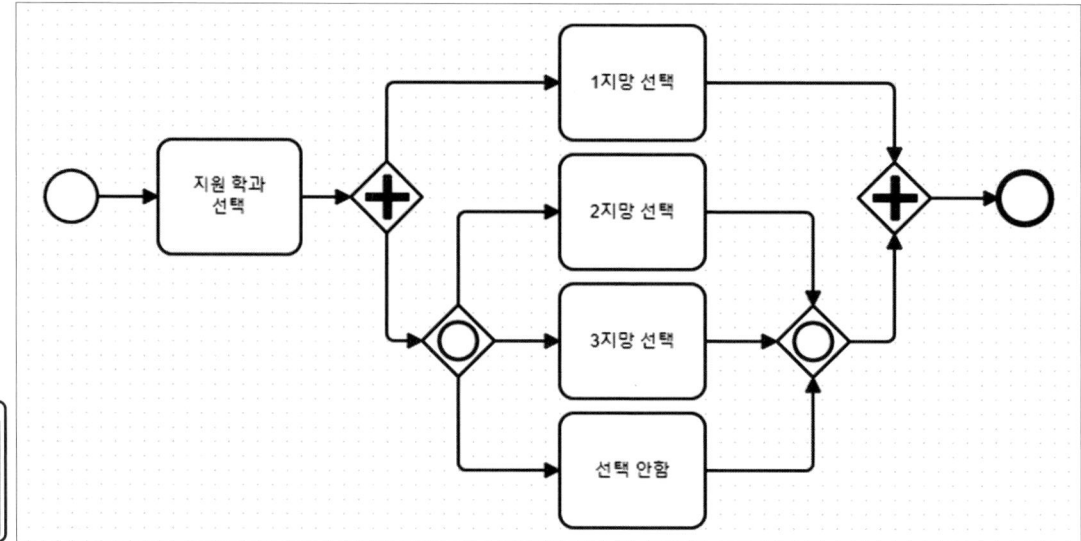

THE START

2 이벤트(Event)

2-1 이벤트(Event) 소개

시작 이벤트	중간 이벤트	종료 이벤트
○	◎	●

이벤트(Event)는 업무의 시작과 종료 그리고 업무 중간에 발생하는 하나의 사건을 정의하는데 사용되며, 시작 이벤트(Start Event), 중간 이벤트(Intermediate Event) 그리고 종료 이벤트(End Event)로 구성된다. 여기서 특이한 점은 BPMN에서는 업무의 시작과 끝을 이벤트로 정의한다는 점이다.

순서도에서 업무의 시작과 끝은 단순히 시작 지점과 끝나는 지점을 표현하는 것에 지나지 않지만, BPMN에서는 다양한 이벤트를 이용해서 보다 다양한 형태의 업무 시작과 끝을 표현할 수 있다. 중간 이벤트 또한 업무 진행 단계에서 일어나는 다양한 사건들을 표현하기 위해서 사용되며, 역시 다양한 마커 사용을 통해 다양한 상황을 표현하거나 업무의 흐름을 제어하기 위한 용도로 사용할 수 있다.

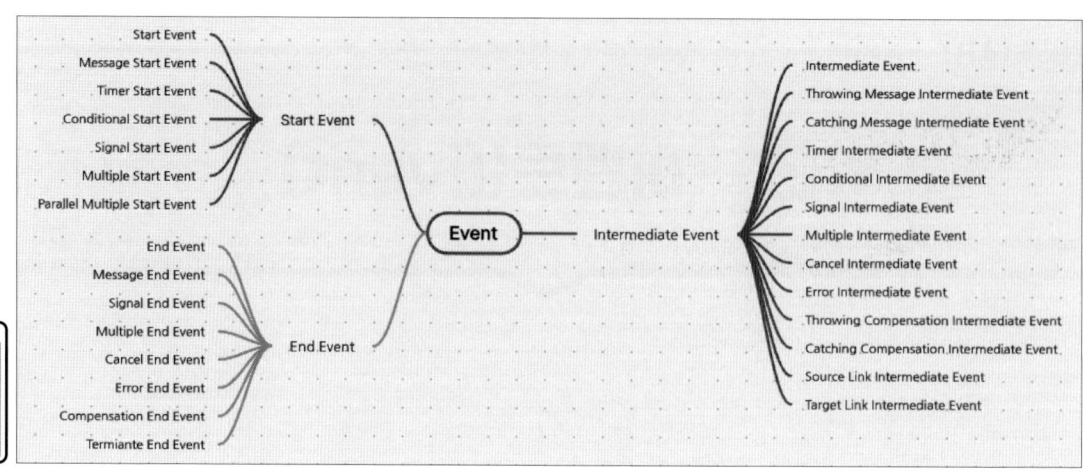

위 마인드맵에서 보는 바와 같이 BPMN에서 이벤트(Event)는 단연 가장 많은 기호를 제공하며, 이 중에서도 중간 이벤트의 종류가 가장 많은 것을 확인할 수 있다.

■ 이벤트를 발생시키는 일반적인 상황들

- 프로세스의 시작과 끝

- 메시지의 전달 및 도착 (전화, 이메일, 편지)

- 특정 시점의 도달 (매일 오전 5시가 되면, 매월 말일이 되면)

- 특정 시간 경과 (계약 후 1달이 경과하면, 가열 후 5분 경과하면)

- 참으로 판명되는 조건 (외부 온도가 30도를 넘으면, 시속 80KM 이상이 되면)

- 신호 발생 및 신호 수신 (사이렌이 울리면)

- 오류 발생 (정전이 발생하면, 기계가 고장 나면)

앞에서도 설명했지만 시작 이벤트는 단일선을 가진 원으로 표시되며, 중간 이벤트는 두 개의 선을 가진 원으로 표시되고, 마지막 종료 이벤트는 중간 이벤트의 두 선 공간에 색이 칠해진 형태의 두꺼운 원으로 표시된다.

이제 각기 이벤트들의 다양한 활용 방법에 대해서 살펴보기로 하자.

2-2 시작 이벤트(Start Event)

시작 이벤트	표기	설명
시작 이벤트	○	가장 일반적으로 사용되는 시작 이벤트이며, 풀 내에서 프로세스의 시작 지점을 표시한다.
타이머 시작 이벤트	(시계)	특정 시점에 도달하는 경우에 발생하는 이벤트이다.
메시지 수신 시작 이벤트	(봉투)	메지시 (전화, 이메일, 우편)가 도착하면 발생하는 이벤트이다.
조건 시작 이벤트	(목록)	조건에 부합하면(참이면) 발생하는 이벤트이다.
신호 시작 이벤트	△	메시지는 특정 수신자에게 전달되는데 반해서, 신호는 불특정 다수에게 전달되는 메시다. 이러한 신호는 같은 풀이나 다른 풀 또는 다른 프로세스에서 발생할 수 있다.
다중 시작 이벤트	(오각형)	여러 개의 이벤트를 가지고 있으면서 그들 중 하나라도 발생하면 프로세스가 시작되는 이벤트이다. (Or 조건의 이벤트)
병렬 다중 시작 이벤트	⊕	여러 개의 이벤트들이 모두 발생해야 프로세스가 시작되는 이벤트이다.(And 조건의 이벤트)

시작 이벤트(Start Event)는 업무의 시작을 정의하기 위해서 사용되는데 위의 표에 나와 있는 것처럼 BPMN에는 여러가지 다양한 시작 이벤트들이 존재하며, 이러한 여러 이벤트들로 인해 순서도 보다 훨씬 더 다양한 상황에서 업무가 시작될 수 있는 상황을 논리적으로 표현할 수 있다.

그러면 위에 있는 각각의 시작 이벤트들에 대해서 살펴보기로 하자.

① 시작 이벤트(None Start Event)

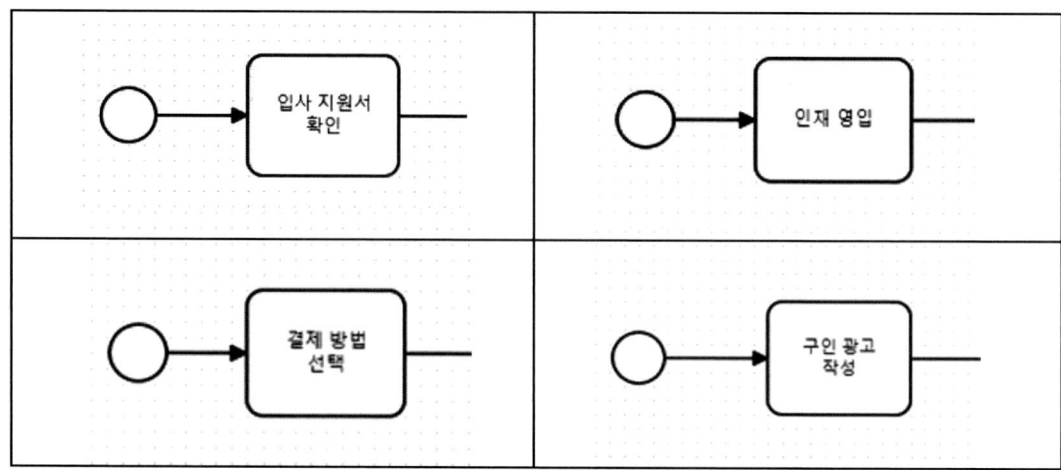

시작 이벤트(None Start Event)는 동그라미 원 안에 아무런 마커도 표시되지 않은 이벤트를 시작 이벤트라고 한다. 이렇게 아무런 표시도 없는 시작 이벤트는 순서도의 "시작"과 같은 의미로 여기서부터 해당 업무가 시작됨을 자연스럽게 표시하는 용도로 기본적으로 사용된다.

시작 이벤트 안에 아무런 마커가 없다는 의미는 해당 업무가 시작되는데 있어 이를 유발하는 특정한 조건이 없다는 것을 의미한다. 즉, 시작 이벤트는 풀(Pool) 안에서 해당 업무의 시작점을 표현하는 것이다. 다시 얘기하자면 업무를 시작하는데 여기서부터 시작한다는 그런 의미이다.

위의 그림은 앞서 BPMN 다이어그램들을 설명하면서 사용했던 다이어그램들 중에 시작 이벤트를 중심으로 각 화면을 캡쳐 한 것이다.

BPMN 다이어그램을 작성할 때 하나의 풀에 반드시 시작 이벤트와 종료 이벤트가 있어야 하는 것은 아니다. 그러나 일부러 시작 이벤트와 종료 이벤트를 사용하지 않을 이유도 없는 것이다. 순서도와 같이 풀 안에서 시작 이벤트와 종료 이벤트는 언제나 항상 사용해주는 것이 기본이다.

② 타이머 시작 이벤트(Timer Start Event)

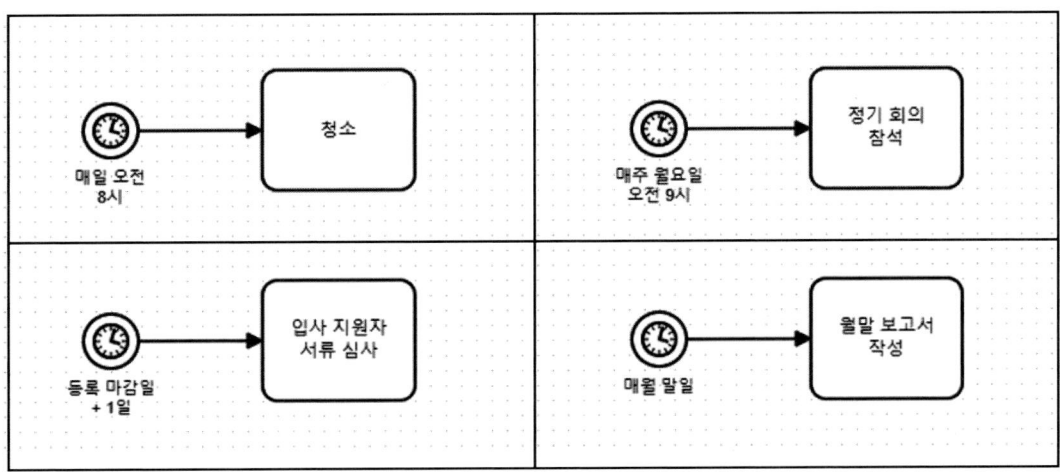

타이머 시작 이벤트(Timer Start Event)는 동그란 원 안에 시계 마커가 들어있는 기호로 표시되며, 위 화면처럼 특정한 시점(날짜, 날짜 + 시간)에 시작되어야 하는 업무가 있는 경우나 또는 반복적으로 특정 시점(매일 오전 9시, 매주 월요일 오전 9시, 매월 31일 등)에 관련한 업무가 시작되어야 한다면, 이를 타이머 시작 이벤트로 정의해서 해당 업무의 시작 시점을 정의할 수 있다.

위의 예에서는 모두 특정 시점이 됐을 때 관련 업무가 시작되어야 하는 시점을 타이머 시작 이벤트로 표현하고 있다. 위 예에서 세 번째 예제를 보면 "등록 마감일 + 1일"이라고 되어 있는데, 이는 시간의 경과를 표현한 것이 아니라 등록 마감일 다음 날 즉, 특정 시점을 표현하고 있는 것이다.

이렇듯 타이머 시작 이벤트는 특정 시점에 업무를 시작해야 하는 상황을 표현하기 위해서 사용된다.

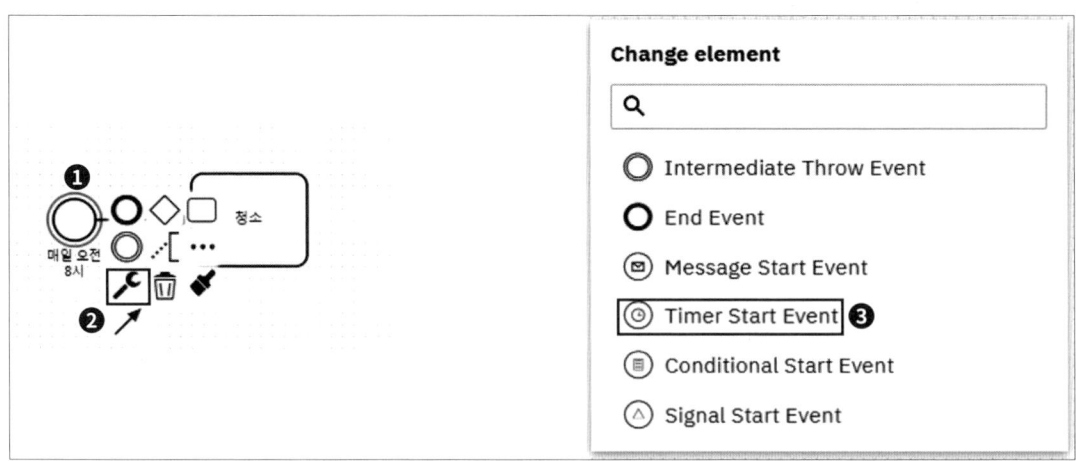

시작 이벤트를 타이머 시작 이벤트로 변경하기 위해서는 우선 시작 이벤트를 선택(1번)한 후에 나타나는 팝업 아이콘 중에 "Change Type" 버튼을 선택(2번)한 후 나타나는 "Change element" 팝업 상자에서 "Timer Start Event"를 선택(3번)하면 된다.

③ 메시지 수신 시작 이벤트(Catching Message Start Event)

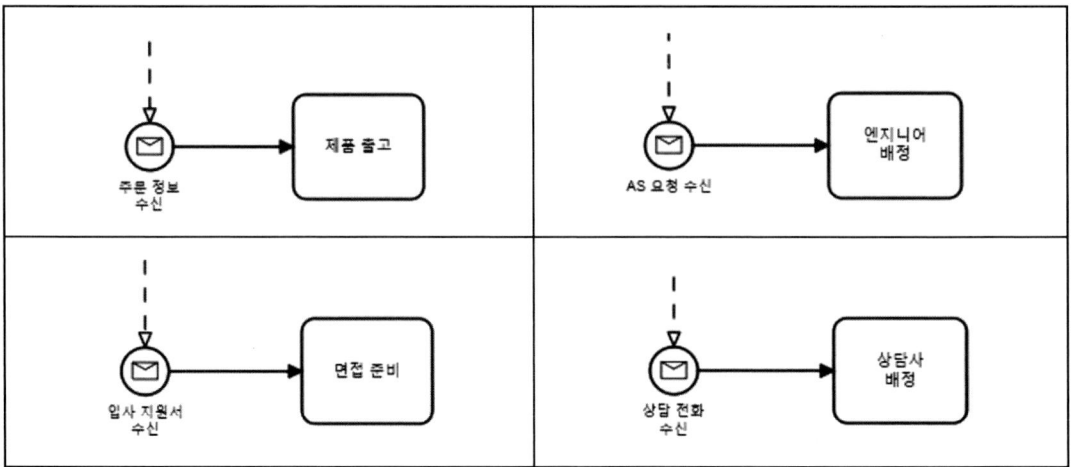

메시지 수신 시작 이벤트(Catching Message Start Event)는 다른 프로세스(풀, Pool)에서 메시지를 전달받아서 관련 업무를 시작해야 하는 상황을 정의하기 위해서 사용된다.

메시지를 전달받아서 업무를 시작하기 위해서는 메시지를 전달하는 주체가 있어야 하고, 메시지를 전달받아서 업무를 처리하는 주체가 각각 별도로 존재해야 한다. 이를 BPMN에서 표현하기 위해서는 각 주체별로 독립된 풀(Pool)이 존재해야 하고, 이렇게 각각의 풀이 서로 커뮤니케이션하면서 업무를 진행하는 것을 협업 모델(Collaboration Model)이라고 한다. 이러한 협업 모델에서 각 풀(Pool) 간의 커뮤니케이션은 메시지 플로(Message Flow, 점선 화살표)를 이용해서 표현한다.

다만 아직은 협업 모델에 대해서 학습하기 전이기 때문에 해당 내용들은 이후에 정리하기로 하고, 여기서는 메시지 수신 시작 이벤트의 역할에 대해서 살펴보기로 하자.

위의 예에서 첫 번째 예제는 종합 쇼핑몰에서 주문이 접수되었을 때 이를 해당 업체에서 배송해야 하는 업무와 관련된 예제이다. 자세히 살펴보면 배송 업무를 담당하는 배송팀의 경우에는 배송 업무를 시작하기 위해서 주문 정보를 전달받아야만 한다. 이때 주문 정보는 배송팀 자체적으로 만들어지는 것이 아니라 쇼핑몰에서 생성되어 결제가 완료된 경우 배송팀에 전달되기 때문에 외부에서 전달된다. 그러므로 이를 표현하기 위해서 메시지 플로를 이용해서 주문 정보가 전달되는 형태로 다이어그램이 작성된 것이다.

정보가 전달되고, 업무가 시작되는 상황을 정의하기 위해서 메시지 시작 이벤트를 사용했지만, 이때 전달되는 메시지 전달 형식은 전화, 이메일, 우편, 구두 전달, 팩스, 주문 정보 시스템 등 여러가지 다양한 방식으로 주문 정보가 전달될 수 있다.

이러한 메시지 수신 시작 이벤트는 편의상 메시지 시작 이벤트(Message Start Event)로 불리기도 한다.

왜냐하면 메시지는 누군가에게 전달받아(수신)야 하는 것이지 메시지를 자체 생산해서 스스로 업무를 시작할 수는 없는 것이기 때문이다. 그러므로 메시지 수신 시작 이벤트(Catching Message Start Event)를 줄여서 편의상 메시지 시작 이벤트(Message Start Event)라고 부르기도 한다.

> **참고**
> 시작 이벤트(Start Event)는 수신만 가능하고, 종료 이벤트(End Event)는 송신만 가능하며, 중간 이벤트(Intermediate Event)는 송신과 수신 모두 가능하다.

④ 조건 시작 이벤트(Conditional Start Event)

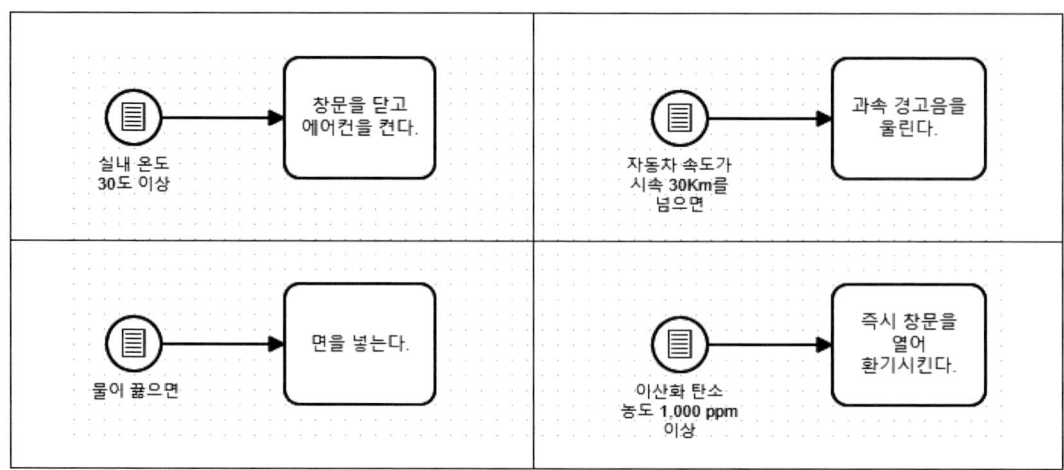

조건 시작 이벤트(Conditional Start Event)는 특정 조건을 만족하는 상황이 발생하면, 관련 업무가 시작되어야 하는 상황을 정의하기 위해서 사용한다. 이러한 조건 시작 이벤트는 시작 이벤트 안에 게이지(Guage) 마커가 표시된다.

위의 예제에서 보면 실내 온도가 30도 이상이 되면, 창문을 닫고 에어컨을 켜야 한다. 그리고 어린이 보호구역에 차량이 진입했을 때 차량 속도가 30Km 이상이면 네비게이션에서 과속 경고음이 울려야 한다.

이렇듯이 특정 조건에 만족하는 상황이 발생하게 되면, 관련된 업무를 처리해야 하는 경우에 조건 시작 이벤트로 프로세스의 시작을 정의하게 된다.

⑤ 신호 시작 이벤트(Signal Start Event)

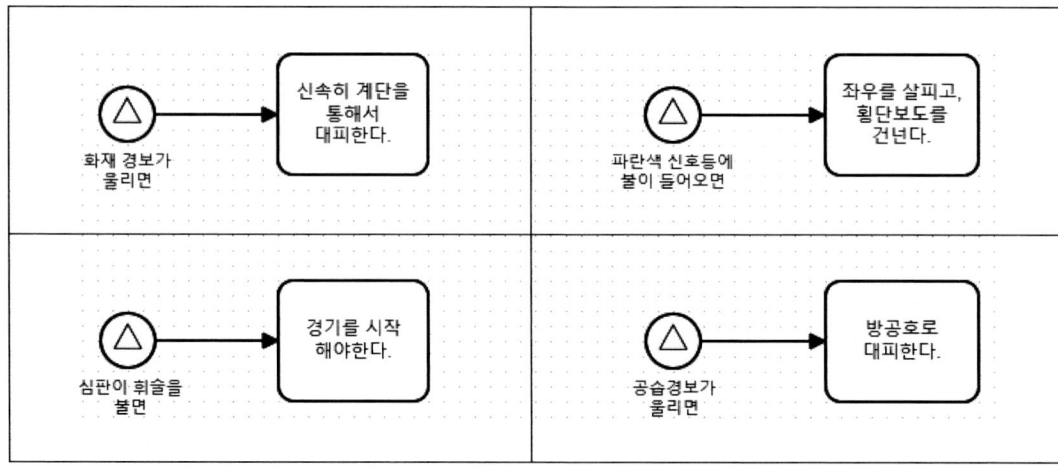

신호 시작 이벤트(Signal Start Event)는 특정 신호가 울렸을 때 관련 업무가 시작되어야 하는 상황을 정의하기 위해서 사용하며, 시작 이벤트 원 안에 삼각형 마커가 포함되어 있다.

위의 예제에서 보면 화재 경보가 울리면, "대피"라는 업무가 시작되는 것이다. 그리고 횡단보도에서 신호등이 파란색으로 바뀌면, 횡단보도를 건너는 작업을 시작해야 한다.

사소한 얘기이지만 메시지(Message)와 신호(Signal)의 차이는 분명하다. 메시지는 특정 대상에게 전달되는 것이 메시지이며, 불특정 다수에게 전달되는 것은 신호이다.

⑥ **다중 시작 이벤트(Multi Start Event)**

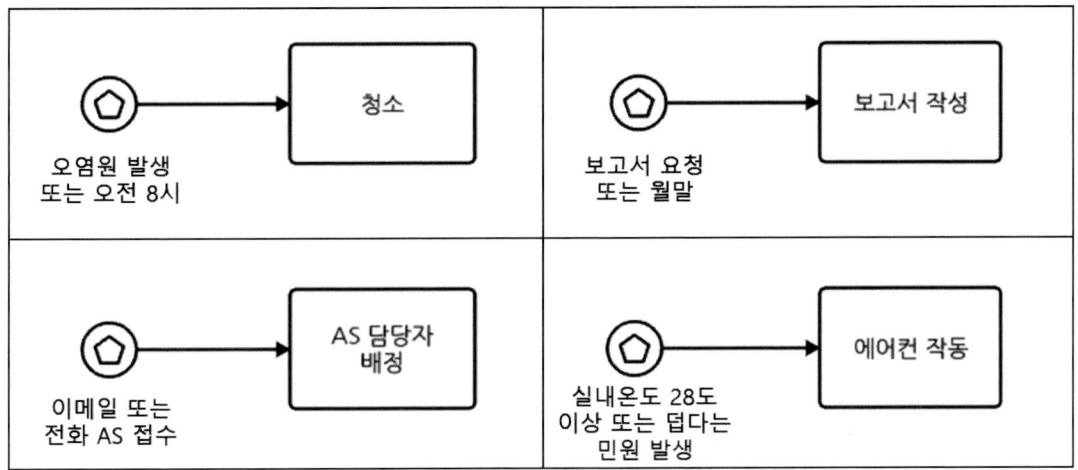

다중 시작 이벤트(Conditional Start Event)는 시작 이벤트 발생 조건이 여러 개인 경우를 표현할 때 사용하며, 시작 이벤트 원 안에 오각형 도형의 마커가 포함되어 있다.

위의 첫 번째 예제는 오염원이 발생해서 더러워졌거나 또는 오전 8시가 되면 청소 작업을 시작해야 한다. 즉 청소라는 업무를 시작하는데 조건이 두 개 또는 그 이상을 표현할 때 이렇게 다중 시작 이벤트를 사용하게 된다. 이러한 다중 시작 이벤트는 논리적으로 Or 연산에 해당하는데, 이 의미는 여러 조건들 중 하나라도 만족하면 관련 프로세스가 시작된다는 의미이다.

> **참고**
> BPMN.io 사이트에서 제공하는 BPMN 도구에서는 다중 시작 이벤트를 지원하지 않는다. 그러므로 다중 시작 이벤트가 어떠한 용도로 사용하는 것이지 확인만 하도록 하자.

두 번째 예제는 부장님이 보고서를 요청한 경우와 월말에 보고서를 작성하는 경우이다. 역시 마찬가지로 두 가지 조건 중 하나만 만족하더라도 시작 이벤트가 발생되어야 한다. 이러한 다중 시작 이벤트는 다음과 같이 여러 개의 시작 이벤트를 명시적으로 표현하는 것으로 대체될 수도 있다.

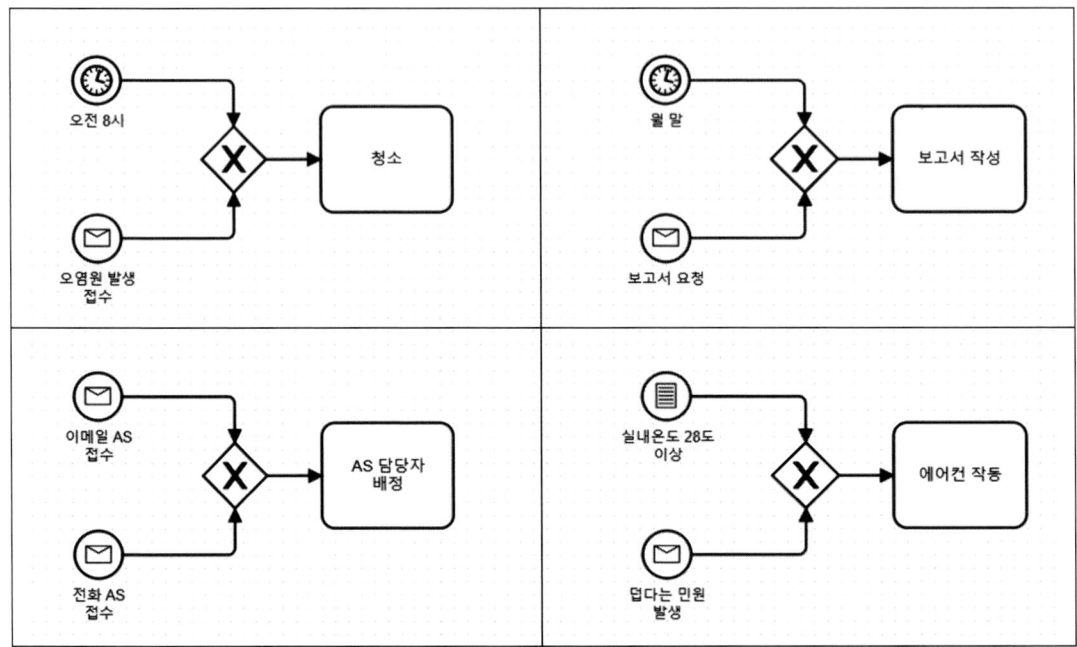

그러나 이렇게 시작 이벤트가 여러 개 정의되면, 화면 자체가 복잡해 보이는 단점이 있다. 그러므로 가급적이면 다중 시작 이벤트(Conditional Start Event) 기호를 사용하는 것이 보다 바람직한 방법이 된다. 이렇듯 다중 시작 이벤트(Conditional Start Event)는 여러 개의 시작 이벤트로 정의할 수 있기 때문에 BPMN 툴에 따라서는 다중 시작 이벤트를 지원하지 않는 툴들도 있다.

위의 화면에서 두 번째 예제를 살펴보면, 보고서 요청 메시지를 전달받는 경우를 표현하기 위해서 메시지 시작 이벤트를 사용했으며, 월말이 되면 보고서를 작성해야 하기 때문에 타이머 시작 이벤트를 사용했다.

⑦ 다중 병렬 시작 이벤트(Parallel Multiple Start Event)

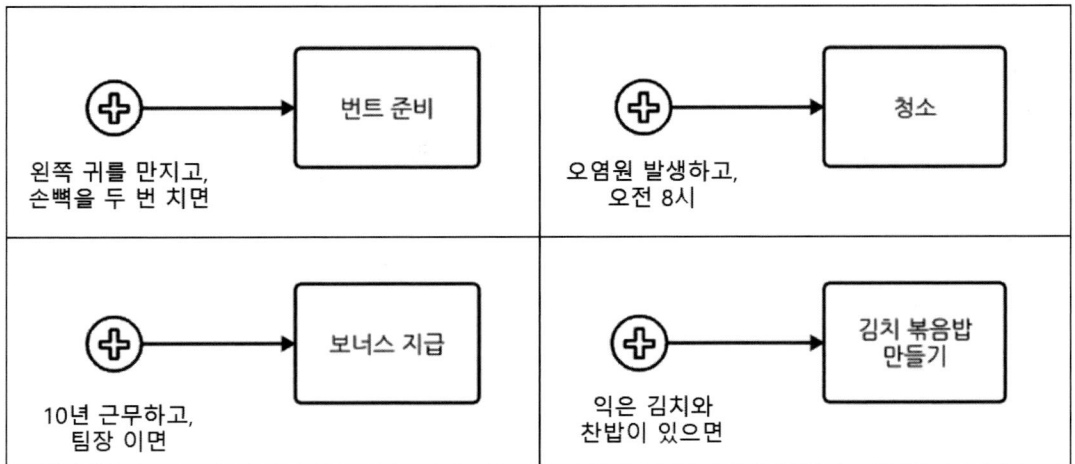

다중 병렬 시작 이벤트(Parallel Multiple Start Event)는 시작 이벤트 발생 조건이 여러 개이면서 이 조건들이 모두 만족하는 경우를 표현할 때 사용한다. 이러한 다중 병렬 시작 이벤트는 원 안에 플러스(+) 마커가 포함되어 있다.

위의 첫 번째 예제는 야구 경기에서 감독 또는 코치가 사인을 낼 때의 상황을 표현한 것이다. 감독이나 코치는 하나의 표현만으로 사인을 내면 쉽게 간파 당하기 때문에 위처럼 두 가지 이상을 조합해서 사인을 내는 것이 일반적이다. 그래서 왼쪽 귀를 만지는 행위와 더불어 손뼉을 두 번 치는 행위가 조합이 되면, 번트를 하라는 사인이 되는 것이다.

이때 왼쪽 귀만 만지는 것과 손 벽을 두 번 치는 것만으로는 사인이 이뤄질 수 없으며, 두 행위가 모두 진행되어야 번트 사인이 되는 것이다. 이를 논리적으로 보면 And 연산에 해당한다.

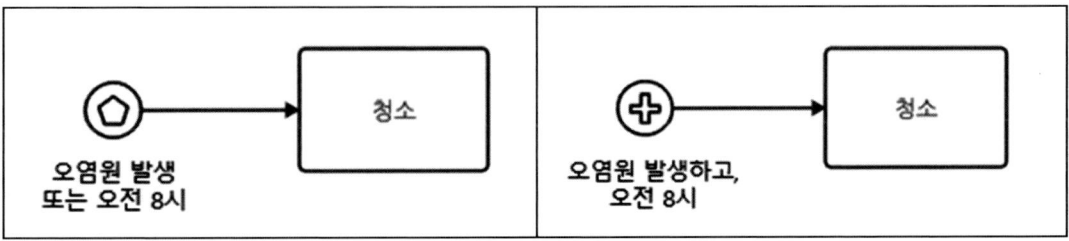

위 화면은 다중 시작 이벤트와 다중 병렬 시작 이벤트를 비교하는 내용인데, 왼쪽의 다중 시작 이벤트는 "오염원 발생"과 "오전 8시"라는 두 가지 조건 중에 하나만 만족하더라도 청소를 시작(Or 연산)하는데 반해서 다중 병렬 시작 이벤트는 오전 8시에 오염원이

발생되야만 청소를 시작(And 연산)하게 된다. 다시 얘기해서 오전 8시에 깨끗하다면 청소하지 않으며, 오염원이 발생했는데 오전 8시가 아니라면 역시 청소를 하지 않게 된다.

> **참고**
> BPMN.io 사이트에서 제공하는 BPMN 도구에서는 다중 병렬 시작 이벤트를 역시 지원하지 않는다. 그러므로 다중 병렬 시작 이벤트가 어떠한 용도로 사용하는 것이지 확인만 하도록 하자.

이상으로 시작 이벤트들의 다양한 사례와 활용 방법에 대해서 살펴보았다.

2-3 종료 이벤트(End Event)

종료 이벤트	표기	설명
종료 이벤트	○	가장 일반적인 종료 이벤트로 토큰이 도착했을 때 그것을 제거한다. 그러나 여러 토큰들이 있는 경우 다른 토큰들은 계속해서 프로세스를 진행하게 된다.
메시지 종료 이벤트	✉	다른 프로세스에 메시지를 전달하고 프로세스를 종료하는 이벤트이다.
종결 종료 이벤트	⬤	단일 토큰을 제거할 뿐만 아니라 모든 프로세스들의 진행을 즉시 중지시키는 이벤트이다.
신호 종료 이벤트	▲	프로세스를 종료하면서 특정 신호를 발생시킨다.
다중 종료 이벤트	⬠	프로세스의 끝에서 많은 결과들이 발생하게 된다. 즉, 다중 종료 이벤트에 도달하게 되면, 해당 토큰은 종료되지만, 정의된 모든 이벤트들이 발생하게 된다.

종료 이벤트(End Event)는 업무의 마지막을 정의하기 위해서 사용되며, 두꺼운 원으로 표현된다. 이러한 종료 이벤트 역시 다양한 마커를 포함하고 있으며, 이제 이를 살펴보기로 할 것이다. 위에 표기된 종료 이벤트들 이외에도 몇 가지 종료 이벤트들이 더 있는데 이들에 대해서는 다른 예제를 통해서 설명할 것이다.

그러면 위에 소개된 종료 이벤트부터 살펴보기로 하자.

① 종료 이벤트(End Event)

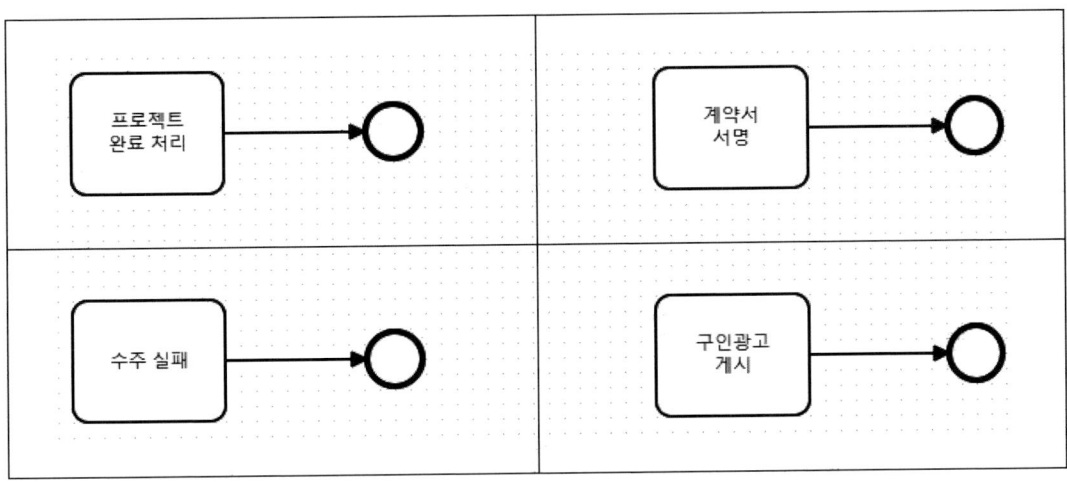

종료 이벤트(None End Event)는 시작 이벤트와 마찬가지로 두꺼운 원 안에 아무런 마커도 표시되지 않은 이벤트이다. 아무런 마커도 포함하고 있지 않기 때문에 자연스럽게 해당 지점에서 업무가 종료됨을 표현하게 된다. 즉, 순서도에서 "끝"과 같은 의미의 이벤트인 것이다.

마지막에 구인광고 게시 작업(Task)은 앞에서 BPMN 예제를 설명하면서 작성했던 "구인광고 내기 프로세스"의 마지막 종료 이벤트를 캡처한 것이다.

② 메지시 송신 종료 이벤트(Throwing Message End Event)

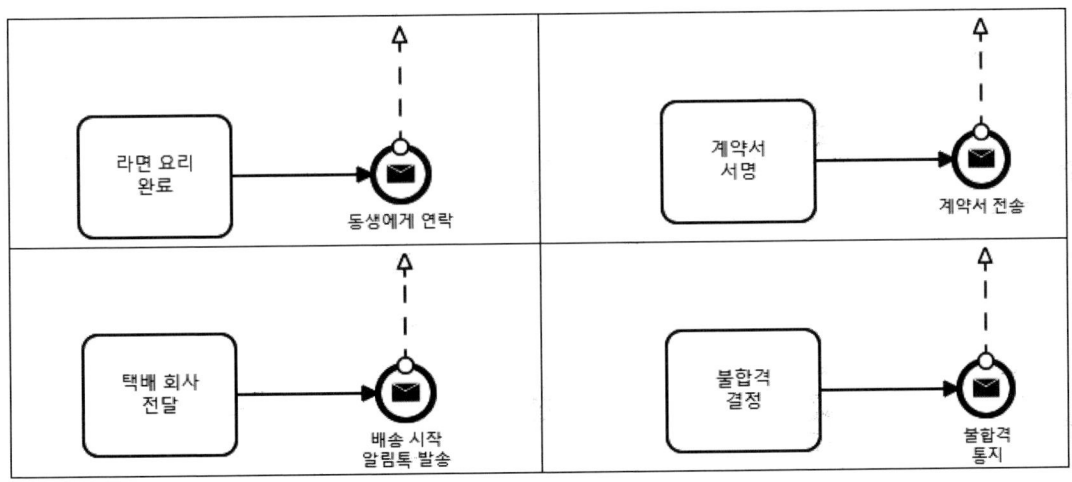

메시지 종료 이벤트(Message End Event)는 동그라미 원 안에 편지봉투 마커가 표시된 이벤트를 메지시 종료 이벤트라고 한다. 이러한 메시지 종료 이벤트의 경우 업무를 마무리하면서 다른 대상에게 관련 사실을 보고하거나 통지해야 하는 상황에서 사용된다. 메시지 종료 이벤트(Message End Event)는 무조건 메시지를 전달하면서 프로세스를 종료하기 때문에 메시지 송신 종료 이벤트(Throwing Message End Event)라고 하는 것이 정확한 표현이다.

첫 번째 예제는 라면을 다 끓여서 라면 요리가 완성되었다면, 이 사실을 동생에게 얘기해서 같이 먹자고 해야 한다. 이를 표현하기 위해서 메시지 종료 이벤트를 사용한 것이다. 그리고 두 번째 예제를 보면 계약서 서명이 완료되면, 해당 계약서를 관련 대상자에게 전송해주어야 하는 것이다.

이렇듯이 메시지 종료 이벤트는 관련 프로세스를 마무리하면서 해당 내용을 다른 대상에게 알려주기 위한 용도로 사용된다.

③ 종결 종료 이벤트(Terminate End Event)

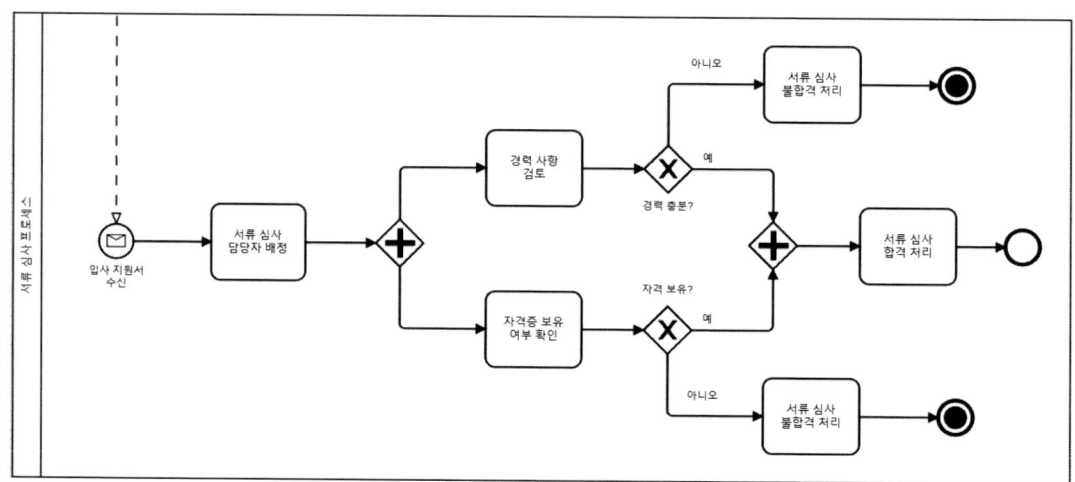

종결 종료 이벤트(Terminate End Event)는 동그라미 원 안에 검정색 작은 동그라미 마커가 표시되며, 현재 진행중인 모든 프로세스들을 강제로 모두 종료해야 할 때 사용하는 이벤트이다.

위의 예제를 살펴보기로 하자. 입사 지원자의 서류가 도착하면 회사에서는 이를 검토할 담당자를 배정하게 된다. 그러면 해당 담당자는 "경력 사항 검토" 작업과 "자격증 보유 여부 확인" 작업을 진행해야 한다. 이 두 작업은 병렬 게이트웨이와 연결되어 있기 때문에 동시에 작업이 진행되는 상황이다.

그런데 병렬 게이트웨이를 통해서 생성된 두 개의 토큰 중에 검토 결과 기준에 부합하지 못하는 경우가 하나라도 발생한다면 즉, 경력 사항이 불충분하거나 또는 필요한 자격증이 없는 경우에는 나머지 하나를 만족하게 되더라도 종결 종료 이벤트로 토큰이 이동하게 된다.

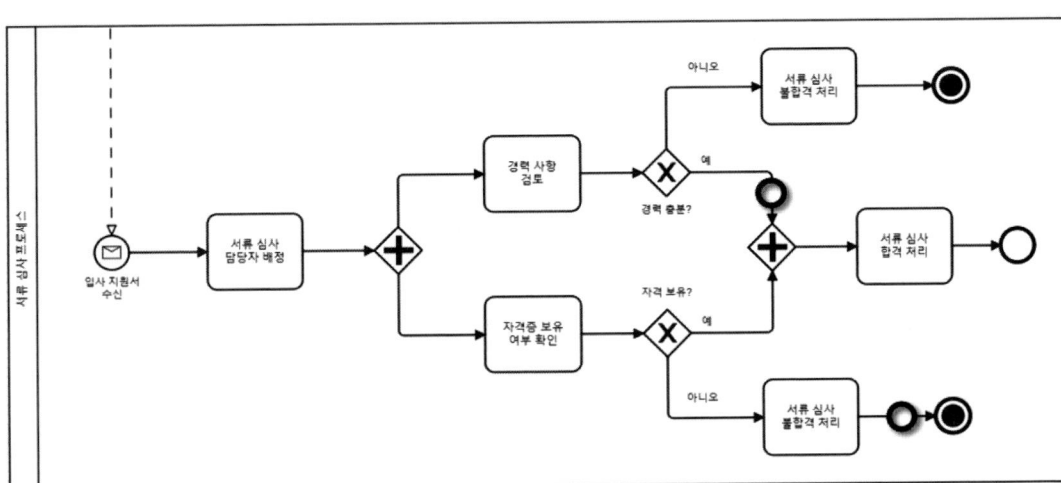

위의 화면을 다시 보면 "경력 사항 검토" 결과 경력이 충분하다고 판단되면, 토큰은 병렬 병합 게이트웨이로 이동해서 대기하게 될 것이다. 그러나 "자격증 보유 여부 확인" 작업에서 자격증을 보유하지 못한 상황이 확인되면, 해당 토큰은 종결 종료 이벤트로 향하게 된다.

결국 토큰이 종결 종료 이벤트에 도착하게 되면, 기존에 병렬 병합 게이트웨이에서 대기하고 있던 토큰도 함께 사라지면서 해당 업무 전체가 종료되는 것이다.

④ 신호 종료 이벤트(Signal End Event)

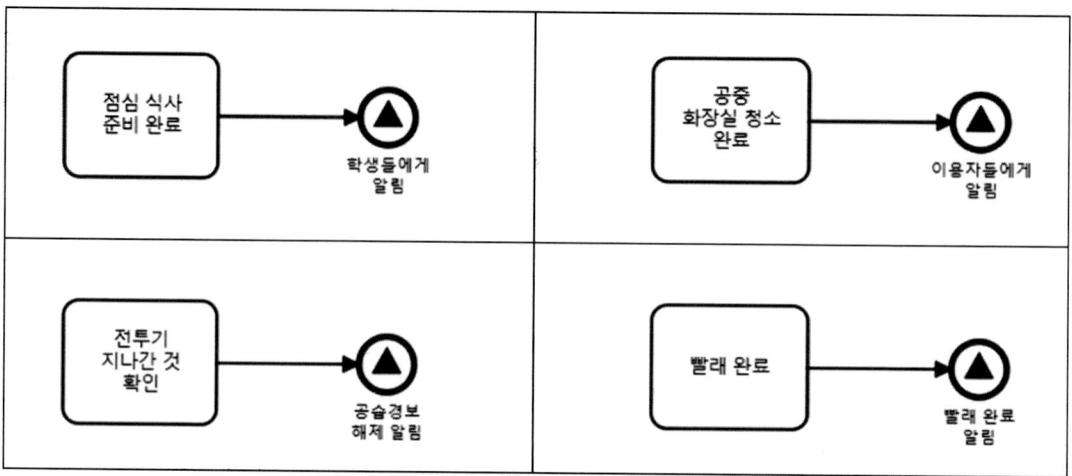

신호 종료 이벤트(Signal End Event)는 동그라미 원 안에 검정색 삼각형 마커가 표시된 이벤트를 신호 종료 이벤트라고 한다. 이러한 신호 종료 이벤트는 업무가 끝나면서 불특정 다수에게 메시지를 전달하면서 프로세스를 종료할 때 사용한다.

저녁식사 준비가 완료된 상황에게 가족 구성원 모두에게 같이 식사하자고 알려야 한다. 지난번 메시지 종료 이벤트의 경우 라면 요리가 완료되면 동생에게 연락하는 예제가 있었다. 이렇게 특정 대상에게 관련 내용을 알리는 행위는 메시지 종료 이벤트로 처리한다. 그러나 가족 구성원들 모두에게 즉 관련된 대상 모두에게 관련 내용을 알리는 것은 신호 종료 이벤트로 표시해야 하는 것이다.

위 예제 중에 마지막 예제를 보면 세탁기에서 빨래를 할 때의 과정을 표현한 것이다. 세탁기에서 지정된 코스로 빨래가 완료되면 특정 신호(전자음)가 발생돼서 관련된 사람들에게 해당 내용을 알려주는 내용이다. 전기 밥솥도 마찬가지이다. 원하는 재료에 맞는 밥 짖는 코스를 선택하면 밥을 만들기 위한 과정(프로세스)이 시작되고, 밥이 다 되면 관련 신호(전자음)가 발생돼서 이를 알려주게 된다.

⑤ 다중 종료 이벤트(Multiple End Event)

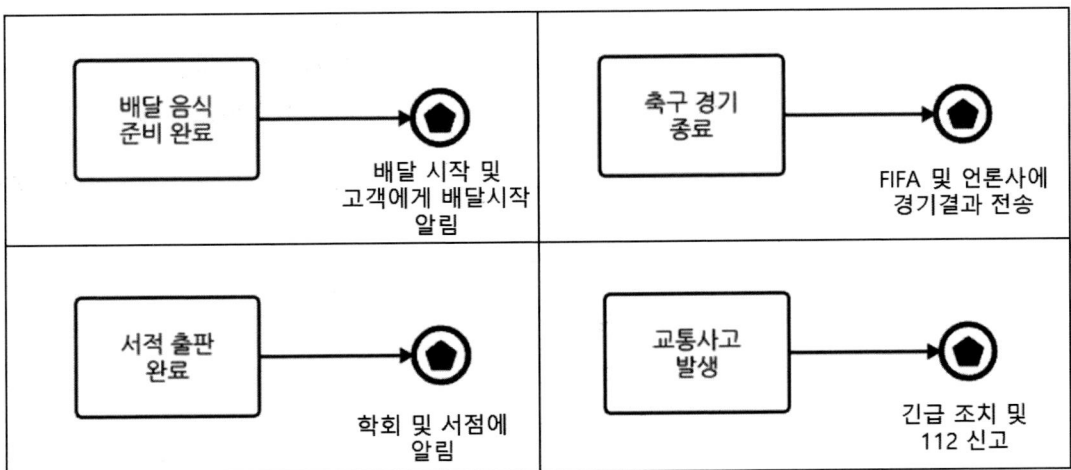

다중 종료 이벤트(Multiple End Event)는 동그라미 원 안에 검정색 오각형 마커가 표시된 기호를 사용한다. 이는 업무가 종료되었을 때 여러 가지 일들이 처리되어야 할 때를 표현하기 위해서 사용한다.

위에서 첫 번째 예제는 "배달 음식 준비 완료" 작업이 진행된 후에는 배달 기사를 호출해야 하고, 고객에게는 도착 예정시간을 메시지로 알려줘야 하는 상황을 표현한 것이다. 그리고 마지막 예제의 경우 교통사고가 발생하면 우선 추가 사고 예방을 위해 필요한 긴급 조치를 취한 후 바로 112에 신고하고, 보험 회사에 연락해야 하는 상황을 표현한 것이다.

이렇듯이 특정 업무를 마무리하는 시점에서 여러가지 상황이 추가로 진행되어야 하는 경우 다중 종료 이벤트를 사용한다.

2-4 중간 이벤트(Intermediate Event)

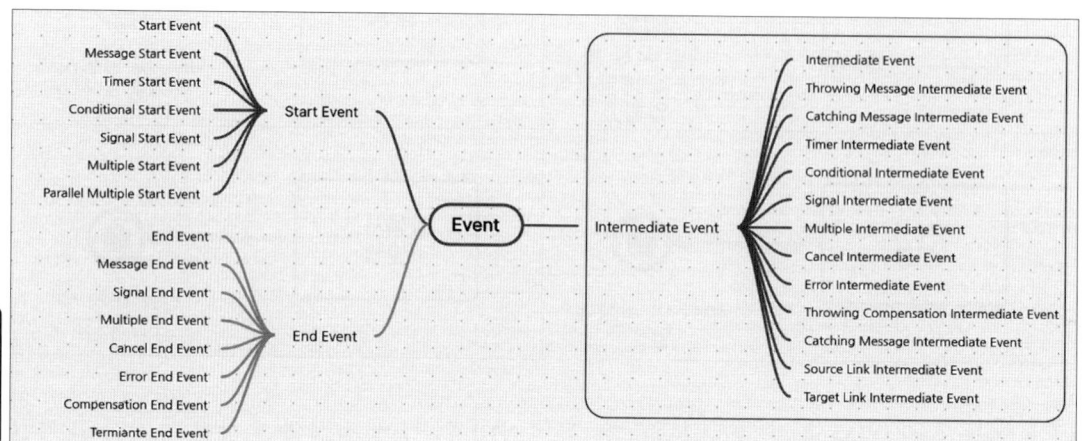

중간 이벤트(Intermediate Event)는 업무를 진행하는 도중에 발생되는 여러 상황들을 정의하기 위해서 사용한다. 우리는 이미 시작 이벤트와 종료 이벤트를 통해서 다양한 이벤트들을 살펴봤는데 중간 이벤트는 이러한 다양한 이벤트들이 업무 중간에 발생하는 것으로 시작 이벤트와 종료 이벤트 대비 보다 더 많은 종류의 중간 이벤트들이 존재한다.

그러면 다음과 같이 주요한 이벤트 중심으로 중간 이벤트들을 살펴보기로 하자.

① 메시지 중간 이벤트(Message Intermediate Event)

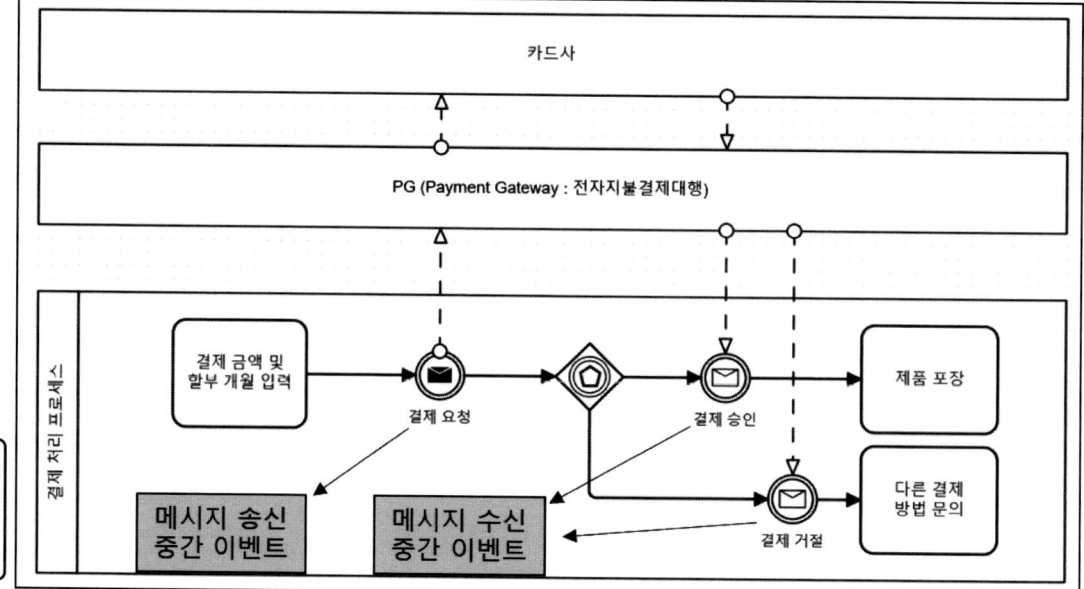

위의 예제는 프랜차이즈 피자 가게에서 피자를 주문할 때 결제와 관련한 내용을 표현한 다이어그램이다. 위에서 보면 카드 결제를 하게 되는 경우 결제 단말기에서 결제 금액 및 할부 개월을 입력한 후 결제 요청을 하게 되는데 이러한 결제 요청은 PG(Payment Gateway : 전자지불결제대행)사에 전달된다. 그러면 PG사는 카드사 시스템과 연동해서 카드 사용 한도에 따른 결제 승인 또는 승인 거절 정보를 반환하게 된다.

여기에서 "결제 요청" 메시지 중간 이벤트를 보자. 중간 이벤트로서 메시지를 송신하는 메시지 송신 중간 이벤트(Throwing Message Intermediate Event)가 사용됐는데 이 의미는 결제할 정보를 전달해야 하기 때문이다. 이에 반해서 PG사로부터 결제 승인 또는 승인 거절이 발생하는 경우 이 정보를 전달받아서 업무를 처리하기 위해서 메시지 수신 중간 이벤트(Catching Message Intermediate Event)가 사용됐다.

이렇듯이 메시지 이벤트는 시작 이벤트도 있었고, 종료 이벤트도 있지만, 이렇게 비즈니스 프로세스 중간에도 사용될 수 있는 것이다.

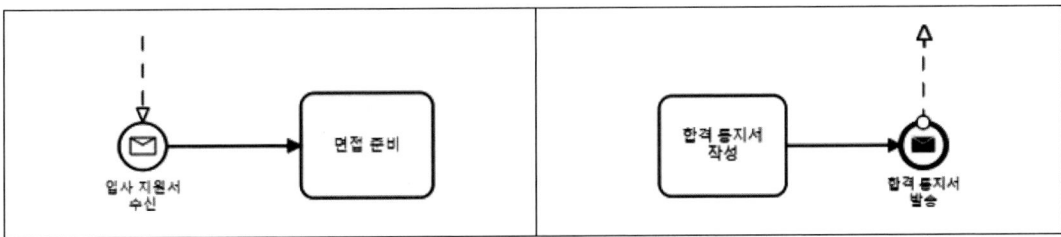

여기서 한가지 주의할 점은 위의 예제에서 보는 바와 같이 시작 이벤트는 수신(Catching)만 가능한데 반해서 종료 이벤트는 송신(Throwing)만 가능했다는 점이다. 위 예제를 다시 보면 입사 지원서를 받아야 면접 준비를 시작할 수 있는 것이다. 그리고 입사 지원자에게 최종적으로 합격 또는 불합격 통지서를 작성한 후 이를 발송하면서 구인 관련 업무를 마감하게 된다.

그러나 중간 이벤트는 앞의 예제에서 보는 바와 같이 수신(Catching)도 가능하고, 송신(Throwing)도 가능하다. 송신을 할 때는 전달할 내용이 내용이 있기 때문에 편지봉투 마커에 색이 채워져 있는 형태로 표현하고, 수신을 할 때는 전달을 받는 입장이기 때문에 편지봉투 마커에 색이 비어 있는 형태로 표현된다. 이는 비단 메시지 송신 또는 메시지 수신 이벤트만 그런 것이 아니라 모든 송신 및 수신 이벤트들은 같은 룰이 적용된다.

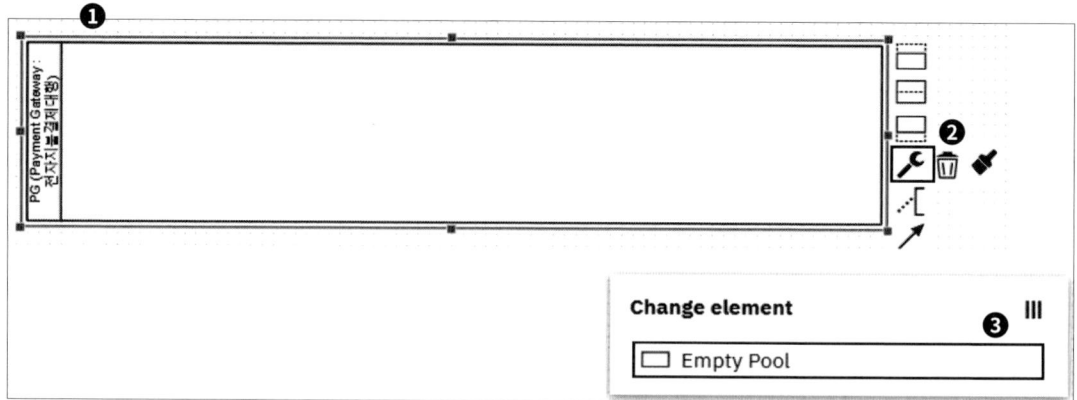

위 다이어그램에서 "카드사"와 "PG"의 경우 하나의 풀이지만 풀의 내용은 보이지 않고, 제목만 표시된 것을 볼 수 있다. 이것을 비어 있는 풀(Empty Pool) 또는 블랙 박스 풀(Block Box Pool)이라고 하는데, 이렇게 표현하기 위해서는 우선 풀을 선택(1번)한 후 나타나는 팝업 아이콘 중에 "Change Type" 버튼을 선택(2번)한 후 나타나는 "Change element" 팝업 상자에서 "Empty Pool"을 선택(3번)하면 된다.

② 타이머 중간 이벤트(Timer Intermediate Event)

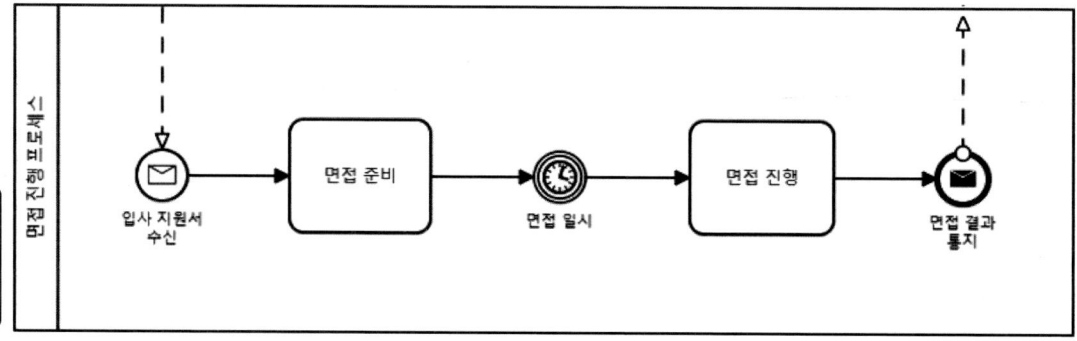

위의 예제는 "면접 준비" 이후 "면접 진행" 시점을 표현하기 위해 "면접 일시" 타이머 중간 이벤트(Timer Intermediate Event)가 사용되었다. 이는 "면접 준비"를 마친 후 바로 "면접 진행" 작업으로 프로세스가 진행되는 것이 아니라 "면접 일시"라는 타이머 중간 이벤트에 표시된 바와 같이 미리 약속된 특정 시점이 되어야 "면접 진행" 작업이 진행되는 것을 의미한다.

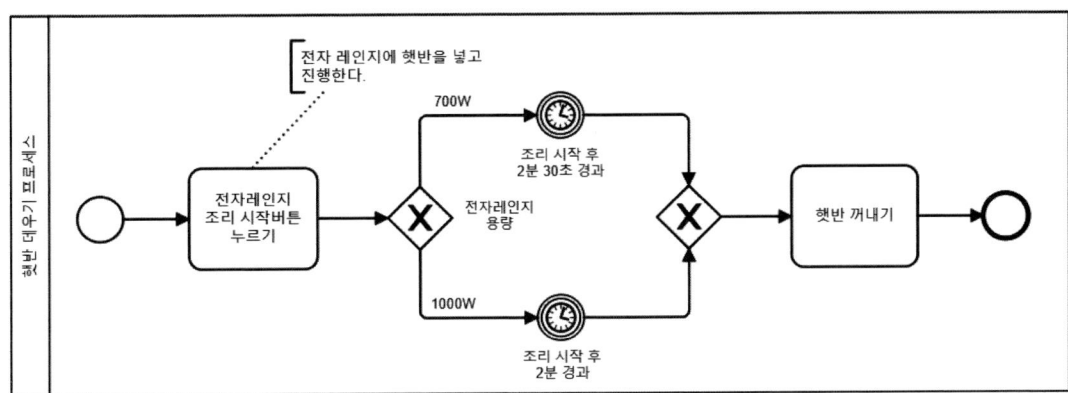

두 번째 예제는 전자 레인지에 햇반을 넣고 조리 시작 버튼을 누른 후 전자 레인지 용량에 따라서 2분 30초 또는 2분이 경과된 후 "햇반 꺼내기" 작업이 실행되어야 하는 것을 표현하고 있다. 이는 이전 작업인 "조리 시작 버튼 누르기" 작업 이후에 특정 시간이 경과됨을 표현하며, 이 역시 타이머 이벤트로 충분히 표현될 수 있다.

한가지 주의해야 하는 점은 타이머 중간 이벤트는 기간을 표시하지는 않는다는 점이다. 예를 들어서 1월 1일부터 1월 31일까지를 표현하는데 타이머 이벤트를 사용하지는 않는다. 다만 위의 예처럼 특정 작업 이후 특정 시간의 경과를 표현할 수는 있다.

결론적으로 얘기하자면 타이머 중간 이벤트는 첫 번째 예제와 같이 "면접 일시"라는 특정 시점을 그리고 두 번째 예제와 같이 "조리 시작 후 2분 30초 경과"라는 특정 시간의 경과를 표현하는 용도로만 사용된다.

아마도 어렵지 않게 이해할 수 있는 내용이라 생각한다. 마지막으로 한가지 타이머 이벤트와 관련한 내용을 정리하자면 타이머 시작 이벤트와 타이머 중간 이벤트는 존재하지만, 타이머 종료 이벤트는 존재하지 않는다.

이는 타이머 종료 이벤트를 통해서 업무가 무조건 끝나야 하는 시점을 미리 지정해 놓을 수는 없다는 것을 의미한다.

③ 조건 중간 이벤트(Conditional Intermediate Event)

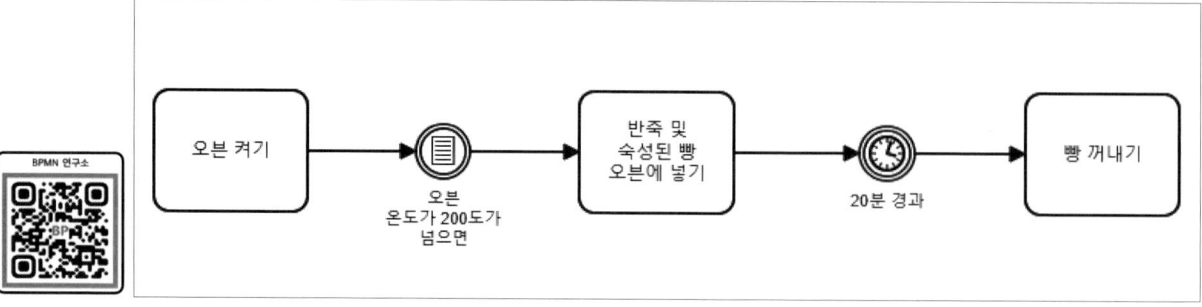

위 예제는 조건 중간 이벤트(Conditional Intermediate Event)를 이용해서 오븐의 온도가 200도가 넘을 때 반죽 및 숙성된 빵을 오븐에 넣는 작업이 진행되어야 하는 것을 표현한 것이다. 이처럼 조건 중간 이벤트의 경우 다음 작업으로 넘어가기 전에 시간이 아닌 특정 조건을 만족해야 다음 단계로 넘어갈 수 있는 상황을 정의하기 위해서 사용된다.

이러한 조건 이벤트(Conditional Event) 역시 조건 시작 이벤트와 조건 중간 이벤트는 있지만, 조건 종료 이벤트는 존재하지 않는다. 이는 업무가 종료되기 위한 조건을 지정할 수는 없다는 것을 의미한다. 업무의 종료는 다양한 업무 진행 과정들을 통해서 종료되는 것이다.

④ 링크 중간 이벤트(Link Intermediate Event)

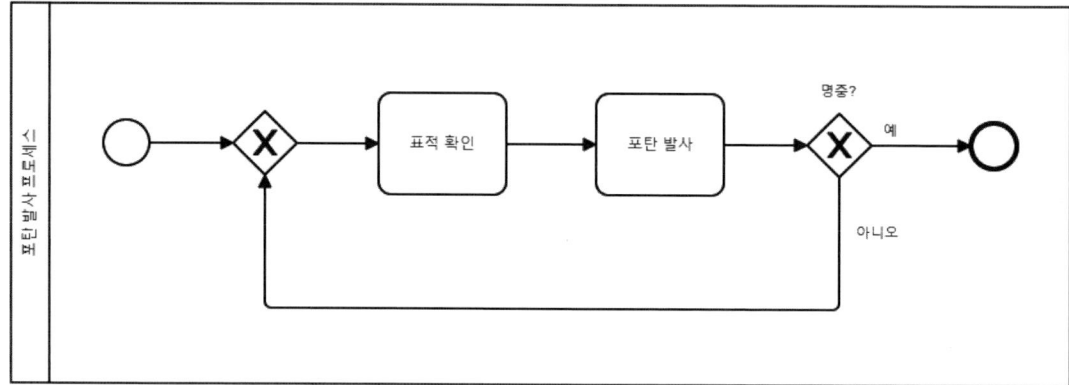

위 예제는 군대에서 포 사격 훈련할 때 상황을 표현한 다이어그램이다. 익히 우리는 게이트웨이에 대해서 살펴보았기 때문에 위 내용은 어렵지 않게 이해가 될 것이다. 최초 표적을 확인한 후 포탄을 발사하게 되는데 이때 명중이 됐다면 포 사격은 종료되지만, 명중이 되지 않았을 경우에는 다시 표적을 확인한 후 포탄 발사를 해야만 하는 프로세스이다.

이렇게 반복되는 작업을 정의할 때 일반적으로 위와 같이 표현할 수 있겠지만 다음과 같이 링크 중간 이벤트(Link Intermediate Event)를 사용할 수도 있다.

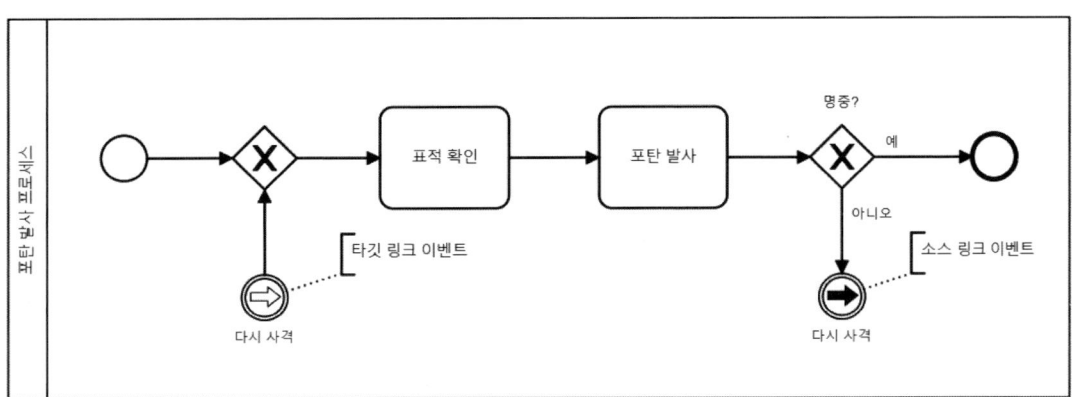

위의 예제는 링크 중간 이벤트(Link Intermediate Event)를 이용하여 이전과 동일한 상황을 표현한 다이어그램이다. 위 다이어그램처럼 링크 이벤트의 종류는 소스 링크 이벤트(Source Link Event)와 타깃 링크 이벤트(Target Link Event)가 있는데 업무 흐름은 소스 링크 이벤트에서 타깃 링크 이벤트로 이동하게 된다.

그러므로 위 예제에서 발사 후 목표에 명중이 되지 않았다면 "다시 사격"이라는 소스 링크 중간 이벤트(Source Link Intermediate Event)를 통해 "다시 사격"이라는 타깃 링크 중간 이벤트(Target Link Intermediate Event)로 프로세스가 이동하게 됨으로써 반복되는 작업을 표현할 수 있게 되는 것이다.

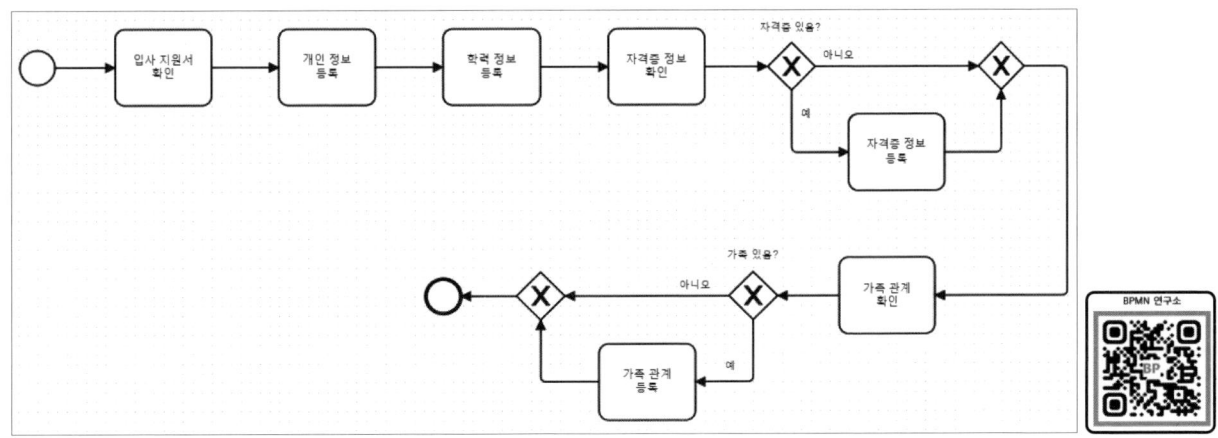

위 다이어그램은 지난번 복합 게이트웨이를 설명하면서 사용하였었던 다이어그램이다. 위 다이어그램은 옆으로 계속 이어져야 하는 모습이지만, 옆면의 출력 공간이 부족해서 이렇게 선을 다시 아래로 이어서 반대 방향으로 계속 프로세스의 진행 흐름을 표현하고 있다.

이러한 상황에서 링크 이벤트를 사용하면 다음과 같이 보다 보기 좋게 다이어그램을 작성할 수 있게 된다.

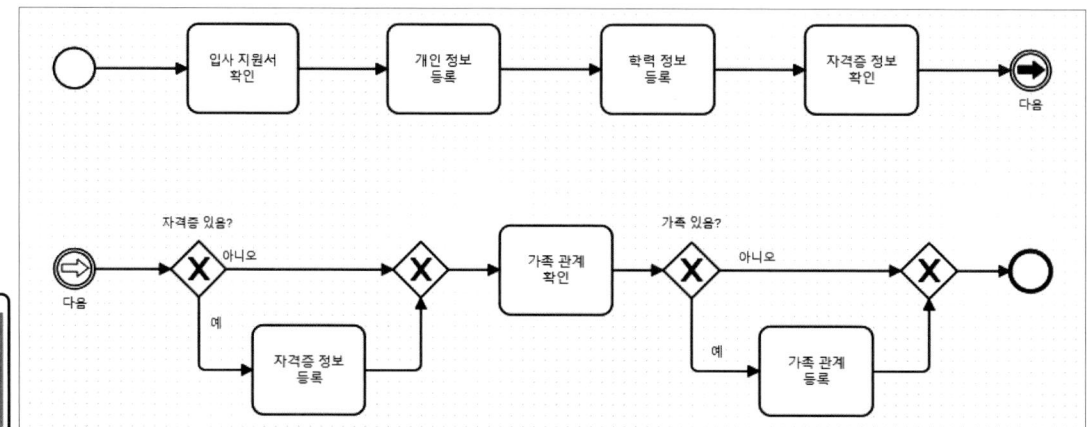

위의 다이어그램을 보면 "자격증 정보 확인" 작업 이후에 "다음"이라는 소스 링크 중간 이벤트(Source Link Intermediate Event)를 사용했으며, 이 링크를 통해 "다음"이라는 타깃 링크 중간 이벤트(Target Link Intermediate Event)로 업무가 연결돼서 진행되고 있는 모습을 표현하게 된다.

이렇듯이 링크 이벤트(Link Event)는 시퀀스 플로가 복잡하게 연결되는 상황에서 유용하게 사용될 수 있다.

이상으로 몇 가지 중요한 중간 이벤트들에 대해서 살펴보았는데, 지금 다루지 않은 중간 이벤트들 중 꼭 알아 두어야 하는 중간 이벤트의 경우에는 이후 다른 예제를 통해서 살펴볼 것이다.

2-5 이벤트 기반 결정(Event-Based Decision)

구분		표기	설명	
배타적 (Exclusive)	데이터 기반 (Data Based)	◇ or ✕	배타적 게이트웨이는 반드시 한 경로만 선택된다.	출구 조건을 갖는다.
	이벤트 기반 (Event Based)	◎		출구 조건을 갖지 않는다.
포괄적(Inclusive)		○	하나 혹은 그 이상의 경로로 분할되거나 병합한다.	
병렬(Parrllel)		✢	두 개 이상의 경로로 분할되어 동시에 실행된다.	
복합(Complex)		✻	토큰을 처리하기 위한 임의의 규칙이 포함될 수 있다.	

위 표는 지난번 게이트웨이(Gateway)를 소개하면서 사용했던 표이다. 이 중에서 지난번 소개하지 않은 게이트웨이가 있는데, 그게 바로 이벤트 기반 배타적 게이트웨이(Exclusive Event Based Gateway)이다.

배타적 게이트웨이는 반드시 한 경로만 선택된다. 그래서 참 또는 거짓, 아니면 조건에 맞는 하나의 경로를 타고 프로세스가 진행되는데 이를 데이터 기반 배타적 게이트웨이라고 하며, 이는 지난번 예제를 통해서 설명했었다. 이번에는 배타적 게이트웨이 중 지난번 설명하지 않았던 이벤트 기반 배타적 게이트웨이에 대해서 설명할 것이다.

사실 지난번 게이트웨이를 설명하면서 이를 설명해야 했지만 그 당시는 이벤트(Event)에 대해서 학습하기 전이기 때문에 이벤트 기반 배타적 게이트웨이를 설명하기에 적절하지 않았었다.

그런데 우리는 이미 이벤트 기반 배타적 게이트웨이가 사용된 예제를 본 적이 있다.

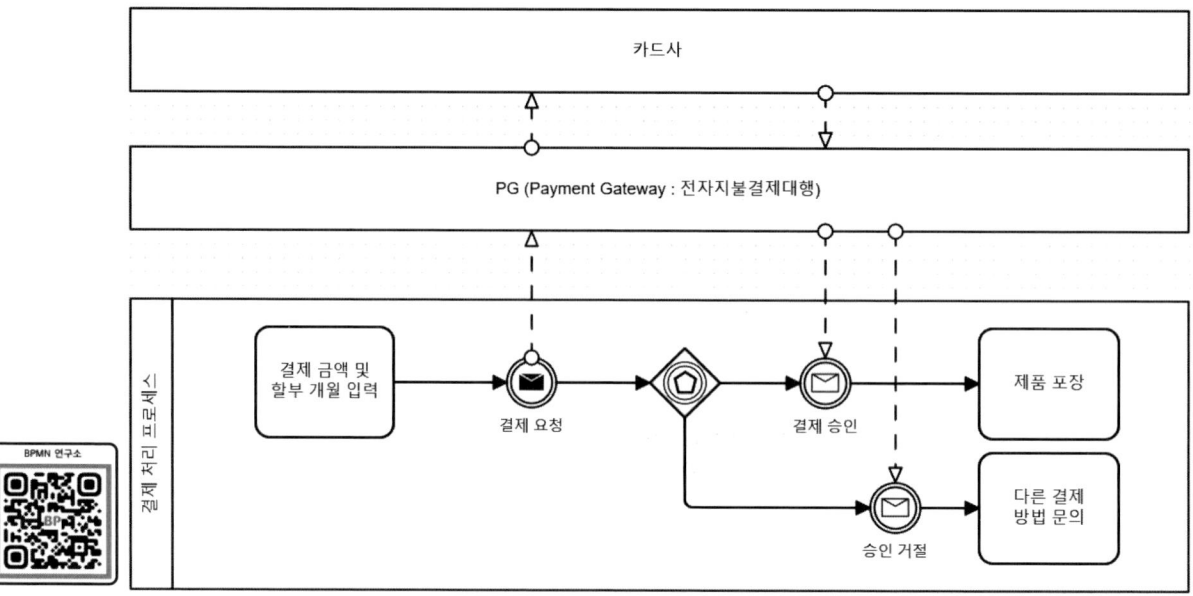

위 다이어그램은 메시지 송신 중간 이벤트와 메시지 수신 중간 이벤트를 설명하면서 살펴본 예제이다. 그런데 이 예제에서 지금 얘기하려는 이벤트 기반 배타적 게이트웨이가 사용됐다.

위 업무에서 PG 사에 "결제 요청"을 하게 되면 이후에는 "결제 승인" 또는 "승인 거절" 메시지가 수신되는데, 이 결정은 우리가 하는 것이 아니라 카드사에서 PG사를 통해 두 가지 중 하나의 메시지가 우리 시스템에 전달되는 것이다. 그러므로 결제 요청 이후에 업무 흐름은 "결제 승인" 또는 "승인 거절"이라는 메시지가 수신되는 상황에 따라 달라지게 되는데, 이를 표현하기 위해서 이벤트 기반 배타적 게이트웨이(Exclusive Event Based Gateway)를 사용하게 되는 것이다.

위의 상황이 배타적(Exclusive)인 이유는 "결제 승인" 메시지와 "승인 거절" 메시지를 동시에 받을 수는 없기 때문이며, 이벤트 기반(Event-Based)인 이유는 둘 다 메시지 수신 중간 이벤트(Catching Message Intermediate Event)를 통해서 "결제 승인"과 "승인 거절" 메시지가 전달되기 때문이다.

물론 이벤트 기반 배타적 게이트웨이에서는 메시지 이벤트만 사용되는 것은 아니다. 다음과 같이 여러 이벤트를 통해서 배타적 게이트웨이가 사용될 수 있는 것이다.

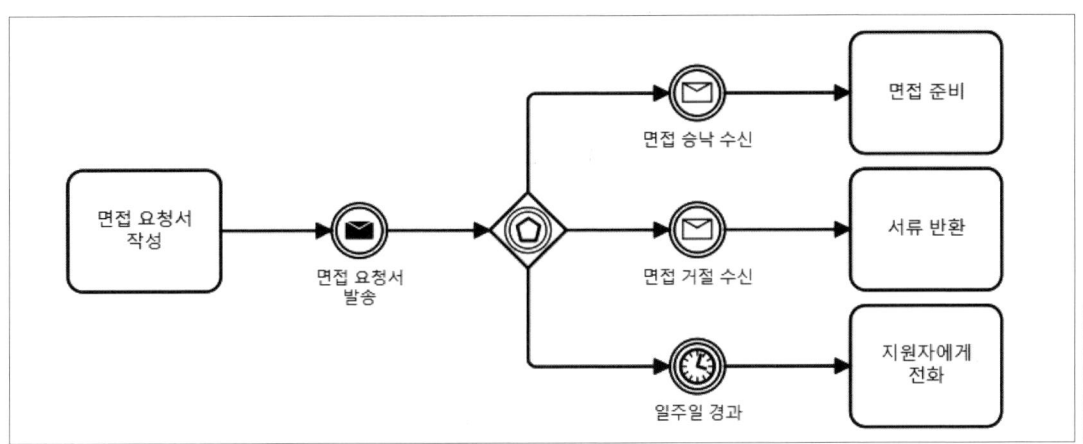

위의 다이어그램을 보면 면접 요청서를 발송한 이후에 이벤트 기반 배타적 게이트웨이가 사용됐다. 그리고 그 이후 이벤트가 발생하는 상황을 보면 메시지 수신 중간 이벤트를 통해서 지원자로부터 면접 승낙 또는 면접 거절 메시지가 수신되면서 이벤트가 발생할 수 있지만, 타이머 중간 이벤트를 통해서도 이벤트가 발생할 수 있는 것이다.

BPMN 다이어그램을 작성하다 보면, 배타적 게이트웨이가 가장 많이 사용되는데 그 중에서도 데이터 기반 배타적 게이트웨이가 주로 많이 사용된다. 그러나 규모가 있는 프로세스를 작성하는 경우 이벤트 기반 배타적 게이트웨이도 꽤나 많이 사용되므로 잘 정리해 두어야 한다.

THE START

3 액티비티(Activity)

3-1 액티비티(Activity) 소개

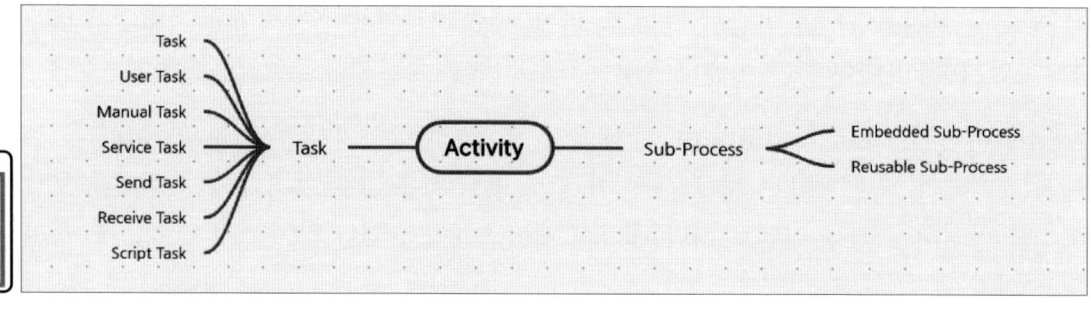

액티비티(Activity)는 업무 진행 중에 해야 할 작업을 정의할 때 사용하며, 이는 순서도에서도 네모상자를 통해서 진행 단계에서 수행해야 하는 일들을 표현했던 것과 마찬가지이다. 그러나 순서도에서는 네모상자 하나를 가지고, 텍스트를 기반으로 해야 할 일들을 모두 정의했지만, BPMN에서 액티비티는 작업(Task)과 하위 프로세스(Sub Process)로 구분된다.

작업(Task)은 더 이상 설명할 필요가 없는 작업을 표현할 때 사용되며, 기본적으로 순서도와 마찬가지로 네모상자에 관련 텍스트를 입력하여 표시한다. 그러나 BPMN에서는 이 외에도 해당 작업의 성격을 사각형 테두리 왼쪽 상단에 마커로 표시할 수 있다. 이를 통해 시각적으로 해당 작업에 대한 성격을 파악하는데 도움이 되며, 이는 자동화의 관점을 반영한다.

그리고 하위 프로세스(Sub Process)는 추가로 설명을 필요로 하는 작업에 대해서 사용하는데 이는 구체적인 상세 프로세스를 포함하며, 이러한 하위 프로세스는 단순 하위 프로세스(Embedded Sub Process)와 재사용이 가능한 하위 프로세스(Reusable Sub Process)로 구분된다.

그러면 우선 Activity의 기본이라고 할 수 있는 작업(Task)에 대해서 살펴보기로 하자.

3-2 작업의 유형(Task Type)

BPMN에서는 작업(Task)을 정의할 때 다양한 마커(Maker)를 이용해서 해당 작업의 성격을 규정지을 수 있으며, 이들을 작업의 유형(Task Type)이라고 한다.

이러한 작업의 유형에는 위 화면에서 보는 바와 같이 서비스 작업(Service Task), 송신 작업(Send Task), 수신 작업(Receive Task), 사용자 작업(User Task), 비즈니스 규칙 작업(Business Rule Task), 스크립트 작업(Script Task), 수작업(Manual Task), 일반 작업(Abstract Task, 추상 작업) 이렇게 총 8가지 종류가 제공된다.

그렇다면 이렇게 각각의 마커를 통해서 각기 작업에 대한 아이콘을 제공하는 이유는 무엇일까? 그 이유는 바로 가독성과 자동화의 관점을 제공하기 때문이다.

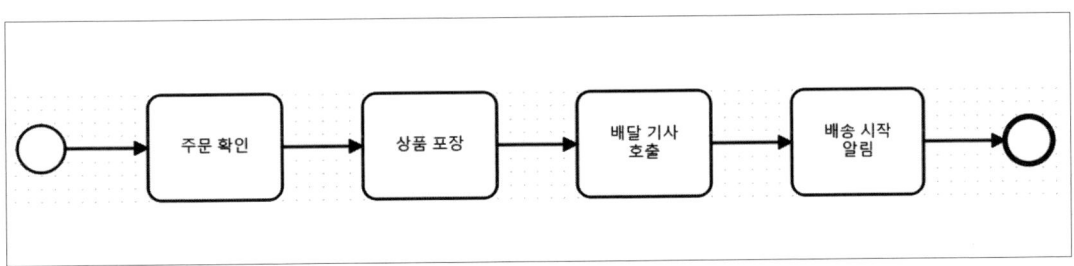

위의 BPMN 다이어그램은 주문을 받아서 상품을 배송하기 위한 절차를 나타낸 것이다. 우선 마커를 사용하지 않고, 텍스트로 작업(Task)의 내용을 정의했다.

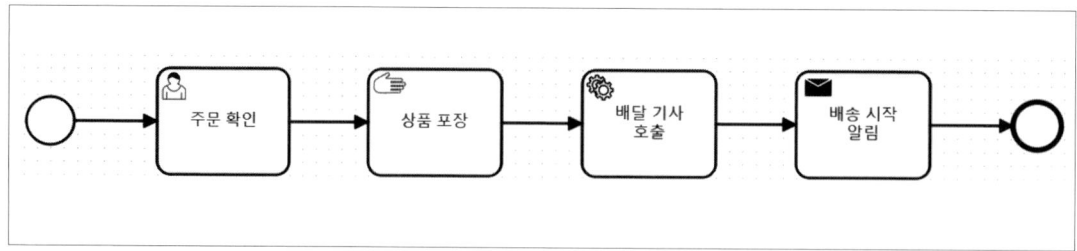

위의 BPMN 다이어그램은 이전과 동일한 절차를 표현하고 있지만, 각각의 작업에 마커를 사용해서 작업(Task)을 정의했다. 마커로써 각 작업의 성격이 정의되어 있기 때문에 보다 가독성이 높아지는 것을 알 수 있다.

그리고 두 번째로 각 작업이 진행될 때 사람이 해야 하는 일과 시스템을 통해서 처리해야 하는 일들을 구분할 수 있기 때문에 이를 기반으로 각 단계별 처리 주체를 구분해서 자동화 작업을 보다 용이하게 정의할 수 있는 것이다.

위에서 보면 "주문 확인" 작업은 사람이 해야 한다. 그리고 "상품 포장" 역시 사람이 수작업으로 해야 하는 일임을 알 수 있다. 그러나 "상품 포장"이 완료된 이후 "배달 기사 호출"은 시스템을 통해서 해당 지역의 배달 기사를 호출할 수 있도록 관련 서비스를 프로그램으로 개발해서 사용할 수 있는 것이다. 마지막 "배송 시작 알림"의 경우에도 배달 기사가 상품을 수령한 상황에서 고객에게 배송 시작 메시지를 전달하도록 하는 작업을 정의하고 있다. 물론 마지막 "배송 시작 알림"은 배달 기사를 호출하는 것처럼 카카오의 알림톡 서비스를 이용할 수도 있다. 이럴 경우에는 서비스 마커를 사용해야 할 것이다.

이렇듯 작업에 포함된 마커는 해당 작업의 성격을 명확히 해서 작업에 대한 가독성을 높이고, 작업의 주체 즉, 사람이 해야 하는 작업과 시스템을 통해서 처리해야 하는 작업을 명확히 구분함으로써 자동화의 관점을 반영하게 되는 것이다.

그러나 하위 프로세스(Sub Process)는 관련 업무 절차 즉, 프로세스를 내포하고 있기 때문에 이러한 작업 유형을 정의할 수 없다.

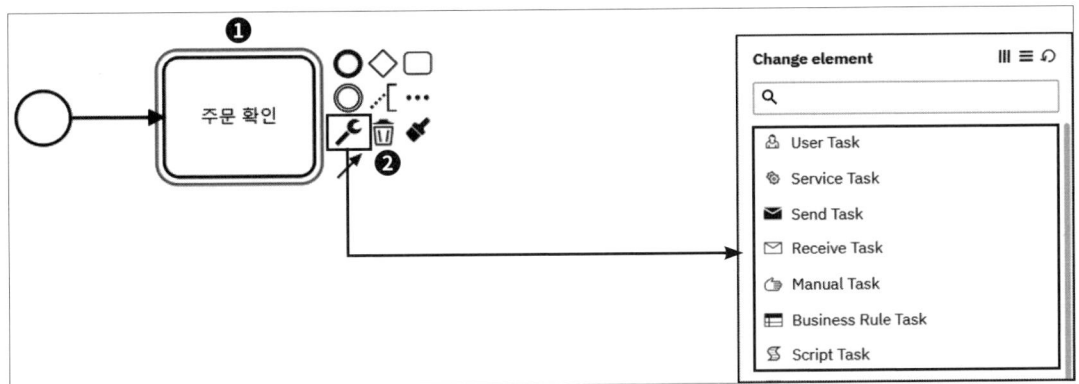

작업에 작업 유형에 따른 마커를 표시하기 위해서는 우선 마커를 표시하기 원하는 작업 (Task)을 선택(1번)한 후 "Change Type" 버튼(2번)을 누르고, "Change element" 팝업 상자에서 나타나는 항목들 중 원하는 작업의 유형을 선택하면 해당 작업에 마커가 표시된다.

그러면 이제 각각의 작업 유형에 대해서 좀더 자세히 살펴보기로 하자.

① 서비스 작업(Service Task)

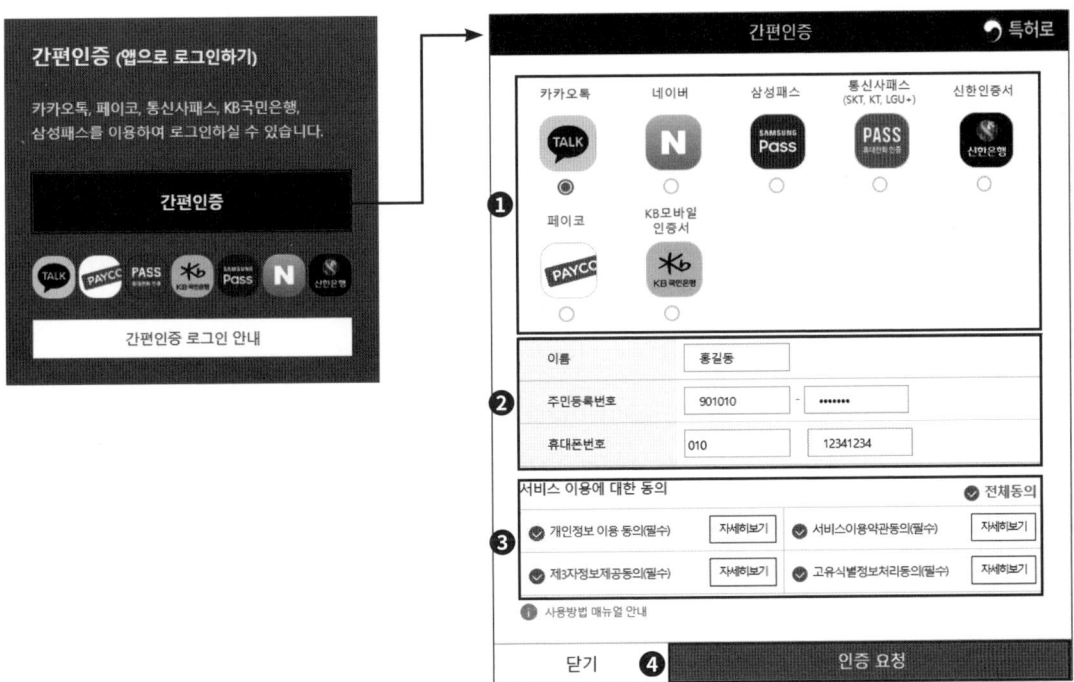

Chapter 2 BPMN 핵심 표기법 109

위의 화면은 "특허로" 사이트에 로그인 하기 위해 간편 인증을 진행하는 화면을 캡쳐 한 것이다. 위 화면에서 오른쪽에 보면 간편 인증을 하기 위해서 첫 번째 인증 기관을 선택한다. 그리고 두 번째로 개인 정보를 입력하며, 세 번째로 서비스 이용 동의를 체크한 후 마지막으로 인증 요청을 하게 되어 있다.

아래 다이어그램은 위의 과정을 BPMN 다이어그램으로 작성한 것이다.

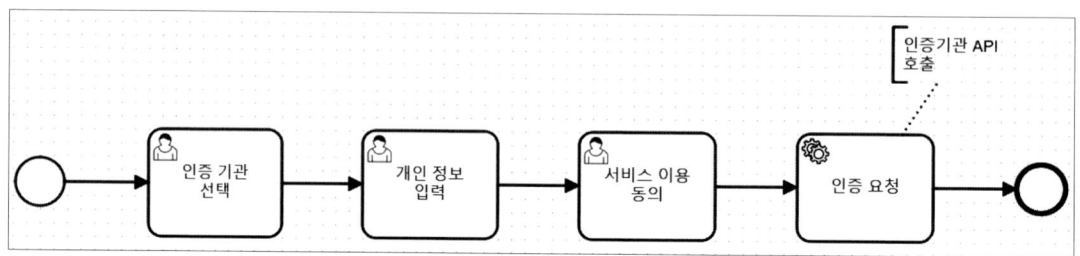

우선 이전 화면에서 오른쪽 화면을 보면 "인증 기관 선택" 작업과 "개인 정보 입력" 작업 그리고 "서비스 이용 동의" 작업은 모두 사용자가 해야 하는 일이다. 그러나 "인증 요청"의 경우 외부 인증 기관을 통해서 이뤄지게 된다.

인증 절차에 대해 간략히 설명하자면, 위 이전 화면에서 "인증 요청" 버튼을 누르면 해당 인증은 자기 자신 즉, "특허로" 사이트에서 처리되는 것이 아니라 외부 기관(위 예에서는 카카오톡)에서 사용자가 입력한 개인 정보를 기반으로 인증 절차를 진행하게 된다.

카카오톡의 경우 이러한 인증 서비스를 제공해 줄 수 있는 기능이 카카오톡 운영 시스템에 웹 서비스(Web Service) 형태로 제공되고 있기 때문에 이렇게 특허로 사이트에서 외부 시스템(카카오톡 운영 시스템)에서 제공하는 서비스를 호출하는 일이 가능한 것이고, 이를 BPMN에서는 서비스 작업(Service Task)을 이용해서 표현한다.

이러한 서비스 작업에 대해 일반인들이 이해하는 데는 약간의 한계는 분명히 있을 것이다. 하지만 IT 엔지니어분들은 너무나도 많이 활용하고 또 개발할 때 많이 구현하는 기능이라 쉽게 이해할 수 있을 것이다.

② 송신 작업(Send Task)과 수신 작업(Receive Task)

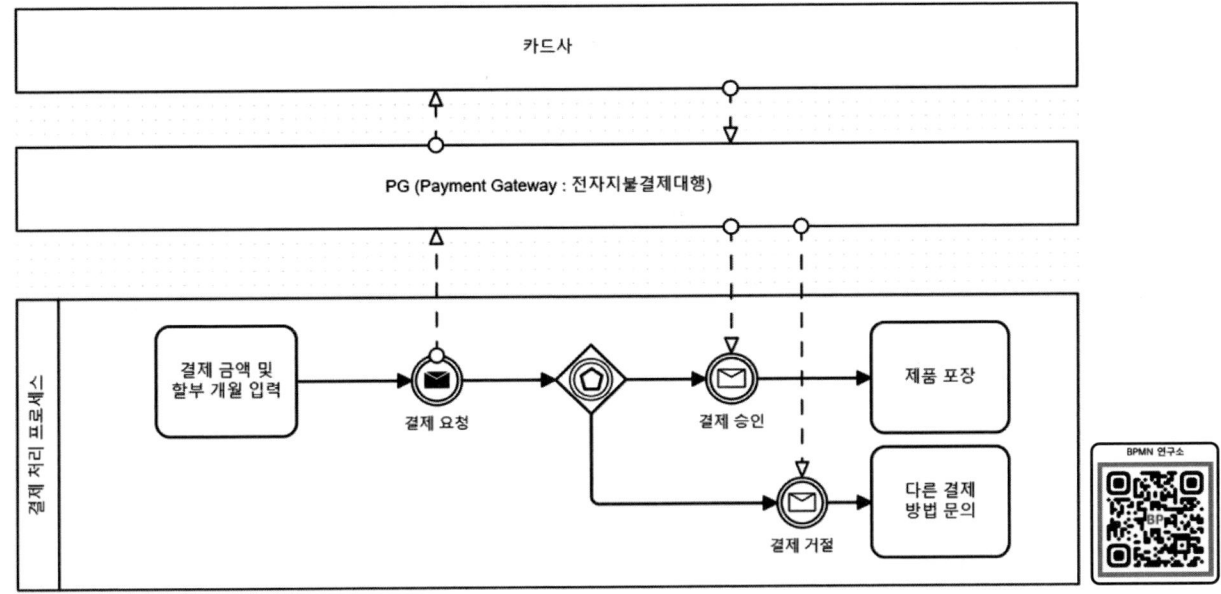

위의 화면은 앞에서 메시지 송신 중간 이벤트(Throwing Message Intermediate Event)와 메시지 수신 중간 이벤트(Catching Message Intermediate Event)를 설명하면서 사용했던 BPMN 다이어그램이다.

위 다이어그램에서 "결제 요청" 메시지 송신 중간 이벤트의 경우를 생각해보자. 만일 결제 요청을 했는데 막상 단말기 오류가 발생하면 어떻게 처리를 해야 할까? 위의 경우는 결제 요청 메시지를 보내는 것은 설명할 수 있지만, 메시지를 보내는 과정에서 오류가 발생하거나 관련해서 또 다른 이벤트가 발생하는 등의 예외적인 상황이 발생하는 경우를 처리할 수가 없다.

왜냐하면 메시지 송신 중간 이벤트는 메시지를 보내는 것만 표현할 수 있기 때문이다.

추가로 "승인 거절" 중간 이벤트도 살펴보기로 하자. 승인이 거절 된 경우 다른 결제 방법을 문의해야 하는데 추가로 "승인 거절" 메시지를 전달받았을 때 거절 사유를 기록해야 한다면 어떻게 해야 할까?

이 역시 "승인 거절" 메시지를 중간 이벤트를 통해서 수신한 다음 추가적인 작업(Task)을 통해서 거절 사유를 기록해야만 한다.

바로 이렇게 메시지 이벤트를 통해서 메시지를 보내거나 받는 상황에서 추가적인 작업이나 이벤트 처리해야 하는 경우에 메시지 이벤트를 대신해서 송신 작업(Send Task)과 수신 작업(Receive Task)을 활용할 수 있다.

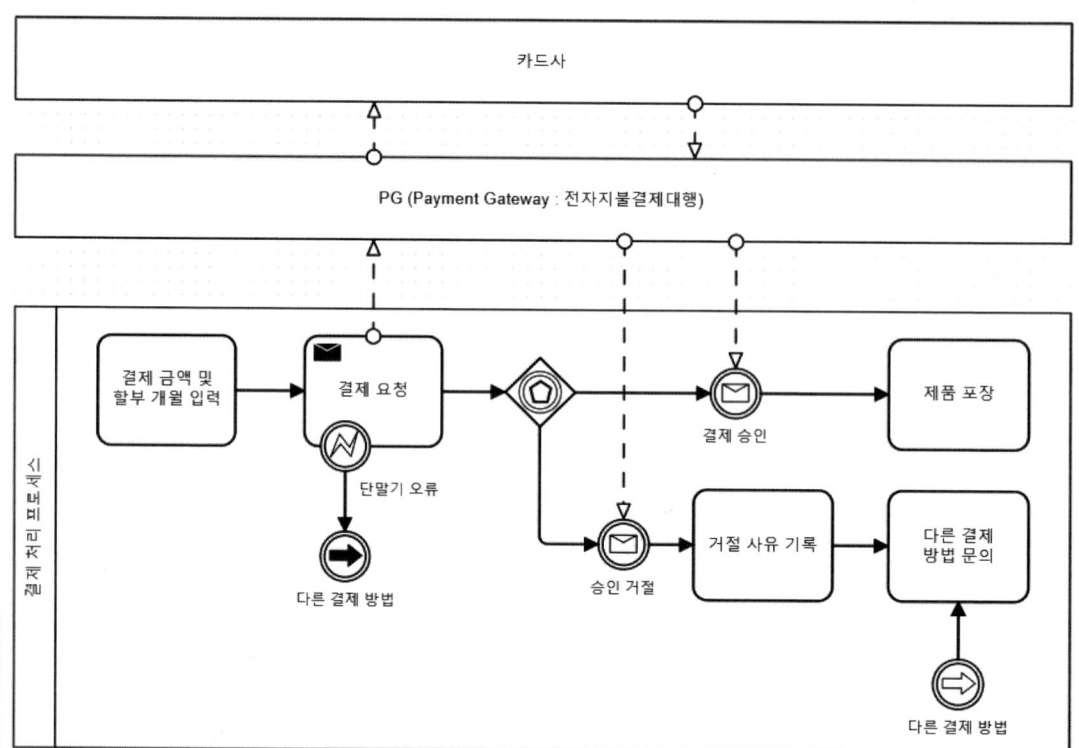

위 예제 다이어그램을 살펴보기로 하자. "결제 요청"이 이전 다이어그램에서는 메시지 송신 중간 이벤트로 표현했지만, 지금은 송신 작업(Send Task)으로 표현이 되어있다. 이 경우 아직 우리가 배우지는 않았지만 위 다이어그램처럼 작업(Task) 라인에 중간 이벤트를 추가할 수 있다. 때문에 "결제 요청" 작업에서 "단말기 오류" 이벤트가 발생한 경우에 "다른 결제 방법"이라는 소스 링크 이벤트(Source Link Event)를 통해 타깃 링크 이벤트(Target Link Event)로 프로세스가 이어지도록 예외 처리를 표현할 수 있는 것이다.

하지만 이전 다이어그램처럼 메시지 송신 중간 이벤트로 "결제 요청"을 하는 경우에는 메시지 송신 중간 이벤트에 다시 오류 중간 이벤트를 덧씌워 표현할 수 없기 때문에 관련된 추가적인 작업이나 이벤트를 표현할 수 없었다.

그리고 승인이 거절된 경우 만일 거절 사유를 기록해 두어야 한다면, 위 다이어그램처럼 "승인 거절" 메시지 수신 중간 이벤트를 사용한 후에 "거절 사유 기록" 이라는 작업을 추가해 주어야 한다.

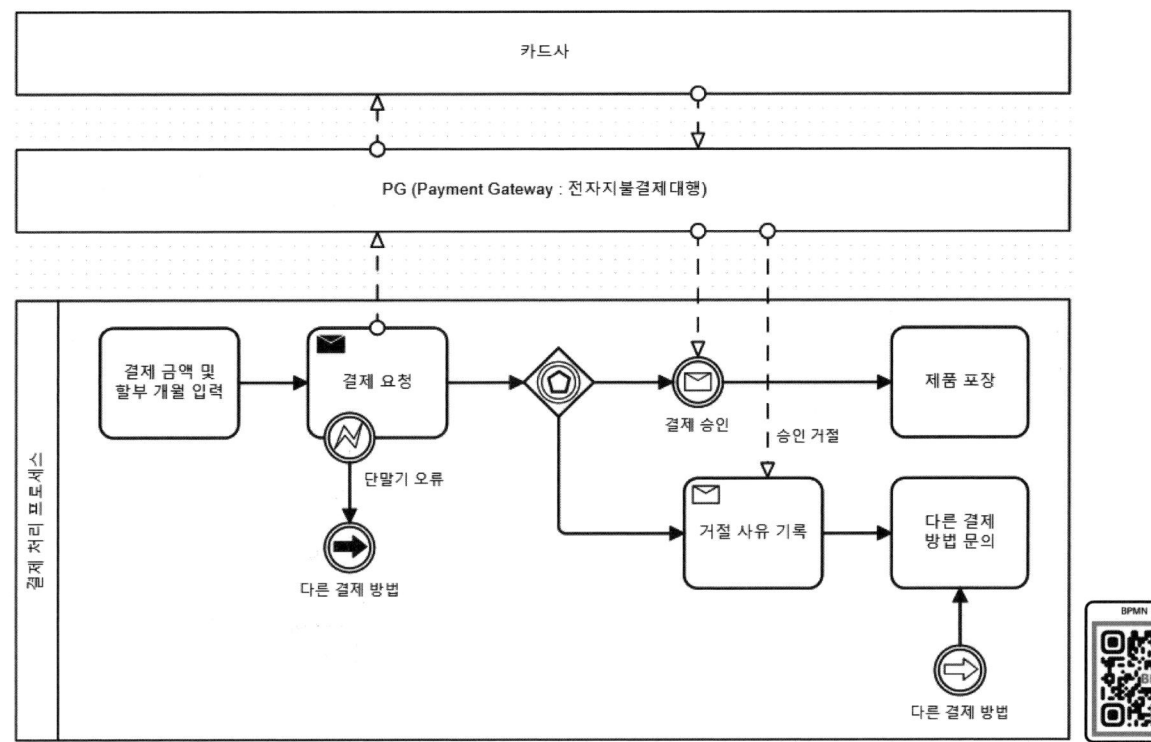

그러나 위 다이어그램처럼 "거절 사유 기록" 이란 수신 작업(Receive Task)을 이용하면, 메시지를 수신하면서 처리해야 하는 작업을 동시에 하나의 작업(Task)에서 표현할 수 있게 된다.

결론적으로 얘기하자면 메시지 송신 및 수신 이벤트(Event)와 송신 및 수신 작업(Task)은 동일한 용도로 사용될 수 있다. 하지만 이벤트(Event)는 말 그대로 해당 시점에 발생하는 사건을 표현하는 것일 뿐이며, 작업(Task)은 업무를 정의하고, 업무를 처리하는 과정에서 발생할 수 있는 예외 처리까지 표현할 수 있는 기능을 갖기 때문에 보다 효율적인 다이어그램 작성이 가능해진다.

③ 사용자 작업(User Task)과 수 작업(Manual Task)

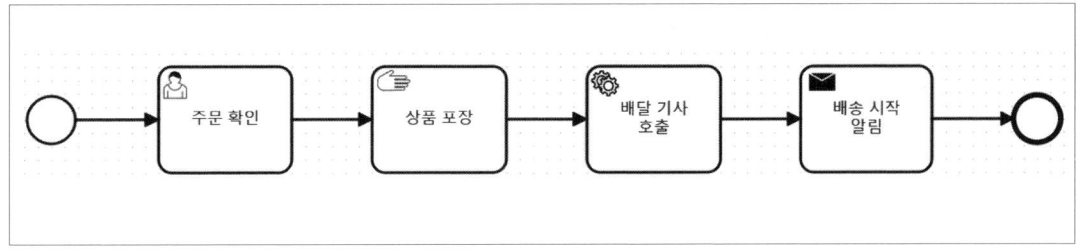

위 화면은 이전에 작업 유형(Task Type)을 설명하면서 사용했던 예제 다이어그램이다. 위에서 보면 "주문 확인"이라는 사용자 작업(User Task)이 있고, 다음으로 "상품 포장"이라는 수 작업(Manual Task)이 표현되어 있다. 사용자 작업과 수 작업 모두 사람이 하는 일을 표현하고 있지만, 이 둘은 나름의 차이점을 가지고 있다.

우선 사용자 작업(User Task)은 업무 담당자가 컴퓨터 프로그램을 통해서 수행하는 작업을 정의할 때 사용한다. 그러므로 위의 예제에서 "주문 확인" 작업(Task)이 사용자 작업(User Task)으로 정의된 이유는 업무 관련 프로그램을 통해서 주문 정보를 담당자가 확인해야 한다는 의미를 갖기 때문이다.

컴퓨터를 이용해서 작업을 한다는 것은 결국 컴퓨터에 설치된 관련 프로그램을 이용한다는 의미를 갖기 때문에 사실상 컴퓨터를 이용해서 수행하는 작업은 기본적으로 사용자 작업(User Task)으로 정의하면 된다.

"오버워치 게임하기" 작업(Task)이 있다고 가정하자. 그러면 이 작업의 유형은 무엇으로 정의해야 할까? 당연히 컴퓨터의 게임 프로그램을 이용해야 하는 것인만큼 사용자 작업(User Task)으로 정의해야 한다.

반면에 수 작업(Manual Task)은 업무 담당자가 컴퓨터 프로그램의 도움 없이 수행하는 작업을 정의할 때 사용한다. 위의 예제에서 "상품 포장" 작업(Task)이 수 작업(Manual Task)으로 정의된 이유는 당연히 상품을 포장하는 일은 사람이 직접해야 하는 일이기 때문이다.

"100미터 달리기"라는 작업(Task)이 있다고 하자. 이 작업을 표현하기 위해서는 당연히 수 작업(Manual Task)으로 표현해야 한다.

④ 비즈니스 규칙 작업(Business Rule Task)

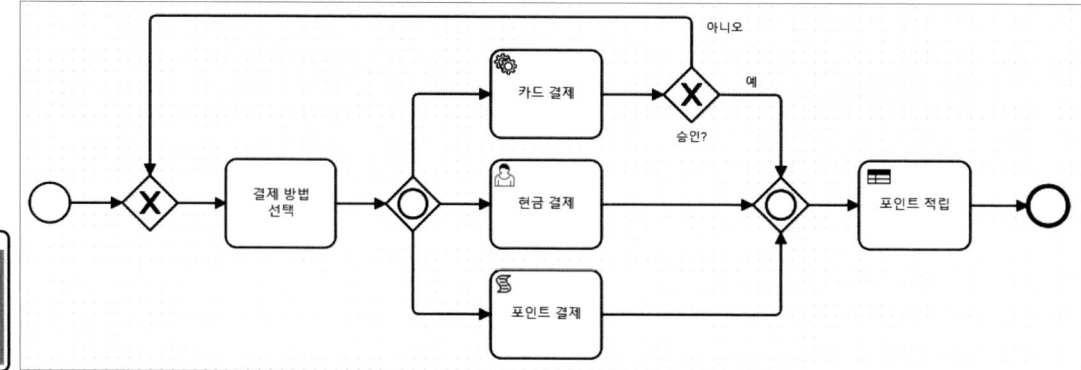

위 예제는 회원제를 운영하고 있는 매장에서 결제 방법과 결제 금액에 따른 절차를 표현하고 있는 BPMN 다이어그램이다. 관련해서 추가로 설명하자면, 결제 방법에는 카드 결제와 현금 결제 그리고 포인트 결제 이렇게 3가지 방법이 있으며, 앞부분의 분할 게이트웨이로 포괄적 게이트웨이가 사용된 이유는 최소한 하나 이상의 방법으로 결제를 할 수 있기 때문이다. 그리고 결제 방법에 따라서 카드 결제와 현금 결제를 진행할 때는 결제 금액에 해당하는 정해진 비율이 적용돼서 포인트를 적립하고, 포인트로 결제한 경우에는 기존 적립된 포인트 점수에서 포인트로 결제한 금액만큼 차감해 주어야 한다.

이러한 결제 처리 과정은 너무나 일반적인 상황인 만큼 이해하는데 어려움은 없을 것이다.

위 예제를 통해서 정리하고자 하는 내용은 바로 비즈니스 규칙 작업(Business Rule Task)으로 표현되어 있는 "포인트 적립" 작업이다. 그렇다면 포인트를 적립할 때는 어떠한 비즈니스 규칙이 있는 것일까?

다음은 4장에서 소개할 DMN(Decision Model and Notation)을 이용해서 포인트를 적립할 때의 규칙을 정리해 놓은 의사 결정 테이블(Decision Table)이다.

포인트 적립	Hit Policy: Collect (Sum)			
	When 결제 방법 "카드 결제","현금 결제","포인트 …	And 결제 금액 number	Then 적립 금액 number	Annotations
1	"카드 결제"	[0..99999]	결제 금액 * 0.05	카드결제 10만원 미만은 5% 포인트 적용
2	"카드 결제"	>= 100000	결제 금액 * 0.07	카드결제 10만원 이상은 7% 포인트 적용
3	"현금 결제"	-	결제 금액 * 0.1	현금 결제는 일괄적으로 10% 적용
4	"포인트 결제"	-	- 결제 금액	포인트 결제 시 결제 금액 만큼을 빼주어야 한다.
+				

아직 DMN에 대해서 배우지는 않았지만 크게 어려운 내용은 아니기 때문에 우선 위 표를 보면서 포인트 적립 규칙을 설명해 보기로 하겠다. 포인트를 적립하는 경우는 카드 결제와 현금 결제를 하는 경우이다. 현금 결제의 경우는 결제 금액의 10%를 포인트로 적립해 주어야 하며, 카드 결제인 경우에는 결제 금액에 따라서 10만원 미만인 경우에는 5%를, 그리고 10만원 이상인 경우에는 7%를 포인트로 적립해 주어야 한다.

그리고 카드 결제와 현금 결제를 동시에 진행할 수 있기 때문에 "Hit Policy"는 "Collect (Sum)"을 선택했다.

이러한 규칙(Rule)은 회사에서 미리 정해 놓은 규칙이다. 그리고 이를 업무에 반영해서 사용해야 하는데 바로 이렇게 정의된 비즈니스 규칙을 표현하는 작업(Task)이 바로 비즈니스 규칙 작업(Business Rule Task)이다.

그렇다면 이러한 포인트 적립 규칙을 비즈니스 규칙 작업(Business Rule Task)이 아닌 일반적인 업무 흐름으로는 표현할 수 없을까? 그렇지 않다. 이러한 비즈니스 규칙 역시 일반적인 업무 흐름으로 표현할 수 있다.

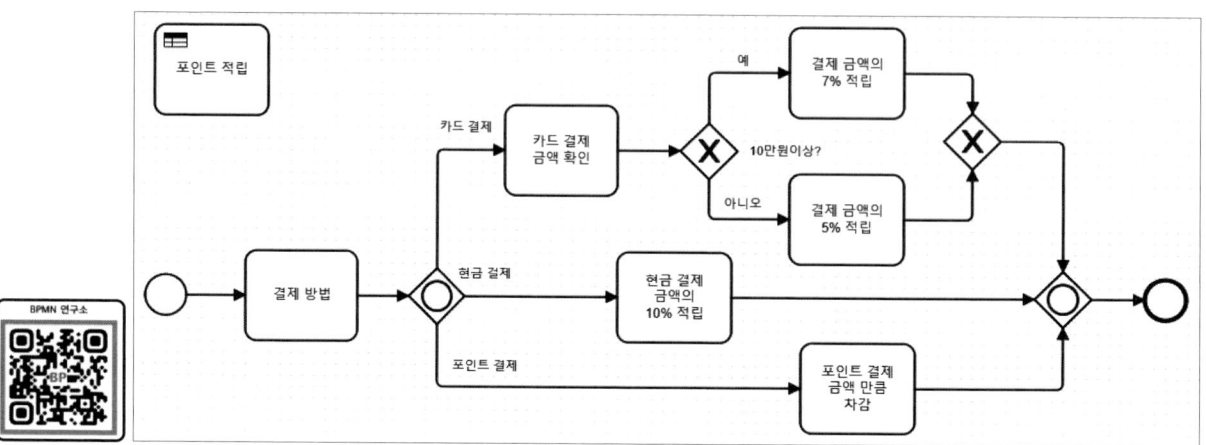

위 화면에서 왼쪽 상단은 이전 다이어그램에서 있었던 "포인트 적립"이라는 비즈니스 규칙 작업(Business Rule Task)이며, 아래 다이어그램은 이를 절차적으로 정리한 다이어그램이다. 비즈니스 규칙 작업은 바로 이와 같이 정해진 절차나 조건에 따른 업무 처리 과정을 함축적으로 표현해낼 수 있는 훌륭한 작업(Task)이다.

⑤ 스크립트 작업(Script Task)

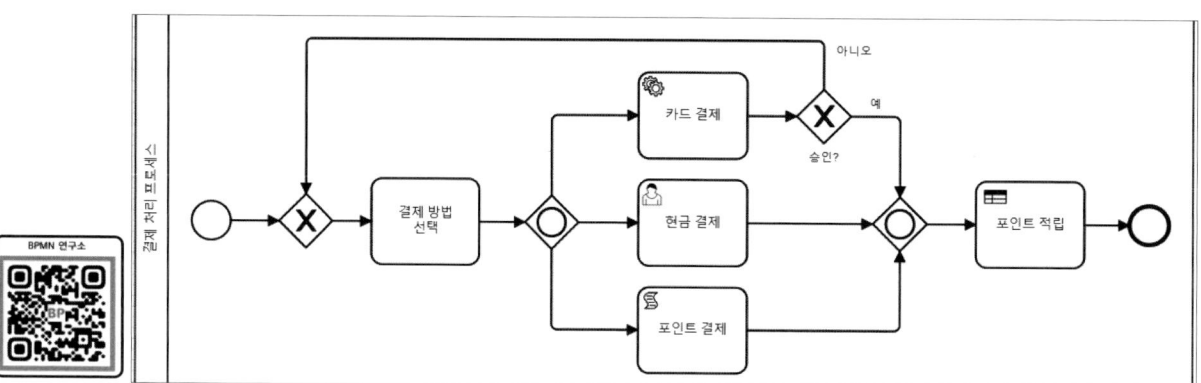

위의 BPMN 다이어그램에서 "포인드 결제" 직업(Task)이 바로 스크립트 작업(Script Task)으로 표현되어 있다. 스크립트 작업은 위 업무를 처리하기 위해서 개발된 운영 시스템(회사 업무용 프로그램)에서 실행되는 프로그램이나 작업(함수, 저장 프로시저, 클

래스 등)을 호출할 때 사용하게 된다. 위를 예로 설명하자면 우선 포인트 정보는 회사에서 운영하는 시스템 내부에 회원 정보에 저장되어 있을 것이다.

그러므로 해당 회원이 가지고 있는 포인트를 차감하기 위해서는 회사 운영 시스템 내에 있는 회원 정보를 확인해야 한다. 이를 위해서 포인트를 차감할 때는 회원 정보와 차감해야 하는 금액을 전달해서 해당 회원의 포인트를 차감해야 한다. 이 작업은 현재 운영하고 있는 시스템 내에서 이뤄지는 일이며, 그렇기 때문에 해당 작업을 스크립트 작업(Script Task)으로 표현한 것이다.

우리는 앞서 서비스 작업(Service Task)에 대해서 다뤄본 적이 있다. 이전 예제에서는 "특허로"가 우리의 운영시스템 역할을 한 것이고, 카카오톡이 인증기관의 역할을 한 것이다. 그러므로 간편 인증을 위해서는 "특허로" 사이트에서 외부 시스템인 카카오톡 시스템과 연동해서 회원 정보를 인증 받아야 하기 때문에 해당 작업은 서비스 작업으로 표현했던 것이다.

추가로 회사 내에서 업무 관련 시스템 외에 ERP 시스템을 별도로 운영하고 있다고 가정해보자. 그러면 회계 정보가 ERP 시스템에서 관리 유지되기 때문에 업무 관련 시스템에서 ERP에 있는 정보나 작업을 요청해서 처리하게 되는 경우 역시 서비스 작업(Service Task)으로 표현되어야 한다.

그러므로 현재 운영중인 시스템 내에서 관련 작업을 처리하게 되는 경우 이를 스크립트 작업(Script Task)으로 표현하고, 타 시스템 또는 외부 시스템과 연동해서 관련 작업을 처리해야 하는 경우에는 서비스 작업(Service Task)으로 표현하는 것이다.

⑥ 일반(추상) 작업(Abstract Task)

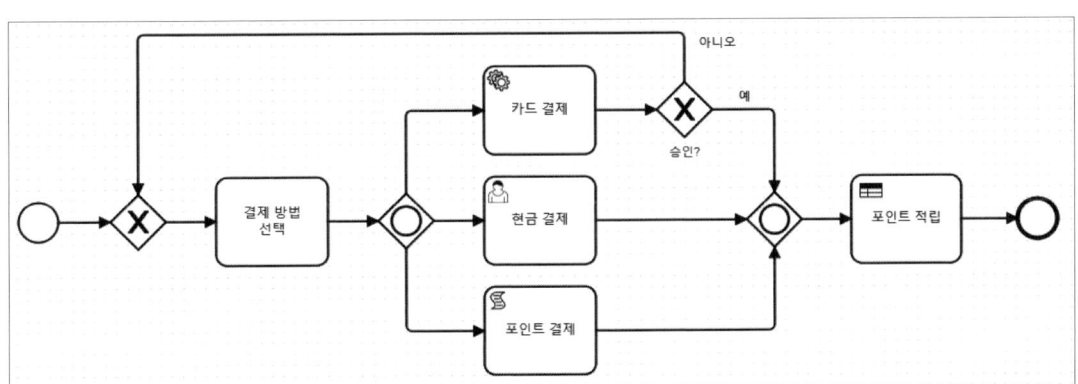

일반 작업(Abstract Task)은 영문 표기가 "Abstract Task"이라서 번역을 한다면 "추상 작업"으로 번역해야 하지만, "추상"이란 단어가 일반적으로 잘 사용되지 않고, 오히려 추상이란 단어의 의미를 찾아보면 관련 의미를 이해하는데 더 혼동을 주기 때문에 "일반 작업"으로 편역했다.

일반 작업(Abstract Task)은 어떠한 유형도 정의되지 않은 작업이며, IT 시스템에 의해 실행되지 않는다.

위의 예제를 보면 "결제 방법 선택" 작업(Task)이 일반 작업으로 표현되어 있다. 매장에서 상품을 고른 후 계산을 할 때 매장 점원은 "결제 도와드리겠습니다."라고 얘기한다. 그러면 고객이 원하는 결제 방법을 선택할 것이고, 점원은 그대로 결제 처리를 하면 된다.

그러므로 위의 작업은 컴퓨터를 이용해서 하는 작업도 아니고, 행동으로 처리해야 하는 작업으로 하는 작업도 아니며, 업무 진행 과정에서 진행되어야 하는 말 그대로 특별하지 않은 일반적인 작업(Task)을 표현하는 것이다.

3-3 하위 프로세스(Sub Process)

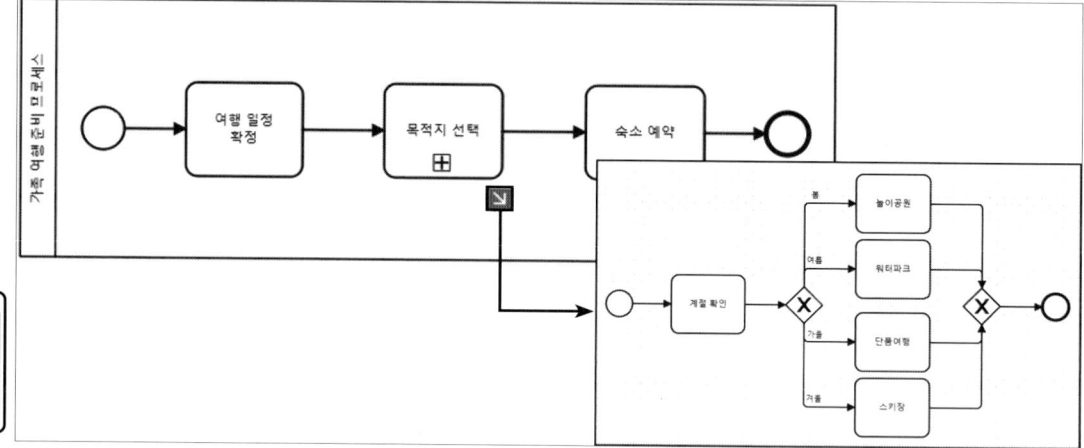

하위 프로세스(Sub Process)는 해당 작업(Task)을 처리하기 위한 구체적인 설명(프로세스)이 포함된 액티비티를 말한다. 위의 예제에서 보면 가족 여행을 준비하기 위한 과정에서 목적지를 선택해야 하는 단계가 있다.

이때 계절에 따라서 여행 목적지가 달라진다면 계절에 따른 목적지 선택 과정이 하위 프로세스에 포함될 수 있는 것이다.

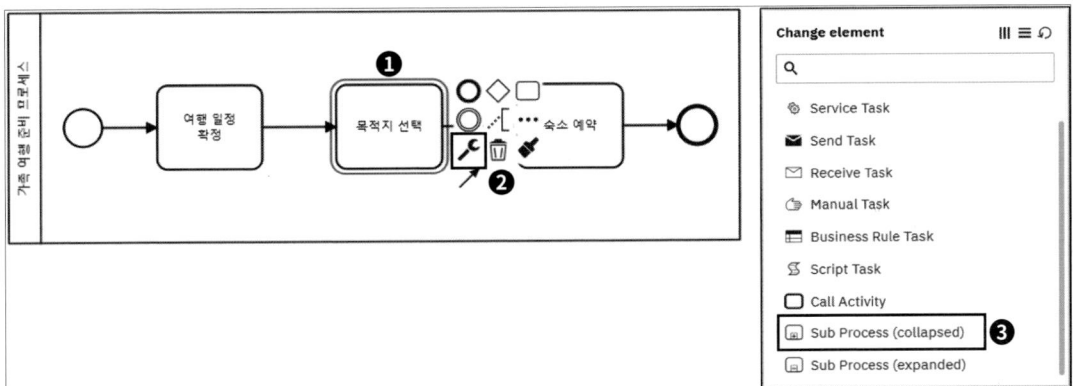

이러한 하위 프로세스를 툴에서 표현하기 위해서 우선 "가족 여행 준비 프로세스"라는 이름의 풀을 만들고, 그 안에 "여행 일정 확정", "목적지 선택", "숙소 예약" 작업을 추가해보기로 하자.

그런 다음 우리는 "목적지 선택" 작업을 하위 프로세스로 전환할 것이므로 우선 "목적지 선택" 작업을 선택(1번)한다. 그 다음 팝업 아이콘 중에 "Change Type" 버튼을 선택(2번)한 후 나타나는 "Change element" 팝업 상자 하단에 "Sub Process (collapsed)"를 선택한다. 그 아래에 있는 "Sub Process (expanded)"는 하위 프로세스를 노출시키는 모습인데 잘 사용하지 않는다.

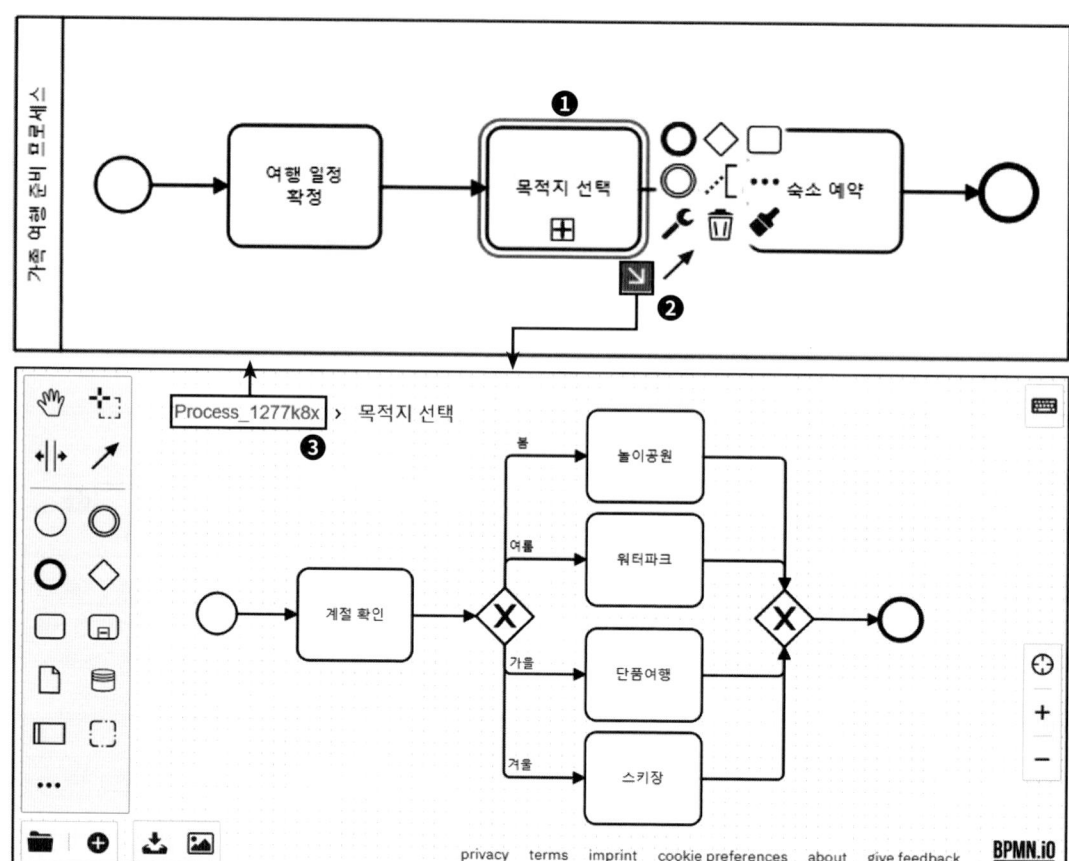

그러면 "목적지 선택" 작업 하단에 조그맣게 네모 상자 안에 플러스 표시가 된 마커(배꼽 표시)가 추가된다. 이것이 바로 하위 프로세스를 포함하고 있다는 표시가 된다. 이렇게 하위 프로세스를 포함하고 있는 프로세스를 부모 프로세스(Parent Process)라고 한다.

"목적지 선택" 하위 프로세스를 작성하기 위해서는 "목적지 선택" 하위 프로세스를 선택(1번)한 후 나타나는 하단에 파란색 화살표 아이콘을 선택(2번)하면, 아래 빈 다이어그램이 나타나는데 이곳이 바로 "목적지 선택" 하위 프로세스의 내부인 것이다.

그러면 계절에 따른 여행 장소를 확인한 다음 다시 원래 화면으로 이동하기 위해서는 아래 화면 왼쪽 상단에 "Process_xxxxxxx"로 되어 있는 링크를 클릭(3번)하면 다시 부모 프로세스로 화면이 이동하게 된다.

물론 위의 상황에서 하위 프로세스에 작성된 다이어그램을 부모 프로세스에 그대로 노출시켜 작성해도 괜찮다. 즉, 잘못된 다이어그램은 아니라는 것이다.

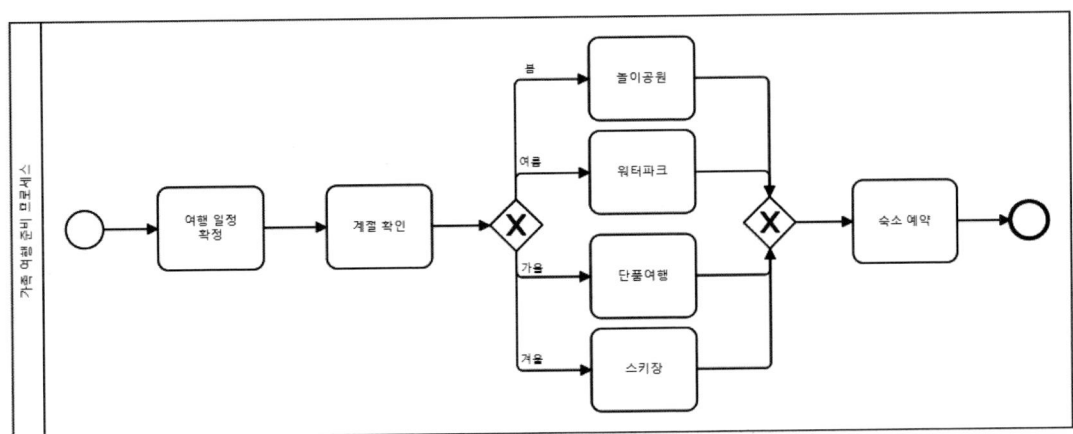

위의 다이어그램은 "목적지 선택" 하위 프로세스에 있는 다이어그램을 부모 프로세스에 그대로 노출시킨 모습이다. 얼마든지 원하는 데로 표현할 수 있지만, 단위 업무를 처리하는 과정을 부모 프로세스에 노출시키게 되면 규모가 있는 비즈니스 프로세스를 작성할 때 다이어그램의 복잡도가 급격히 증가하게 된다.

같은 업무를 표현할 때 작업을 사용해야 하는지 아니면 하위 프로세스를 사용해야 하는지는 BPMN을 처음 접하시는 분들에게 항상 헛갈리는 주제 중 하나이다.

그러나 헛갈릴 필요는 없다. BPMN을 작성하는 이유는 많은 사람들과 업무를 공유하기 위함이 가장 기본적인 목적이니 작성된 BPMN 다이어그램을 보고 좀 더 가독성이 높은 방향으로 작성하면 된다.

그러면 실제 예제를 기반으로 하위 프로세스에 대해서 살펴보기로 하자.

① **맛있는 라면 끓이기 하위 프로세스 예**

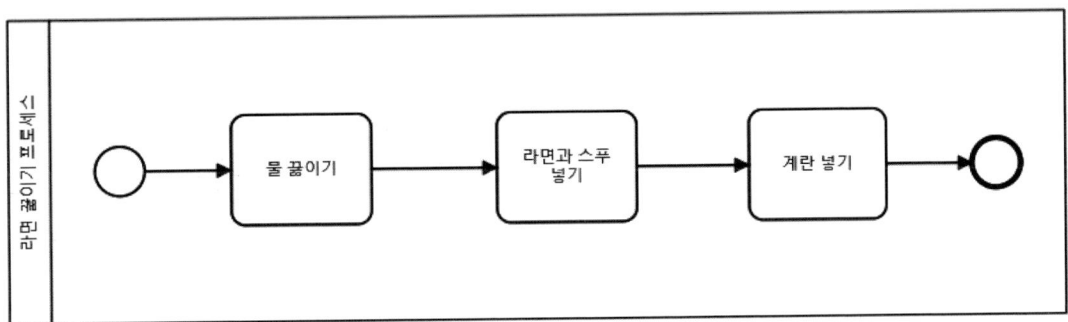

위의 예제는 라면을 끓이기 위한 과정을 BPMN으로 작성한 것이다. 예를 들어 초등학교 다니는 동생이 라면을 끓이기 위해서 형에게 라면 끓이는 방법을 물어보았다고 가정해 보

자. 그래서 형은 위와 같은 BPMN 다이어그램을 보여주면서 이대로 하라고 가이드를 해주었다면, 과연 동생은 위와 같은 다이어그램을 보고 온전하게 라면을 끓일 수 있을까?

물론 그렇지 않다. 당장 동생은 물 끓이기 단계에서 형에게 이렇게 물어볼 것이다 "형 물은 얼마나 넣어야 해?" 그러면 보통의 중.고등학생 형들은 게임하면서 이렇게 대답한다. "대충 넣어~~~"

그러므로 위의 BPMN 다이어그램은 초보자들에게는 실질적으로 도움되지 않을 수밖에 없다. 이러한 문제를 해결하기 위해서는 "물 끓이기" 작업에 대해 좀더 자세히 설명을 해 주어야 한다.

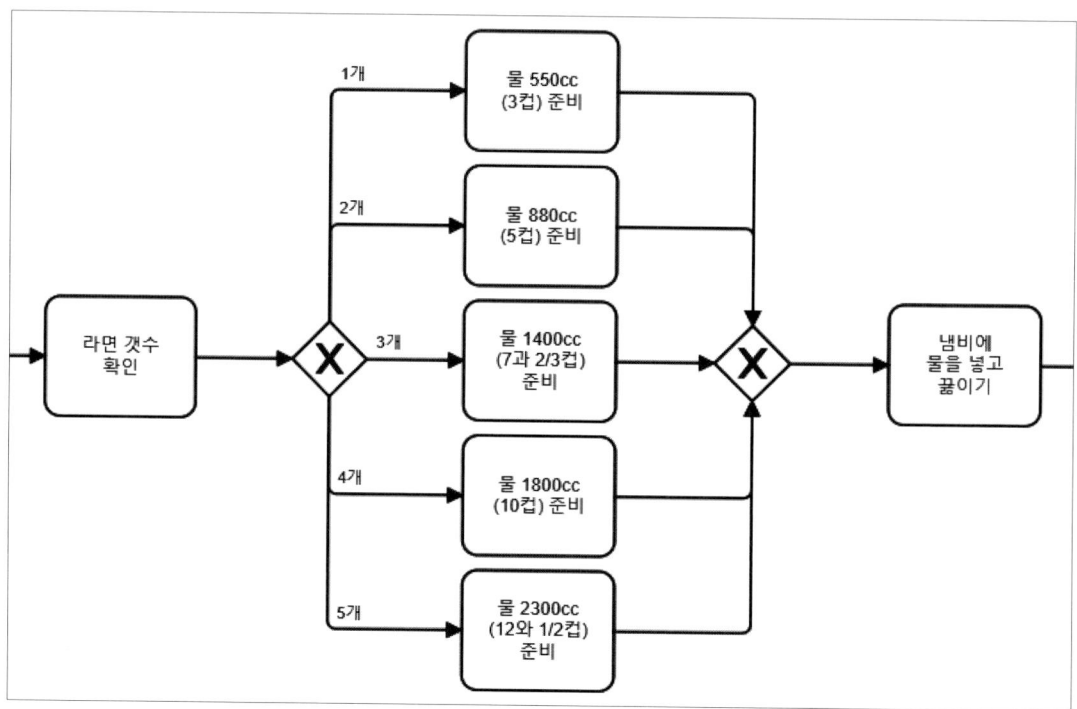

참고로 위 표는 모 라면 회사에서 제공하는 것으로 라면 개수에 따라 알맞은 물의 양과 스프를 넣는 양을 가이드 해 주고 있으며, 이 표를 근거로 프로세스를 정리해보기로 하겠다.

위 화면은 앞서 살펴본 표를 기준으로 라면 개수에 따라 넣어야 하는 물의 양을 정리한 다이어그램이다. 위 다이어그램을 보면 이제 동생은 형에게 물어보지 않고, 라면 개수에 따라 넣는 물의 양을 확인한 후 맛있는 라면을 끓일 수 있게 되는 것이다.

그러나 동생의 입장에서는 또 다시 궁금한 게 생겨서 다시 형에게 물어보게 된다. "형… 스프 다 넣어…?" 그러면 형의 대답은 역시나 "그냥 다 넣어~~~" 아마도 그러면 동생은 엄청 짠 라면을 먹게 될 것이다. 그러므로 다이어그램에는 라면의 개수에 맞는 알맞은 스프 양 또한 자세히 설명해 주어야 한다.

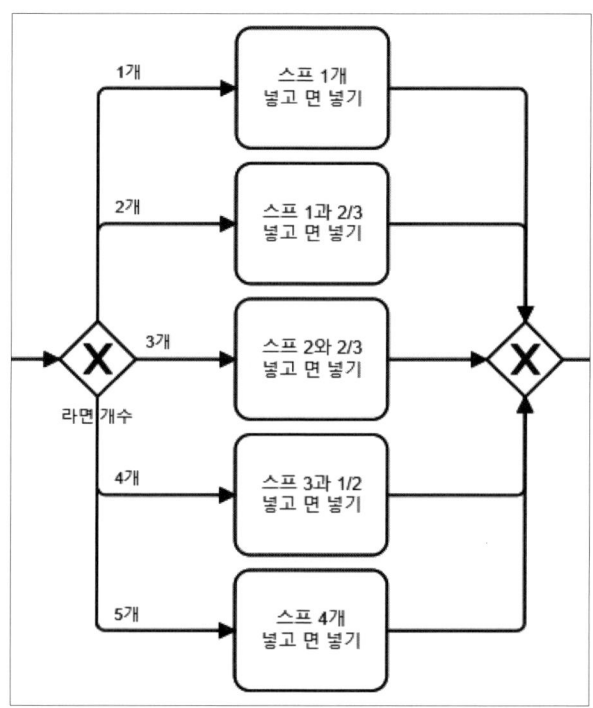

그러면 이제 끝났을까? 그렇지 않다. 다시 또 동생은 형에게 물어볼 것이다. "형… 계란은 몇 개 넣어…?" 그러면 이제 형이 좀 짜증내지 않을까? "넣던지 말던지 해~~~"

그러므로 계란도 라면의 개수에 따라서 적당량의 계란을 넣을 수 있도록 명시해주어야 한다.

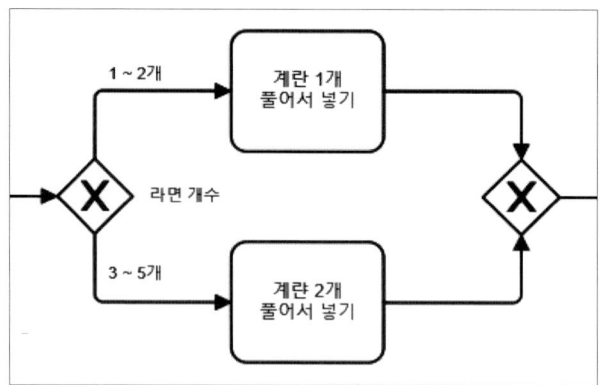

위 화면 에서는 라면 개수가 1개 ~ 2개라면 계란 1개를 넣고, 3개 ~ 5개 사이라면 계란 2개를 넣도록 알맞은 계란 개수에 대한 설명을 추가한 모습이다.

이렇게 풀어서 작성한 BPMN 다이어그램의 전체 모습은 다음 같다.

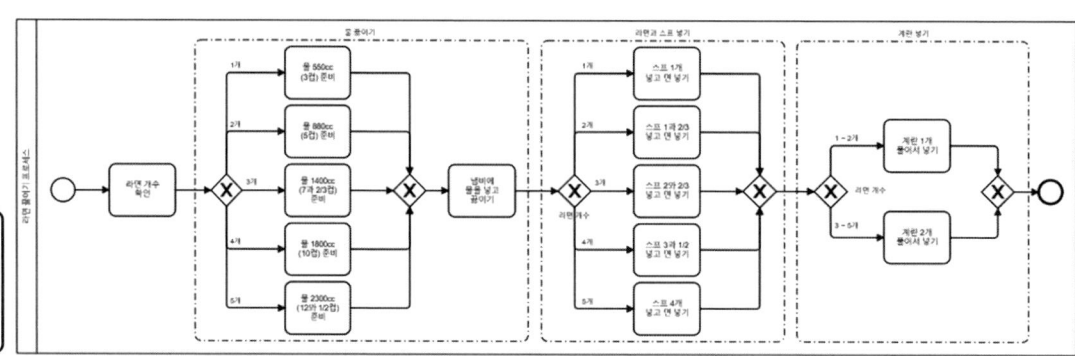

이제 어느정도 동생이 형의 도움을 받지 않고, 맛있는 라면을 끓일 수 있는 레시피가 BPMN으로 작성됐다. 위의 내용을 보면 라면의 개수에 따라서 물의 양과 스프의 양 그리고 적당량의 계란을 넣는 레시피가 자세히 설명이 되어 있는 것을 확인할 수 있다.

그러면 끝났을까? 물론 아니다. 위의 BPMN 다이어그램을 보면서도 동생은 다시 형을 부르게 된다. "형 라면 넣고 얼마나 끓여야 해…?" 이제 형의 대답은 상상에 맡기겠다. 결론은 위 다이어그램은 아직 완성된 다이어그램이 아니다.

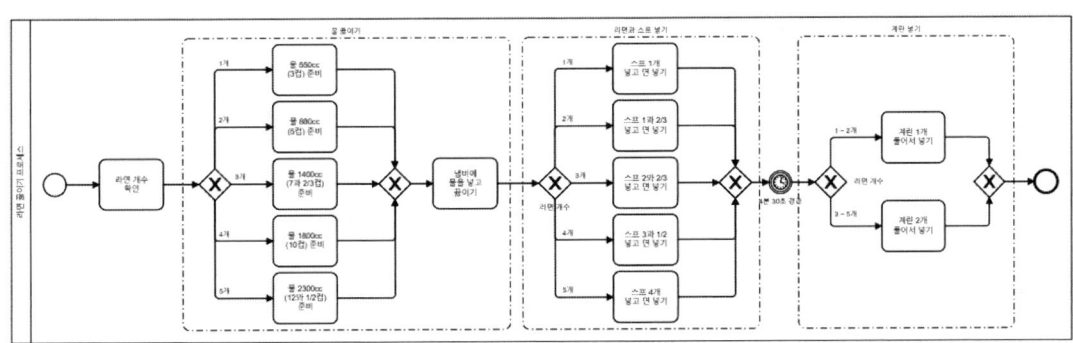

그러므로 좀 더 완성도 높은 BPMN 다이어그램을 작성하기 위해서 "4분 30초 경과"라는 타이머 중간 이벤트를 추가했다.

이제 동생은 위처럼 작성된 "라면 끓이기 프로세스" BPMN 다이어그램을 보고 다른 사람의 가이드나 도움을 받지 않고도 라면을 끓일 수 있게 됐다. 만일 형이 처음부터 이렇게 다이어그램을 작성했다면 형은 동생의 질문 세례를 받지 않고, 오로지 자신의 게임에만 집중할 수 있었을 것이다.

이는 상당히 중요한 것으로 앞에서 얘기했던 것처럼 BPMN은 이 문서를 보고 작업을 하는 담당자를 기준으로 작성해야 한다. 즉, 업무 담당자가 해당 BPMN 다이어그램을 보고 누구에게 물어보지 않고도 업무를 수행할 수 있도록 업무 담당자의 관점에서 작성되어야 하는 것이다.

이 부분에 대한 관점과 기준은 명확하다. 보통 상세히 그리기 시작하면 너무 많은 과정을 표현해야 하기 때문에 "이걸 언제 다 그리지?"라며 부담스러워 하는 경향이 있다. 그러나 결국 불충분한 BPMN 다이어그램은 그 만큼 생산성이 떨어지는 부족한 문서가 되는 것이다.

이제 하위 프로세스(Sub Process)를 이용해서 위 다이어그램을 좀 더 발전시켜 보기로 하자.

위의 BPMN 다이어그램은 모든 작업(Task)들이 하나의 풀에 나열된 형태로 작성됐다. 그러므로 관련 내용을 이해하거나 보기에는 좋지만, 다소 복잡해 보이는 단점이 있다. 위의 다이어그램은 그룹으로 묶어 놓은 영역처럼 "물 끓이기", "라면과 스프 넣기" 그리고 "계란 넣기"라는 3개의 큰 과정이 존재한다. 그러므로 이러한 과정들을 하위 프로세스로 전환하면 다음과 같이 표현될 수 있다.

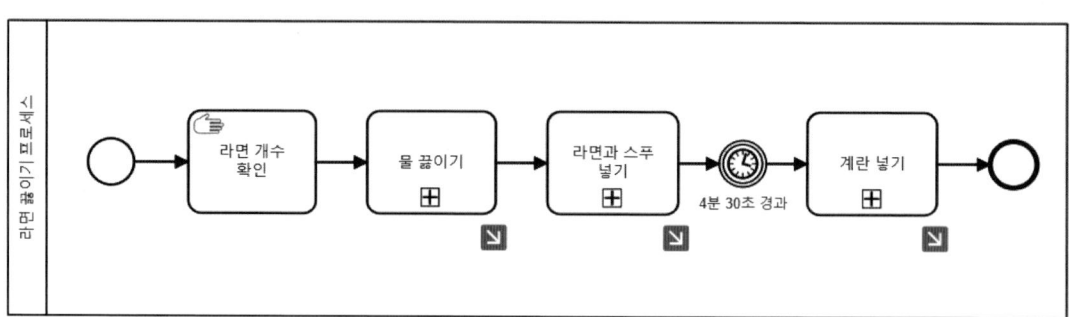

이 모습은 처음 형이 대충 작성한 다이어그램과 비슷한 모습이지만, 각 단위의 작업들은 모두 하위 프로세스로 정의가 된 것이다.

BPMN 솔루션에 따라서 하위 프로세스를 표현하는 방법이 약간 다르기는 하지만 위에서는 하위 프로세스 오른쪽 아래쪽 화살표를 누르게 되면, 해당 서브 모델로 화면이 전환 돼서 각 단계에서 수행해야 하는 작업의 세부 내용들을 확인할 수 있다.

그러면 전체 다이어그램이 훨씬 더욱 간결해지고, 업무 담당자들은 언제든 필요한 부분을 확장해서 세부 내용들을 확인할 수 있게 된다. 그러므로 다이어그램의 부모 프로세스에서는 가급적 하위 프로세스들을 이용해서 단위 업무들을 정의해두는 것이 보다 완성도 높은 다이어그램을 작성하는 방법이 된다.

참고로 하위 프로세스에서는 작업에서 사용되는 마커(Marker)를 사용할 수 없다.

이상으로 작업(Task)과 하위 프로세스(Sub Process)의 기본적인 내용에 대해서 살펴보았다. 다음부터는 하위 프로세스의 기능적인 부분들에 대해서 좀 더 살펴보기로 하겠다.

3-4 프로세스 호출(Call of Process)

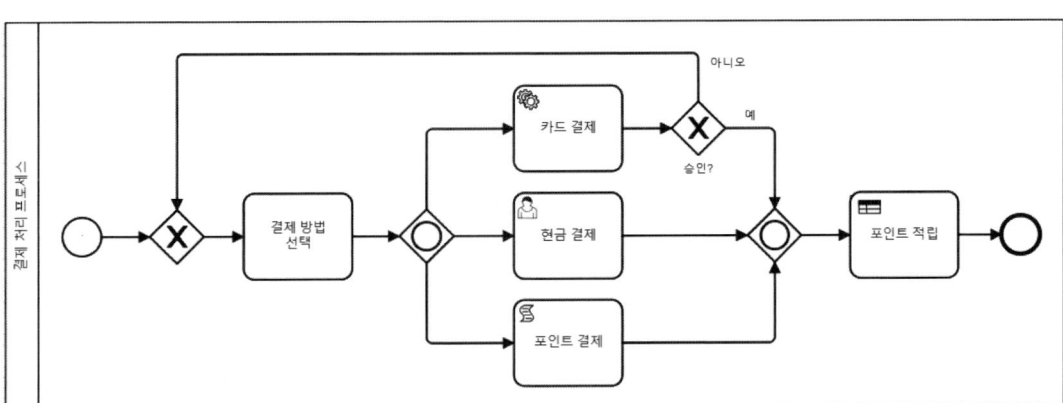

프로세스 호출(Call of Process)이란 동일한 비즈니스 프로세스를 여러 곳에서 이용해야 하는 경우에 사용하는 기능이다. 위의 다이어그램은 이전에 봤었던 결제 처리 프로세스를 풀(Pool)로 표현한 것이다. 업무를 진행하다 보면 여러 곳에서 동일한 작업이 반복되는데 바로 위와 같은 결제 처리 프로세스는 여러 업무에서 요구되는 핵심 프로세스들 중에 하나일 것이다.

그러므로 위의 결제 프로세스가 필요할 때 마다 매번 반복해서 정의하는 것이 아니라 독립된 풀로 정의한 다음 이를 호출하게 되면, 궁극적으로 프로세스의 사용성이 높아지게 되며, 그 만큼 효율적으로 다이어그램을 작성할 수 있게 된다.

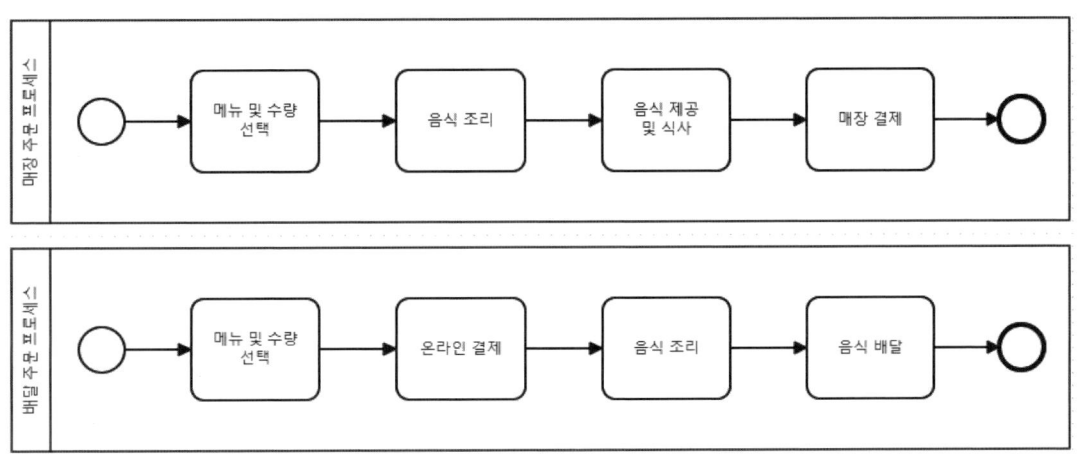

이 번에는 음식점 관련 예제이다. 음식점은 매장에서 음식을 주문할 수도 있고, 배달 앱을 이용해서 배달 음식을 주문할 수도 있다. 그러면 음식점에서는 위와 같이 매장에서 음식을 주문하는 프로세스가 있을 것이고, 아래와 같이 배달 앱을 통해 음식을 주문하는 프로세스가 있을 것이다.

매장에서 음식을 주문하는 경우에는 주문 후에 식사를 마친 후 나가면서 결제하면 된다. 그리고 배달 앱을 통해 음식을 주문하는 경우에는 메뉴와 수량을 선택한 후 바로 결제가 이뤄진다. 그러므로 결제라는 프로세스는 매장에서 음식을 주문할 때도 필요하고, 배달 주문을 하는 경우에도 결제 프로세스는 필요하다.

이렇듯 결제 프로세스는 여러 곳에서 사용되지만, 결제 프로세스는 모두 동일하다.

그렇다면 각기 프로세스에서 결제 처리 프로세스를 작성하는 것이 아니라 이전 화면처럼 독립된 프로세스로 "결제 처리 프로세스"를 작성한 후 매장에서 결제 처리할 때와 배달가서 결제를 해야 할 때 모두 "결제 처리 프로세스"를 호출하도록 처리하면 되는 것이다.

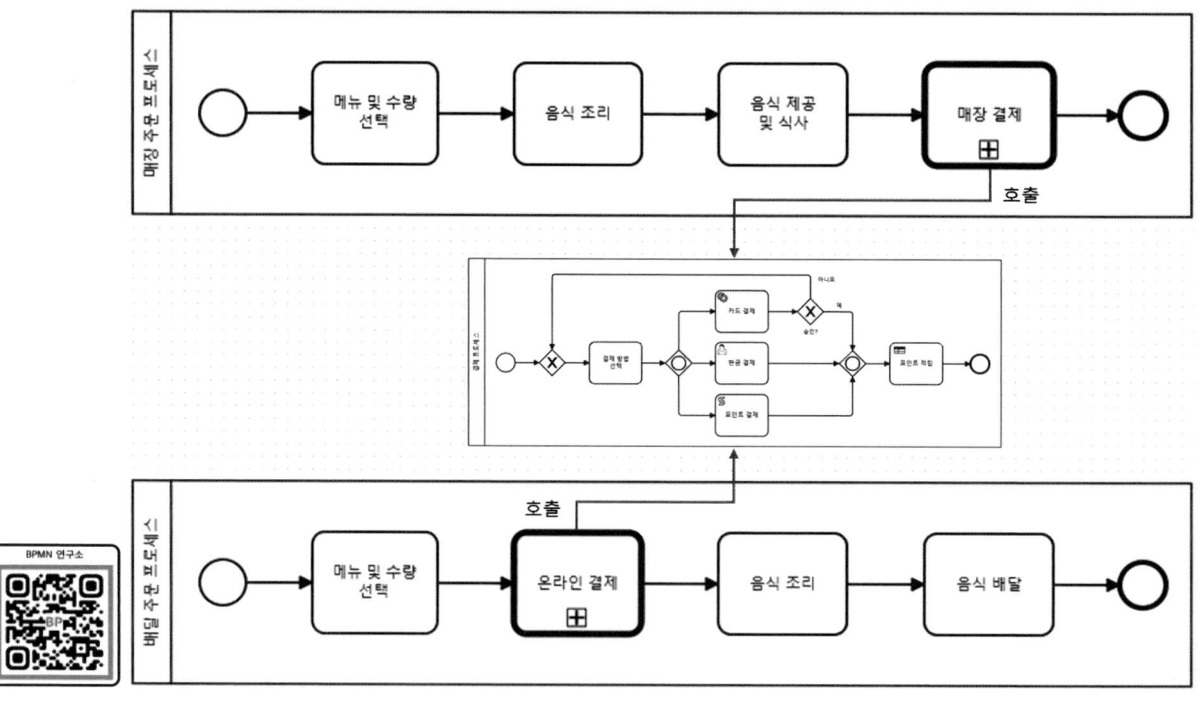

위 다이어그램은 매장에서 주문하는 경우에는 "매장 결제" 하위 프로세스에서 "결제 프로세스"를 호출하고 있으며, 배달 주문의 경우에는 "온라인 결제" 하위 프로세스에서 "결제 프로세스"를 호출하는 모습이다.

이렇게 프로세스 호출(Call of Process)기능을 이용하면 동일한 작업이 반복되는 경우 효율적으로 BPMN 다이어그램을 작성할 수 있게 된다. 이는 프로그램에서 글로벌 클래스(Global Class) 로컬 클래스(Local Class) 또는 전역 변수(Global Variable)와 지역 변수(Local Variable)와 같은 개념이다.

그리고 그 뿐만이 아니라 이렇게 프로세스 호출 기능을 이용하는 경우 매우 중요한 장점이 또 하나 있는데 이는 유지 관리의 편의성이다. 동일한 프로세스가 여러 곳에 있는 경우 만일 해당 비즈니스 프로세스가 수정되어야 한다면 여러 곳에 있는 모든 프로세스들을 수정해 주어야 한다.

그러나 위처럼 해당 프로세스가 독립적으로 존재하고, 각기 다른 프로세스에서 해당 프로세스를 호출해서 사용한다면, 관련 수정이 필요한 경우 해당 프로세스만 수정하면 이를 호출하는 모든 프로세스에 변경사항이 반영되게 된다.

이는 프로그램 개발 방법론과도 직결되는 것으로 BPMN은 IT 인프라에 대한 여러 고려사항이 잘 반영되어 있다는 점을 기억하자.

> **참고**
>
> BPMN.io 사이트에서 제공하는 BPMN 도구에서는 프로세스 호출 기능을 지원하지 않는다. 하지만 BPMN 도구를 만들어서 BPMN.io 사이트에서 제공하고 있는 회사는 Camunda라는 BPMS 전문 회사이다. 이 회사에 사이트(https://camunda.com/)에서 제공하는 서비스에서는 각각의 파일들을 프로젝트 단위로 관리할 수 있는 기능을 지원하며, 역시 프로세스 호출 기능을 지원한다. 이에 관해서는 5장에서 설명할 것이다.

3-5 반복 액티비티(Loop Activity)와 다중 인스턴스 액티비티(Multi Instance Activity)

① 반복 액티비티(Loop Activity)

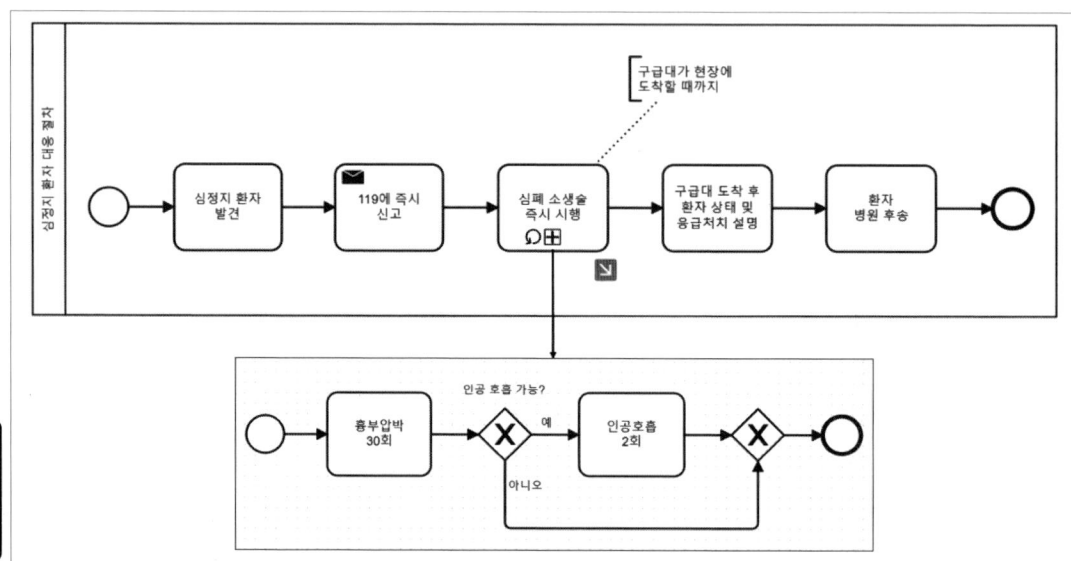

위 다이어그램은 심정지 응급 환자 발생 시 대응 절차를 간략히 정리한 BPMN 다이어그램이다. 위 다이어그램에서 보면 심정지 환자가 발생한 경우 즉시 119에 신고한 후 바로 심폐 소생술을 실시하여야 한다. 심폐 소생술을 진행하는 과정은 우선 흉부압박 30회 진행 후 인공호흡이 가능한 경우 인공호흡 2회를 실시하는 과정이 하나의 사이클이며, 이를 구급대가 현장에 도착할 때까지 반복해서 진행해주어야 한다.

그러므로 이렇게 반복해서 진행되는 작업을 정의할 때 반복 액티비티(Loop Activity)를 사용하며, "심폐 소생술 즉시 시행" 하위 프로세스에 보이는 것처럼 반복 액티비티는 되돌림 마커를 이용해서 표시된다.

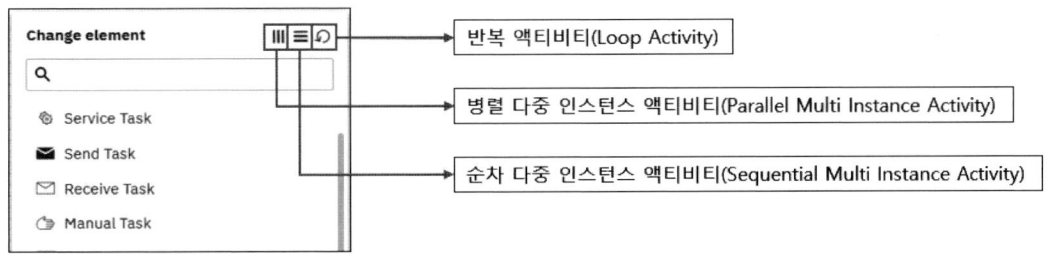

반복 액티비티(Loop Activity)와 바로 다음에서 소개할 다중 인스턴스 액티비티(Multi Instance Activity)를 표현하기 위해서는 원하는 작업(Task)이나 하위 프로세스를 선택한 후 나타나는 팝업 아이콘 중에 "Change Type" 버튼을 누르면 나타나는 "Change element" 팝업상자 상단에 있는 마커를 선택해서 표현할 수 있다.

② **병렬 다중 인스턴스 액티비티(Parallel Multi Instance Activity)**

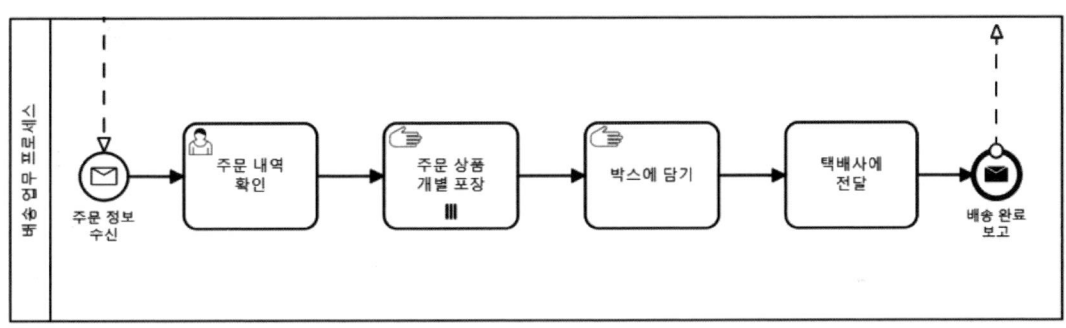

위 다이어그램은 배송 업무를 정리한 BPMN 다이어그램이다. 위 다이어그램에서 보면 "주문 상품 개별 포장" 작업이 있다. 개별 포장이란 말에서 알 수 있듯이 주문 정보를 확인한 후 주문된 상품별로 개별포장해서 박스에 담은 후 이를 배송해야 한다. 이때 아래쪽에 사용된 세 개의 세로 실선 표시가 바로 병렬 다중 인스턴스 액티비티(Parallel Multi Instance Activity) 마커이다.

병렬 다중 인스턴스 액티비티는 다중 인스턴스 액티비티(Multi Instance Activity)의 한 종류로서 다중 인스턴스 액티비티는 병렬 다중 인스턴스 액티비티와 다음에 설명할 순차 다중 인스턴스 액티비티(Sequential Multi Instance Activity)로 구분된다.

우선 먼저 여기서는 다중 인스턴스 액티비티(Multi Instance Activity)의 성격에 대해서 설명한 후 병렬 다중 인스턴스 액티비티와 순차 다중 인스턴스 액티비티에 대해서는 이후 설명을 하기로 하겠다.

우선 다중 인스턴스 액티비티의 의미는 반복 액티비티와 마찬가지로 동일한 작업을 반복할 때 사용한다. 그렇다면 앞에서 살펴본 반복 액티비티와 다중 인스턴스 액티비티의 차이점은 무엇일까?

이 둘의 가장 결정적인 차이는 바로 반복해야 하는 횟수를 알고 있는 경우와 모르고 있는 경우의 차이이다. 반복 액티비티는 앞서 살펴본 바와 같이 심폐 소생술을 진행해야 하는데 몇 번을 반복해야 하는지 알 수 없다. 왜냐하면 구급대가 도착하는 시간을 정확히는 모르기 때문이다. 다만 언제까지 반복해야 하는지에 대한 조건은 분명히 있다. 그건 바로 구급대가 도착하는 순간이다.

이렇게 반복 액티비티는 동일한 작업을 수행하는데 있어서 그 작업이 몇 번이 될지는 모르지만, 해당 작업이 끝나는 조건을 알고 있을 때 사용한다.

다른 예를 들자면 군대에서 유격훈련 받을 때 뺑뺑이를 몇 번 돌아야 하는지는 알 수가 없다. 하지만 끝나는 조건은 알 수 있다. 유격훈련 도중 뺑뺑이가 끝나는 조건은 유격 조교가 그만두라고 할 때이다. T.T;

반면에 다중 인스턴스 액티비티의 경우에는 같은 작업을 몇 번 반복해야 하는지를 명확히 알고 있는 경우에 사용한다. 위의 예제에서 보면 주문 상품별로 개별 포장을 해야 하는데 몇 번 같은 작업을 반복해야 하는지는 주문 내역을 확인하는 단계에서 알 수 있다.

주문된 상품이 모두 5개라면 상품 포장 작업을 다섯번 해야 하고, 주문된 상품이 모두 10개라면 상품 포장 작업은 열 번을 해야 하는 것이다.

이렇듯이 반복되는 작업의 횟수를 작업 이전에 알 수 있을 때 다중 인스턴스 액티비티를 사용한다.

프로그램 관점에서 얘기를 한다면 반복 액티비티는 Do ~ While 문장이고, 다중 인스턴스 액티비티는 For ~ Next 문장이다. 프로그램 공부를 해 보신 분들이라면 이 차이의 의미를 잘 알고 계실 것이다.

그렇다면 병렬 다중 인스턴스 액티비티(Parallel Multi Instance Activity)에서 병렬(Parallel)의 의미는 무엇일까? 이는 해당 작업이 동시에 처리될 수 있다는 것을 의미한다. 위의 예제에서 제품별 주문 수량을 확인해서 제품을 개별 포장해야 하는데, 어떤 상품을 먼저 포장해야 하고 또 어떤 상품은 나중에 포장해야 하는지에 대해서는 정의된 순서가 없다.

그리고 여러 사람이 동시에 주문된 상품을 포장할 수도 있다. 그래서 몇 번을 작업해야 하지만 그 순서가 정해지지 않았고, 또 각 제품에 대한 포장을 여러 사람이 참여해서 진행할 수도 있는 것이기 때문에 병렬 다중 인스턴스 액티비티를 사용한 것이다.

반면에 순차 다중 인스턴스 액티비티(Sequential Multi Instance Activity)는 작업이 예정된 횟수만큼 반복해서 처리되는 것은 동일하지만, 작업이 순서대로 처리되어야 하는 경우를 표현하기 위해서 사용한다. 다음 내용을 살펴보기로 하자.

③ 순차 다중 인스턴스 액티비티(Sequential Multi Instance Activity)

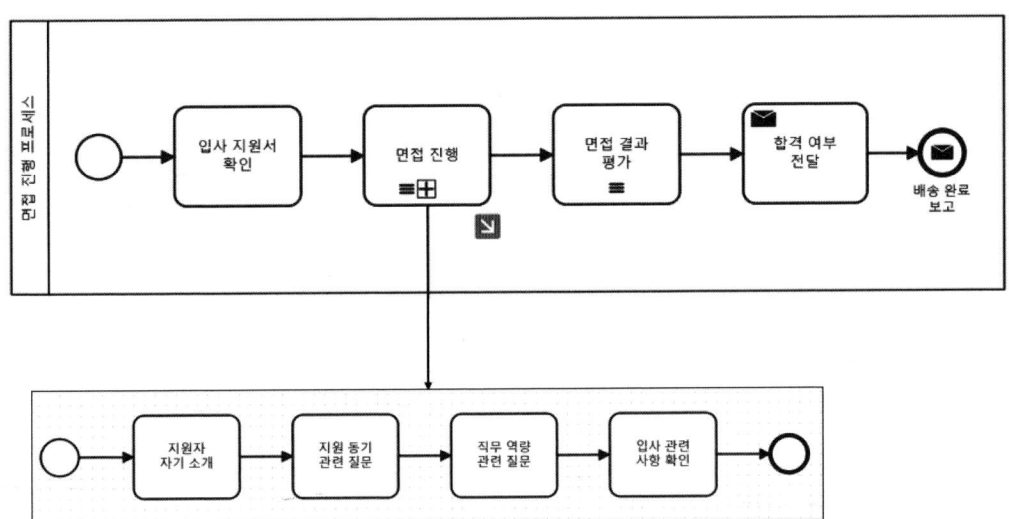

위 다이어그램은 면접 진행 과정을 정리한 BPMN 다이어그램이다. 위 다이어그램에서 보면 면접관은 우선 입사 지원자들의 지원서를 미리 확인해야 한다. 그리고 그 다음 단계로 입사 지원자들의 면접을 진행해야 하는데 면접 진행은 지원자마다 순서가 있어서 한 명, 한 명 순차적으로 진행하게 된다. 그래서 순차(Sequential)라는 말이 붙은 것이고, 면접을 봐야 하는 횟수도 지원자 숫자만큼 면접을 진행하기 때문에 다중 인스턴스 액티비티(Multi Instance Activity)가 사용된 것이다.

그래서 결론적으로 위의 예에서는 "면접 진행" 하위 프로세스에 순차 다중 인스턴스 액티비티(Sequential Multi Instance Activity)가 사용된 것이며, 이는 세 개의 가로 실선으로 표시된다.

물론 지원자들이 많은 경우 한 번에 여러 명씩 면접장에 들어와서 면접을 보기도 하지만, 면접관은 결국 한 명씩 관련된 절차를 진행하면서 면접을 보게 된다.

그리고 그 다음 작업인 "면접 결과 평가" 작업도 면접 결과를 한 명씩 확인하면서 정리하기 때문에 순차 다중 인스턴스 액티비티로 표현됐다.

3-6 임의적인 하위 프로세스(Ad-hoc Sub Process)

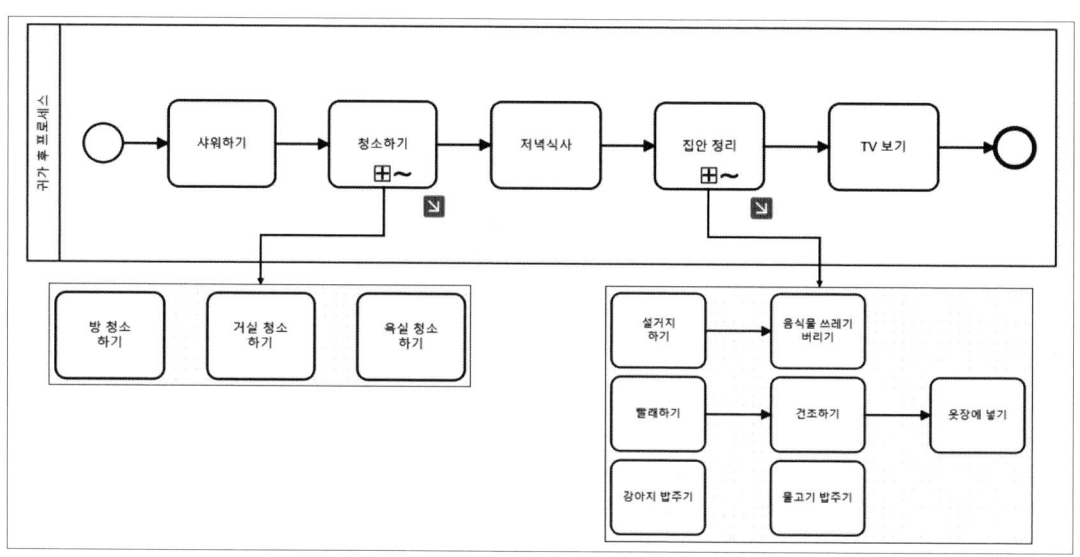

위 다이어그램은 퇴근 이후 집에 귀가해서 일상적으로 진행하는 과정들을 정리한 BPMN 다이어그램이다. 위 다이어그램을 보면 우선 집에 도착하면 샤워를 해야 하고, 그 다음에 청소를 해야 한다. 그런데 "청소하기"는 하위 프로세스(Sub Process)로 정의되어 있는데, 그 옆에 보면 틸드(Tilde, 물결표)가 마커로 표시되어 있다. 이렇게 틸드가 표시된 하위 프로세스를 임의적인 하위 프로세스(Ad-hoc Sub Process)라고 한다. 그런데 그 다음에 보면 "집안 정리" 하위 프로세스에도 틸드 표시가 되어있다.

그렇다면 틸드 표시가 있는 임의적인 하위 프로세스란 도대체 무엇을 의미하는 것일까?

우선 "청소하기" 임의적인 하위 프로세스를 보면 하위에 "방 청소하기", "거실 청소하기", "욕실 청소하기" 이렇게 3가지 작업이 포함되어 있다. 그런데 그 작업들 간에는 시작 이벤트도, 종료 이벤트도 없고, 시퀀스 플로(연결선)도 없이 오로지 해야 할 작업들만 나열되어 있다.

바로 이것이 임의적인 하위 프로세스인데 이것의 의미는 "청소하기" 하위 프로세스를 진행할 때 방 청소, 거실 청소, 욕실 청소 이 세 가지 작업 중 어디를 먼저 청소하던지 상관이 없다는 의미이다.

마찬가지로 "집안 정리" 임의적인 하위 프로세스 역시 하위 프로세스를 보면 "설거지하기", "빨래하기", "강아지 밥주기", "물고기 밥주기" 이렇게 4개의 작업이 있는데, 이 4가지 작업 모두 특정한 순서는 없이 진행된다는 의미이다.

다만 "설거지 하기" 작업 다음에는 "음식물 쓰레기 버리기"작업을 이어서 해야 하고, "빨래하기" 작업 다음에는 "건조하기" 작업을, 그리고 그 다음에는 "옷장에 넣기" 작업을 이어서 해야 한다는 의미이다.

그러므로 임의적인 하위 프로세스는 그 안에 여러 작업들이 있을 수 있는데, 그 작업들이 진행되는데 특별한 순서가 없다는 것을 표현한다.

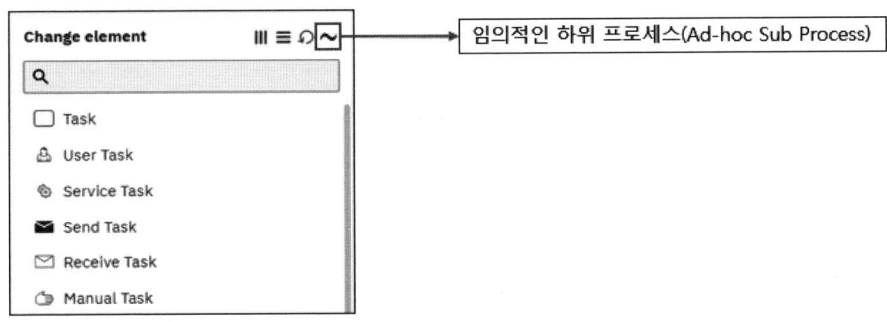

임의적인 하위 프로세스는 말 그대로 하위 프로세스로 정의된 액티비티에서만 설정할 수 있다. 이를 위해서는 원하는 하위 프로세스를 선택한 상태에서 "Change Type" 버튼을 누르면 나타나는 "Change element"의 상단에 틸드("~") 마커를 선택해주면 된다.

이상으로 BPMN의 기본 표기법에 대해서 살펴봤다. 이번 장에서 살펴본 게이트웨이, 이벤트, 액티비티를 흐름 객체(Flow Object)라고 하는데, 이 의미는 이 세가지 객체들이 업무 흐름을 구성하는 핵심 요소들이라는 것이다.

이상으로 BPMN의 주요 객체들에 대한 기본적인 표기법에 대해서 살펴보았으며, 이제 BPMN의 보다 다양한 고급 표현 방식들에 대해서 살펴보기로 하자.

Exercises

chapter 2
BPMN 핵심 표기법

01 다음 중 최소한 하나 이상의 경로로 프로세스가 진행되는 상황을 표현하기 위한 게이트웨이는 무엇인가?

① 배타적 게이트웨이 (Exclusive Gateway)
② 포괄적 게이트웨이 (Inclusive Gateway)
③ 병렬 게이트웨이 (Parallel Gateway)
④ 복합 게이트웨이 (Complex Gateway)

02 다음 중 동시에 여러 경로로 프로세스가 진행되는 상황을 표현하기 위한 게이트웨이는 무엇인가?

① 배타적 게이트웨이 (Exclusive Gateway)
② 포괄적 게이트웨이 (Inclusive Gateway)
③ 병렬 게이트웨이 (Parallel Gateway)
④ 복합 게이트웨이 (Complex Gateway)

03 다음 중 임의의 규칙을 정의하기 위한 게이트웨이는 무엇인가?

① 배타적 게이트웨이 (Exclusive Gateway)
② 포괄적 게이트웨이 (Inclusive Gateway)
③ 병렬 게이트웨이 (Parallel Gateway)
④ 복합 게이트웨이 (Complex Gateway)

04 다음 중 기본 흐름(Default Flow)을 사용할 수 없는 게이트웨이는 무엇인가?

① 배타적 게이트웨이 (Exclusive Gateway)
② 포괄적 게이트웨이 (Inclusive Gateway)
③ 병렬 게이트웨이 (Parallel Gateway)
④ 복합 게이트웨이 (Complex Gateway)

05 다음 중 논리적으로 And 연산에 해당하는 게이트웨이는 무엇인가?

① 배타적 게이트웨이 (Exclusive Gateway)
② 포괄적 게이트웨이 (Inclusive Gateway)
③ 병렬 게이트웨이 (Parallel Gateway)
④ 복합 게이트웨이 (Complex Gateway)

06 다음 중 게이트웨이에 대한 설명으로 맞는 설명은 무엇인가?

① 병렬 분할 게이트웨이를 통해서 복제된 여러 토큰들은 병렬 병합 게이트웨이에 도착하는 순서대로 다음 단계로 이동한다.
② 포괄적 분할 게이트웨이를 통해서 만들어진 여러 토큰들은 모두 포괄적 병합 게이트웨이에 도착해야만 한다.
③ 포괄적 병합 게이트웨이는 다른 유형의 게이트웨이들을 통해서 분할된 토큰들을 병합할 수 있다.
④ 이벤트 기반의 배타적 게이트웨이는 반드시 출구 조건을 가지고 있어야만 한다.

07 다음 중 이벤트로 표현할 수 없는 상황은 무엇인가?

① 프로세스의 시작   ② 특정 기간
③ 메시지의 전달   ④ 오류 발생

08 다음 중 여러 이벤트들 중에 하나라도 발생하면, 관련 업무가 시작되어야 하는 상황을 표현하기 위한 시작 이벤트는 무엇인가?

① 조건 시작 이벤트   ② 신호 시작 이벤트
③ 다중 시작 이벤트   ④ 병렬 다중 시작 이벤트

09 다음 중 건물에서 비상벨이 울렸을 때 대피 절차를 표현하기 위한 시작 이벤트는 무엇인가?

① 조건 시작 이벤트   ② 신호 시작 이벤트
③ 다중 시작 이벤트   ④ 병렬 다중 시작 이벤트

Exercises

10 다음 중 상품에 대한 주문이 접수된 후 배송 절차를 표현하기 위한 시작 이벤트는 무엇인가?

① 메시지 수신 시작 이벤트　　② 조건 시작 이벤트
③ 타이머 시작 이벤트　　　　④ 시작 이벤트

11 다음 중 관련 업무를 처리한 후 본사에 보고해야 하는 경우에 사용할 수 있는 종료 이벤트는 무엇인가?

① 메시지 송신 종료 이벤트　　② 종결 종료 이벤트
③ 신호 종료 이벤트　　　　　④ 다중 종료 이벤트

12 다음 중 현재 진행중인 모든 프로세스들을 중단해야 하는 경우에 사용하는 종료 이벤트는 무엇인가?

① 메시지 송신 종료 이벤트　　② 종결 종료 이벤트
③ 신호 종료 이벤트　　　　　④ 다중 종료 이벤트

13 다음 중 메시지 이벤트에 대한 설명으로 잘못된 것은 무엇인가?

① 메시지 시작 이벤트는 메시지 수신만 가능하다.
② 메시지 종료 이벤트는 메시지 송신만 가능하다.
③ 메시지 중간 이벤트는 메시지 수신과 송신 모두 가능하다.
④ 메시지 중간 이벤트는 부서간 메시지 전달이 가능하다.

14 다음 중 풀 내에서 시퀀스 플로를 이용해 먼 곳의 객체를 연결해야 하는 경우 다이어그램의 복잡함을 줄여줄 수 있는 중간 이벤트는 무엇인가?

① 이동 중간 이벤트　　② 조건 중간 이벤트
③ 링크 중간 이벤트　　④ 조건 중간 이벤트

15 다음 중 풀 내에서 출구 조건이 아니라 발생되는 이벤트에 따라 업무 흐름이 결정되는 게이트웨이는 무엇인가?

① 이벤트 기반 배타적 게이트웨이　　② 이벤트 기반 병렬 게이트웨이
③ 이벤트 기반 포괄적 게이트웨이　　④ 이벤트 기반 복합 게이트웨이

16 다음 중 외부 시스템에 있는 서비스를 호출하기 위해서 사용하는 작업의 유형은 무엇인가?

① 스크립트 작업　　　　　　　② 서비스 작업
③ 사용자 작업　　　　　　　　④ 비즈니스 규칙 작업

17 다음 중 사용자가 컴퓨터를 이용해서 수행하는 작업을 표현하기 위한 작업의 유형은 무엇인가?

① 스크립트 작업　　　　　　　② 서비스 작업
③ 사용자 작업　　　　　　　　④ 비즈니스 규칙 작업

18 다음 중 회사의 운영시스템에서 실행되는 프로그램을 이용해서 작업을 처리하는 경우를 표현하기 위한 작업의 유형은 무엇인가?

① 스크립트 작업　　　　　　　② 서비스 작업
③ 사용자 작업　　　　　　　　④ 비즈니스 규칙 작업

19 다음 중 동일한 프로세스를 여러 업무에서 사용하는 경우 풀을 이용하여 하나의 프로세스를 만들고 이를 공동으로 사용해야 한다면 어떠한 기능을 이용해야 하는가?

① 작업 호출　　　　　　　　　② 하위 프로세스 호출
③ 프로세스 호출　　　　　　　④ 임의적인 하위 프로세스 호출

20 다음 중 동일한 작업을 반복해서 수행해야 하는 경우에 작업과 하위프로세스에서 사용할 수 있는 액티비티의 유형이 아닌 것은 무엇인가?

① 반복 액티비티　　　　　　　② 병렬 다중 인스턴스 액티비티
③ 순차 다중 인스턴스 액티비티　④ 안무 액티비티

21 다음 중 해당 작업의 반복 횟수는 모르지만, 해당 작업의 종료 조건을 알고 있을 때 사용하는 액티비티의 유형은 무엇인가?

① 반복 액티비티　　　　　　　② 병렬 다중 인스턴스 액티비티
③ 순차 다중 인스턴스 액티비티　④ 임의적인 하위 프로세스 호출

Exercises

22 다음 중 흐름 객체(Flow Object)에 포함되지 않는 객체는 무엇인가?

① 게이트웨이(Gateway) ② 이벤트(Event)
③ 액티비티(Activity) ④ 풀(Pool)

1	2	3	4	5	6	7	8	9	10
②	③	④	③	③	③	②	③	②	①
11	12	13	14	15	16	17	18	19	20
①	②	④	③	①	②	③	①	③	④
21	22								
①	④								

BPMN & DMN User Guide

3장
BPMN 고급 표기법

1. 협업(Collaboration) 모델링
    1-1 협업(Collaboration)에 대한 소개
    1-2 메시지 플로(Message Flow) 모델링
    1-3 안무 다이어그램(Choreography Diagram)
    1-4 대화형 다이어그램(Conversation Diagram)
2. 예외 처리(Handling of Exception)
    2-1 방해 중간 이벤트(Interrupting Intermediate Event)
    2-2 비 방해 중간 이벤트(Non-Interrupting Intermediate Event)
    2-3 오류 중간 이벤트(Error Intermediate Event)
    2-4 에스컬레이션 중간 이벤트(Escalation Intermediate Event)
    2-5 이벤트 하위 프로세스(Event Sub Process)
3 트랜잭션과 보상 프로세스(Transaction and Compensation)
    3-1 트랜잭션(Transaction)의 개념
    3-2 하위 프로세스를 이용한 트랜잭션(Transaction) 처리
    3-3 보상(Compensation) 이벤트를 이용한 트랜잭션 처리
    3-4 트랜잭션 하위 프로세스(Transaction Sub-Process)
    3-5 이벤트 하위 프로세스를 활용한 보상 프로세스 1
    3-6 이벤트 하위 프로세스를 활용한 보상 프로세스 2
4. 데이터 객체(Data Object)
    4-1 데이터 객체(Data Object)
    4-2 입력 데이터 객체(Input Data Object)와 출력 데이터 객체(Output Data Object)
    4-3 다중 데이터 객체(Multiple Data Object)

THE START

THE START

1 협업(Collaboration) 모델링

1-1 협업(Collaboration)에 대한 소개

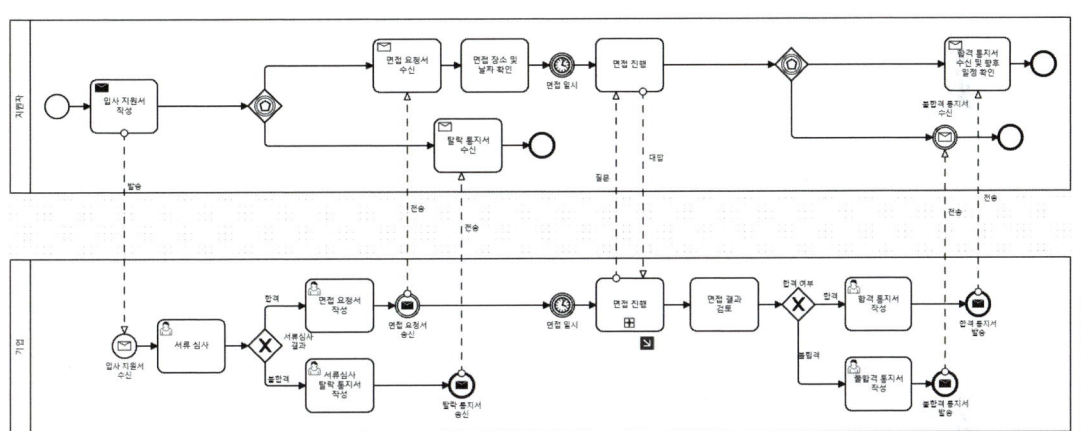

협업(Collaboration)이란, 여러 풀(Pool, 비즈니스 프로세스)들이 메시지 플로(Message Flow)를 통해서 소통하며 진행하는 업무를 말한다. 협업을 표현할 수 있는 기능은 순서도와 가장 차별화된 요소 중의 하나라고 할 수 있으며, 협업에서 가장 중요한 점은 바로 중앙의 통제가 없어야 한다는 점이다.

중앙의 통제가 없어야 한다는 것은 업무에 참여하는 대상이 모두 독립된 존재들이어야 한다는 의미이다.

예를 들어 하나의 업무를 진행하는데 여러 부서가 참여한다면, 이는 협업(Collaboration)이 아니라 협력(Cooperation)이다. 왜냐하면 회사 내 부서들은 부서들을 포괄하는 업무를 담당하는 임원진 또는 경영진의 통제를 받기 때문이다. 그러므로 하나의 업무를 진행하는데 여러 부서가 참여하는 경우라면, 이는 하나의 풀(Pool)안에서 여러 레인(Lane)으로 구분해서 업무를 표현해야 한다.

위의 예제는 회사의 "구인 프로세스"와 입사 지원자의 "구직 프로세스"를 협업으로 모델링한 다이어그램이다. 위의 상황이 협업인 이유는 명확하다. 입사 지원자가 아무리 해당 회사에 입사를 하고 싶어 하더라도 회사에서 해당 지원자가 적합하지 않다고 판단하면, 입사 지원자의 의지와 상관없이 취업은 안되는 것이다. 마찬가지로 회사에서 특정 지원자를 뽑고 싶어하더라도 해당 지원자가 다른 곳에 합격해서 현재 지원한 회사의 입사를 포기한다면 회사의 구인은 안되는 것이다.

즉, 입사 지원자와 회사는 각기 독립된 업무 주체들이다. 이 둘은 얼마든지 자유롭게 자신들의 입장을 스스로 결정할 수 있으며, 이를 상대방에게 권유할 수는 있어도 강제할 수는 없다. 중앙에 통제가 없다는 의미는 바로 이것이다.

반면에 회사 내에서 여러 부서가 협력해서 업무를 수행하는 경우에는 각 부서들의 독립된 의견은 존재할 수 있지만, 결론적으로 회사의 임원진이나 경영진의 통제를 받게 된다.

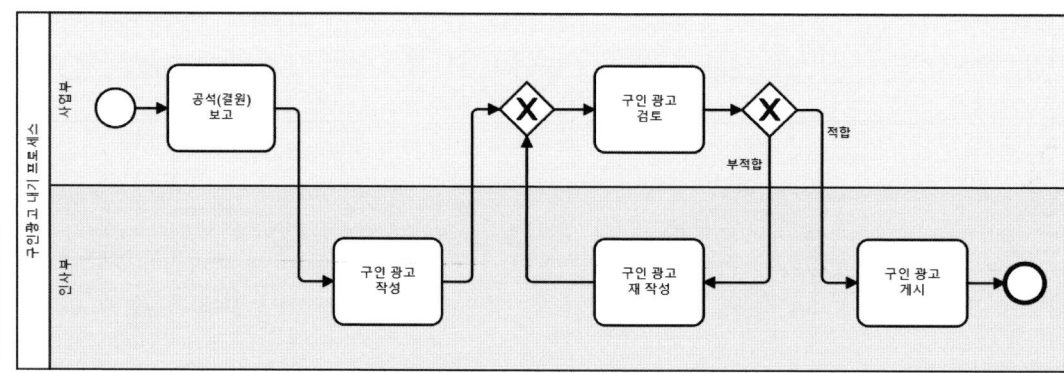

위 다이어그램은 앞장에서 잠시 살펴본 바가 있는 다이어그램인데 구인 광고를 내기 위한 업무 절차를 표현하고 있다. 위 업무를 처리하기 위해서는 사업부와 인사부가 협력해서 업무를 진행하고 있는데, 이러한 모습을 협업이라고 하지는 않는다.

왜냐하면, 얼마든지 업무가 진행중인 상황에서도 경영진의 의견이 개입될 수 있고, 심지어 부서의 의지와 상관없이 진행중인 작업이 경영진에 의해 중단되는 예외적인 상황도 얼마든지 발생할 수 있다. 즉, 통제를 받는 상황이라는 것이다. 그러므로 위 다이어그램은 여러 부서가 협력해서 업무를 진행하고 있는 것이다.

1-2 메시지 플로(Message Flow) 모델링

메시지 플로	설명
○----------▷	• 메시지 플로(Message Flow)는 풀(Pool)과 풀(Pool) 사이에서 메시지나 정보의 전달을 표현하기 위해서 사용한다.

메시지 플로(Message Flow)는 풀(Pool)과 풀(Pool) 사이에서 메시지나 정보의 전달을 표현하기 위해서 사용하며, 풀 내에서 객체들을 연결하기 위한 목적으로는 사용될 수 없다. 풀 내에서 객체들을 연결하기 위해서는 시퀀스 플로(Sequence Flow, 실선 화살표)를 사용해야 한다.

이와 같이 메시지 플로는 위 화면에서 보는 바와 같이 점선 화살표로 표현한다.

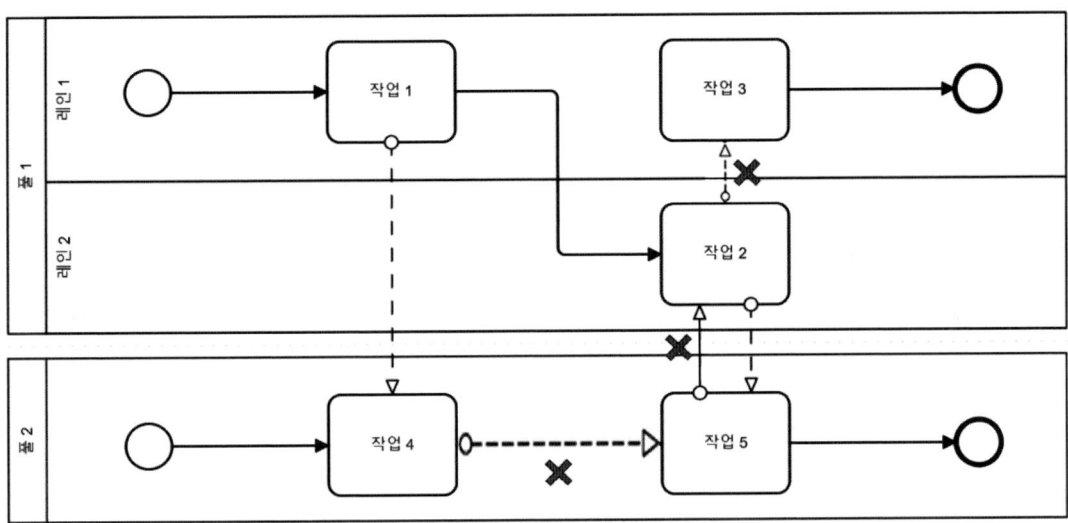

위 예제는 몇 가지 예제를 통해서 시퀀스 플로와 메시지 플로 사용을 설명한 다이어그램이다. 우선 레인 2에 있는 작업 2에서 레인 1에 있는 작업 3으로 연결될 때 서로 레인이 다르더라도 풀 1안에 모두 같이 존재하는 것이기 때문에 메시지 플로를 사용해서는 안 된다. 그리고 풀 1의 작업 2와 풀 2의 작업 5에서 시퀀스 플로를 사용한 것도 잘못된 표현이다. 각각의 풀이 다르기 때문에 이때는 메시지 플로를 이용해야 한다.

마지막으로 풀 2에서 작업 4와 작업 5가 메시지 플로를 이용해서 연결됐는데, 이 또한 잘못된 표현이다. 같은 풀 내에서는 무조건 시퀀스 플로를 이용해서 연결해야만 한다.

위 내용이 어려운 내용은 아니지만 만일에 하나 헷갈리더라도 걱정할 필요는 없다. 어차피 프로그램을 이용해서 BPMN 다이어그램을 작성하게 되면 기본적으로 같은 풀 내에서 객체들을 연결하려는 경우 메시지 플로를 사용할 수 없고, 다른 풀에 있는 객체로 연결하려는 경우 시퀀스 플로의 사용이 허용되지 않는다.

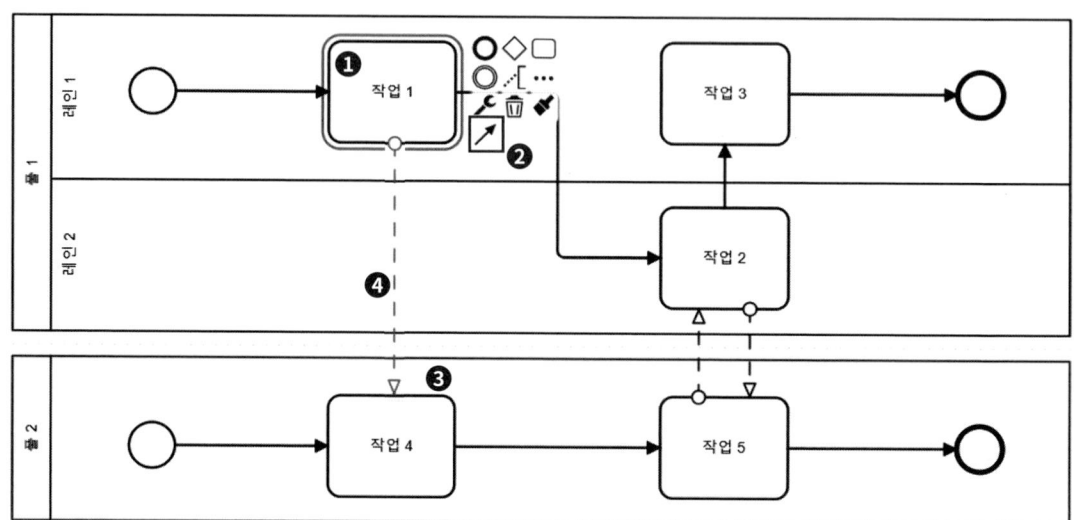

메시지 플로를 연결하기 위해서는 우선 원하는 작업이나 이벤트를 선택(1번)한 후에 나타나는 팝업 아이콘들 중에 시퀀스 플로를 선택(2번)한 상태에서 드래그 하여 풀 사이를 지나 대상 작업이나 이벤트에 드롭하면(3번) 자동으로 시퀀스 플로가 아니라 풀 사이를 건넜기 때문에 메시지 플로로 자동 변환돼서 연결(4번)된다.

이제 메시지 플로를 연결하는 방법을 알았으니 메시지 플로를 통해서 연결되는 다양한 모습에 대해서 살펴보기로 하자.

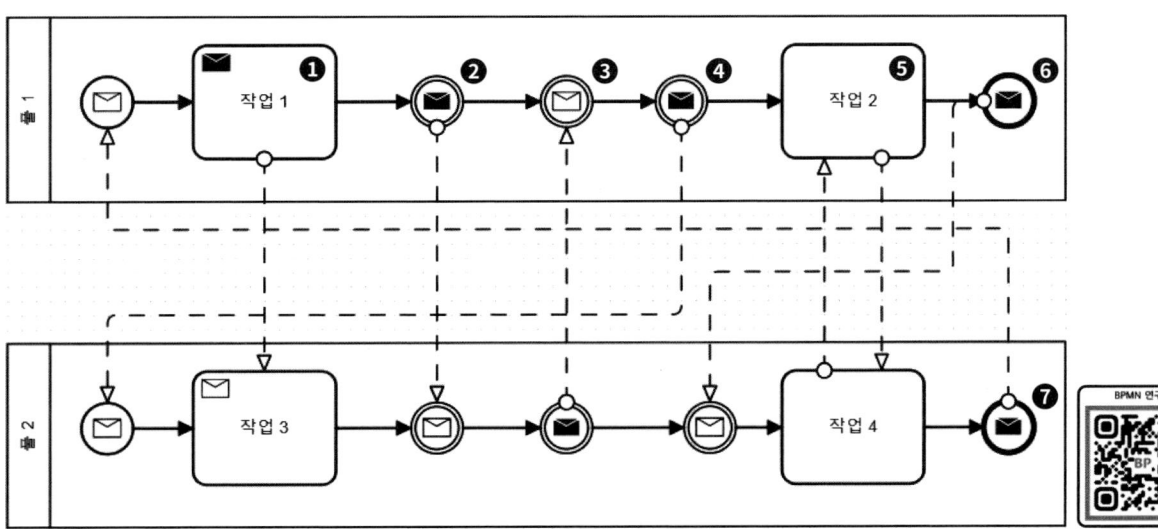

위 다이어그램은 업무 관련 내용은 아니고, 메시지 플로가 연결되는 다양한 유형을 표현한 것이다.

우선 1번은 송신 작업(Send Task)과 수신 작업(Receive Task)이 메시지 플로를 이용해서 연결된 모습이다. 2번과 3번은 메시지 송신 중간 이벤트(Throwing Message Intermediate Event)에서 메시지 수신 중간 이벤트(Catching Message Intermediate Event)로 메시지 플로가 연결된 모습이다.

4번은 메시지 송신 중간 이벤트에서 메시지 수신 시작 이벤트(Catching Message Start Event)로 메시지 플로가 연결된 모습이며, 5번은 "작업 2"와 "작업 4" 간에 서로 커뮤니케이션 하는 모습을 메시지 플로를 이용해서 표현하고 있는 모습이다. 이러한 표현은 서로 회의, 미팅, 상담, 전화통화 등에서 서로 대화하는 상황을 표현할 때 사용될 수 있다.

6번은 메시지 송신 종료 이벤트(Throwing Message End Event)에서 메시지 수신 중간 이벤트(Catching Message Intermediate Event)로 메시지 플로가 연결된 모습이며, 마지막 7번은 메시지 송신 종료 이벤트(Throwing Message End Event)에서 메시지 수신 시작 이벤트(Catching Message Start Event)로 메시지 플로가 연결된 모습이다.

메시지 플로의 다양한 연결에 대해서 소개했으므로 이제 다시 업무 관련한 내용으로 접근해보기로 하자.

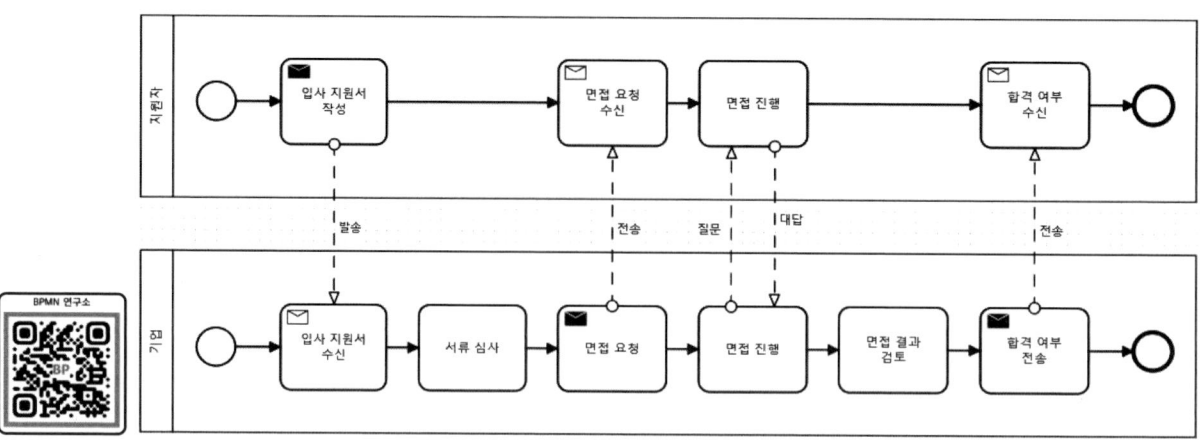

위 다이어그램은 협업을 표현한 BPMN 다이어그램이다. 면접 보는 절차와 메시지 전달 방향이 화살표로 잘 정리가 되어 있기 때문에 쉽게 진행 절차를 확인할 수 있다. 그러나 위와 같은 내용은 지극히 단순한 모델로 구체적인 업무 절차를 담아내고 있지는 않은 모습이다.

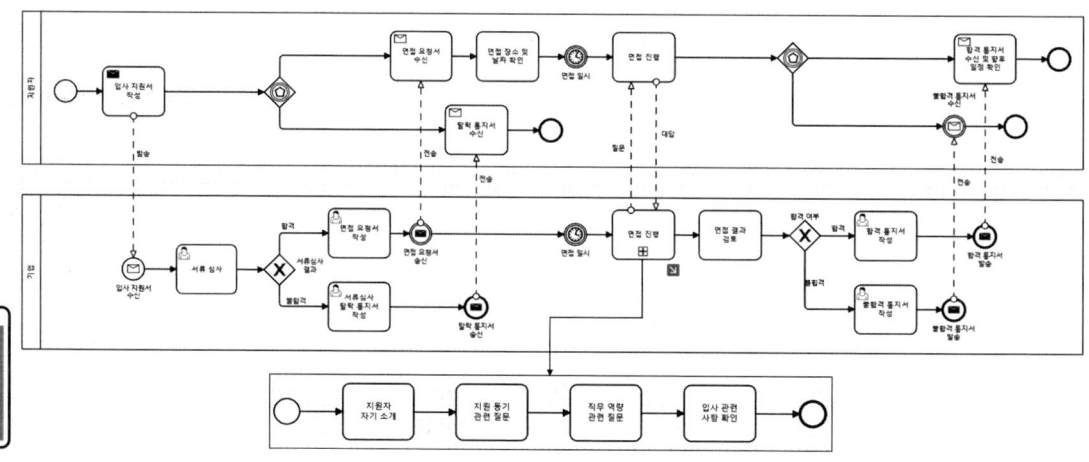

위 다이어그램은 이전 다이어그램과 동일한 업무를 절차적으로 상세히 작성한 다이어그램이다. QR Code로 보는 것이 불편하다면, 해당 원본 다이어그램 파일은 www.bpmn.co.kr 사이트의 자료실에 있으니 자세히 확인해볼 수 있을 것이다.

앞에서도 얘기했지만 BPMN 다이어그램은 업무 담당자 즉, 업무를 수행하는 사람의 관점에서 작성해야 한다. 그러므로 관련 업무에 대한 다이어그램을 작성한다면, 바로 위 다이어그램처럼 상세히 작성을 해야만 실무 담당자나 또는 해당 시스템을 개발해야 하는 IT 엔지니어들에게 도움이 된다.

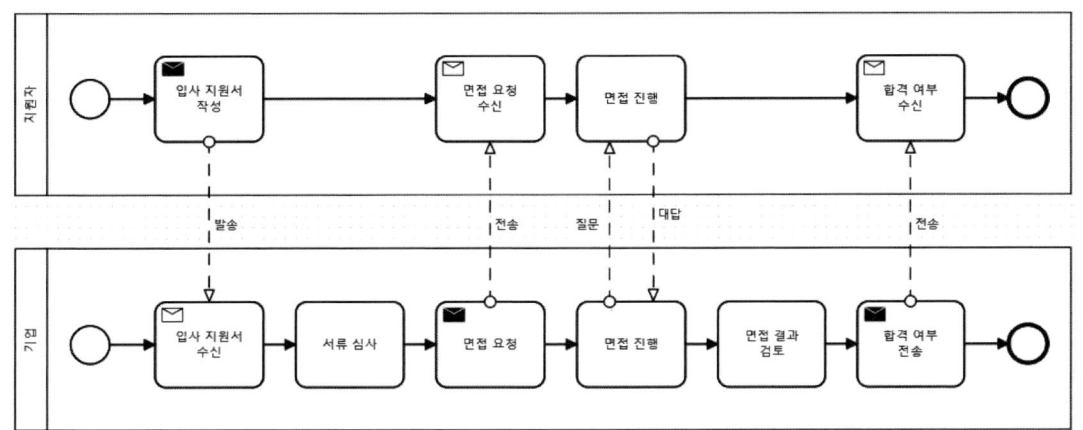

하지만 위와 같은 다이어그램이 전혀 의미가 없는 것은 아니다. 세부적인 프로세스는 빠져 있지만, 절차적으로 어떻게 협업하면서 업무가 진행되는지를 이해하는데 충분히 도움이 된다.

필자가 보기에 위 다이어그램의 경우 회사 홈페이지에 게시하는 용도로 사용한다면 매우 좋을 것 같다. 보통 회사 홈페이지에 가면 모든 진행 내용과 절차가 텍스트로 정리되어 있는데, 텍스트는 가독성이 떨어져서 그 내용을 파악하는데 시각적으로 표현되어 있는 BPMN을 따라올 수가 없다.

그러므로 이해를 돕기 위한 차원으로 진행상황을 위와 같이 정리해서 제공하는 건 좋은 방법이다.

그런데 이러한 상황에서 회사의 업무 진행 과정을 노출시키지 않길 원할 수도 있을 것이다. 이러한 경우에는 앞서 설명한 바와 같이 풀의 이름만 노출되는 형태로 표시할 수 있는데, 이를 비어 있는 풀(Empty Pool) 또는 블랙 박스 풀(Block Box Pool)이라고 한다.

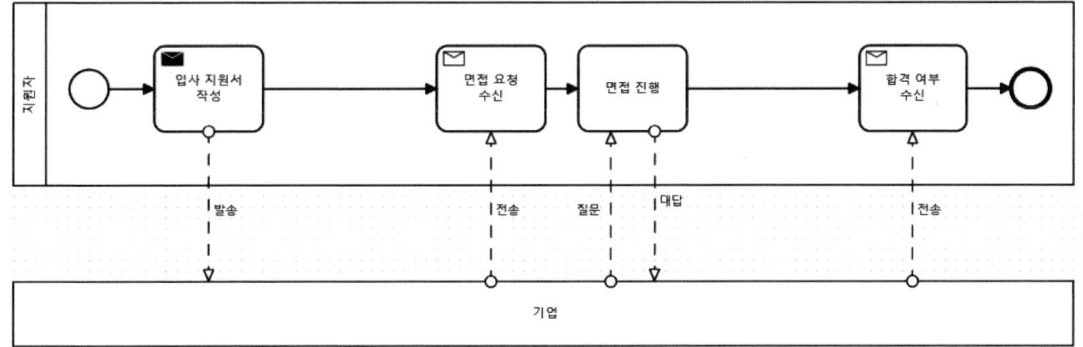

이렇게 되면 관련 다이어그램에서 기업의 내부 비즈니스 프로세스는 노출되지 않으면서 지원자가 수행해야 하는 작업의 단계와 함께 메시지 플로의 방향을 통해 커뮤니케이션 작업의 주체를 확인할 수 있게 된다.

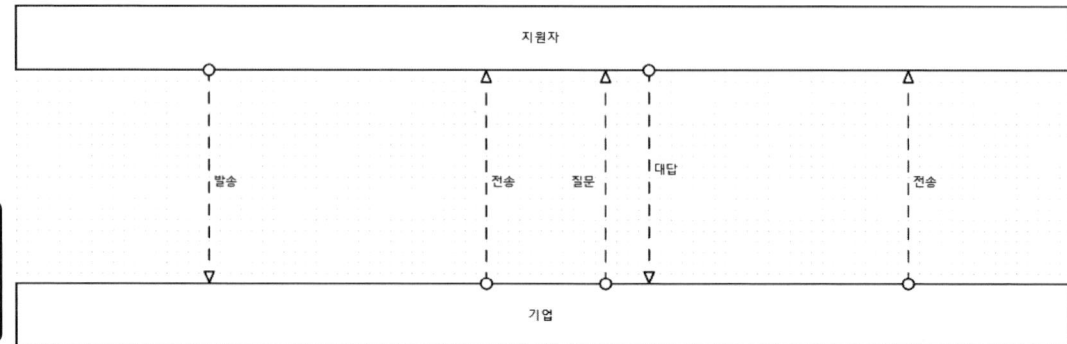

그런데 만일 지원자의 진행 프로세스도 노출시키지 않고자 한다면, 위처럼 지원자 풀도 역시 마찬가지로 풀의 이름만 노출되도록 할 수 있다. 그러나 이렇게 풀 이름만 노출된 모습을 보니 내용 전달이 쉽지 않아진다.

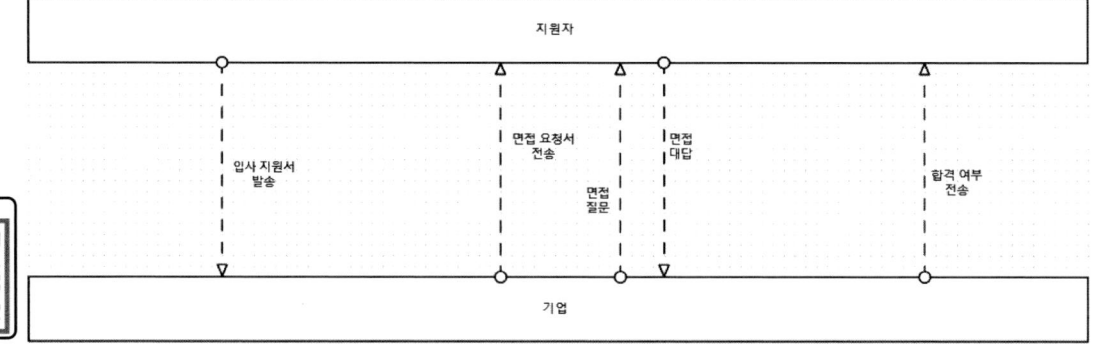

그렇다면 메시지 플로에 텍스트를 좀더 자세히 기술함으로써 해당 커뮤니케이션의 목적이 무엇인지를 보여줄 수 있다.

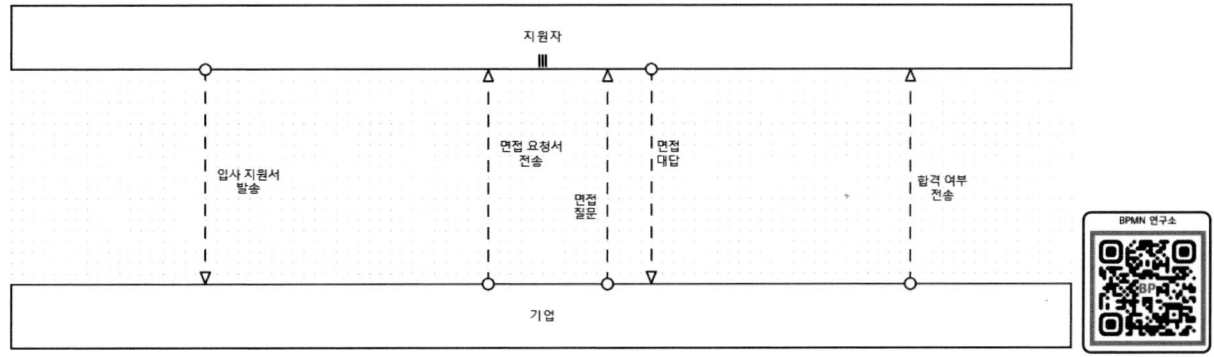

마지막으로 지원자의 경우 다수가 존재하기 때문에 다중 인스턴스로 표현할 수 있는데 이를 정확히 다중 인스턴스 참가자(Multi-Instance Participant)라고 하며, 액티비티 때와 마찬가지로 풀 하단에 세 개의 가로 실선으로 표시된다.

1-3 안무 다이어그램(Choreography Diagram)

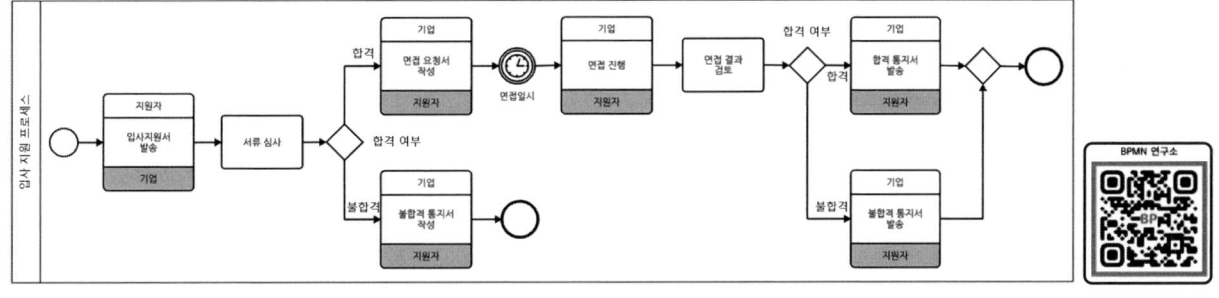

안무 다이어그램(Choreography Diagram)은 여러 풀로 구성되어 상호 메시지 플로를 이용해서 모델링 하는 협업 모델을 보다 더 단순화시킬 수 있는 기능을 제공한다. 위의 다이어그램은 이전에 확인했던 입사 지원 협업 다이어그램을 안무 다이어그램으로 표현한 것이다.

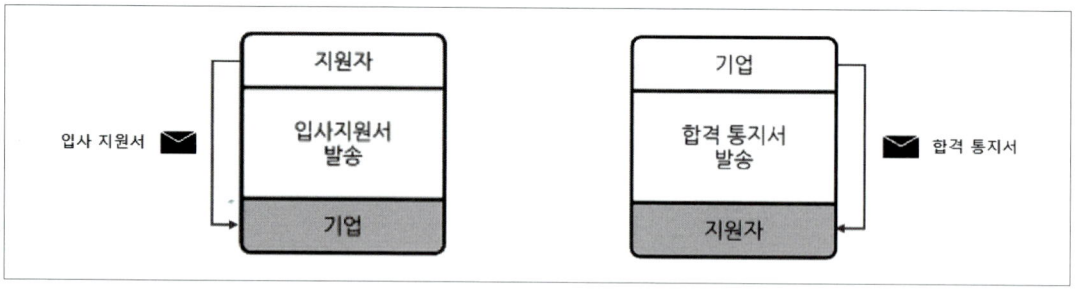

우선 전체를 설명하기에 앞서 위 내용을 살펴보기로 하자. 위에서 표현된 액티비티(Activity)는 안무 액티비티(Choreography Activity)이다. 안무 액티비티 안에는 두 개의 참가자(Participant)가 액티비티 상단과 하단에 표시되는데 이는 상호 커뮤니케이션 주체들이다. 여기서 원칙은 두 참가자가 있었을 때 하얀색 바탕의 참가자가 시작 참가자(Initiating Participant)이고, 음영 처리된 참가자가 비 시작 참가자(Non- Initiating Participant) 즉, 메시지를 받는 대상 참가자라는 점이다.

메시지는 시작 참가자에서 비 시작 참가자 방향으로 이동한다.

그러므로 첫 번째 안무 액티비티의 경우 "지원자" 참가자가 시작 참가자이며, "기업" 참가자가 비 시작 참가자 즉, 메시지를 받는 참가자이다. 그러므로 지원자가 기업에게 "입사 지원서"를 발송하고 있는 상황을 안무 액티비티로 표현하고 있는 것이다. 그리고 두 번째 안무 액티비티의 경우에는 "기업" 참가자가 시작 참가자이고, "지원자"가 비 시작 참가자이다. 그러므로 기업에서 "합격 통지서"를 지원자에게 발송하고 있는 것을 안무 액티비티로 표현하고 있는 것이다.

이렇게 참가자 즉, 프로세스 주체들끼리 상호 작용을 단순하게 표현할 수 있도록 구성된 액티비티가 바로 안무 액티비티이며, 이러한 안무 액티비티들을 중심으로 작성된 다이어그램을 안무 다이어그램이라고 한다.

안무 다이어그램의 장점은 풀(Pool)과 풀 사이에서 메시지 플로(Message Flow)를 통해 서로 커뮤니케이션 하는 다소 복잡한 다이어그램을 메시지 플로 없이 효율적으로 표현해낼 수 있다는 점이다.

즉, 하나의 풀에서 여러 주체들이 상호 커뮤니케이션하면서 진행하는 업무를 표현해낼 수 있다는 점이 안무 다이어그램의 장점이다.

> **참고**
>
> BPMN.io 사이트에서 제공하는 BPMN 도구에서는 안무 다이어그램을 지원하지 않는다. 그러므로 안무 다이어그램의 용도와 특징 정도만 확인하도록 하자.

1-4 대화형 다이어그램(Conversation Diagram)

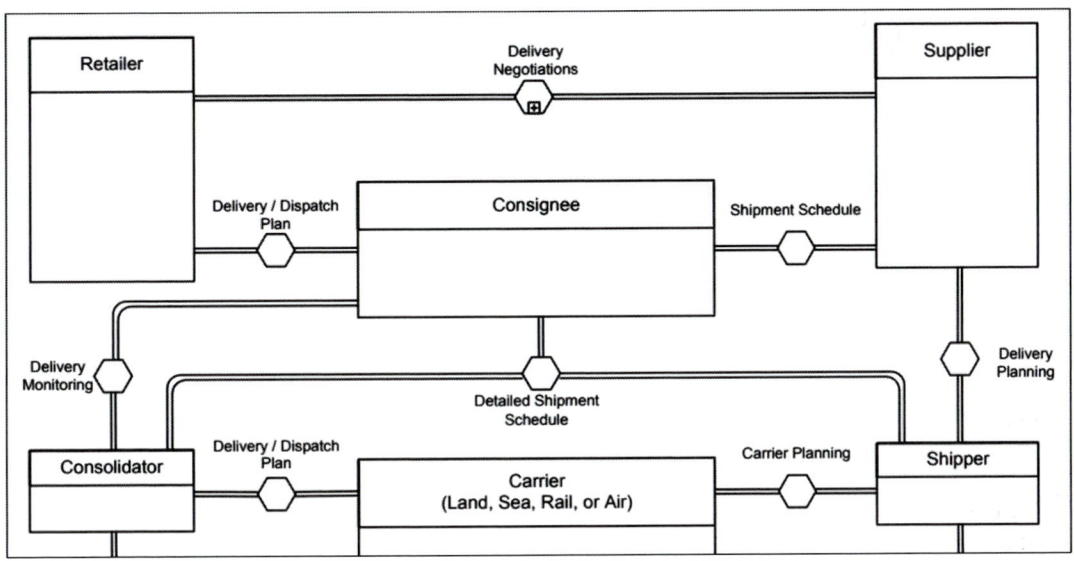

위의 다이어그램은 OMG에서 제공하는 공식 매뉴얼에 나와있는 대화형 다이어그램 (Conversation Diagram)의 예제인데 해당 다이어그램의 일부만 발췌한 것이다.

대화형 다이어그램은 지금껏 설명했던 프로세스와는 조금 다른 관점이다. 여태까지 우리가 학습했고 또 이후 학습할 BPMN에 대한 요소들은 모두 절차 즉, 프로세스를 설명하고 표현하기 위한 요소들이었다. 그러나 대화형 다이어그램의 목적은 절차를 설명하기보다 비즈니스 주체들 간에 업무적 관계 내지 업무를 진행하면서 서로 커뮤니케이션하는 내용을 중심으로 다이어그램을 표현하고 있다.

다시 얘기하자면 그동안 BPMN 다이어그램을 이용해서 구체적인 업무와 절차들을 표현하고 또 공유했다면, 대화형 다이어그램은 전체 구조 및 업무의 주체들을 중심으로 바라보고 설명하는 관점이다.

하지만 필자는 BPMN에서 대화형 다이어그램이 과연 필요한 것인지에 대해서는 동의하기가 쉽지 않다.

사실상 위와 같은 전체 구조를 보여주기 위한 구조는 UML의 커뮤니케이션 다이어그램 (Communication Diagram)을 비롯한 몇몇 다이어그램의 컨셉과 상당히 유사하며, 각 참가자들이 육각형의 대화 객체를 관통하는 선을 통해 연결되어 있고, 여기에 모두 해설이 담겨 있는데, 이는 기업에서 광범위하게 사용되고 있는 관계형 데이터베이스의 테이블 설계 와도 상당히 유사한 표현이라고 할 수 있다.

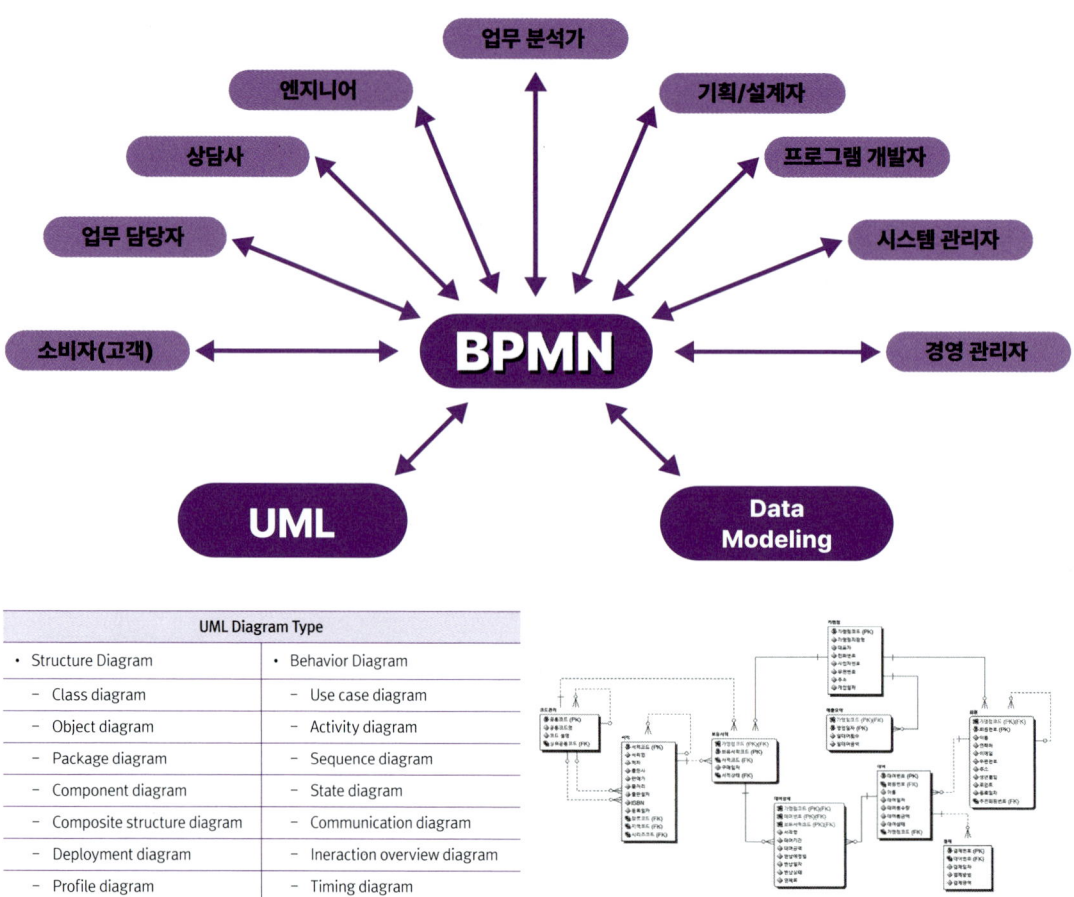

위 구조는 이전에 필자가 1장에서 설명했던 BPMN과 UML 그리고 Data Modeling과의 관계를 설명할 때 언급했던 화면이다.

필자의 의견은 BPMN은 비즈니스 프로세스를 작성하는 용도에만 집중하는 것이 맞는 것 같다. 그리고 UML과 데이터베이스 설계는 각기 영역의 전문가들이 담당하면 된다. 관계형 데이터베이스에서 관계 하나만 이론적으로 설명하는데 3시간이 넘게 걸린다. 그리고 그 관계를 실무적으로 풀어내기까지 많은 경험과 시간을 필요로 한다.

그러므로 일반인들이 주체가 되어야 하는 BPMN에서 대화형 다이어그램은 욕심이 아닐까 하는 생각을 지울 수 없다. 물론 디테일한 업무와 더불어 전체적인 구조와 관계를 표현할 수 있는 다이어그램이 존재하면 좋은 거 아닌가? 라며 반문할 수도 있을 것이다.

당연히 없는 것보다는 있는 것이 좋다. 그러나 그 전제는 그 역할을 아무도 하고 있지 않았을 때의 얘기이다.

UML과 Data Modeling 영역에서 잘 하고 있는 일들을 좋은 거니까 BPMN에서도 하자고 하는 것에 필자는 동의할 수 없다. 이는 아마도 OMG가 BPMN을 통합하면서 UML의 관점이 일부 반영된 결과라고 보여지는데, 무언가를 자꾸 만들어서 통합하려는 건 OMG의 습성인 듯하다. (좋은 의도임^^)

그러나 걱정할 건 없다. BPMN.io 툴에서는 이를 지원하지 않는다.

해서 설명을 할까 말까 고민했었는데 표준으로 정립되어 있는 표기법이기 때문에 언급을 안 할 수는 없었다.

결론적으로 정리하자면 대화형 다이어그램은 컨셉 정도만 정리하는 것으로 마무리하면 좋겠다.

THE START

2 예외 처리 (Handling of Exception)

2-1 방해 중간 이벤트(Interrupting Intermediate Event)

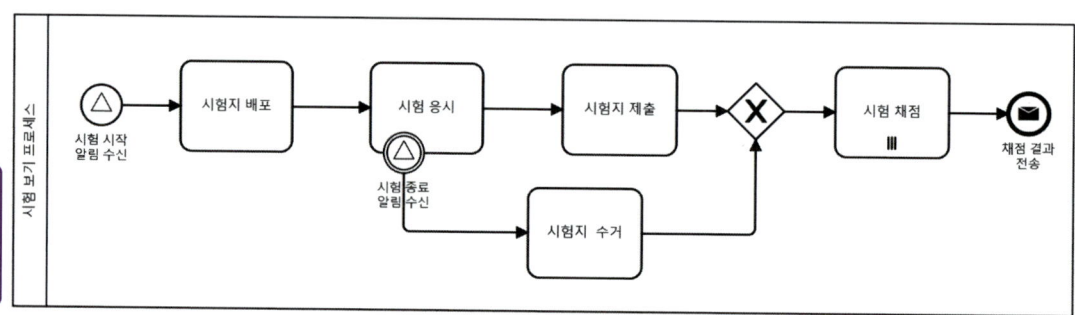

BPMN에는 방해 이벤트(Interrupting Event)란 조금은 독특한? 그러나 상당히 유용한 이벤트가 있다. 이 방해 이벤트가 하는 역할은 기존의 업무 흐름을 중단하고, 다른 방향으로 업무 흐름을 유도하는 것이다. 이름 조차 방해 이벤트인 이유는 해당 이벤트가 발생하게 되면, 더 이상 기존 흐름으로 업무가 진행되지 못하기 때문이다. 즉, 기존의 업무 흐름을 방해한다는 것이다.

이러한 방해 이벤트는 앞에서도 잠깐 살펴봤지만 독자적으로 존재하는 것이 아니라 기존 작업(Task)이나 하위 프로세스(Sub Process)의 테두리에 걸쳐서 존재하게 된다. 그러므로 방해 이벤트는 당연히 중간 이벤트인 것이다. 시작이나 종료 이벤트의 경우 방해 이벤트로 사용될 수 없다.

위의 BPMN 다이어그램을 보면 "시험 응시" 작업 테두리에 "시험 종료 알림 수신" 이라는 신호 수신 중간 이벤트(Catching Signal Intermediate Event)가 얹혀 있는 것을 확인할 수 있다. 바로 이 이벤트가 방해 이벤트이며, 이렇게 작업 테두리에 얹혀 있는 이벤트를 경계 이벤트(Boundary Event)라고 한다.

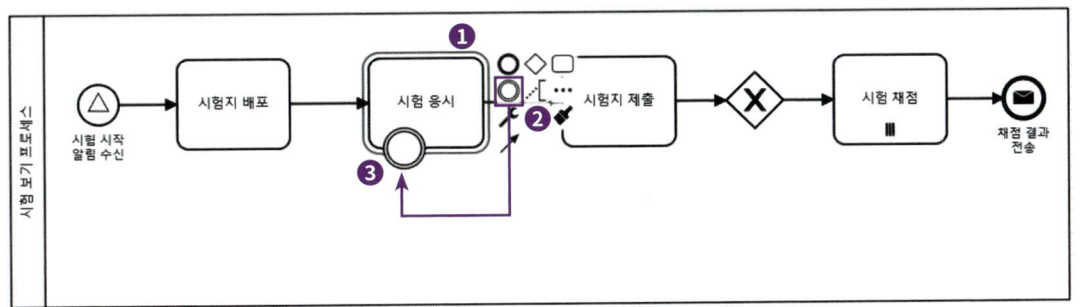

이렇게 중간 이벤트를 경계 이벤트로 추가하기 위해서는 우선 해당 작업을 선택(1번)한 후에 나타나는 팝업 아이콘 중에 중간 이벤트를 선택(2번)한 후 드래그 해서 다시 자신의 작업 테두리 위에 드롭(3번)하면 된다.

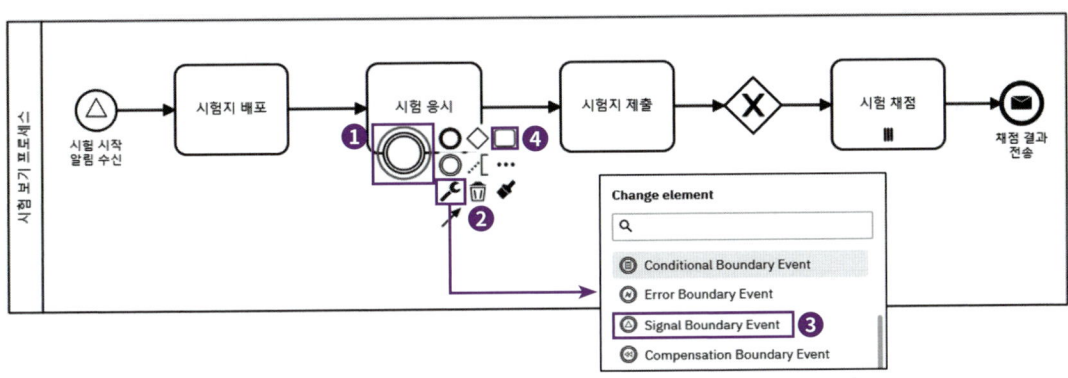

그 다음으로 작업 위에 추가된 중간 이벤트를 선택(1번)한 후 "Change Type" 버튼(2번)을 누르면, "Change element" 팝업 상자가 나타나는데 여기에서 원하는 이벤트를 선택하면 된다. 이번 예제에서는 "Signal Boundary Event"를 선택(3번)한다. 그 다음 해당 이벤트로부터 작업을 추가하기 위해서는 역시 중간 이벤트를 다시 선택(1번)한 후 작업을 선택(4번)한 후 적당한 위치에 작업을 가져다 놓으면 된다.

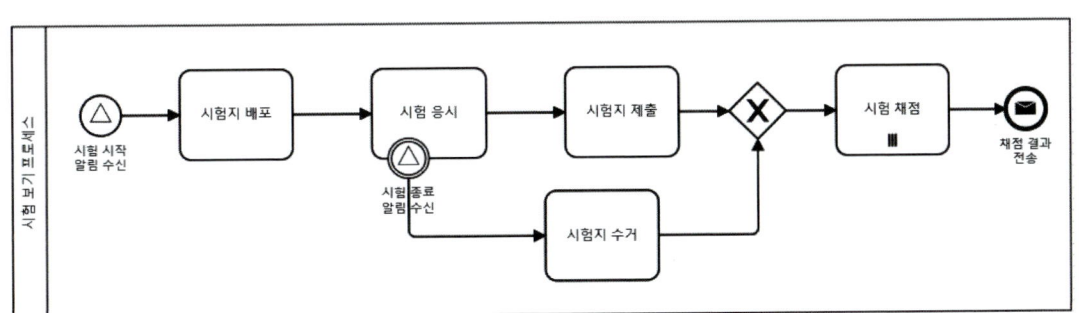

그러면 처음 봤었던 다이어그램처럼 경계 이벤트를 이용해서 다이어그램을 작성할 수 있게 된다. 이제 다이어그램 작성 방법에 대해서 설명했기 때문에 다음으로 위 이벤트가 왜 방해 이벤트인지에 관한 내용을 살펴보기로 하자.

시험 감독관 입회 하에 수험생들이 각자 좌석에 착석한 후 시험장에는 시험 시작을 알리는 벨(신호)이 울리게 된다. 그러면 시험 감독관은 수험생들에게 시험지를 배포하고, 수험생들은 시험지를 받은 후 바로 문제를 풀게 된다. 다시 얘기해서 시험 시작을 알리는 벨(신호)이 울리면 모두 동시에 시험을 보게 되는 것이다.

그러나 시험이 끝나는 시점은 각자가 다를 수 있다. 예를 들어서 시험 종료시간 이전에 시험을 다 본 수험생들은 개별적으로 감독관에게 시험지를 제출하고, 시험장을 나가게 된다. 그런데 시험 시간이 모두 지났는데 아직 시험을 마치지 못했거나 자리에 남아있는 수험생들의 경우에는 일괄적으로 시험지를 걷어서 채점을 하게 된다. 다시 얘기해서 "시험 종료 알림 수신" 이벤트가 발생하면, 더 이상 수험생들은 기존의 프로세스 즉, 시험지를 개별적으로 제출하지 못하고, 일괄적으로 시험지를 수거하는 쪽으로 프로세스가 진행되는 것이다.

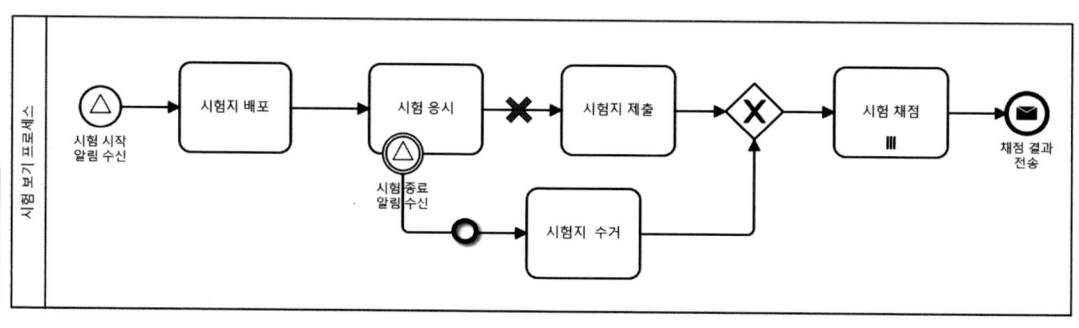

그러므로 위 다이어그램과 같이 "시험 종료 알림 수신" 이벤트가 발생하면 "시험지 제출"로 흘러가는 기존의 프로세스는 더 이상 진행되지 못하고, 해당 이벤트와 연결된 시퀀스 플로를 타고 프로세스가 흘러가게 되는 것이다. 이렇게 기존의 업무 흐름을 방해한다는 이유로 "시험 종료 알림 수신" 이벤트를 방해 이벤트라고 하는 것이다.

이러한 방해 이벤트는 중간 이벤트일 수밖에 없다. 왜냐하면 비즈니스 프로세스의 흐름을 변경한다는 것은 업무가 진행중인 상황에서나 가능한 일이기 때문이다.

이해가 됐다면 이제 다른 예제를 살펴보기로 하자.

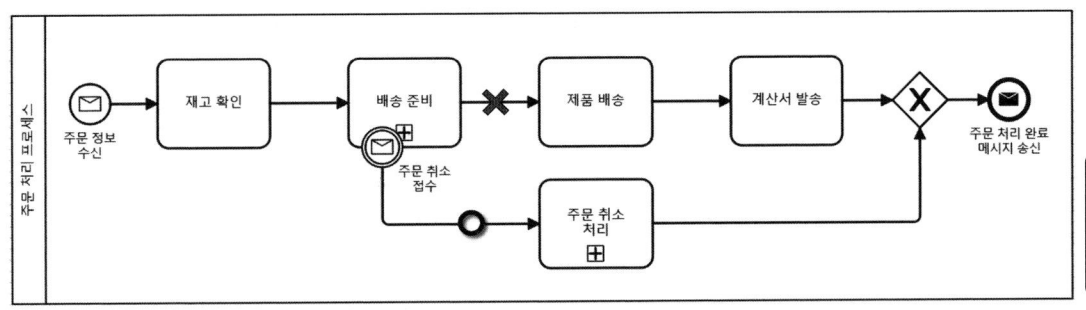

위 예제는 주문 정보를 전달받은 상황에서 재고 확인 후 "배송 준비" 작업을 진행하는데 배송 준비를 하고 있는 동안 주문이 취소됐다면 즉, "주문 취소 접수" 메시지 수신 중간 이벤트(Catching Message Intermediate Event)가 발생한 상황이라면, 제품 배송 단계로 비즈니스 프로세스가 흘러가는 것이 아니라 "주문 취소 처리" 하위 프로세스로 업무가 흘러가야 하는 것이다.

이렇듯 방해 이벤트는 기존의 업무 흐름을 가로막고, 다른 업무 흐름으로 유도하는 역할을 하게 된다.

2-2 비 방해 중간 이벤트(Non-Interrupting Intermediate Event)

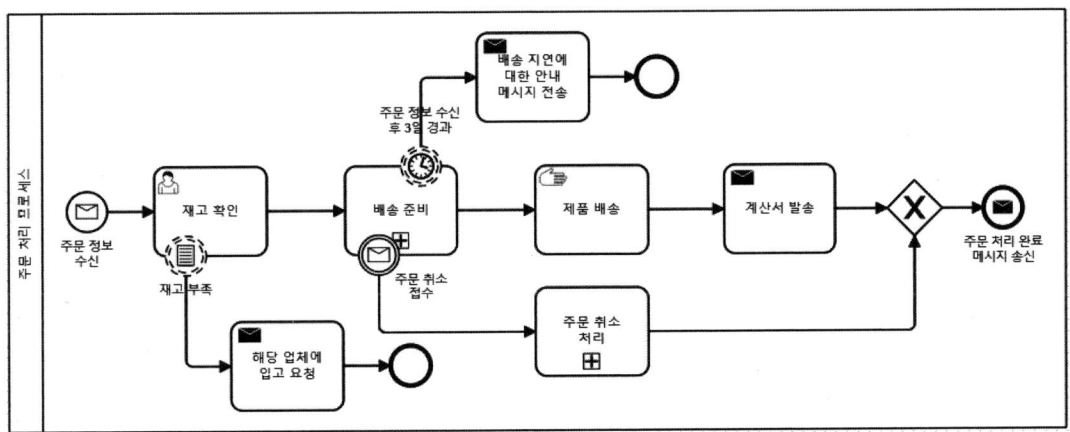

위 예제는 이전에 주문 정보처리 프로세스에 비 방해 중간 이벤트(Non-Interrupting Intermediate Event)를 추가한 다이어그램이다. 위 예제에서 보면 "재고 확인" 작업(Task)

에 붙어 있는 "재고 부족" 조건 이벤트와 "배송 준비" 하위 프로세스에 붙어 있는 "주문 정보 수신 후 3일 경과" 타이머 이벤트는 모두 비 방해 중간 이벤트이다.

앞서 방해 이벤트의 경우 원래 중간 이벤트의 모습 즉, 두 개의 동그라미로 표현돼 있는데 반해서 비 방해 중간 이벤트의 경우 방해 이벤트와 구분하기 위해서 두 개의 동그라미가 점선으로 표현되어 있다.

이러한 비 방해 중간 이벤트의 경우는 해당 이벤트가 발생하더라도 기존의 업무 흐름을 방해(중단)하지 않는다.

위의 예를 보면 주문 정보를 수신한 후 해당 제품의 재고를 확인해보니 재고가 부족함을 확인한 상황이다. 이 경우 담당자는 빠르게 해당 제품을 납품하는 회사에게 연락해서 해당 제품의 입고를 요청해야 한다. 그러므로 "재고 부족" 비 방해 조건 중간 이벤트가 발생하면 기존의 프로세스와 상관없이 "재고 부족" 이벤트와 연결된 시퀀스 플로를 통해 추가적인 프로세스가 진행된다.

해당 업체가 빠르게 입고를 해줘서 재고 수량이 확보됐다면, 이제 비즈니스 프로세스는 원래 진행 예정이었던 "배송 준비" 하위 프로세스로 이동해야 한다. 그런데 배송 준비하는 과정에서 만일 주문 정보를 수신한 후 3일이 경과하게 됐다면 어떻게 해야 할까? 만일 그런 상황이 발생했다면 회사 입장에서는 고객에게 문자를 보내서 배송이 늦어진 경위와 현재 준비상태를 알려줘서 고객이 답답하게 기다리지 않도록 대응해야 할 것이다.

이를 위해 "배송 준비" 하위 프로세스에는 "주문 정보 수신 후 3일 경과"라는 타이머 이벤트가 경계 이벤트로 존재하기 때문에 해당 이벤트가 발생하게 되면, 새로운 토큰이 만들어져서 "배송 지연에 대한 안내 메시지 전송" 작업이 진행된다. 마찬가지로 "주문 정보 수신 후 3일 경과"라는 타이머 이벤트가 발생하더라도 기존의 비즈니스 프로세스는 방해받지 않는다.

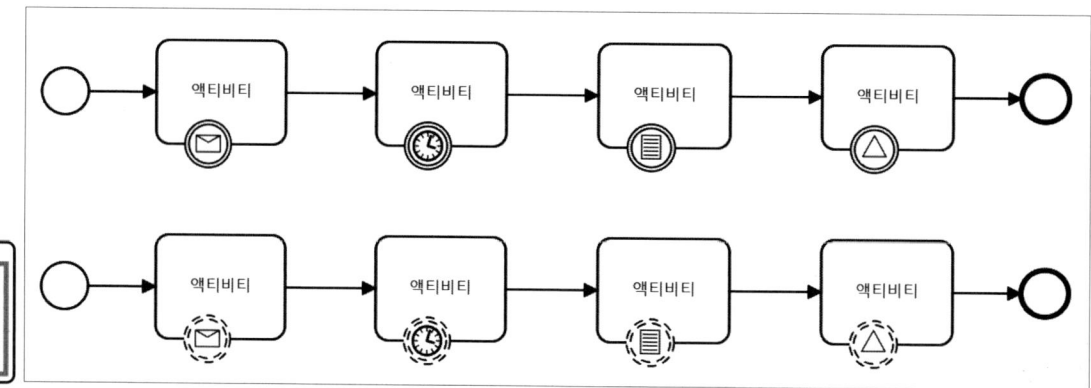

위 화면은 다양한 방해 이벤트와 비 방해 이벤트들을 표시해 놓은 것이다. 이 외에도 더 많은 방해 이벤트와 비 방해 이벤트들이 있는데 이들에 대해서는 다른 예제를 통해 추가로 설명할 것이다.

2-3 오류 중간 이벤트(Error Intermediate Event)

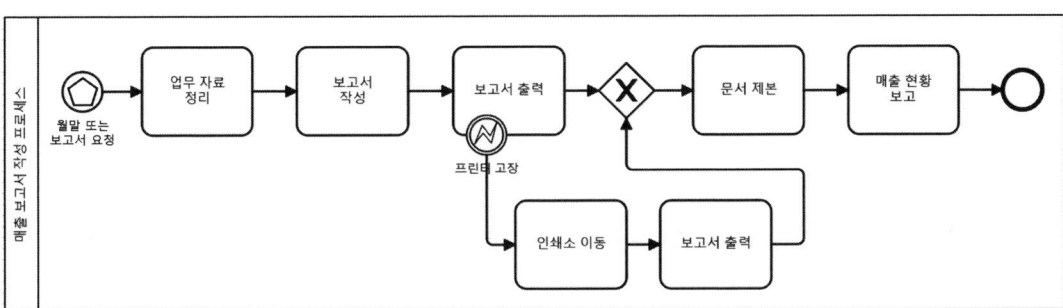

위 다이어그램은 오류 중간 이벤트(Error Intermediate Event)에 대한 예제이다. 위의 업무는 매출 보고서를 작성하는 과정에 대한 내용으로 월말이 되거나 아니면 이사진 또는 경영진에서 매출에 대한 보고서 작성 및 보고 요청이 있었을 때 진행하는 과정에 대한 다이어그램이다.

위 내용 중 "보고서 출력" 작업(Task)이 위에 "프린터 고장"이라는 오류 중간 이벤트가 경계 이벤트로 있는데, 이는 프린터가 고장 난 상황에 대처하기 위한 방향으로 업무 흐름을 변경하기 위해서 추가됐다. 만일 보고서 문서를 출력하는 과정에서 프린터가 고장 났다면, 바로 인근에 있는 인쇄소로 이동하여 "보고서 출력" 작업을 진행한 후 다시 사무실로 복귀해서 "문서 제본" 작업을 진행해야 한다.

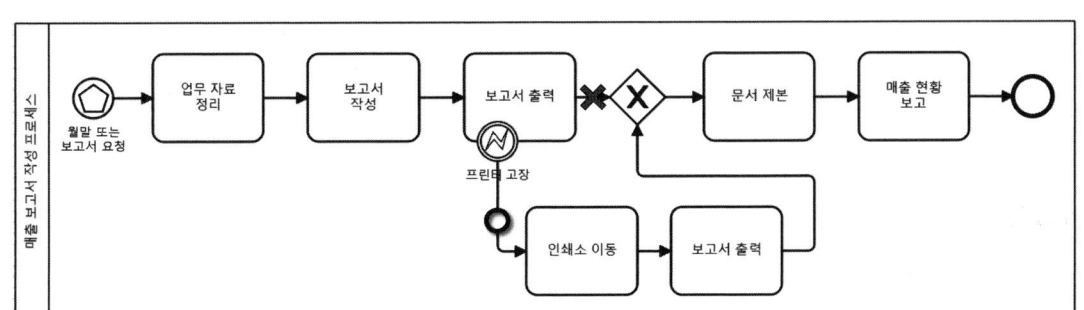

이러한 오류 중간 이벤트는 성격상 당연히 방해 이벤트(Interrupting Event)이다. 왜냐하면 프린터가 고장 나면 "보고서 출력" 작업이 완료될 수 없기 때문에 그 다음 단계로 업무가 진행될 수 없다. 그러므로 "프린터 고장"이라는 오류 중간 이벤트가 발생하면 기존 흐름대로 업무가 진행되지 못하고, "인쇄소 이동" 작업 방향으로 업무가 흘러가게 되는 것이다.

그런데 여기서 한 가지 드는 의문이 있다. 프린터가 고장 나면 무조건 인쇄소로 이동해야만 하는 것인가? 하는 점이다. 프린터 고장에는 여러 종류가 있고, 간단한 문제라면 보통 자체적으로 문제를 해결하는 경우도 제법 있을 것이다.

그렇다면 그러한 표현은 어떻게 할 수 있을까?

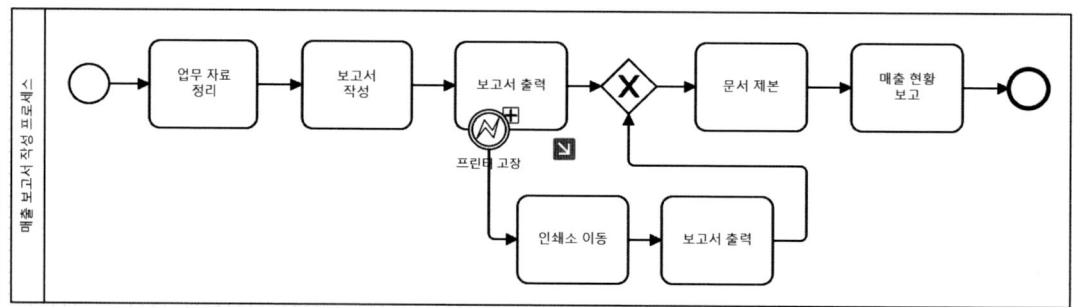

위의 BPMN 다이어그램은 앞서 살펴봤던 다이어그램과 조금 다른 모습이다. 차이점은 바로 "보고서 출력"이 기존에는 작업(Task)으로 되어 있었는데, 지금은 하위 프로세스(Sub Process)로 정의되어 있다는 점이다. 그렇다면 "보고서 출력" 하위 프로세스의 절차를 확인해보기로 하자.

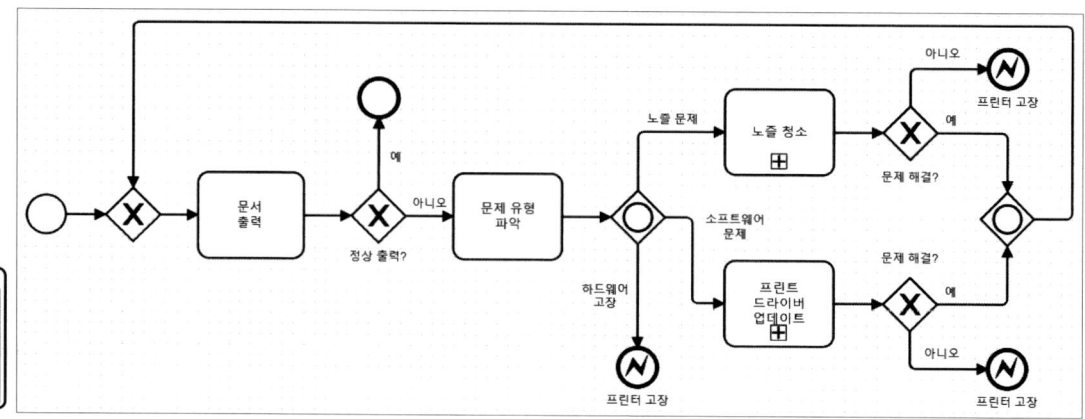

위 다이어그램은 "보고서 출력" 하위 프로세스의 내부이다. 이에 대해서 설명하자면 우선 "보고서 출력" 하위 프로세스의 첫 번째 작업은 "문서 출력"이다. 그리고 정상적으로 출력이 됐다면 다음으로 종료 이벤트를 만나기 때문에 그대로 "보고서 출력" 하위 프로세스는 종료되고, 다시 부모 프로세스로 이동해서 "문서 제본" 단계로 업무가 진행된다.

그런데 만일 보고서 문서가 정상적으로 출력되지 않았다면, 그 다음 단계인 "문제 유형 파악" 작업을 진행해야 한다. 이를 통해 파악된 문제의 유형에 따라서 노즐 문제라면 "노즐 청소" 하위 프로세스를 진행해야 하고, 소프트웨어 문제라면 "프린트 드라이버 업데이트" 하위 프로세스를 진행해야 한다. 이 각각의 작업을 처리하는 과정에서 문제가 해결됐다면, 다시 처음으로 이동해서 "문서 출력" 작업을 정상적으로 진행하고, 이상이 없다면 마찬가지로 "보고서 출력" 하위 프로세스는 종료된다.

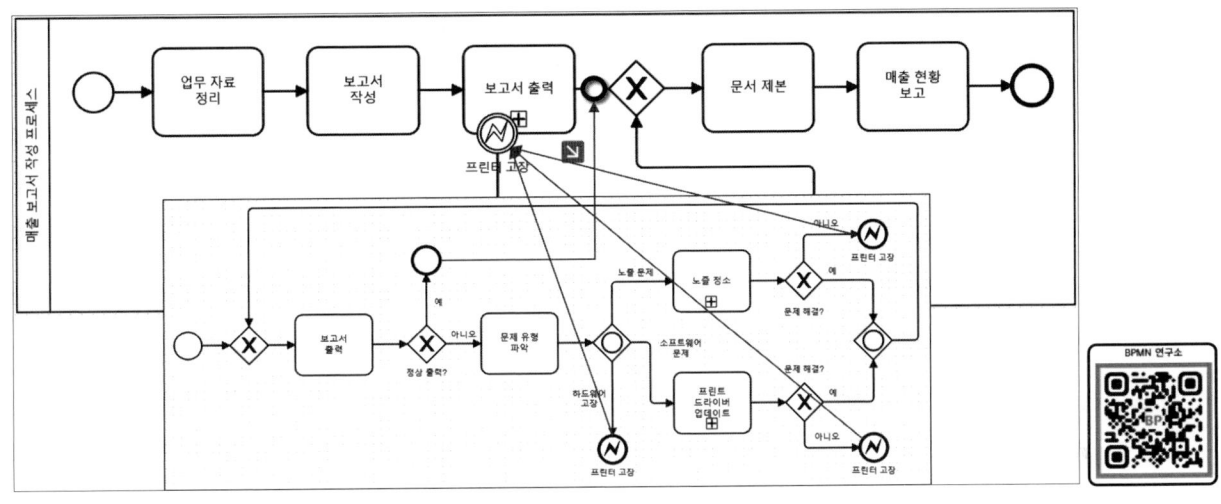

그러나 만일 "노즐 청소"나 "프린트 드라이버 업데이트"를 진행했음에도 불구하고 문제가 해결되지 않았거나 또는 문서가 출력돼지 않는 이유가 하드웨어 고장이라면, 이들은 모두 "프린터 고장"이라는 오류 송신 종료 이벤트(Throwing Error End Event)를 만나게 된다.

이 오류 송신 종료 이벤트들은 "프린터 고장"이란 오류를 송신(호출)하면서 하위 프로세스는 종료되고, 다시 부모 프로세스로 이동해서 "프린터 고장"이란 오류 수신 중간 이벤트(Catching Error Intermediate Event)로 비즈니스 프로세스가 이동하게 된다.

이렇게 하위 프로세스 내부에서 종료 이벤트를 통해 하위 프로세스에 붙어 있는 경계 이벤트를 호출하는 모습은 BPMN 표현의 다양성과 융통성을 제공하는 매우 중요한 기능임으로 잘 기억해두기로 하자.

2-4 에스컬레이션 중간 이벤트(Escalation Intermediate Event)

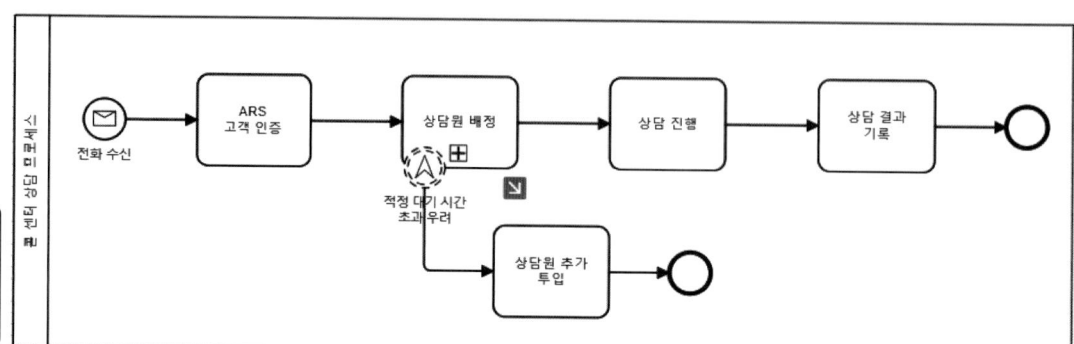

위 다이어그램은 에스컬레이션 중간 이벤트(Escalation Intermediate Event)에 대한 예제이다. 위의 업무는 콜 센터의 상담 프로세스를 설명한 것으로 최초 고객으로부터 전화가 걸려오면 ARS(Automatic Response Service, 자동 응답 서비스) 시스템을 통해서 고객을 인증한 후 "상담원 배정" 하위 프로세스로 이동하게 된다. 이때 "상담원 배정" 하위 프로세스에는 비 방해 에스컬레이션 중간 이벤트(Non-Interrupting Escalation Intermediate Event)가 경계 이벤트로 존재한다.

이 에스컬레이션 이벤트 역시 하위 프로세스에서 송신된 프로세스를 전달받을 수 있기 때문에 하위 프로세스에서 발생한 예외적인 상황을 처리하는 용도로 사용될 수 있다.

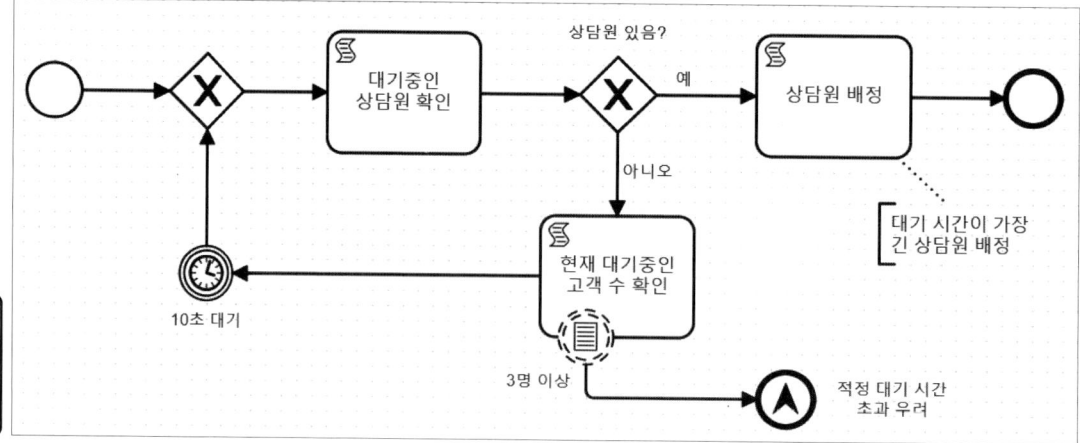

164 BPMN & DMN User Guide

그러면 "상담원 배정" 하위 프로세스를 살펴보기로 하자. 우선 고객 인증을 거친 후 해당 고객에게 상담원 배정이 이뤄지기 위해서는 대기중인 상담원이 존재하는 지를 확인해야 한다. 만일 대기중인 상담원이 한 명 있다면 바로 상담원을 배정하면 되고, 대기중인 상담원이 여러 명이라면 대기 시간이 가장 길었던 상담원을 배정해서 상담을 진행하면 된다.

그러나 만일 대기중인 상담원이 없다면, 현재 상담을 받지 못하고 대기중인 고객 수를 확인해야 한다. 이때 만일 대기중인 고객이 3명 이상이라면, "3명 이상" 조건 중간 이벤트가 발생하게 되고, 이를 통해 프로세스가 "적정 대기 시간 초과 우려"라는 에스컬레이션 송신 종료 이벤트(Throwing Escalation End Event)로 전달된다.

그러면 이 이벤트를 통해 부모 프로세스에 있는 "적정 대기 시간 초과 우려" 에스컬레이션 수신 중간 이벤트(Catching Escalation Intermediate Event)로 프로세스가 전달된다.

"적정 대기 시간 초과 우려" 에스컬레이션 수신 중간 이벤트로 프로세스가 전달된 후에는 "상담원 추가 투입" 작업이 추가로 이뤄지게 된다. 현재 "상담 배정" 하위 프로세스에 적용되어 있는 에스컬레이션 이벤트는 점선으로 원이 구성되어 있는 비 방해 중간 이벤트이다.

그러므로 "적정 대기 시간 초과 우려" 에스컬레이션 종료 이벤트가 발생하더라도 상담 업무는 계속 진행중인 상황이다.

이번에는 방해 에스컬레이션 중간 이벤트(Interrupting Escalation Intermediate Event)의 사용 예제를 살펴보기로 하자.

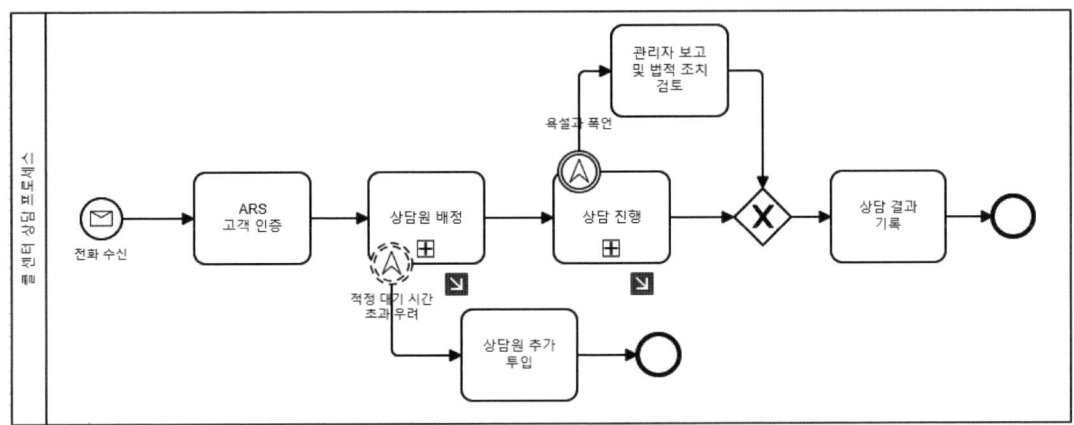

위 다이어그램은 이전 다이어그램에서 "상담 진행" 하위 프로세스에 실선 동그라미로 표현된 "욕설과 폭언" 방해 에스컬레이션 중간 이벤트가 포함된 모습이다.

그렇다면 이번에는 "상담 진행" 하위 프로세스를 살펴보기로 하자.

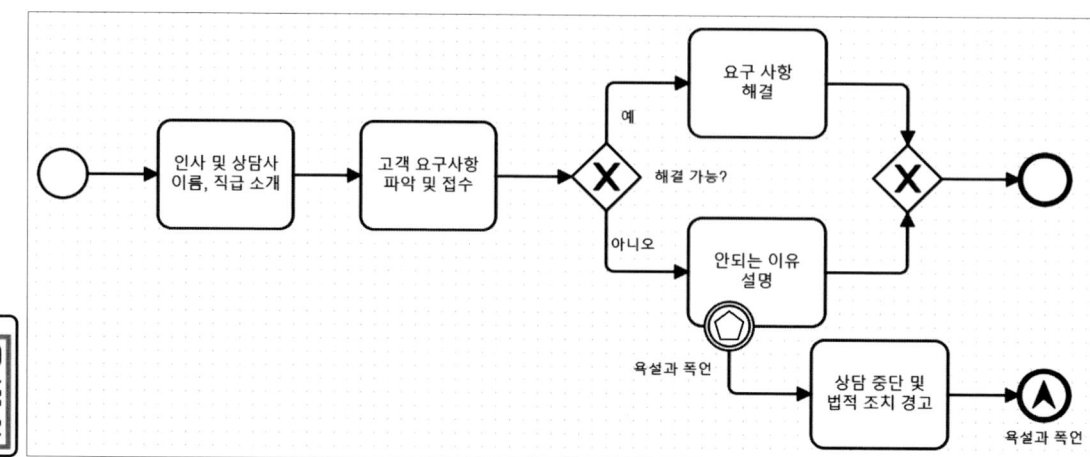

상담이 시작되면 우선 상담사는 인사와 함께 자신을 소개한 후 고객의 요구사항을 접수하게 된다. 그러나 고객의 요구사항은 언제나 만족스럽게 처리되는 것이 아니다. 상황에 따라서 고객이 원하는 상황으로 조치가 어려운 상황도 얼마든지 존재할 수 있다.

이 경우 상담사는 해당 이유를 설명해야 하는데 이 경우 과도한 고객의 불만을 넘어서 욕설과 폭언이 발생하는 경우도 있다. 그렇다면 상담원은 "상담 중단 및 법적 조치 경고"를 한 후 "욕설과 폭언" 에스컬레이션 송신 종료 이벤트(Throwing Escalation End Event)가 발생하게 되는데 이를 통해 부모 프로세스에 있는 "욕설과 폭언" 에스컬레이션 수신 중간 이벤트(Catching Escalation Intermediate Event)로 프로세스가 전달된다.

그러나 앞서 "상담원 배정" 때와는 달리 "욕설과 폭언" 에스컬레이션 수신 중간 이벤트는 방해 이벤트이다. 그러므로 "상담 진행" 하위 프로세스의 업무 흐름은 "관리자 보고 및 법적 조치 검토" 작업으로 넘어가게 된다.

이상으로 에스컬레이션 중간 이벤트에 대해서 살펴보았다. 그렇다면 에스컬레이션 중간 이벤트와 오류 중간 이벤트(Error Intermediate Event)와의 차이점은 무엇일까?

오류 중간 이벤트와 에스컬레이션 중간 이벤트 모두 하위 프로세스에서 송신된 이벤트를 수신할 수 있다. 다만 오류 이벤트는 방해 이벤트만 존재하는데 반해서 에스컬레이션 이벤트는 지금 보는 바와 같이 방해 및 비 방해 이벤트가 모두 존재한다. 그러나 오류 중간 이벤트와 에스컬레이션 중간 이벤트의 결정적 차이점은 이러한 차이가 아니다.

이 둘은 비슷한 용도로 사용할 수 있지만, 이 둘에는 분명한 차이점이 있다.

그 차이점은 오류 이벤트는 기계나 장치 등에서 발생하는 기술적인 문제들을 표현하기 위해서 사용되지만, 에스컬레이션 이벤트는 비즈니스 단계에서 발생하는 문제들을 표현하기 위해서 사용된다는 점이다.

예를 들어서 "정전 발생", "기계 고장", "교통 사고" 등은 모두 오류 이벤트로 처리된다. 그리고 "분쟁 발생", "합의 실패", "수주 성공" 또는 "수주 실패" 등 업무와 관련한 상황을 처리하는 경우에는 모두 에스컬레이션 이벤트로 처리해 주어야 한다.

2-5 이벤트 하위 프로세스(Event Sub Process)

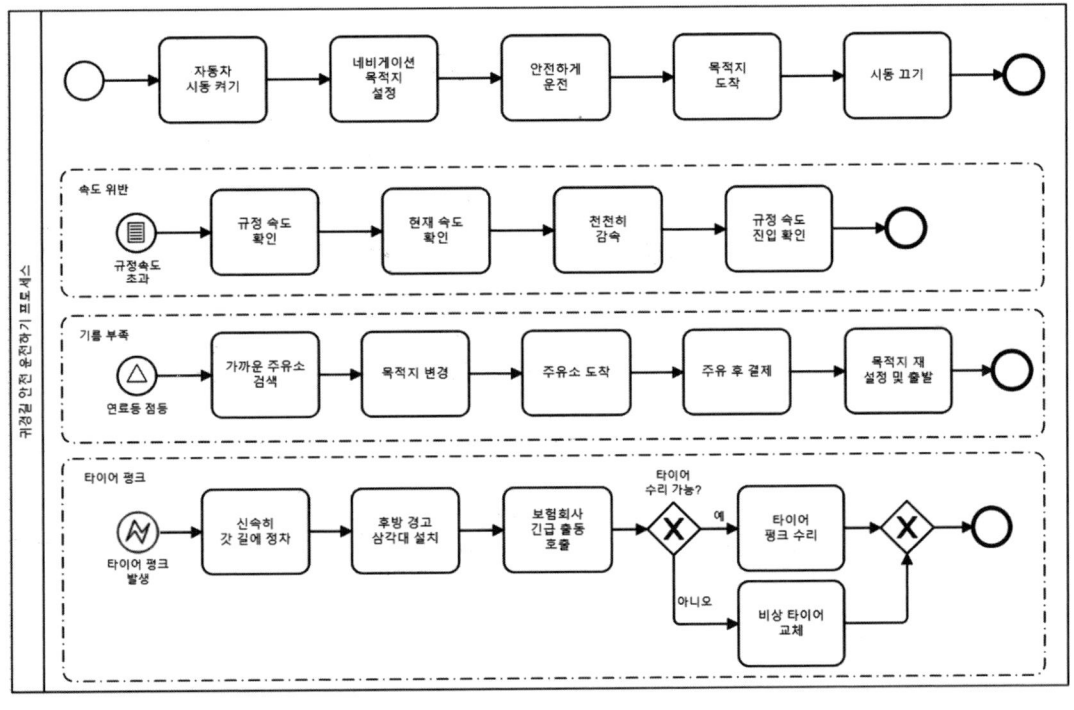

위 다이어그램은 이벤트 하위 프로세스(Event Sub Process)에 대한 예제로서 명절 때 고향에 가기 위한 운전 프로세스가 정의되어 있다. 그런데 그 외에도 "속도 위반", "기름 부족", "타이어 펑크" 등 여러 프로세스들이 그룹(실선-점선)으로 묶여서 표시된 것을 확인할 수 있다.

여기에서 그룹으로 묶여 있지 않은 프로세스가 메인 프로세스이고, 그룹으로 묶여 있는 프로세스들이 바로 이벤트 하위 프로세스들이다. 운전을 하다 보면 여러가지 예기치 않은 상황들이 발생하게 되는데 이러한 상황들은 딱히 특정 단계나 지정된 시점에 발생하는 것이 아니라 운전하는 전체 과정에서 발생할 수 있는 일들이다.

위의 예에서 "속도 위반" 이벤트 하위 프로세스의 경우에는 메인 프로세스 중 "안전하게 운전" 작업 단계에서만 발생할 것이다. 그러나 "기름 부족"과 "타이어 펑크" 등은 반드시 운전하는 경우에만 발생하는 것이 아니라 시동을 켰을 때 "기름 부족" 경고등이 들어올 수도 있고, 운전 중에 마찬가지로 "기름 부족" 경고등이 들어올 수 있는 것이다. 마찬가지로 "타이어 펑크"도 운전 중에 타이어가 펑크 날 수도 있지만, 운전하기 전에 이미 펑크가 나 있을 수도 있는 것이다.

그러므로 특정 시점이나 상황에 관계없이 해당 메인 프로세스를 진행하는 과정에서 발생할 수 있는 여러 상황들에 대처하기 위해서 정리하는 것이 바로 이벤트 하위 프로세스인 것이다.

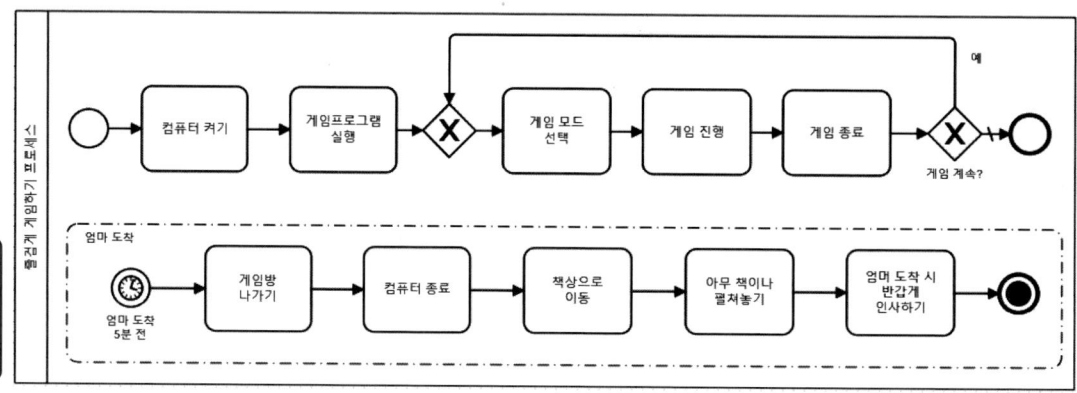

위의 예제는 아들이 집에서 게임할 때의 과정을 설명한 다이어그램이다. 열심히 게임 하다가 "엄마 도착 5분 전" 타이머 시작 이벤트가 발생하면, 현재 게임 상황이 어느 단계에 있던 간에 상관없이 "엄마 도착" 이벤트 하위 프로세스가 실행된다.

그리고 "엄마 도착" 이벤트 하위 프로세스가 발생하게 되면 현재 진행상황이 어느 단계이건 간에 "즐겁게 게임하기 프로세스"는 종결 종료 이벤트(Terminate End Event)를 만나기 때문에 즉시 종료된다.

다시 정리하자면 이벤트 하위 프로세스는 메인 비즈니스 프로세스를 진행하는 전 과정에서 발생할 수 있는 예외적인 상황들과 이 상황들을 처리하기 위한 절차를 표현하기 위해서 사용된다. 그런데 여기서 한 가지 알아 두어야 하는 점은 이벤트 하위 프로세스에는 이전에 오류 중간 이벤트와 에스컬레이션 중간 이벤트에서 봤었던 송신(Throwing)과 수신(Catching)을 통한 연결이 없다는 점이다.

이벤트 하위 프로세스는 오로지 해당 상황의 시작 이벤트를 통해서 하위 프로세스가 시작된다. 그리고 그 하위 프로세스가 끝나면 다시 정상적인 프로세스가 이어지게 된다. 위의 예제 같은 경우에는 종결 종료 이벤트를 만났기 때문에 현재 진행 상황과 상관없이 전체 프로세스가 중지되지만, 이전 예제를 살펴보면 "기름 부족" 이벤트 하위 프로세스가 발생했다고 해서 진행 중이던 "귀경길 안전 운전하기 프로세스"가 종료되지는 않는다는 것이다.

이상으로 여러 다양한 상황에서 이벤트를 처리를 해야 하는 경우와 방법들에 대해서 살펴보았다.

3 트랜잭션과 보상 프로세스 (Transaction and Compensation)

3-1 트랜잭션(Transaction)의 개념

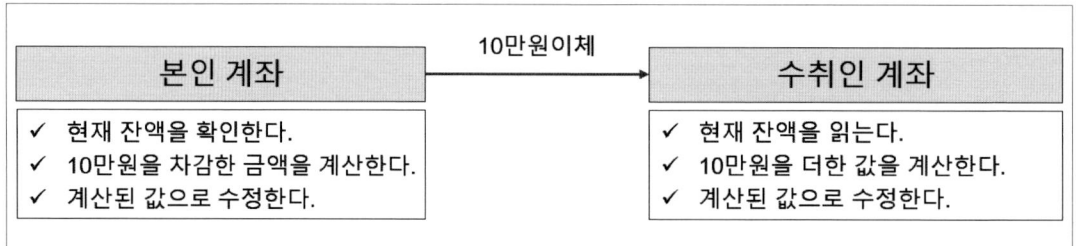

트랜잭션(Transaction)이란, 사전적으로 "거래"라는 의미를 갖지만, IT 분야에서 트랜잭션이란 단어는 주로 데이터베이스에서 매우 중요한 의미를 갖는다. 데이터베이스 분야에서 트랜잭션은 "작업의 처리 단위"를 의미한다. 이전에 BPMN의 연혁에 대해서도 언급했지만 원래 BPMN의 태동은 IT 기업들이 모여서 시작되었다. 그러므로 여기에서 트랜잭션이란 용어는 일반적인 "거래"의 의미보다 데이터베이스에서 사용하는 "작업의 처리 단위"를 의미한다.

데이터베이스에서 얘기하는 트랜잭션은 "작업의 처리 단위"라는 표면적인 의미보다 추가로 중요한 개념을 가지고 있는데, 그것은 바로 "All or Nothing"이다. 트랜잭션은 작업의 처리단위이지만, 그 단위 안에 포함된 모든 업무는 전부 처리되던지(All) 아니면 아무것도 처리되지 말아야 한다(Nothing)는 것을 의미한다.

위의 내용을 살펴보기로 하자. 내가 회사 동료 결혼식에 축의금으로 10만원을 이체해야 한다고 가정해보기로 하자. 그러면 이체를 진행하는 순간 내 계좌에서 잔액을 확인한 후 이체 금액 즉, 10만원을 차감한 금액을 계산하고, 이를 내 계좌의 잔고로 업데이트 해야 한다.

그런데 작업은 여기서 끝나는 것이 아니다. 이 다음 회사 동료 통장에 연이은 작업이 이뤄져야 한다. 회사 동료 통장에서는 우선 현재 잔액을 읽고, 10만원을 더한 값을 계산한 후 이 값을 계좌의 잔고로 업데이트 해야 한다.

바로 이렇게 계좌 이체 작업은 내 계좌 업데이트와 회사 동료 계좌 업데이트라는 두 개의 연결된 작업을 포함하고 있다. 그리고 이 두 개의 작업은 모두 온전히 처리가 되어야만 한다. 만일 둘 중에 하나라도 처리가 안되는 상황이 발생한다면 이건 금융 사고가 된다.

다음과 같은 상황을 보자.

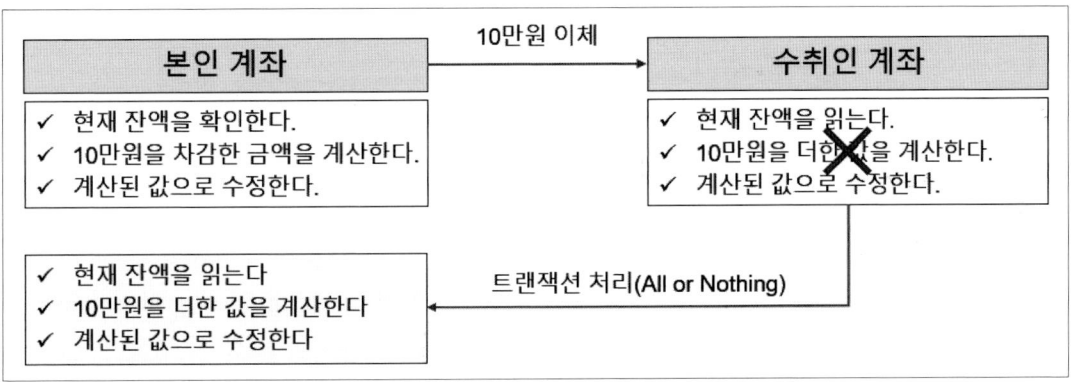

계좌 이체 작업에서 본인 계좌에서는 금액이 차감이 됐는데 만일 회사 동료 계좌에 10만원을 추가하는 과정에서 은행 시스템에 장애가 발생했다면 어떻게 해야 할까? 계좌를 관리하는 각각의 은행이 서로 다른 시스템을 운영하고 있으니 충분히 발생할 수 있는 일이다. 그런데 이러한 문제가 발생했음에도 불구하고, 내 계좌의 금액이 10만원 차감된 상태가 그대로 유지된다면, 이는 당연히 업무적으로 심각한 문제가 되는 것이다.

위의 화면에서 보듯이 동료 계좌에 10만원 업데이트하는 작업이 실패한 상황이라면, 내 계좌에는 계좌 이체 전 금액으로 다시 업데이트 되야만 한다. 바로 이렇게 원래상태로 되돌리기 위한 처리를 바로 "트랜잭션 처리"라고 한다.

업무를 진행하는 과정에서도 이러한 상황은 빈번히 발생하기 때문에 잘 정리해둘 필요가 있다.

그러면 이제 BPMN에서 이와 같은 트랜잭션을 처리하는 다양한 방법들에 대해서 살펴보기로 하자.

3-2 하위 프로세스를 이용한 트랜잭션(Transaction) 처리

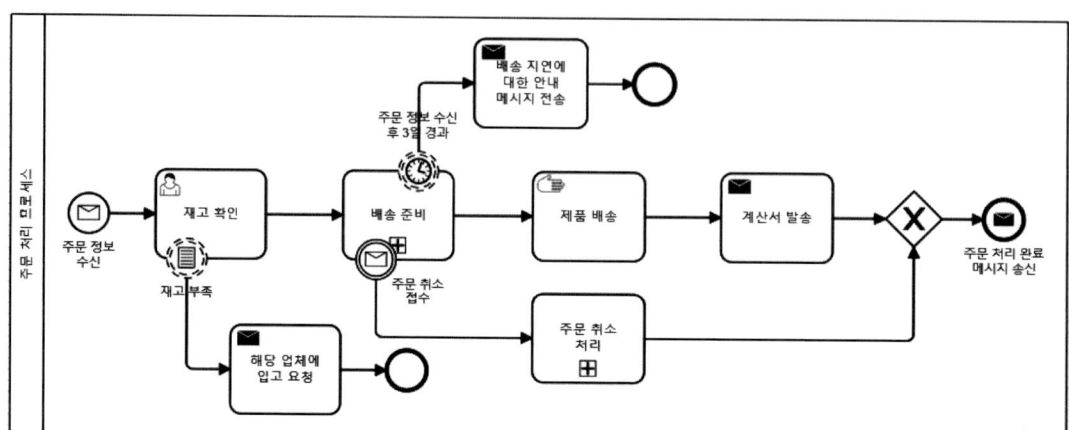

위의 다이어그램은 이전에 방해, 비 방해 중간 이벤트를 설명하면서 사용했던 예제이다. 위 내용 중에 "주문 취소 접수" 메시지 수신 중간 이벤트(Catching Message Intermediate Event)는 방해 이벤트(Interrupting Event)이다. 그러므로 "주문 취소 접수" 중간 이벤트가 발생하면, 기존 업무 흐름대로 진행이 될 수 없고, "주문 취소 처리" 단계로 이동해야 하는데 이것이 바로 트랜잭션 처리 즉, 예외적인 상황이나 문제가 발생했을 때 원래 상태로 되돌리기 위한 작업인 것이다.

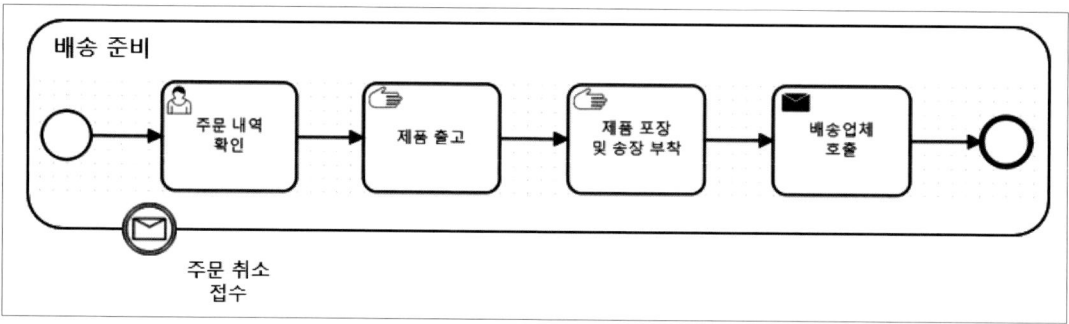

그런데 위에서 보는 바와 같이 "배송 준비" 액티비티는 하위 프로세스이고, 배송을 하기 위한 여러 절차들이 포함되어 있다. 그러나 "주문 취소 접수"는 배송을 준비하기 위한 여러 과정들 중 어느 단계에서 발생할지 모르는 이벤트이다. 그러므로 "주문 취소 접수"의 경우 "배송 준비"에서 현재 진행중인 단계를 확인한 후 그 진행 단계에 따라 원래대로 되돌릴 수 있도록 트랜잭션 처리를 해주어야 한다.

그렇다면 진행 단계에 따른 "주문 취소 처리" 하위 프로세스의 업무 진행 과정을 살펴보기로 하자.

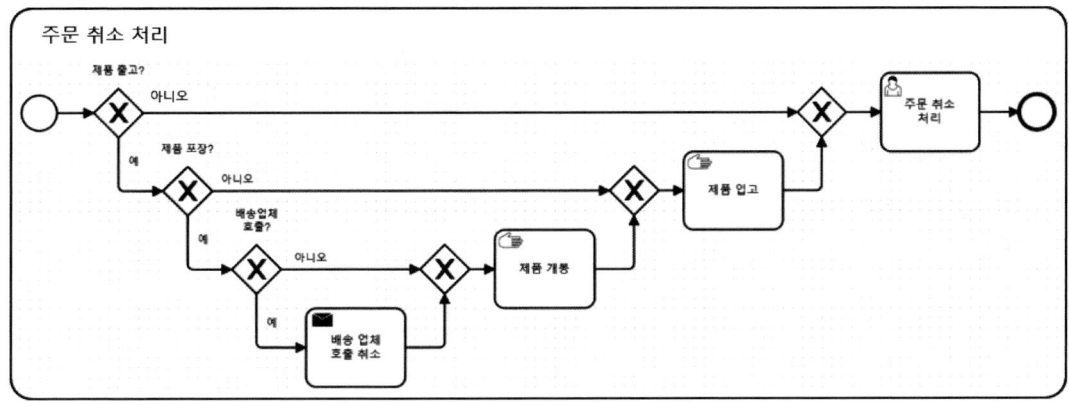

위 다이어그램은 "주문 취소 처리" 하위 프로세스에 정의된 다이어그램이다. "주문 취소 접수" 중간 이벤트가 발생하면, 실제 작업이 진행된 상황을 확인해서 각 단계별로 되돌리기 위한 처리작업을 해주어야 한다.

관련해서 약간 설명을 하자면, 우선 제품이 창고에서 출고되기 전에 "주문 취소 접수"가 발생했다면, 배송 준비 단계에서 아무것도 진행되지 않은 상태이기 때문에 그대로 "주문 취소 처리" 작업으로 연결되면 된다. 그러나 만일 "배송 업체 호출" 단계까지 업무가 진행됐다면, "배송 업체 호출 취소" 작업부터 그 동안 진행됐던 모든 작업을 다시 원래대로 되돌리는 작업들이 포함되어야 한다.

이것이 바로 All or Nothing 즉, 트랜잭션 처리인 것이다.

그러나 위 다이어그램을 보면 "배송 준비" 하위 프로세스 단계가 몇 단계 없는데 반해서 원래대로 되돌리기 위한 작업을 정의하고 있는 "주문 취소 처리" 하위 프로세스의 다이어그램은 단계별로 역 추적해서 원 상태로 되돌려야 하는 과정을 모두 포함해야 하기 때문에 비교적 복잡해 보이는 것을 알 수 있다.

그래서 BPMN에서는 이렇게 원래대로 되돌리는 작업을 보다 효율적으로 표현하기 위해 보상(Compensation) 이벤트를 지원한다.

3-3 보상(Compensation) 이벤트를 이용한 트랜잭션 처리

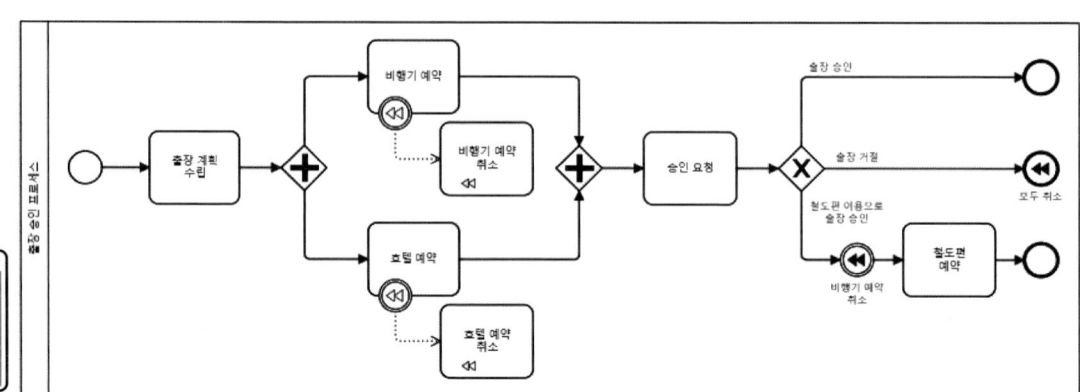

보상 프로세스는 보상 이벤트(Compensation Event)를 통해서 구현되는데 이는 빠르게 되감기 마커로 표현된다. 위 다이어그램을 보면 "비행기 예약" 작업과 "호텔 예약" 작업(Task)에 보상 중간 이벤트(Compensation Intermediate Event)가 붙어 있는 것을 확인할 수 있다.

그리고 보상 이벤트와 연결된 연결선(Association)으로 각각의 보상 작업(Compensation Task)이 연결되어 있다. 이러한 보상 작업은 명시적으로 연관된 작업의 취소를 표현한다.

위의 예는 출장 승인 프로세스를 표현한 BPMN 다이어그램이다. 최초 "출장 계획 수립" 작업 이후 "비행기 예약"과 "호텔 예약"을 병행해서 진행한 다음 "승인 요청"을 진행하는 경우이다. 만일 출장 승인이 났다면 그대로 출장 승인 프로세스는 종료된다.

그러나 출장 거절이 된다면 "모두 취소" 라는 보상 송신 종료 이벤트(Throwing Compensation End Event)를 만나게 되는데, 이때는 현재 다이어그램에 있는 모든 보상 수신 프로세스들이 호출된다. 그렇게 되면 "비행기 예약" 작업과 "호텔 예약" 작업에 있는 보상 이벤트들이 모두 호출되면서 연관된 "비행기 예약 취소"와 "호텔 예약 취소" 보상 작업이 실행됨으로써 관련 작업들은 모두 취소가 된다.

마지막은 일부만 취소하는 경우이다.

출장 승인을 요청했는데 가까운 거리이기 때문에 비행기 대신 철도편을 이용해서 출장을 가는 것으로 승인이 났다면 어떻게 해야 할까? 이럴 때는 "비행기 예약" 작업에 있는 보상 이벤트만 호출한 후 "철도편 예약" 작업을 추가로 수행하면 된다.

이렇게 보상 프로세스를 이용해서 원래대로 되돌리기 위한 작업을 처리하게 되면, 이전에 하위 프로세스를 이용해서 처리하는 과정보다 훨씬 더 다이어그램이 간결해지는 것을 확인할 수 있다.

참고로 보상 작업(Compensation Task)은 보상 이벤트(Compensation Event)를 선택하면 팝업으로 나타나는 아이콘 중에 작업을 선택해서 추가하면 자동으로 작업 하단에 되돌림 마커가 표시된 보상 작업이 된다.

3-4 트랜잭션 하위 프로세스(Transaction Sub-Process)

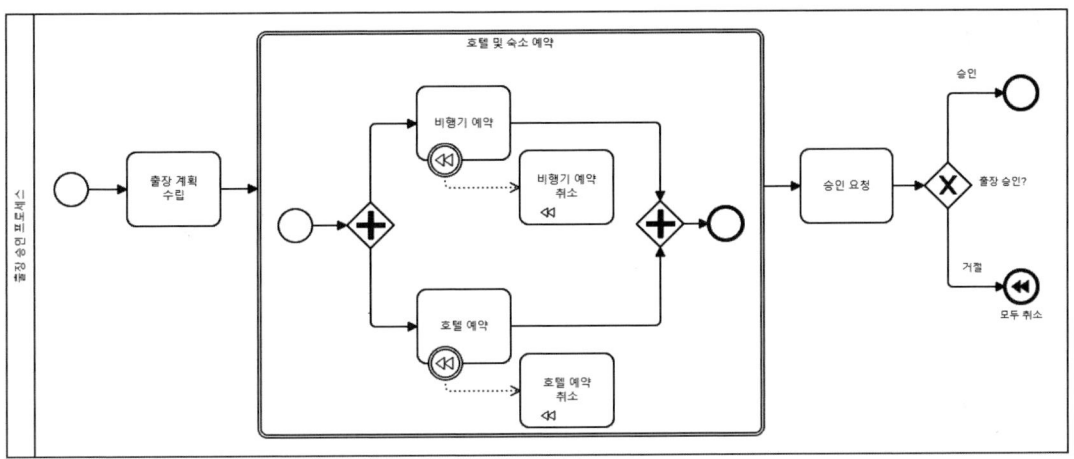

위 다이어그램은 트랜잭션 하위 프로세스(Transaction Sub-Process)를 이용해서 앞에서 정리했던 보상 이벤트를 이용한 트랜잭션 처리 예제를 표현한 것이다.

위 다이어그램을 살펴보면 트랜잭션 하위 프로세스는 일반 하위 프로세스와 차이가 없어 보인다. 다만 내부 프로세스가 그대로 노출되어 있고, 축소할 수 없으며, 실선 두줄로 영역이 명확히 구분되어 있다는 점 정도가 차이점으로 보인다.

그러면 트랜잭션 하위 프로세스가 하는 역할은 도대체 무엇일까?

위 다이어그램과 이전에 보상 이벤트로 작성했던 예제와의 다른 점은 트랜잭션 하위 프로세스에 있는 것이 아니다. 궁극적으로 다른 점은 위 다이어그램에는 부분 취소가 없다는 점이다. 그러니까 위의 업무 시나리오에는 "승인"과 "거절" 두 가지밖에 없고, 부분취소라는 업무는 존재하지 않는다.

이러한 트랜잭션 하위 프로세스가 갖는 의미는 트랜잭션 하위 프로세스 내의 모든 작업은 완벽하게 전부 처리되든지, 아니면 모두 취소되어야 한다는 점을 명시적으로 표현하고 있는 것이다.

만일 위의 상황에서 "부분 취소가 가능하게 하려면 어떻게 하느냐?"라고 질문을 하고 싶을 수도 있을 것같다. 만일 업무적인 상황이 그렇다면 그 상황에서는 트랜잭션 하위 프로세스를 사용하지 말고, 이전 예제와 같이 보상 프로세스로 부분 취소도 가능할 수 있도록 다이어그램을 작성을 해야 한다.

결론적으로 트랜잭션 하위 프로세스를 사용한다는 건 트랜잭션 하위 프로세스 내의 모든 작업은 전부 처리되든지, 아니면 아무것도 처리되지 않아야 한다는 것을 명시적으로 표현하는 것이다.

3-5 이벤트 하위 프로세스를 활용한 보상 프로세스 1

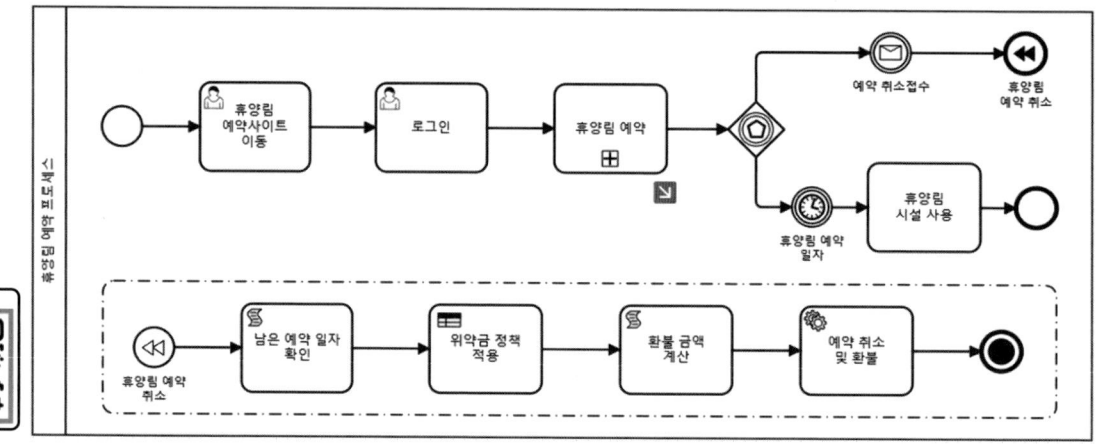

보상 이벤트는 이벤트 하위 프로세스를 호출하는 용도로도 사용될 수 있다. 위의 예제는 휴양림 예약 과정을 정리한 BPMN 다이어그램이다. 휴양림을 예약하는 과정에서 결제가 이뤄지며, 예약한 당일에 휴양림 시설을 이용하면 된다.

그런데 휴양림을 이용하기 전에 만일 취소를 해야 한다면 어떻게 해야 할까? 그러면 "예약 취소 접수" 메시지 수신 중간 이벤트가 발생해서 흐름은 "휴양림 예약 취소" 보상 송신 종료 이벤트로 이동하게 된다. 보상 송신 종료 이벤트가 발생하면 다시 흐름은 "휴양림 예약 취소" 보상 수신 시작 이벤트(Catching Compensation Start Event)로 이동하게 되며 "예약 취소 및 환불" 작업을 마지막으로 프로세스가 종료된다.

여기서 한 가지 알아 두어야 하는 점은 위의 예제는 같은 레벨에 있는 보상 이벤트를 호출했지만, 이전 예제처럼 보상 이벤트는 하위 프로세스(Sub Process)에 있는 보상 이벤트를 호출할 수도 있고, 하위 프로세스에 있는 보상 이벤트가 부모 레벨의 보상 이벤트를 호출할 수도 있다는 점이다.

그런데 보상 수신 시작 이벤트는 BPMN.io 툴에서 지원하지 않는다. 그렇다면 어떻게 해야 할까? 위 다이어그램은 다음과 같이 작성해도 동일한 내용이 된다.

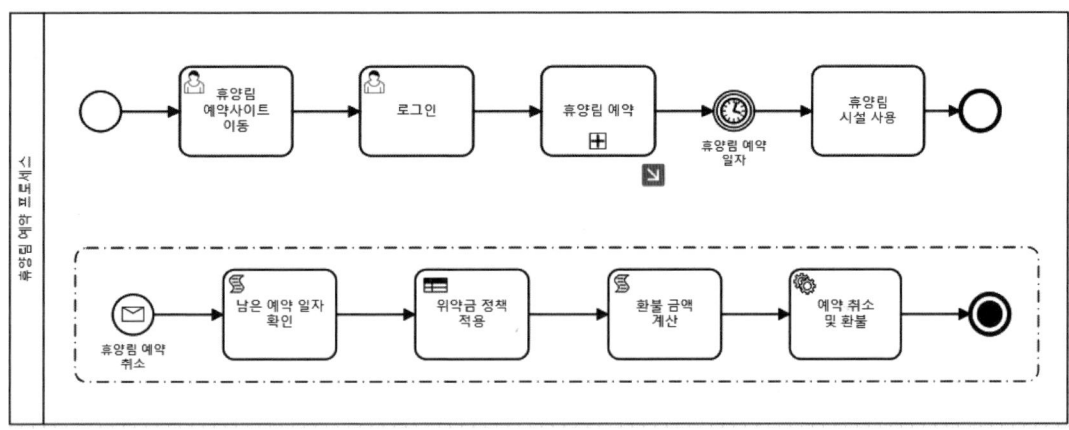

여기서는 이벤트 하위 프로세스의 시작 이벤트로 메시지 수신 시작 이벤트를 사용했다. 그러면 "휴양림 예약 취소" 메시지가 수신됐을 때 이벤트 하위 프로세스가 실행되면서 환불 금액을 계산한 후 "예약 취소 및 환불"을 하게 된다.

참고로 위 다이어그램에서 "예약 취소 및 환불" 작업에 서비스 작업으로 정의된 이유는 환불을 하는 경우에도 PG사에서 제공하는 서비스를 호출해야 하기 때문이다.

그런데 여기서 만일 "휴양림 시설 사용" 단계에서 휴양림 예약 취소가 들어오면 어떻게 될까? 물론 프로그램에서 사용중인 시설에 대한 취소 접수는 안되게 처리했겠지만, 그렇다고 하더라도 만일 "휴양림 예약 취소" 메시지가 도착한다면, 당연히 환불 금액은 0원이 될 것이다.

3-6 이벤트 하위 프로세스를 활용한 보상 프로세스 2

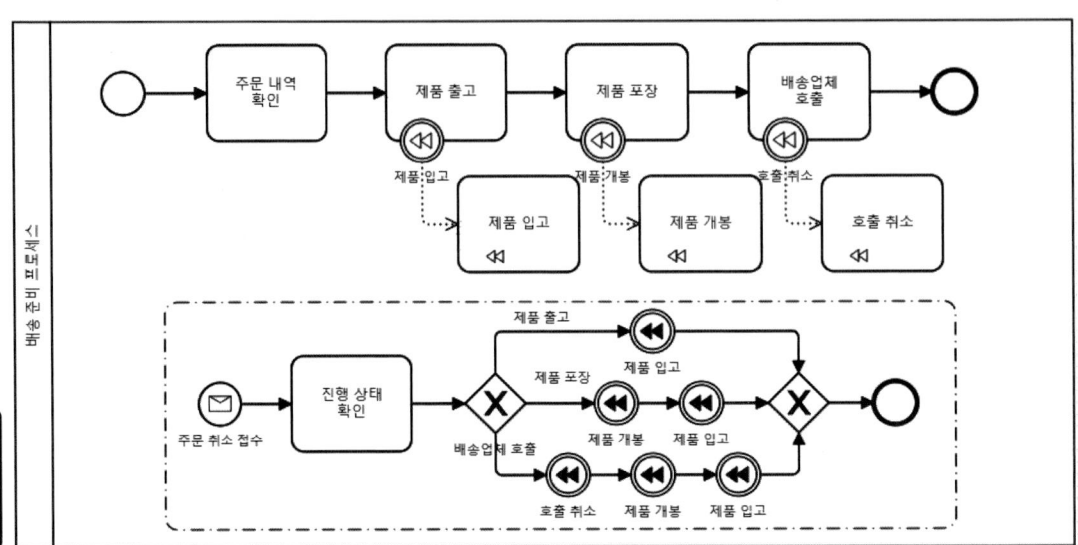

이번 예제는 이전 예제에서 사용했던 배송 준비 하위 프로세스를 독립된 풀에서 표현한 것이며, 취소 과정을 이벤트 하위 프로세스로 정의했다.

배송 준비 프로세스가 진행되는 동안 "주문 취소 접수" 시작 이벤트가 발생하면, 우선 담당자는 "진행 단계 확인" 작업을 통해 배송 준비 과정이 어느 단계까지 진행됐는지를 확인해야 한다. 그 다음 현재 진행 단계가 "제품 출고" 단계라면 "제품 입고" 보상 송신 중간 이벤트(Throwing Compensation Intermediate Event)가 발생해서 "제품 입고" 보상 이벤트를 호출하는데, 이때 "제품 입고" 보상 이벤트와 연결되어 있는 "제품 입고" 보상 작업이 실행된다.

다음을 현재 진행중인 작업의 단계가 "제품 포장" 단계라면 "제품 개봉", "제품 입고" 보상 송신 중간 이벤트들이 순차적으로 발생해서 "제품 개봉"과 "제품 입고" 보상 이벤트들을 호출하며, 마지막으로 "배송업체 호출" 단계라면 "호출 취소", "제품 개봉", "제품 입고" 보상 송신 중간 이벤트들이 순차적으로 발생해서 "호출 취소"와 "제품 개봉", "제품 입고" 보상 이벤트들을 차례로 호출하여 주문 취소에 따른 작업들을 순차적으로 진행하게 된다.

이전 예제와 같이 단순한 하위 프로세스를 이용하여 원래대로 되돌리는 작업을 정의했을 때는 몇 단계 되지 않더라도 비교적 다이어그램이 복잡했는데 위 다이어그램과 같이 보상 이벤트를 이용해서 보상 프로세스를 호출하게 되면, 트랜잭션 처리를 보다 가독성 있고, 간편하게 표현할 수 있게 된다.

THE START

4 | 데이터 객체 (Data Object)

4-1 데이터 객체(Data Object)

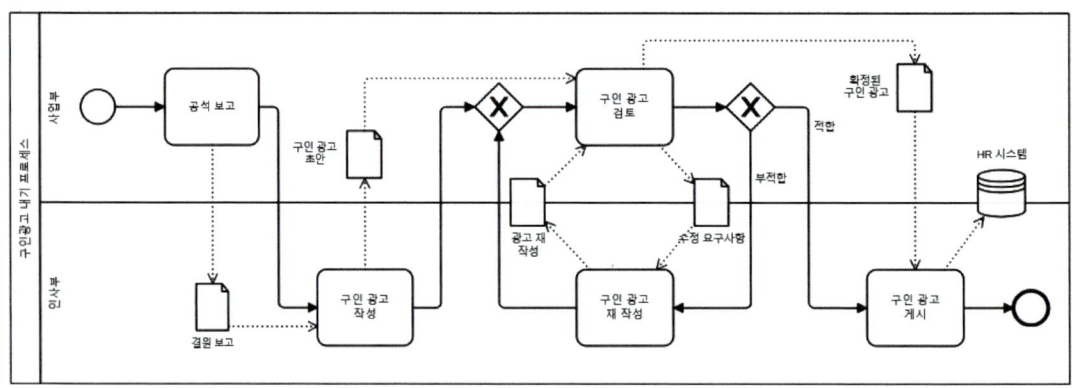

비즈니스 프로세스가 진행되는 과정에서 정보나 파일, 문서, 데이터 등이 생성되거나 전달되는데 이러한 요소들을 BPMN에서 표현하기 위해 바로 데이터 객체(Data Object)가 제공된다. 이러한 데이터 객체는 모든 종류의 정보를 표현하기 위한 방법으로 사용될 수 있으며, 문서 기호(Document Symbol) 형식으로 표현되며 관련 요소와는 연결선(Association)으로 연결된다.

위의 예제는 이전에 살펴봤었던 "구인광고 내기 프로세스"에 데이터 객체를 보다 구체적으로 추가해 놓은 다이어그램이다. 첫 번째로 "공석(결원) 보고" 작업(Task)을 수행하는 동안에 관련 정보 및 데이터 또는 파일이 생성될 수 있다. 이를 표현하는 것이 바로 "결원 보고"라는 데이터 객체이며, 이 정보 및 데이터는 인사부에 전달되어 "구인 광고 작성" 단계에서 사용된다.

그런 다음 인사부에서 "구인 광고 초안"을 파일이나 문서 형태로 만들게 되면, 이는 "구인 광고 검토" 작업에 전달되고, "구인 광고 검토" 단계에서 수정 사항이 발생하는 경우 "수정 요구 사항"에 기록되어 "구인 광고 재 작성" 작업을 수행하는데 전달된다. 그리고 "구인 광고 재 작성"작업에서 구인 광고가 재 작성되면, 이 관련 내용은 "구인 광고 검토" 단계로 다시 전달된다.

마지막으로 "구인 광고 검토" 단계에서 적합 판정이 나는 경우 "확정된 구인 광고"가 되는 것으로 이 파일과 정보를 기초로 인사부에서는 "HR(Humna Resource) 시스템"에 등록하면서 웹 사이트를 통해 게시된다. "HR(Humna Resource) 시스템" 데이터 저장소(Data Storage) 객체는 접근 가능한 데이터가 저장된 곳을 표현하기 위한 객체이며, 일반적으로 데이터베이스(Database)나 파일 저장소(File Storage)라고 생각하면 좋을 듯하다.

위 예제를 통해서 살펴본 바와 같이 데이터 객체는 작업간 필요한 정보, 파일, 문서, 데이터 등이 생성되고 전달되는 과정을 표현하는 용도로 사용하게 된다.

데이터 객체는 일반적으로 작업(Task)이나 하위 프로세스(Sub Process)에 기반해서 표현되지만, 다음과 같이 이벤트를 기반으로도 데이터 객체가 표현될 수도 있다.

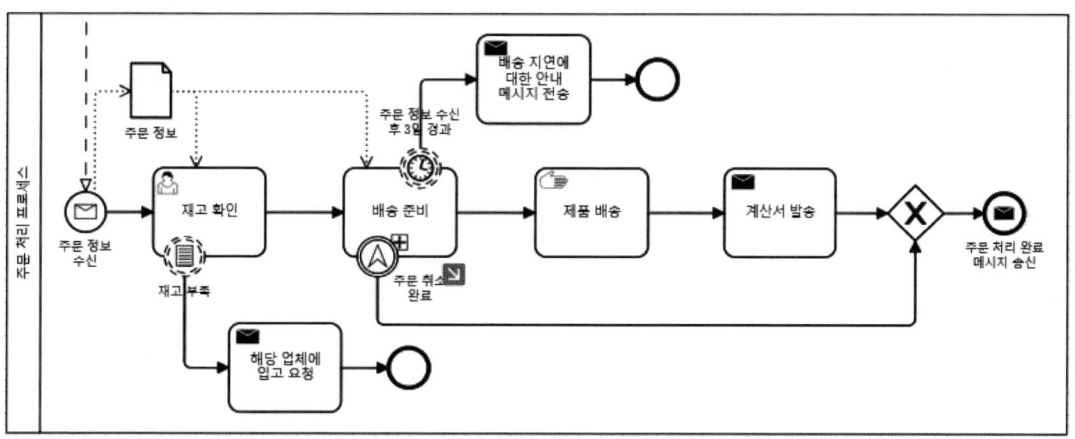

위 다이어그램은 이전에 방해 및 비방해 이벤트를 설명하면서 사용했던 "주문 처리 프로세스" 다이어그램이다. 위에서 보면 본사에서 주문 정보가 전달되면, 메시지 수신 시작 이벤트에 도착하게 되는데, 이때 도착한 "주문 정보" 데이터 객체는 "재고 확인" 작업과 "배송 준비" 작업에 전달돼서 해당 작업을 처리하면서 업무에 사용되는 것을 알 수 있다.

이렇듯 데이터 객체는 단순히 파일이나 문서 그리고 정보를 표현하기도 하지만, 이러한 파일이나 문서 그리고 정보 등이 어떻게 전달되는지에 대한 표현도 가능한 것이다.

4-2 입력 데이터 객체(Input Data Object)와 출력 데이터 객체(Output Data Object)

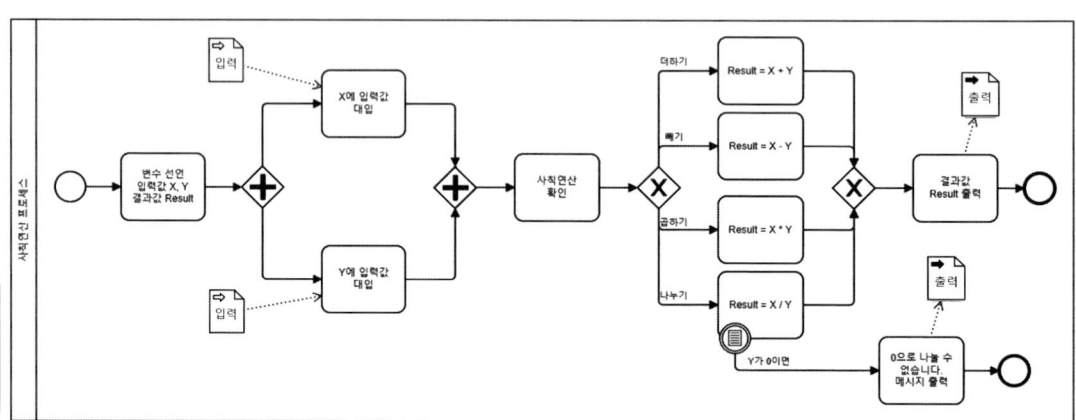

위 다이어그램은 사칙연산에 대한 계산 공식을 정리해 놓은 BPMN 다이어그램이다. 최초 입력 값을 저장하기 위한 변수 X, Y 그리고 이 값을 연산해서 결과를 저장하기 위한 Result란 이름의 변수를 선언했다. 그리고 병렬 분할 게이트웨이를 통해 동시에 입력 데이터 객체를 통해 입력된 두 값을 변수 X와 Y에 대입한다.

변수 X, Y에 값을 입력하는 것은 외부에서 해야 하는 일이기 때문에 입력 데이터 객체(Input Data Object)를 이용해서 이를 표현했다.

다음으로 사칙연산을 확인한 다음 각각 "더하기", "빼기", "곱하기", "나누기"에 따라서 연산한 결과값을 Result 변수에 저장한 후 Result 변수에 저장된 결과값을 출력하는 내용이다. 여기에서 Result 변수에 저장된 값은 외부 시스템을 통해서 출력해야 하기 때문에 이를 표현하기 위해 출력 데이터 객체(Output Data Object)를 이용해서 이를 표현했다.

마지막으로 예외 처리와 관련한 내용인데, 사칙연산이 "나누기"인 경우 0으로 숫자를 나눌 수는 없기 때문에 만약 Y의 값이 0이라면 이를 확인하기 위해 조건 중간 이벤트를 사용했으며, 만일 0이라면 연산을 수행하고 결과를 출력힐 수 없기 때문에 방해 이벤트로 예외 처리를 했다.

예외 처리된 경우 "0으로 나눌 수 없습니다."라는 메시지를 출력해야 하는데 이를 표현하기 위해서 역시 출력 데이터 객체를 이용했다.

4-3 다중 데이터 객체(Multiple Data Object)

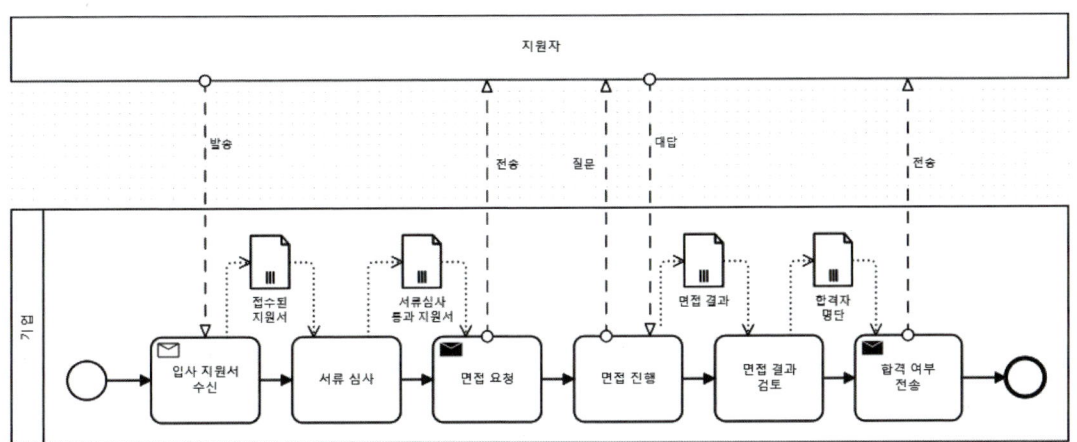

앞서 살펴봤던 구인광고 내기 프로세스에서 사용됐던 데이터 객체들은 단일 문서에 대한 표현이었다. 그러나 위처럼 데이터 객체도 역시 데이터 집합이나 목록 등을 표현할 수 있는데, 이를 다중 데이터 객체(Multiple Data Object)라고 한다.

이 역시 다중 인스턴스 액티비티(Multiple Instance Activity)에서처럼 데이터 객체 하단에 세 개의 세로 실선으로 표시된다.

위 내용을 보면 입사 지원서가 수신되면, 접수된 지원서를 모아서 "서류 심사"를 하게 된다. "서류 심사"를 거치면 그 중에서 서류심사를 통과한 서류가 남게 되고, 이들을 대상으로 면접 요청이 이뤄지게 된다. 그리고 면접이 이뤄지면 면접관들에 의한 각각의 지원자들에 대한 새로운 데이터가 생성된다. 그것이 "면접 결과"로 표현되는 것이고, 그 면접 결과를 검토한 후 최종적으로 "합격자 명단"이 만들어지게 되는 것이다.

이상으로 BPMN을 작성하기 위한 다양한 구성 요소들을 살펴보았다. 물론 다양한 이벤트들이 여러 용도로 사용되기 때문에 모든 예제를 이 책에서 다루기에는 한계가 있다. 하지만 지금까지 정리한 내용들을 잘 정리하면, 다른 기호들도 모두 같은 개념으로 활용하고 적용할 수 있는 것들이기 때문에 염려하지 않아도 좋을 듯하다.

Exercises

chapter 3
BPMN 고급 표기법

01 다음 중 협업에 대한 올바른 설명이 아닌 것은 무엇인가?

① 독립된 주체들이 커뮤니케이션 하면서 진행하는 비즈니스 프로세스를 협업이라고 한다.
② 협업에서 정보나 메시지 전달을 표현하기 위해서 메시지 플로를 이용한다.
③ 여러 부서나 업무 담당자들이 참여해서 진행하는 비즈니스를 협업이라고 한다.
④ 두 개 이상의 풀이 협업에 참여할 수 있다.

02 다음 중 협업 모델을 단순화하기 위해 사용되고, 시작 참가자가 비 시작 참가작에게 메시지를 전달하는 것을 표현하기위해 사용하는 액티비티는 무엇인가?

① 반복 액티비티
② 병렬 다중 인스턴스 액티비티
③ 순차 다중 인스턴스 액티비티
④ 안무 액티비티

03 다음 중 작업이나 하위프로세스 테두리에 얹혀져서 사용되는 중간 이벤트 유형을 무엇이라고 하는가?

① 방해 이벤트
② 에스컬레이션 이벤트
③ 경계 이벤트
④ 오류 이벤트

04 다음 중 경계 이벤트로써 기존 업무 흐름이 아닌 다른 경로로 업무 흐름을 변경하는 이벤트를 무엇이라고 하는가?

① 방해 이벤트
② 에스컬레이션 이벤트
③ 경계 이벤트
④ 오류 이벤트

05 다음 중 경계 이벤트로서 장비나 시스템의 결함을 표현하기 위한 이벤트를 무엇이라고 하는가?

① 방해 이벤트
② 에스컬레이션 이벤트
③ 경계 이벤트
④ 오류 이벤트

06 다음 중 경계 이벤트로써 업무적으로 발생하는 예외적인 상황을 표현하기 위한 이벤트를 무엇이라고 하는가?

① 방해 이벤트
② 에스컬레이션 이벤트
③ 경계 이벤트
④ 오류 이벤트

07 다음 중 업무가 진행되는 전 과정에서 특정 이벤트가 발생했을 때 관련된 상황을 처리하기 위한 프로세스를 무엇이라고 하는가?

① 이벤트 하위 프로세스
② 트랜잭션 하위 프로세스
③ 보상 프로세스
④ 예외 처리 프로세스

Exercises

08 다음 중 진행된 작업의 전부 또는 일부를 되돌리기 위한 프로세스를 무엇이라고 하는가?

① 이벤트 하위 프로세스
② 트랜잭션 하위 프로세스
③ 보상 프로세스
④ 예외 처리 프로세스

09 다음 중 특정 영역에서 진행된 작업 전부를 되돌리기 위한 프로세스를 무엇이라고 하는가?

① 이벤트 하위 프로세스
② 트랜잭션 하위 프로세스
③ 보상 프로세스
④ 예외 처리 프로세스

10 다음 중 정보나 파일, 문서 등을 표현하기 위한 객체는 무엇인가?

①	②	③	④
주석 입력			Data Store

1	2	3	4	5	6	7	8	9	10
③	④	③	①	④	②	①	③	②	③

BPMN & DMN User Guide

4장

DMN
(Decision Model and Notation)
모델링

1. DMN(Decision Model and Notation)
　　1-1 DMN(Decision Model and Notation) 소개
　　1-2 DMN(Decision Model and Notation) 표기법
　　1-3 결정 테이블(Decision Table)
　　1-4 히트 정책(Hit Policy)
2. DMN(Decision Model Notation) 모델링 실습
　　2-1 BPMN.io DMN 도구 사용
　　2-2 맛있는 라면 끓이기 DMN 모델링
　　2-3 국립자연휴양림 위약금정책 DMN 모델링
　　2-4 MBTI 유형별 궁합 모델링

THE START

THE START

1. DMN(Decision Model and Notation)

1-1 DMN(Decision Model and Notation) 소개

DMN(Decision Model and Notation)이란 의사 결정 모델과 표기법으로 해석할 수 있으며, 이는 상황에 따라 어떠한 결과가 도출되어야 하는지를 정의하기 위해 만들어진 표기법이다. 위의 그림을 보면 두 사람은 같은 사물을 보고 서로 다른 판단을 하고 있는 상황인데, 이는 동일한 상황임에도 불구하고 상황에 대한 판단 즉, 의사결정이 얼마든지 달라질 수 있다는 것을 의미한다.

이러한 상황은 회사의 비즈니스에서 결코 바람직한 상황이 아니다. 왜냐하면 같은 상황인데 A라는 고객은 전철을 이용하라고 안내를 받고, B라는 고객은 택시를 이용하라고 안내를 받는 상황이 연출될 수 있기 때문이다. 결국 서비스의 품질이 담당자들의 임의적인 상황 판단에 따라서 달라지게 된다면, 당연히 소비자는 혼란스러워 하거나 또는 이에 따른 불만을 제기할 수도 있을 것이다.

우리는 이미 BPMN을 이용해서 상황에 따라 전개되는 논리적인 흐름을 표현하는 것에 대해 학습을 했다. 그러나 BPMN은 업무 흐름을 표현하는 것이 목적이기 때문에 결과를 도출하는데 필요한 절차나 과정들이 비교적 장황하게 표현되는 경향이 있다.

우리는 다음과 같이 2장에서 라면을 끓이기 위한 과정을 BPMN으로 작성해 본 적이 있다.

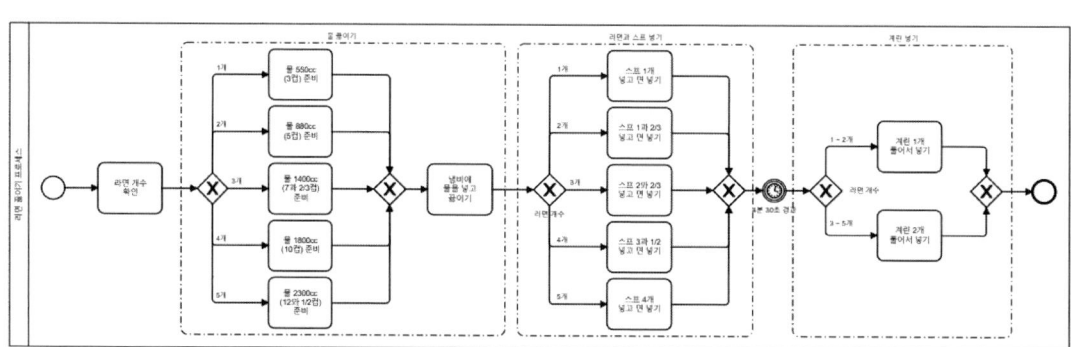

위 다이어그램은 충분히 잘 정리된 BPMN 다이어그램이지만, 라면을 먹기 위해서 저렇게까지 다이어그램을 작성하는 것에 대해 약간은 과하다는 느낌도 살짝 지울 수 없는 게 사실이다.

그렇다면 판단 또는 결정에 대한 과정을 보다 효율적으로 표현할 수 있는 방법은 없을까?

위 다이어그램은 맛있는 라면을 끓이기 위해서 크게 물의 양, 스프 양, 계란 개수 이렇게 3개의 판단에 대한 가이드를 제공하고 있다. 그리고 이들은 라면 개수에 따라서 결정된다. 그렇다면 이러한 판단 과정을 다음과 같이 비즈니스 규칙 작업(Business Rule Task)으로 표현할 수 있다.

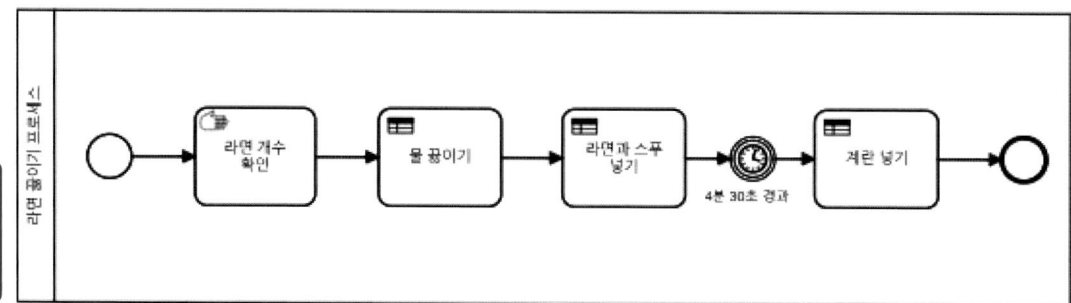

비즈니스 규칙 작업은 업무를 수행할 때 판단해야 하는 미리 정의된 규칙(Rule)이 있음을 시각적으로 표시해준다. 그러나 BPMN에서는 어떠한 규칙이 내제되어 있는지를 논리적으로 설명하지는 않고 있다. 그냥 해당 작업과 관련한 비즈니스 규칙이 있음을 표현하는 것이다.

그러면 해당 비즈니스 규칙은 어떻게 정의해야 할까? 바로 이럴 때 DMN(Decision Model and Notation)을 사용하는 것이다.

물 끓이기	Hit Policy: Unique		
	When 라면 개수 number	**Then** 물의 양 string	Annotations
1	1	500cc	3컵
2	2	880cc	5컵
3	3	1,400cc	7과 2/3컵
4	4	1,800cc	10컵
5	5	2,300cc	12와 1/2컵
+	-		

우리는 이미 2장에서 DMN으로 규칙을 정의하고 있는 의사 결정 테이블(Decision Table)을 잠시 살펴본 적이 있다. 하지만 기억나지 않는다고 해도 괜찮다. 왜냐하면 이제부터 이와 관련해서 본격적으로 설명할 예정이기 때문이다.

위의 표를 결정 테이블(Decision Table)이라고 한다. 이전에 "라면 끓이기 프로세스" BPMN 다이어그램을 보면 첫 번째로 "물 끓이기" 비즈니스 규칙 작업(Business Rule Task)이 있는데, 바로 이 비즈니스 규칙 작업의 상세 내용이 위에 있는 결정 테이블에 정의되어 있는 것이다.

이렇듯 DMN은 BPMN을 훌륭히 보완할 수 있지만, BPMN이 있어야만 DMN을 작성할 수 있는 것은 아니다.

이러한 DMN도 역시 OMG(Object Management Group)에서 관리되는 국제 표준으로서 2015년 9월에 공식화됐으며, 현재 DMN 최신 버전은 2023년 4월에 발표된 1.4 버전이고, 2023년 6월에 1.5 Beta 버전이 공개된 상태이다.

1-2 DMN(Decision Model and Notation) 표기법

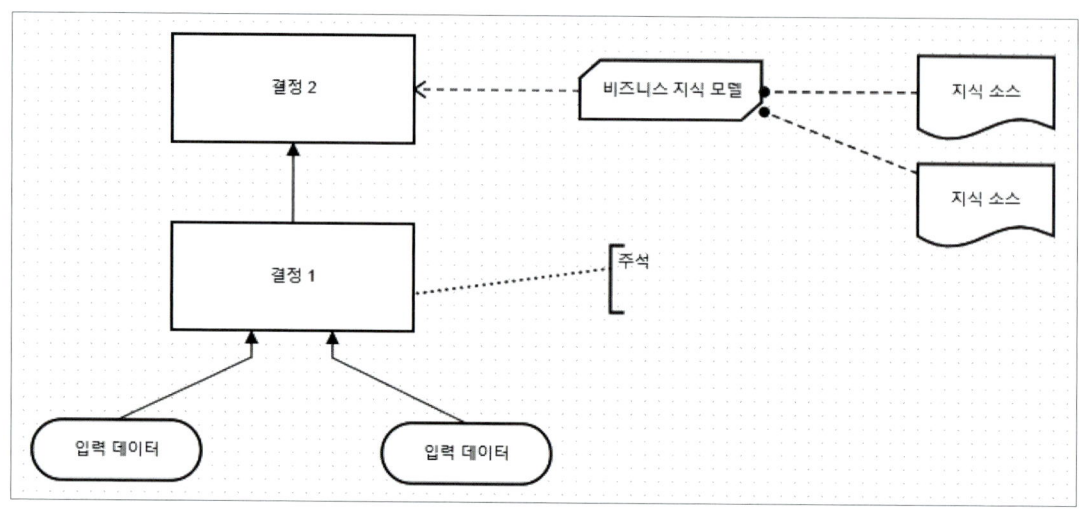

DMN은 업무 절차가 아니라 의사 결정 과정을 정의하기 위한 표기법이기 때문에 다행히 BPMN과 같이 많은 다양한 요소들을 가지고 있지는 않다. 위 화면에 있는 요소들은 DMN에서 사용되는 구성 요소들과 연결 및 주석에 대한 내용들이며, 이렇게 표현된 DMN 다이어그램을 DRD(Decision Requirement Diagram, 결정 요구사항 다이어그램)라고 한다.

그러면 각기 구성요소 및 연결에 대한 기능에 대해서 살펴보기로 하자.

표기	구분	설명
Decision	결정 (Decision)	결정(Decision)은 의사 결정을 하기 위한 규칙을 포함하고 있으며, 다양한 입력 값을 기반으로 비즈니스 규칙을 적용하고, 이에 따른 결과를 출력하는 역할을 한다. 이 과정에서 결정은 하나 이상의 비즈니스 지식 모델이나 지식 소스를 참조할 수 있다.
Input data	입력 데이터 (Input Data)	결정(Decision)에 필요한 입력 값을 표현하며, 결정에는 하나 이상의 입력 값이 포함될 수 있다.
Business knowledge	비즈니스 지식 모델 (Business Knowledge Model)	비즈니스 지식 모델은 비즈니스 업무 지식의 특정 영역을 나타낸다. 비즈니스 규칙이나 의사 결정 테이블 등이 될 수 있다.

표기	구분	설명
Knowledge Source	지식 소스 (Knowledge Source)	지식 소스는 지식의 출처를 나타낸다. (예: 외부 규정, 문서, 정책 등)
→	정보 요구 (Information Requirement)	입력 데이터(Inupu Data)와 결정(Decision)을 연결하거나, 결정과 결정을 연결하기 위해서 사용한다.
----→	지식 요구 (Knowledge Requirement)	비즈니스 모델과 결정(Decision)을 연결하기 위해서 사용한다.
----◆	권한 요구 (Auhority Requirement)	지식 소스와 비즈니스 지식 모델, 지식 소스와 지식 소스 그리고 지식 소스와 결정을 연결하기 위해서 사용하는데, 이는 결정과 비즈니스 지식 모델을 참조하는과정에서 지식 소스에 대한 접근(권한 요구)이 가능해야 한다는 것을 의미한다.

1-3 결정 테이블(Decision Table)

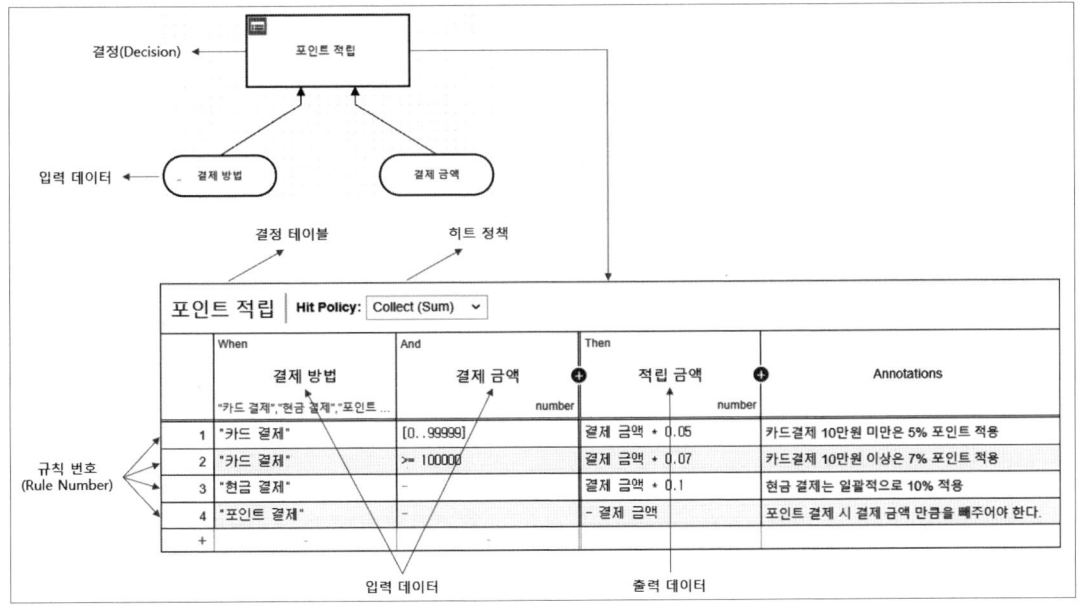

Chapter 4 DMN(Decision Model and Notation) 모델링

결정 테이블(Decision Table)은 결정 요구사항 다이어그램에서 표현된 결정(Decision) 내에서 비즈니스 규칙이 어떻게 적용되는 가를 설명하기 위해 사용되는 표(Table)이다. 결정 테이블을 보면 우선 왼쪽 상단에 결정 테이블 이름이 있으며, 이는 결정 요구사항 다이어그램상에서 결정(Decision)의 이름과 같다. 그리고 결정 테이블 상단에 두 번째로 히트 정책(Hit Policy)이 있는데, 히트 정책은 결정 테이블에서 규칙이 적용되는 기준을 정의하기 위해서 사용한다.

다음으로 위의 결정 테이블에서 표현된 "결제 방법"과 "결제 금액"은 입력 데이터(Input Data)로서 첫 번째, 두 번째 열로 표현된다. 물론 입력 데이터가 많으면 입력 데이터 열은 더 추가될 수 있다. 이러한 입력 데이터는 프로그램에서 입력 매개변수(Input Parameter)와 같은 개념이다.

그리고 비즈니스 규칙이 적용된 결과는 "적립 금액" 열에서 정의되는데, 이 열은 규칙을 만족하는 값이나 또는 수식을 이용해서 결정을 통해 반환되는 값을 정의할 수 있다. 이렇게 결정을 통해 결과적으로 반환되는 값을 출력 데이터(Output Data)라고 하며, 마찬가지로 프로그램에서 출력 매개변수(Output Parameter)와 같은 개념이다.

마지막으로 각각의 규칙은 번호로 구분돼서 로우(Row, 행) 단위로 표현되고, 하나의 로우는 하나의 규칙을 의미한다. 그러므로 위의 "포인트 적립" 결정 테이블에는 4개의 규칙이 정의되어 있는 것이다.

1-4 히트 정책(Hit Policy)

히트 정책	설명
고유(Unique, U)	고유 정책은 여러 규칙 중 조건에 맞는 규칙이 하나인 경우에 사용한다.
모두(Any, A)	모두 정책은 조건에 맞는 규칙이 여러 개일 수 있지만, 출력 값이 동일한 경우에 사용한다.
우선 순위(Priority, P)	우선 순위 정책은 조건에 맞는 여러 규칙들 중에 우선 순위가 높은 규칙을 사용한다.
첫 번째(First, F)	첫 번째 정책은 조건에 맞는 여러 규칙들 중에 첫 번째 규칙을 상용한다.
집계(Collect, C)	집계 정책은 조건에 맞는 여러 규칙들 중에서 원하는 결과를 반환하기 위해서 사용한다. -Sum, Min, Max, Count 옵션

의사 결정 테이블의 각 행(Row)은 규칙(Rule)이다. 입력 데이터에 따라서 어떤 경우에는 하나의 규칙이 적용될 수도 있겠지만, 조건에 맞는 다수의 규칙들 중에서 원하는 규칙을 선택하거나 아니면 조건에 맞는 다수의 규칙들 중에서 집계 결과를 반환하고자 할 수도 있을 것이다. 이처럼 여러 규칙들 중 원하는 출력 데이터를 결정하기 위해 히트 정책(Hit Policy)을 사용한다.

① 고유(Unique, U) 정책

점수 등급	Hit Policy: Unique		
	When 점수 number	Then 등급 "수","우","미","양","가"	Annotations
1	[100..91]	"수"	
2	[81..90]	"우"	
3	[71..80]	"미"	
4	[61..70]	"양"	
5	<= 60	"가"	60점 이하 등급은 모두 "가" 이다.
+			

위 내용은 점수에 따른 등급을 출력하기 위한 의사결정 테이블이다. 이 의사결정 테이블에는 1번부터 5번까지 모두 다섯개의 규칙이 있으며, "점수"라는 하나의 입력 데이터와 "등급" 이라는 하나의 출력 데이터를 가지고 있다.

여기에서 히트 정책(Hit Policy)을 보면 "Unique"로 되어 있는 것을 확인할 수 있는데, 이러한 "고유" 즉, "Unique" 정책의 의미는 여러 규칙들 중 반드시 하나의 규칙만 만족해야 한다는 점을 명시적으로 표현하는 것이다.

이는 마치 BPMN에서 데이터 기반 배타적 게이트웨이처럼 여러 경로 중 조건에 만족하는 하나의 경로만 선택되는 경우라고 생각하면 된다. 그러므로 기본적으로 IF 문장이나 CASE 문장을 통해서 로직으로 구현될 수 있다.

이러한 고유(Unique, U) 정책은 우리가 BPMN에서 경험해 본 바와 같이 논리적으로 가장 많이 사용되는 히트 정책이며, 입력 데이터의 값에 따라 여러 규칙 중 하나만 선택될 수 있도록 입력 데이터에 대한 범위 또는 규칙에 대한 구분을 명확히 해주어야 한다.

예를 들어서 다음 결정 테이블을 살펴보기로 하자.

점수 등급	Hit Policy: Unique		
	When 점수 number	Then 등급 "수","우","미","양","가"	Annotations
1	[100..91]	"수"	
2	[81..90]	"우"	
3	[71..81]	"미"	
4	[61..70]	"양"	
5	<= 60	"가"	60점 이하 등급은 모두 "가" 이다.
+			

위의 결정 테이블은 심각한 오류를 가지고 있다. 왜냐하면 세 번째 규칙의 마지막 값이 "81"인데 이는 두 번째 규칙의 시작 값과 겹치기 때문이다. 그러면 점수를 81점 맞은 학생의 경우 등급으로 "우"와 "미"를 출력하게 되는데 현재 결정 테이블의 히트 정책이 "Unique"이기 때문에 값을 반환할 수 없는 상태가 되고, 이는 오류이다.

그러므로 이렇게 규칙을 정의할 때는 입력 데이터에 따른 기준과 범위를 명확히 설정해 주는 것이 매우 중요하다.

② 모두(Any, A) 정책

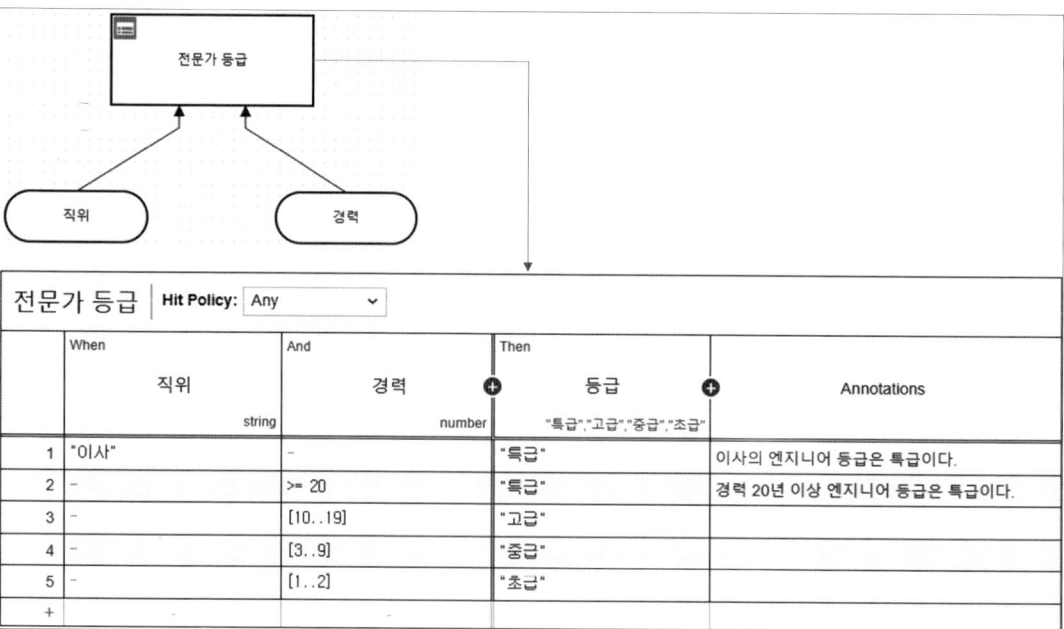

전문가 등급	Hit Policy: Any			
	When 직위 string	And 경력 number	Then 등급 "특급","고급","중급","초급"	Annotations
1	"이사"	-	"특급"	이사의 엔지니어 등급은 특급이다.
2	-	>= 20	"특급"	경력 20년 이상 엔지니어 등급은 특급이다.
3	-	[10..19]	"고급"	
4	-	[3..9]	"중급"	
5	-	[1..2]	"초급"	
+				

위의 예제는 전문가 등급을 경력과 직위에 따라 구분하는 결정 테이블이다. 여기에는 "직위"와 "경력"이라는 두 개의 입력 데이터가 있고, 이 두 입력 데이터 값에 따라서 전문가 등급이 출력 데이터로 반환된다.

위 결정 테이블에서 "직위"가 "이사"인 경우의 엔지니어 등급은 "특급"으로 고정되어 있다. 참고로 입력 데이터 값이 "-"로 표현된 항목들은 해당 입력 데이터 값에 상관이 없음을 표현하는 것이다. 그러므로 첫 번째 규칙의 경우 직위가 "이사"이면, 경력에 상관없이 "특급"을 반환하겠다는 표현인 것이다.

마찬가지로 두 번째 규칙의 경우 "경력" 20년 이상인 엔지니어는 직위와 상관없이 엔지니어 등급은 "특급"을 반환하게 된다. 그러면 예를 들어서 "홍길동"이사의 경력이 25년이라면, 위의 결정 테이블에서 첫 번째 규칙과 두 번째 규칙을 모두를 만족하게 된다.

히트 정책이 Any로 되어 있는 경우 각 규칙을 만족하는 출력 데이터 값들이 다르다면 문제가 되지만 위의 경우와 같이 "홍길동"이사의 경력이 25년이라면, 첫 번째 규칙과 두 번째 규칙을 만족하여 반환되는 출력 데이터가 모두 "특급"이기 때문에 결과적으로 문제없이 "특급"이 반환된다.

그러나 만일 홍길동 이사의 경력이 15년이라면 어떻게 될까? 그러면 위의 결정 테이블에서 1번과 3번 규칙을 만족하게 된다. 그러면 출력 데이터는 첫 번째 규칙을 통해 "특급"과 세 번째 규칙을 통해 "고급" 이렇게 두 개의 값이 반환되는데 이러한 상황은 히트 정책이 모두(Any, A) 정책인 경우는 오류이다. 왜냐하면 한 명에게 두 개의 등급이 부여될 수 없기 때문이다.

그렇기 때문에 위의 결정 테이블은 다음과 같이 수정해줄 필요가 있다.

전문가 등급	Hit Policy: Any			
	When 직위 string	And 경력 number	Then 등급 "특급","고급","중급","초급"	Annotations
1	"이사"	-	"특급"	이사의 엔지니어 등급은 특급이다.
2	-	>= 20	"특급"	경력 20년 이상 엔지니어 등급은 특급이다.
3	NOT("이사")	[10..19]	"고급"	
4	NOT("이사")	[3..9]	"중급"	
5	NOT("이사")	[1..2]	"초급"	
+		-		

위 결정 테이블에서 보면 3, 4, 5 규칙의 "직위" 열에 "NOT("이사")"를 입력해서 "직위"가 "이사"가 아닌 경우에는 경력에 따라 등급이 출력될 수 있도록 했다. 그러므로 다시 홍길동 이사의 경력이 15년인 경우를 대입해보면 "직위"가 "이사"이기 때문에 1번 규칙에 부합함으로 출력 데이터는 "특급"이 반환되지만, 좀 전에 문제가 됐었던 3번 규칙에는 부합하지 않으므로 결과적으로 "특급"만 출력데이터로 반환된다.

③ 처음(First, F) 정책

전문가 등급 | Hit Policy: First

	When 직위 string	And 경력 number	Then 등급 "특급","고급","중급","초급"	Annotations
1	"이사"	-	"특급"	이사의 엔지니어 등급은 특급이다.
2	-	>= 20	"특급"	경력 20년 이상 엔지니어 등급은 특급이다.
3	-	[10..19]	"고급"	
4	-	[3..9]	"중급"	
5	-	[1..2]	"초급"	
+				

위의 예제는 이전에 "모두(Any)" 정책을 설명할 때 사용했던 동일한 예제이다. 바로 전에 설명했던 것과 같이 "직위"가 이사인데 "경력"이 15년이라면 "특급"과 "고급"을 출력하게 되기에 문제가 된다고 설명했다. 그런데 위 결정 테이블의 히트 정책이 "처음(First)"이라면 이 결정 테이블은 문제가 되질 않는다.

다시 살펴보면 "직위"가 이사인데 "경력"이 15년이라면, 1번과 3번 규칙에 부합하겠지만, 여기서는 정책이 "처음(First)"이기 때문에 조건에 만족하는 규칙들 중 첫 번째인 1번 규칙이 적용돼서 "특급"을 반환하게 된다.

전문가 등급 | Hit Policy: First

	When 직위 string	And 경력 number	Then 등급 "특급","고급","중급","초급"	Annotations
1	-	>= 20	"특급"	경력 20년 이상 엔지니어 등급은 특급이다.
2	-	[10..19]	"고급"	
3	-	[3..9]	"중급"	
4	-	[1..2]	"초급"	
5	"이사"	-	"특급"	이사의 엔지니어 등급은 특급이다.
+				

그렇다면 위 결정 테이블의 반환 결과는 어떻게 될까? 위에서는 이전과 다르게 1번 규칙이 5번으로 내려왔다. 그러면 이러한 상황에서 규칙을 적용해 보기로 하자. 마찬가지로 "직위"가 이사인데 "경력"이 15년이라면 이번에는 우선 순위에 따라서 두 번째 규칙을 적용 받아서 "고급"을 반환하게 된다. 그러므로 히트 정책이 처음(First)인 경우에는 나열된 규칙의 순서에 따라서 결과가 달라질 수 있는 것이다.

그리고 규칙의 순번이 규칙의 적용 순서이다.

④ 우선순위(Priority, P) 정책

전문가 등급 — Hit Policy: Priority

	When 직위 string	And 경력 number	Then 등급 "특급","고급","중급","초급"	Annotations
1	"이사"	-	"특급"	이사의 엔지니어 등급은 특급이다.
2	-	>= 20	"특급"	경력 20년 이상 엔지니어 등급은 특급이다.
3	-	[10..19]	"고급"	
4	-	[3..9]	"중급"	
5	-	[1..2]	"초급"	
+				

위 역시 동일한 예제인데 히트 정책이 "우선순위(Priority)"로 변경된 것이다. 마찬가지로 "직위"가 이사인데 "경력"이 15년이라면 여기서는 특급을 반환한다. 왜냐하면 1번 규칙과 3번 규칙 중 1번 규칙의 우선순위가 더 높기 때문이다.

전문가 등급 — Hit Policy: First

	When 직위 string	And 경력 number	Then 등급 "특급","고급","중급","초급"	Annotations
1	-	>= 20	"특급"	경력 20년 이상 엔지니어 등급은 특급이다.
2	-	[10..19]	"고급"	
3	-	[3..9]	"중급"	
4	-	[1..2]	"초급"	
5	"이사"	-	"특급"	이사의 엔지니어 등급은 특급이다.
+				

그러나 이전 예제와 같이 1번 규칙이 5번으로 내려왔다면 규칙에 대한 우선순위가 달라져서 이번에는 2번 규칙이 적용된다.

그렇다면 처음(First) 정책과 우선순위(Priority) 정책의 차이는 무엇일까?

위의 상황에서는 둘 다 순위가 높은 규칙을 적용 받게 되는 건 동일하다. 하지만 처음(First) 정책보다는 우선순위(Priority) 정책을 적용하는 것이 일반적으로 바람직한 방법이다. 왜냐하면 조건에 만족하는 첫 번째 규칙을 적용하는 것보다는 조건에 만족하는 여러 규칙들 중 우선순위가 더 높은 규칙을 적용하는 것이 업무적으로는 보다 더 합리적이기 때문이다.

예를 들어서 사병의 입장에서 소대장과 대대장의 지시 사항이 서로 다르다면, 궁극적으로 사병의 입장에서는 대대장의 명령을 따르는 것이 맞는 것이다. 왜냐하면 대대장의 우선순위가 소대장보다 훨씬 더 높기 때문이다.

처음 정책과 마찬가지로 우선순위 정책의 경우에도 규칙의 순번이 우선순위를 표현한다.

⑤ 집합(Collect) 정책

전문가 등급	Hit Policy: Collect			
	When 직위 string	And 경력 number	Then 등급 "특급","고급","중급","초급"	Annotations
1	"이사"	-	"특급"	이사의 엔지니어 등급은 특급이다.
2	-	>= 20	"특급"	경력 20년 이상 엔지니어 등급은 특급이다.
3	-	[10..19]	"고급"	
4	-	[3..9]	"중급"	
5	-	[1..2]	"초급"	
+				

위 역시 동일한 예제인데 히트 정책이 "집합(Collect)"으로 변경된 것이다. 앞에서 모두(Any) 정책의 경우 "직위"가 이사인데 "경력"이 15년이라면, "특급"과 "고급" 이렇게 한 명에게 두 개의 등급이 존재할 수 없기 때문에 문제가 된다고 했다. 그러나 집합(Collect) 정책은 조건에 맞는 결과 모두를 반환한다. 그러므로 이번에는 출력 데이터로 "특급"과 "고급" 모두가 반환된다.

⑥ 집합(Collect (Sum, Max, Min, Count)) 정책

포인트 적립	Hit Policy: Collect (Sum)			
	When 결제 방법 "카드 결제","현금 결제","포인트 …"	And 결제 금액 number	Then 적립 금액 number	Annotations
1	"카드 결제"	[0..99999]	결제 금액 * 0.05	카드결제 10만원 미만은 5% 포인트 적용
2	"카드 결제"	>= 100000	결제 금액 * 0.07	카드결제 10만원 이상은 7% 포인트 적용
3	"현금 결제"	-	결제 금액 * 0.1	현금 결제는 일괄적으로 10% 적용
4	"포인트 결제"	-	- 결제 금액	포인트 결제 시 결제 금액 만큼을 빼주어야 한다.
+				

이번 예제는 이전에 다루었던 결제 후 포인트를 적립하기 위한 결정 테이블이다. 여기서의 히트 정책은 "Collect (Sum)"이다. 이것의 의미는 무엇일까? 결제 방법은 현금 결제, 카드 결제, 포인트 결제 이렇게 세 가지이며, 한 가지 방법으로만 결제할 수 있는 것이 아니라 최소한 하나 이상의 모든 방법을 이용해서 결제가 이뤄질 수 있다.

예를 들어 카드 결제 5만원, 현금 결제 3만원 포인트 결제 5,000원 이렇게 총 85,000원을 결제했다면 적립금액은 얼마일까?

우선 카드 결제로 5만원을 결제했다면, 첫 번째 규칙에 부합하므로 5%를 적용받아서 적립 금액은 2,500원이 된다. 그리고 현금 결제로 3만을 결제했을 때 10%가 적립되므로 적립 금액은 3,000원이 된다. 마지막으로 포인트 결제 금액이 5,000원이면 적립 금액은 -5,000원(마이너스)이다. 히트 정책이 Collect (Sum)이기 때문에 이렇게 여러 규칙을 통해 적용된 적립 금액을 모두 더하면 500원이 되며, 이 금액이 출력 데이터로 반환되는 것이다.

그렇다면 이와 같은 상황에서 히트 정책이 "Collect (Max)"라면 반환 값 중 가장 금액이 큰 3,000원을 반환할 것이고, 히트 정책이 "Collect (Min)"이라면 결과는 가장 작은 값인 -5,000원을 반환할 것이다. 마지막으로 히트 정책이 "Collect (Count)"라면 결과는 결제 건수(카드 결제, 현금 결제, 포인트 결제)에 따른 결과 3을 반환하게 된다.

이렇듯이 히트 정책에 따라서 결과가 달라질 수 있으니 항상 신경써서 올바른 히트 정책을 정의해줄 수 있어야만 한다. 이제 결정 요구사항 다이어그램(DRD)을 작성하는데 필요한 기본적인 내용을 학습했기 때문에 이번에는 실제 업무에 이를 적용해보기로 하자.

⌐ THE START

2 DMN(Decision Model and Notation) 모델링 실습

2-1 BPMN.io DMN 도구 사용

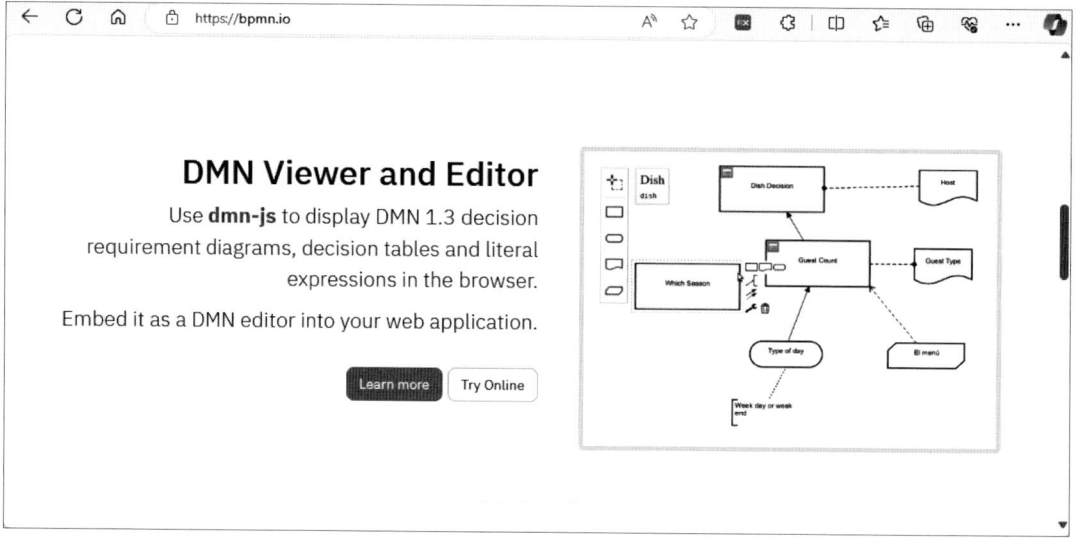

BPMN.io 사이트에서 보면 가장 상단에 지난번 확인했었던 BPMN Viewer and Editor 도구 바로 하단에 위와 같이 같은 스타일로 DMN Viewer and Editor가 있다. 마찬가지로 여기서도 "Try Online" 버튼을 누르면 다음 페이지로 이동하게 된다.

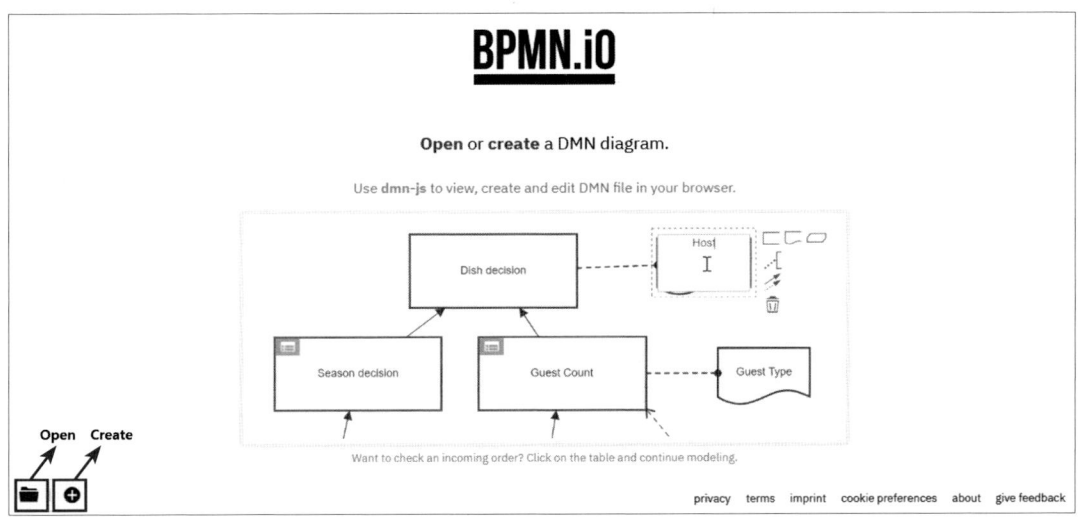

다음 페이지에서는 DMN 다이어그램을 새로만들 것인지, 아니면 기존 파일을 열 것인 지를 Open과 Create 링크를 클릭해서 원하는 작업을 할 수 있다. 화면 왼쪽 아래에 보면 아이콘 두 개 역시 Open과 Create 링크와 같다.

여기서 Create 링크를 눌러서 새로운 DMN 다이어그램을 만들어 보기로 하자.

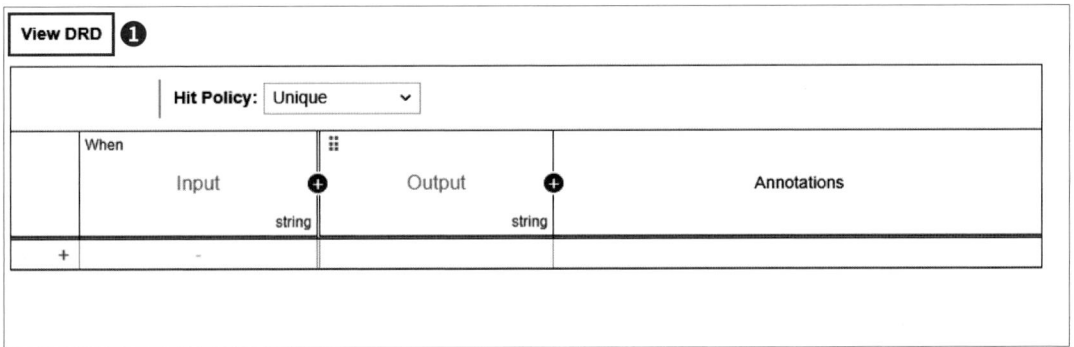

그러면 조금 당황스럽기는 하지만, 비어 있는 결정 테이블 내부가 나타난다. 결정 테이 블에 대해서는 잠시 후 소개하기로 하고, 우선 왼쪽 상단에 "View DRD" 버튼(1번)을 누 르면 결정 테이블 밖의 모습 즉, 전체 다이어그램으로 이동하게 된다.

우리는 예제로 앞에서 살펴봤었던 점수 등급 결정(Decision)을 만들고, 그 안에 규칙을 추가해 볼 것이다.

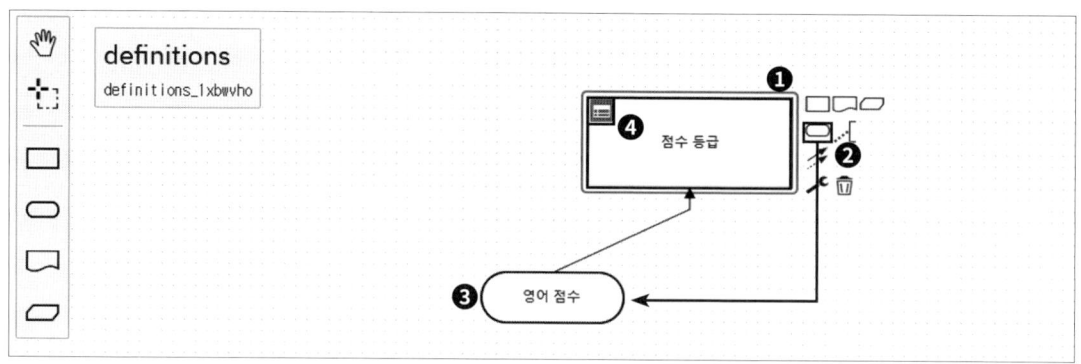

우선 밖으로 나와도 당황스럽기는 마찬가지인데 아무것도 없는 상태에서 비어 있는 결정 하나만 덩그러니 놓여 있는 상태가 기본이다. 이 상태에서 우선 결정을 더블클릭(1번) 한 후 "점수 등급"이라고 입력한다.

그 다음 "점수 등급" 결정을 선택하면 BPMN 모델링 툴과 같이 오른쪽에 팝업으로 여러 아이콘들이 생성되는데 여기에서 "Input Data" 즉, 입력 데이터를 선택(2번)한 후 결정 아래쪽에 적당한 곳에 드래그해서 위치시킨다. 그러면 자동으로 입력 데이터와 결정 사이에 정보 요구(Information Requirement) 연결선이 추가된다.

그런 다음 입력 데이터를 더블클릭(3번) 한 후 "영어 점수"를 입력한다.

그러면 바로 현재까지의 모습이 바로 결정 요구사항 다이어그램(Decision Requirements Diagram)인 것이다. (물론 결정 하나밖에는 없고 그 결정 내에 아무것도 정의된 것이 없지만.)

그러면 이제 다시 결정 테이블로 이동해서 규칙을 추가해 보기로 하자.

이를 위해 결정 왼쪽 상단에 있는 파란색 테이블 마커를 클릭(4번)하면, 다시 이전에 보았던 결정 테이블로 이동하게 된다.

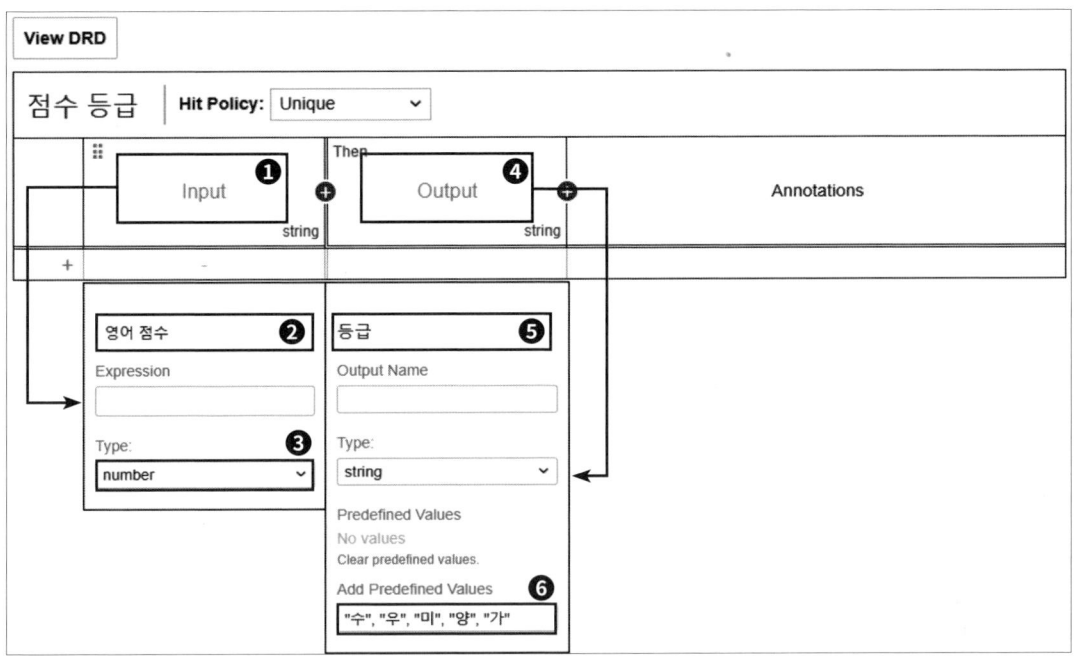

그러면 처음 Create 링크를 누르고 들어왔을 때와 마찬가지로 결정 테이블이 나타난다. 기본적으로 만들어진 결정 테이블에는 입력 데이터 한 개 그리고 출력 데이터 한 개가 기본이다. 지금 우리 예제에서도 입력 데이터는 "영어 점수" 하나만 있고, 출력 데이터는 "등급" 하나만 있기 때문에 더 추가할 필요는 없다.

이제 입력 데이터 열을 정의해보기로 하자. 그러기 위해서 "Input"이라고 적혀 있는 영역을 더블클릭(1번)하면 팝업으로 속성을 지정할 수 있는 대화상자가 나타난다. 그러면 이 팝업 대화상자 가장 상단에 "영어 점수"를 입력(2번)한다. 그런데 여기서 "영어 점수"를 연이어 입력하면 마지막 글자만 남는 현상이 발생한다. 이 경우에는 조금 불편하더라도 첫 글자를 입력한 후 한 칸 띄우고 다시 백스페이스를 눌러 첫 글자 다음에 이어서 다음 글자들을 입력하면 정상적으로 입력할 수 있다.

입력 데이터 열의 이름을 입력했으면, 이제 다음으로 해당 열의 데이터 형식(Type)을 선택해야 한다. 점수는 숫자 형태이기 때문에 Type 콤보 상자를 선택한 후 목록에서 "number"를 선택(3번)한다.

두 번째 출력 데이터(Output Data) 열도 마찬가지 방법으로 "Output" 영역을 더블클릭(4번)한 후 출력 열의 이름을 "등급"으로 입력(5번)한다. 그리고 등급 열의 경우 "수", "우", "미", "양", "가"를 반환할 것이므로 데이터 형식은 기본 값인 "string"을 그대로 두고 마지막 값 목록을 입력하는 항목이 있는데, 여기에서 다음 예제와 같이 쌍 따옴표로 문자를 묶고, 콤마로 구분해서 입력해주어야 한다.

예 "수", "우", "미", "양", "가"

위와 같이 입력한 후 엔터(6번)를 치면 값의 목록이 해당열에 등록되며, 이후에는 이 값들을 선택해서 사용할 수 있게 된다.

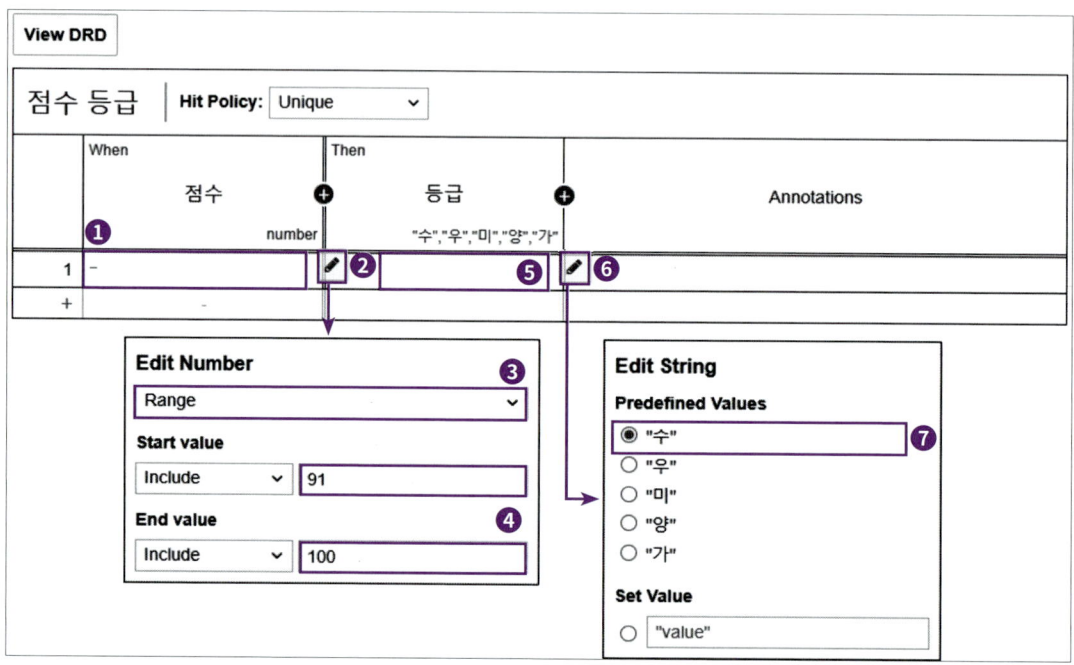

그러면 이제 규칙을 등록할 차례이다. 첫 번째 규칙(Rule)을 등록하기 위해서 "+" 표시가 되어 있는 첫 번째 행을 클릭(1번)하면, 새롭게 1번 규칙이 만들어지면서 열 우측에 "Edit" 버튼이 팝업으로 나타난다. 여기서 "Edit" 버튼을 누르면(2번) 아래와 같이 해당 열의 규칙을 등록할 수 있는 대화상자가 역시 팝업으로 나타난다.

첫 번째 규칙은 91 ~ 100점 사이를 등록할 것이므로 우선 첫 번째 콤보 상자에서 기준값을 비교("Comparison")가 아닌 범위("Range")를 선택(3번)한다. 그 다음 Start Value 영역에 "91"을 End Value 영역에 "100"을 입력하면 첫 번째 입력 데이터 열이 완성된다.

완성된 입력 데이터 열에는 [91..100]과 같이 범위에 대한 수식이 표현된다. 참고로 숫자에 대한 범위를 지정할 때는 [시작값..마지막값] 형태로 표현한다.

그리고 다시 출력 데이터 열을 선택(5번)하면 마찬가지로 Edit 버튼이 나타나는데, 이 Edit 버튼을 누르면(6번) 팝업이 나타난다. 출력 데이터는 수, 우, 미, 양, 가 중에 하나를 선택해야 하기 때문에 여기에는 이전에 등록했던 값 목록 중에서 첫 번째 항목인 "수"를 선택(7번)한다.

그러면 첫 번째 규칙이 완성된 것이다. 이제 "양"까지 같은 방법으로 규칙을 등록해보기로 하자.

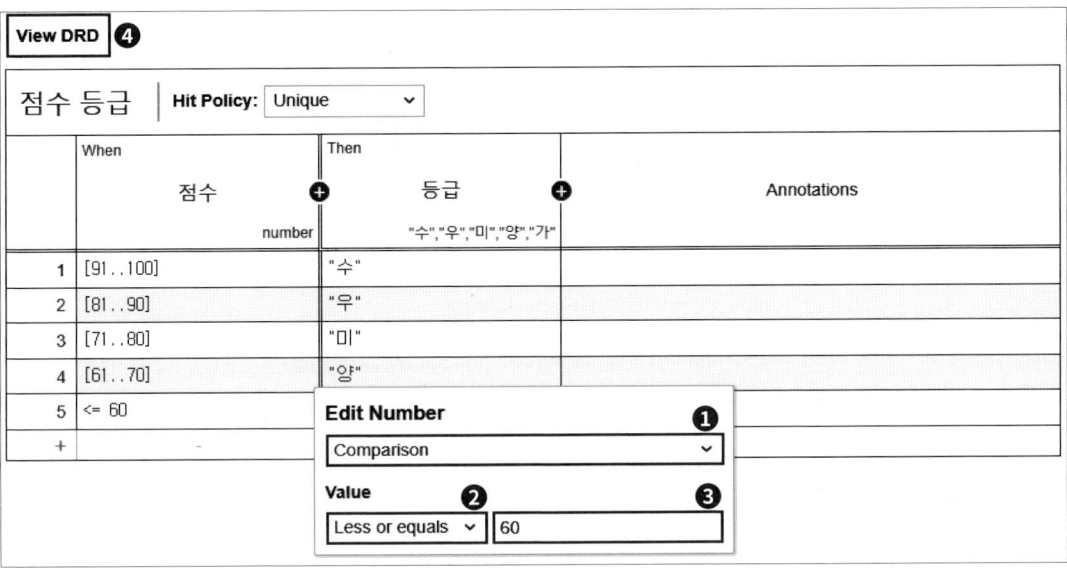

마지막에는 "가"를 입력해야 하는 단계이다. "가"의 경우 영어 점수가 60점 이하이기 때문에 이번에는 조건 항목을 "Range"가 아니라 "Comparison"으로 선택(1번)을 해주어야 한다. 그리고 값으로는 60을 입력할 것이기 때문에 Value의 조건으로 "Less or equals" 즉, 작거나 같음을 선택(2번)해야 한다. 그런 다음 마지막으로 값은 "60"을 입력(3번)한다. 그런 다음 출력 데이터 열에서 마지막 값으로 "가"를 선택하면 된다.

이와 같이 결정 테이블에서 모든 규칙들을 등록했다면, 마지막으로 히트 정책은 "Unique"임을 확인하고, 화면 왼쪽 상단에 있는 "View DRD" 버튼(4번)을 눌러서 다시 결정 요구사항 다이어그램으로 이동해보기로 하자.

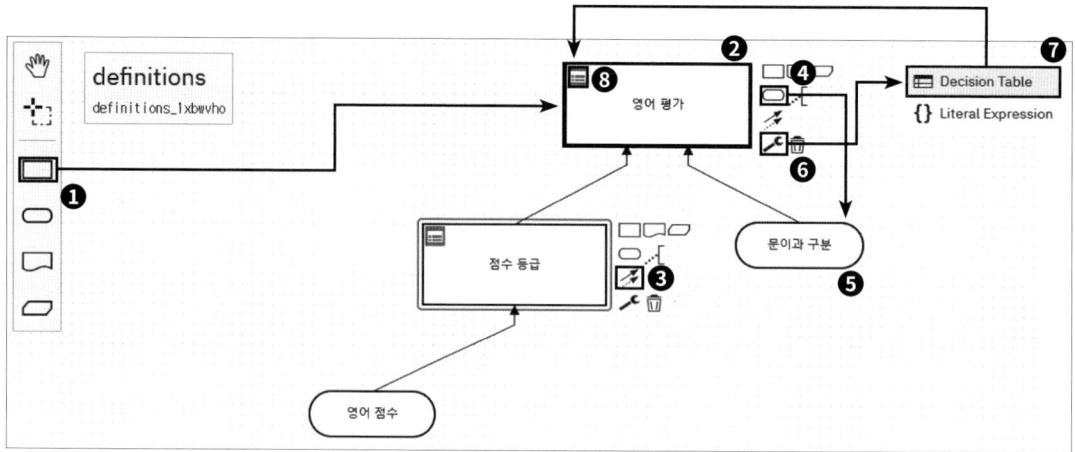

이제 상단에 결정을 더 추가해보기로 하겠다. 우선 왼쪽 팔레트 도구 상자에서 결정(Decision)을 선택(1번)한 다음 그림과 같이 "점수 등급" 상단에 위치시킨다. 그리고 더블 클릭 해서 "영어 평가"라고 결정의 이름을 입력(2번)한다.

그러면 "점수 등급" 결정과 "영어 평가" 결정을 정보 요구(Information Requirement)로 연결해야 하는데 이를 위해서 "점수 등급" 결정을 선택한 후 나타나는 연결선을 선택(3번)해서 "영어 평가" 결정에 연결한다. 이것의 의미는 영어 점수에 따라서 수, 우, 미, 양, 가의 출력 데이터가 "영어 평가" 결정에 입력 데이터(Input Data)로 제공된다는 것이다.

이와 더불어 "영어 평가" 결정에는 "문이과 구분"이란 이름의 입력 데이터가 추가로 제공되어야 하기 때문에 "영어 평가" 결정을 선택한 후 입력 데이터를 선택(4번)해서 아래에 위치시키고, 해당 입력 데이터의 이름을 "문이과 구분"이라고 입력(5번)한다.

그리고 여기서 한 가지 중요한 점이 있는데 현재 "영어 평가" 규칙에는 왼쪽 상단에 아무런 아이콘이 없다는 점이다.

결정의 종류는 이전과 같이 규칙을 결정 테이블(Decision Table)에서 정의하는 형식과 문자 표현(literal expression)이라고 해서 수식이나 데이터 가공 규칙을 직접 정의해서 결과를 출력하는 두 가지 유형의 결정(Decision)이 존재한다.

이번 예에서는 결정 테이블(Decision Table)로 유형을 선택할 것이기 때문에 "영어 평가" 규칙을 선택한 후 나타나는 팝업 아이콘 중에 "Change Type" 버튼을 선택(6번)한다. 그러면 팝업으로 결정 테이블의 유형을 선택할 수 있는 대화상자가 나타나는데 여기에서 "Decision Table"을 선택(7번)한다. 그러면 결정의 사각형 왼쪽 상단에 Table 마커(8번)가 생성된다.

참고로 문자 표현(literal expression)에 대한 예제는 이후에 DMN 모델링 예제를 통해서 살펴볼 것이다.

이제 결정 요구사항 다이어그램이 완성됐으니 "영어 평가" 결정의 결정 테이블로 이동해서 규칙을 등록해보기로 하자. 이를 위해서 "영어 평가" 결정의 왼쪽 상단에 Table 마커를 클릭(8번)하면 된다.

영어 등급	문과	이과	규칙 수
수	A 학점	A 학점 ❶	1개의 규칙
우	B 학점 ❷	A 학점 ❸	2개의 규칙
미	C 학점 ❹	B 학점 ❺	2개의 규칙
양	D 학점 ❻	C 학점 ❼	2개의 규칙
가	F 학점	F 학점 ❽	1개의 규칙

총 8개 규칙

그러면 이 시점에서 결정 테이블의 규칙은 몇 개가 만들어질 수 있는지를 정리해 보는 것은 매우 중요하다. 일반적을 이러한 정리 작업을 하는 데는 엑셀만큼 편리한 게 없다.

규칙의 총 수는 기본적으로 입력 데이터 열의 가지 수만큼 만들어진다. 예를 들어 "영어 등급"은 모두 5가지이다. 그리고 "문이과 구분"은 2가지이다. 그러므로 기본적으로 규칙의 총 수는 5 * 2 해서 모두 10개의 규칙이 기본적으로 만들어진다.

그러나 위 표에서 영어 등급이 같으면서 출력 데이터가 같은 항목들은 두 개의 규칙이 아니라 1개의 규칙으로 묶어낼 수가 있다. 그러므로 "수"와 "가"는 1개의 규칙만 생성된다. 나머지 "우", "미", "양"은 문과, 이과에 따라서 모두 학점이 다르기 때문에 규칙을 묶어낼 수가 없다.

그러므로 위의 예에서는 총 8개의 규칙이 만들어지는 것이다. 참고로 규칙을 등록하기 위해서는 규칙을 정리하는 작업이 전제되어야 하는데 이를 위해서는 엑셀로 미리 규칙 테이블의 규칙들을 정리해 놓고 이를 규칙 테이블에서 적용하는 것이 과정상 매우 유리하다.

위 예제와 같이 몇 가지 안되는 규칙을 정의할 때도 마찬가지지만 위와는 비교도 되지 않을 만큼의 많은 규칙을 등록해야 하는 경우에는 특히 엑셀로 미리 정리해두는 작업이 필수적이다.

그러면 위와 같이 정리된 규칙을 결정 테이블에 반영해보기로 하자.

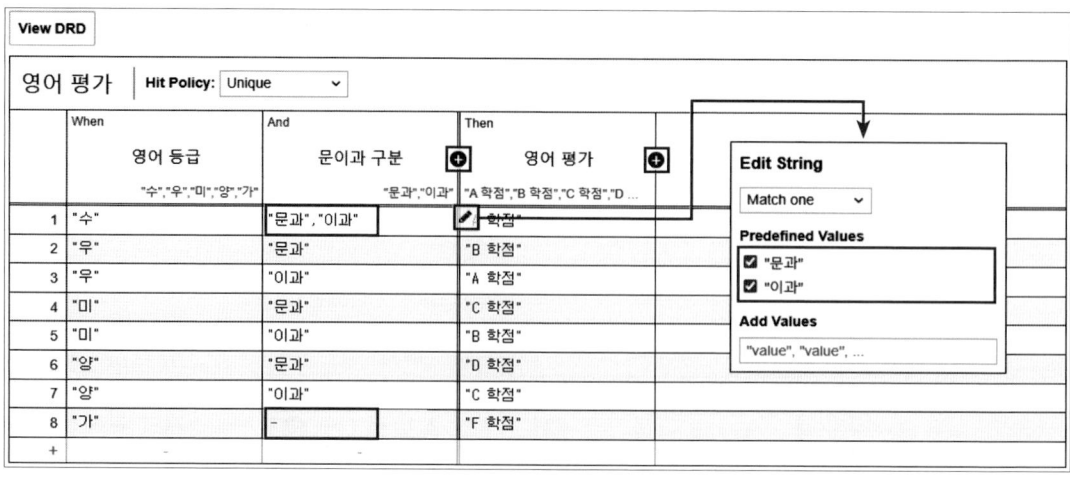

위의 결정 테이블을 구성하는 것은 이제 어렵지 않을 것이다. 다만 입력 데이터 열을 추가하기 위해서는 열 이름 중간에 "+" 표시가 있는 동그라미가 있는데 이를 누르면 열이 추가된다. 왼쪽에 있는 "+" 동그라미를 클릭하면 입력 데이터 열을 추가하게 되고, 오른쪽에 있는 "+" 동그라미를 클릭하게 되면 출력 데이터 열을 추가하게 된다.

그리고 1번 규칙과 8번 규칙의 경우 "문이과 구분" 열에 두 개의 값이 있는데 이를 위해서 해당 셀을 선택한 다음 "Edit" 버튼을 눌러서 "문과"와 "이과"를 모두 선택해주면 된다.

참고로 하나의 셀에 여러 조건을 표현할 때는 이들을 쉼표로 구분해주면 된다. 위에서 "문이과 구분" 열의 경우 1번 규칙에서 "문과"와 "이과"를 컴마로 구분해서 하나의 조건에 표현했으며, 이는 Or 조건에 해당한다.

그리고 해당 셀에서 어떤 값이 나오더라도 결과에 영향을 미치지 않는 경우에는 대쉬(–)로 표현할 수 있다고 했다. 그러므로 8번 규칙을 보면 "영어 등급"이 "가"인 경우에는 "문이과 구분"열의 값과 상관없이 모두 "F 학점"을 반환할 것이므로 대쉬(–)로 표현했다.

이번 예제에서는 1번 규칙과 8번 규칙의 "문이과 구분" 열은 모두 같은 의미이다. 왜냐하면 경우의 수가 "문과", "이과" 이렇게 두 가지이므로 어떤 값이 나오더라도 결과에 영향을 미치지 않기 때문이다.

그러면 이제 규칙 테이블까지 모두 만들었다.

그러면 다시 결정 요구사항 다이어그램으로 이동해보기로 하자.

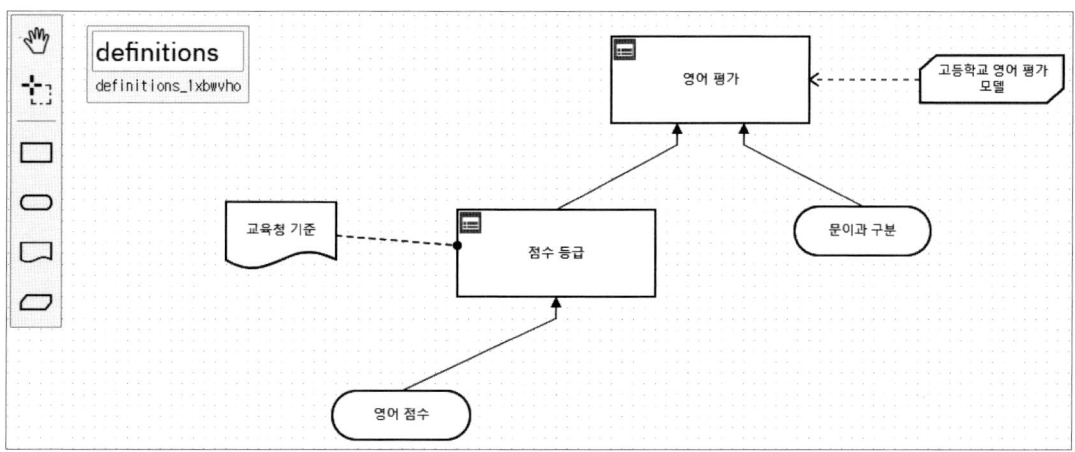

참고로 "점수 등급"에는 점수 등급을 결정하는 기준이 "교육청 기준"임을 표시하기 위해 지식 소스(Knowledge Source)에 권한 요구(Authority Requirement)로 연결되는데, 이는 해당 교육청 자료에 연결이 가능해야 함을 의미한다. 예를 들어서 교육청 내부자료라서 액세스가 거부되면 안된다는 의미이다. 내가 만일 학교 선생님이라면 당연히 교육청이 관리하고 있는 영어 점수 등급 기준에 연결할 수 있는 권한이 있을 것이다.

그리고 "영어 평가" 결정은 "고등학교 영어 평가 모델"이란 비즈니스 지식 모델이 지식 요구(Knowledge Requirement)로 연결되어 있는데, 이 의미는 고등학교 영어 평가 모델을 기준으로 영어 등급을 평가하고 있다는 의미이다.

이처럼 지식 소스와 지식 모델은 결정을 하는데 있어서 제시된 기준 근거나 모델을 정의해서 각 판단에 대한 논리적, 객관적 근거를 표현하는 것이다. 이 들은 결정 요구사항 다이어그램에서 표현되지 않는다고 하더라도 결정 과정에 영향을 미치는 것은 아니기 때문에 Artifact(인공물)라고 보면 된다.

이제 마지막으로 완성된 결정 요구사항 다이어그램을 저장해보기로 하자.

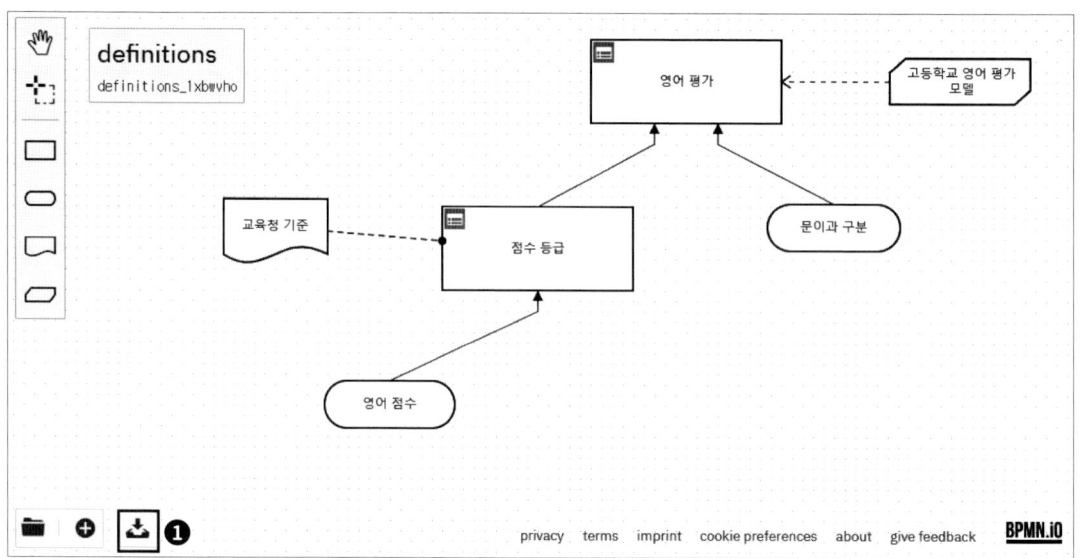

이를 위해서 다이어그램 화면에서 왼쪽 하단에 있는 다운로드 버튼(1번)을 누르면, 다운로드 폴더에 "diagram.dmn" 파일명으로 다운로드 된다. 그러면 이 파일명을 "영어평가 DMN 다이어그램.dmn" 파일로 저장하고, 독자분들이 관리하고 있는 별도의 폴더에 옮겨 놓으면 된다.

이렇게 저장된 DMN 다이어그램 파일은 언제든 Open이나 왼쪽 하단의 Open 버튼을 이용해서 다시 불러올 수 있다. 여기서 주의해야 하는 점은 다시 불러와서 작업을 한 경우 이를 다시 다운로드 받아서 기존 파일과 다른 버전으로 관리하든지, 아니면 덮어써서 항상 새로운 버전을 가지고 있어야만 한다는 점이다.

이상으로 간단한 예제를 통해서 BPMN.io에서 제공하는 DMN 툴과 다이어그램 작성 방법에 대해서 알아보았다.

다음 예제부터는 다이어그램 작성 방법이 아니라 업무적인 내용을 기준으로 설명할 것이며, 이와 관련한 모든 예제들은 같이 작성해가면서 내용을 정리했으면 하는 바람이다. 머리로는 이해가 되더라도 막상 다이어그램을 작성해 보라고 하면 손가락이 움직이지 않는 경우가 있다.

그러므로 현재 이 책에서 설명되고 있는 모든 다이어그램들은 실제로 실습을 통해서 모두 작성해 보는 것이 중요하다.

BPMN과 DMN을 잘 하는 방법은 단순하다. 많이 보고 많이 그려보면 된다.

2-2 맛있는 라면 끓이기 DMN 모델링

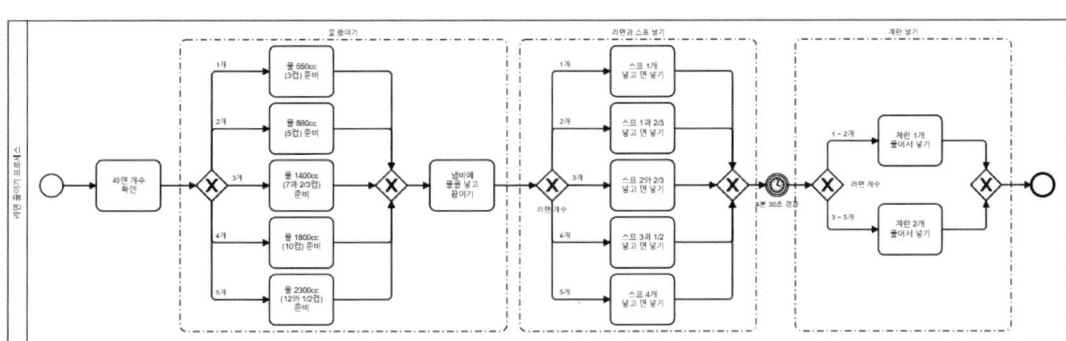

이전 예제에서 사용했던 라면 끓이기 프로세스 BPMN 다이어그램에서도 결정 테이블을 이용하여 라면 개수에 따라 맛있게 라면을 끓이기 위한 물의 양과 스프 양 그리고 계란 개수에 대한 결정 기준을 정리할 수 있다.

물 끓이기	Hit Policy: Unique		
	When 라면 개수 number	Then 물의 양 string	Annotations
1	1	500cc	3컵
2	2	880cc	5컵
3	3	1,400cc	7과 2/3컵
4	4	1,800cc	10컵
5	5	2,300cc	12와 1/2컵
+	-		

위 결정 테이블을 보면, 라면 개수에 따라 물을 얼마나 넣어야 하는지를 정리하고 있다. 그리고 주석(Annotation)을 통해 컵으로 환산한 내용도 설명해주고 있다.

다음은 "스프 넣기" 작업이며, 이에 대한 규칙도 다음과 같이 정리할 수 있다.

스프 양	Hit policy: Unique		
	Then		Annotations
	라면 개수 (number)	스프 양 (string)	
1	1	1개	
2	2	1과 2/3개	
3	3	2와 2/3개	
4	4	3과 1/2개	
5	5	4개	
+	-		

마지막으로 "계란 넣기" 작업에 대한 규칙은 다음과 같이 정리할 수 있다.

계란 넣기	Hit Policy: Unique		
	When	Then	Annotations
	라면 개수 (number)	계란 수 (number)	
1	[1..2]	1	
2	[3..5]	2	
+	-		

이러한 의사 결정 테이블에 정의된 내용을 비즈니스 규칙 작업(Business Rule Task)로 표현하면 다음과 같이 표현된다.

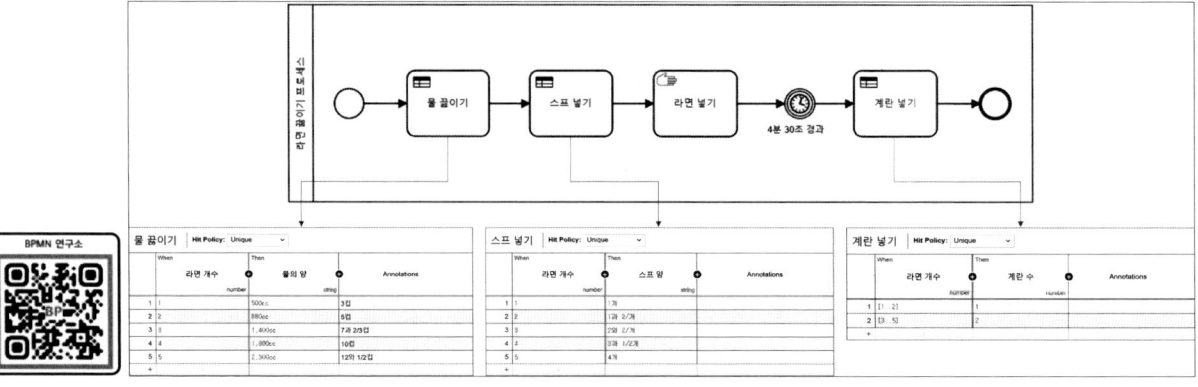

214   BPMN & DMN User Guide

이렇게 비즈니스 규칙 작업을 DMN으로 작성하게 되면, 이 전에 다소 복잡했던 다이어그램을 상당히 단순화시킬 수 있으며, 이것이 바로 BPMN 다이어그램에서 비즈니스 규칙 작업(Business Rule Task)과 DMN을 사용하는 이유이다.

이렇듯이 위에서 사용된 결정 테이블은 DMN에서 사용되는 가장 핵심적인 구성요소이다. 프로그램 개발자들도 이와 같이 비즈니스 규칙을 DMN을 통해 명확하게 정의해준다면, 프로그램을 개발하는 로직을 구성하는데 있어서 절대적인 도움을 받을 수 있다.

그러므로 BPMN과 DMN은 현업 담당자와 업무 분석가 그리고 개발자를 연결시켜주는 핵심 고리 역할을 담당하게 되며, BPMN과 DMN을 기반으로 한 커뮤니케이션은 성공적인 비즈니스 프로세스 분석과 개선, 그리고 IT 프로젝트를 위한 핵심적인 역할을 수행하게 된다.

참고로 BPMN.io 사이트에서 제공하는 BPMN 툴과 DMN 툴은 서로 별개의 것으로서 위의 결과물 즉, BPMN의 비즈니스 규칙 작업과 DMN의 결정 테이블을 연결시킬 수 없지만, Camunda 사이트에서 계정을 생성하게 되면 이 둘을 연결할 수 있는 기능을 지원한다.

이 기능은 5장에서 살펴볼 것이다.

2-3 국립자연휴양림 위약금정책 DMN 모델링

구분 (규정일수)		공제기준	
		주중	주말
성수기	사용예정일 5일 전	전액 환불	전액 환불
	사용예정일 4일 전	총 요금의 10% 공제후 환급	총 요금의 20% 공제후 환급
	사용예정일 3일 전	총 요금의 30% 공제후 환급	총 요금의 40% 공제후 환급
	사용예정일 2일 전	총 요금의 50% 공제후 환급	총 요금의 60% 공제후 환급
	사용예정일 1일 전	총 요금의 80% 공제후 환급	총 요금의 90% 공제후 환급
	사용예정일 당일	총 요금의 100% 공제후 환급	총 요금의 100% 공제후 환급
비수기	사용예정일 2일 전	전액 환불	전액 환불
	사용예정일 1일 전	총 요금의 10% 공제후 환급	총 요금의 20% 공제후 환급
	사용예정일 당일	총 요금의 20% 공제후 환급	총 요금의 30% 공제후 환급

위약금정책
예약자가 예약을 취소한 경우에 발생하는 위약금 정책에 대해 안내해 드립니다.

위의 표는 실제 국립 자연휴양림 홈페이지(https://www.foresttrip.go.kr/)에 나와 있는 위약금 정책을 캡쳐한 것이다. 우리는 위의 위약금 정책을 참고해서 DMN 모델링을 할 것이다. 그러면 위약금 정책을 확인한 후 DRD(Decision Requirement Diagram, 결정 요구사항 다이어그램)를 작성해 보기로 하자.

결정(Decision)을 정의하면서 첫 번째 확인해야 하는 일은 입력 데이터(Input Data)를 파악하는 일이다. 독자분들은 위에 있는 표를 보고, 입력 데이터가 몇 개가 필요한지 스스로 찾아낼 수 있어야 한다.

위에서는 구분 항목에 있는 성수기/비수기 구분과 규정일수 그리고 공제 기준으로 주중/주말에 대한 구분이 필요함을 확인할 수 있다. 그러므로 "성수기 여부", "규정일수", "주말 여부" 이렇게 3개의 입력 데이터가 필요하다.

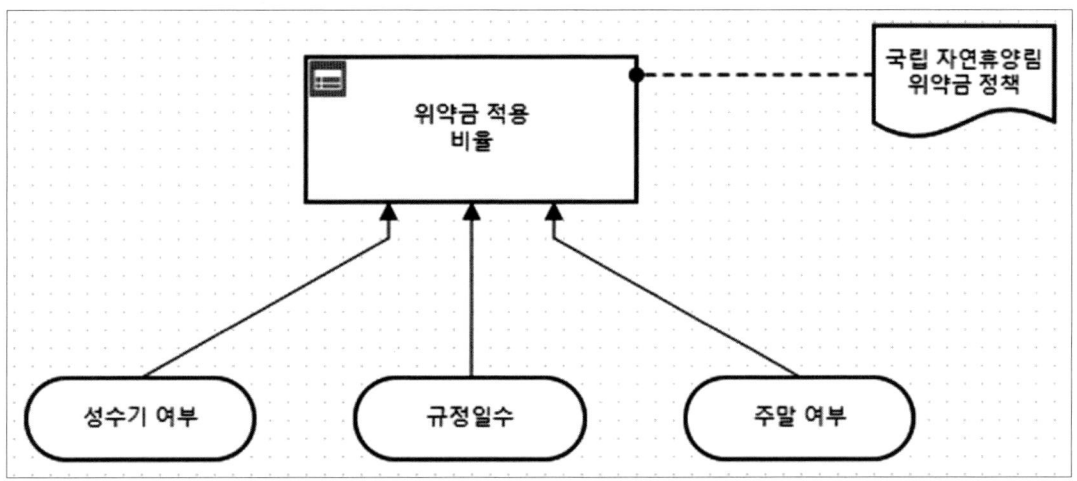

위 결정 요구사항 다이어그램을 보면 우선 "위약금 적용 비율"이라는 결정은 "국립 자연휴양림 위약금 정책"이라는 지식 소스(Knowledge Source)를 참조하고 있다. 그리고 "성수기 여부", "규정일수", "주말 여부" 이렇게 3개가 입력 데이터로 정의되어 있는 것을 확인할 수 있다.

이제 이러한 입력 데이터를 기준으로 결정 테이블(Decision Table)을 만들어야 한다. 결정 테이블을 만들 때 가장 중요한 것은 당연히 히트 정책(Hit Policy)과 규칙(Rule)을 정의하는 일이다.

고객이 휴양림 예약을 취소하는 경우 상황에 따라서 하나의 위약금 정책을 적용받게 된다. 그러므로 히트 정책은 "고유 (Unique)"로 선택을 할 것이다. 그러면 이제 규칙(Rule)을 정의해야 한다. 그렇다면 과연 위 표를 규칙으로 정리한다면 몇 개의 규칙이 만들어질 수 있을까?

우선 독자분들은 아래의 설명을 미리 확인하지 말고, 스스로 몇 개의 규칙이 필요한지 정리해보는 것이 중요하다. 몇 번 해보면 익숙해지겠지만, 처음 할 때는 다소 막막하게 느껴질 것이다. 그리고 누차 강조하지만 이러한 규칙을 정리할 때는 엑셀을 이용하는 것이 매우 편리하다.

위약금정책

예약자가 예약을 취소한 경우에 발생하는 위약금 정책에 대해 안내해 드립니다.

구분 (규정일수)		공제기준	
		주중	주말
성수기	사용예정일 5일 전	전액 환불 ❶	전액 환불 ❷
	사용예정일 4일 전	총 요금의 10% 공제후 환급 ❸	총 요금의 20% 공제후 환급 ❹
	사용예정일 3일 전	총 요금의 30% 공제후 환급 ❺	총 요금의 40% 공제후 환급 ❻
	사용예정일 2일 전	총 요금의 50% 공제후 환급 ❼	총 요금의 60% 공제후 환급 ❽
	사용예정일 1일 전	총 요금의 80% 공제후 환급 ❾	총 요금의 90% 공제후 환급 ❿
	사용예정일 당일	총 요금의 100% 공제후 환급 ⓫	총 요금의 100% 공제후 환급 ⓬
비수기	사용예정일 2일 전	전액 환불 ⓭	전액 환불 ⓮
	사용예정일 1일 전	총 요금의 10% 공제후 환급 ⓯	총 요금의 20% 공제후 환급 ⓰
	사용예정일 당일	총 요금의 20% 공제후 환급 ⓱	총 요금의 30% 공제후 환급 ⓲

위 표를 보면 우선 성수기일 경우 6개의 행이 존재하고, 비수기일 경우 3개의 행이 존재한다. 그러므로 모두 9개의 행이 존재하며, 여기에 "주말 여부" 즉, "주중"과 "주말"이라는 두 개의 열이 포함되면서 경우의 수는 모두 18개가 된다.

그러면 기본적으로 규칙의 숫자는 18개이다. 그런데 주중과 주말에 출력 데이터 값이 동일한 경우가 있다. 이렇게 출력 데이터가 동일한 경우는 규칙을 하나로 묶어낼 수 있다고 했다.

위약금정책

예약자가 예약을 취소한 경우에 발생하는 위약금 정책에 대해 안내해 드립니다.

구분 (규정일수)		공제기준	
		주중	주말
성수기	사용예정일 5일 전	전액 환불	전액 환불 ❶
	사용예정일 4일 전	총 요금의 10% 공제후 환급 ❷	총 요금의 20% 공제후 환급 ❸
	사용예정일 3일 전	총 요금의 30% 공제후 환급 ❹	총 요금의 40% 공제후 환급 ❺
	사용예정일 2일 전	총 요금의 50% 공제후 환급 ❻	총 요금의 60% 공제후 환급 ❼
	사용예정일 1일 전	총 요금의 80% 공제후 환급 ❽	총 요금의 90% 공제후 환급 ❾
	사용예정일 당일	총 요금의 100% 공제후 환급	총 요금의 100% 공제후 환급 ❿
비수기	사용예정일 2일 전	전액 환불	전액 환불 ⓫
	사용예정일 1일 전	총 요금의 10% 공제후 환급 ⓬	총 요금의 20% 공제후 환급 ⓭
	사용예정일 당일	총 요금의 20% 공제후 환급 ⓮	총 요금의 30% 공제후 환급 ⓯

그러므로 성수기때 사용예정일 5일 전과 사용예정일 당일 그리고 비수기 때 사용예정일 2일 전은 하나의 규칙으로 묶어낼 수가 있다. 그리므로 위 표와 같이 모두 15개의 규칙이 필요한 상황이다.

그러면 이러한 규칙들을 결정 테이블에 적용해 보기로 하자.

위약금 적용 비율	Hit Policy: Unique				
	When 성수기 여부 "성수기","비수기"	And 위약금 규정일수 number	And 주말 여부 boolean	Then 위약금 비율 number	Annotations
1	-	>= 5	-	0%	
2	"성수기"	4	true	20%	
3	"성수기"	4	false	10%	
4	"성수기"	3	true	40%	
5	"성수기"	3	false	30%	
6	"성수기"	2	true	60%	
7	"성수기"	2	false	50%	
8	"성수기"	1	true	90%	
9	"성수기"	1	false	80%	
10	"성수기"	0	-	100%	
11	"비수기"	>= 2	-	0%	
12	"비수기"	1	true	20%	
13	"비수기"	1	false	10%	
14	"비수기"	0	true	30%	
15	"비수기"	0	false	20%	

그리고 여기서의 히트 정책(Hit Policy)는 "고유(Unique)"이다. 그러면 위와 같이 15개의 규칙이 등록된 결정 테이블이 만들어지게 된다.

이 결정 테이블을 통해 자연 휴양림을 예약한 후 이를 취소하게 되는 경우 관련 규칙에 맞게 위약금이 얼마나 적용되는지를 출력 데이터로 반환할 수 있게 된 것이다.

그런데 여기서 끝이 아니다.

위약금정책

예약자가 예약을 취소한 경우에 발생하는 위약금 정책에 대해 안내해 드립니다.

구분 (규정일수)		공제기준	
		주중	주말
성수기	사용예정일 5일 전	전액 환불	전액 환불
	사용예정일 4일 전	총 요금의 10% 공제후 환급	총 요금의 20% 공제후 환급
	사용예정일 3일 전	총 요금의 30% 공제후 환급	총 요금의 40% 공제후 환급
	사용예정일 2일 전	총 요금의 50% 공제후 환급	총 요금의 60% 공제후 환급
	사용예정일 1일 전	총 요금의 80% 공제후 환급	총 요금의 90% 공제후 환급
	사용예정일 당일	총 요금의 100% 공제후 환급	총 요금의 100% 공제후 환급
비수기	사용예정일 2일 전	전액 환불	전액 환불
	사용예정일 1일 전	총 요금의 10% 공제후 환급	총 요금의 20% 공제후 환급
	사용예정일 당일	총 요금의 20% 공제후 환급	총 요금의 30% 공제후 환급

위약금 미부과
- 기상재해 등으로 교통이 단절되는 등 자연휴양림에 접근할 수 없는 경우
- 자연휴양림의 사정으로 인해 시설을 사용할 수 없는 경우

국립 자연휴양림 홈페이지의 위약금 정책 내용을 자세히 살펴보면 위 정책과 별도로 하단에 위약금을 부과하지 않는 예외 상황이 존재하는데 여기에는 위약금을 부과하지 않는 경우에 대한 설명이 기술되어 있다. 그렇다면 이를 "기상재해"라고 하겠다. 예를 들어 기상 재해 즉, 태풍이나 지진 등이 발생한 상황에서 휴양림 예약을 취소하게 되면, 어떠한 상황이던 간에 위약금을 부과하지 않아야 한다.

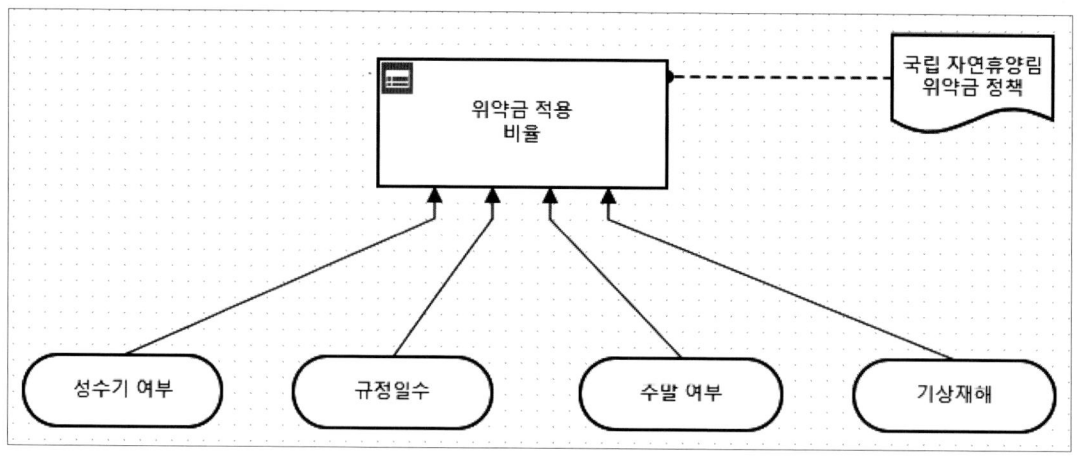

그렇다면 이제 앞에서 정의됐던 세 개의 입력 데이터 외에 "기상 재해" 입력 데이터가 추가되어야 한다. "기상재해" 입력 데이터의 값은 "예", "아니오"가 될 것이기 때문에 기존 15개 규칙이 "예"인 경우와 "아니오"인 경우로 나눠질 것이므로 이제 규칙은 총 30개가 필요할 것이다.

그러나 그렇지는 않다. 위의 15개 규칙은 기상재해가 발생하지 않은 상황에서 적용되는 위약금 적용 규칙이다. 만일 기상재해가 발생했다면, 어떠한 경우라도 위약금은 발생하지 않기 때문에 이 상황에서는 기상재해가 발생한 경우 위약금이 "0%"인 규칙 하나만 추가하면 된다. 자주 언급하지만 조건이 같으면서도 같은 결과가 나온다면 이들을 하나의 규칙으로 묶어낼 수 있는 것이다. 이는 상당히 중요한 것으로 규칙의 수가 줄어드는 것은 그만큼 논리구조가 단순해지는 것을 의미한다.

위약금 적용 비율	Hit Policy: Unique				
	When 기상재해 여부 boolean	And 성수기 여부 "성수기","비수기"	And 위약금 규정일수 number	And 주말 여부 boolean	Then 위약금 비율 number	Annotations
1	true	-	-	-	0%	
2	false	-	>= 5	-	0%	
3	false	"성수기"	4	true	20%	
4	false	"성수기"	4	false	10%	
5	false	"성수기"	3	true	40%	
6	false	"성수기"	3	false	30%	
7	false	"성수기"	2	true	60%	
8	false	"성수기"	2	false	50%	
9	false	"성수기"	1	true	90%	
10	false	"성수기"	1	false	80%	
11	false	"성수기"	0	-	100%	
12	false	"비수기"	>= 2	-	0%	
13	false	"비수기"	1	true	20%	
14	false	"비수기"	1	false	10%	
15	false	"비수기"	0	true	30%	
16	false	"비수기"	0	false	20%	

"기상재해 여부" 입력 데이터 값이 "True"인 경우에는 "성수기 여부", "위약금 규정일수", "주말 여부" 모두 상관없이 출력 데이터는 "0%"가 된다. 그러므로 1번 규칙이 추가돼서 총 16개의 규칙이 모두 완성됐다.

그렇다면 여기서 한 단계만 더 나가 보기로 하자. 위의 결정 테이블의 출력 데이터는 결국 적용되는 "위약금 비율"이다. 그렇다면 "환불 금액"은 얼마일까? "환불 금액"은 "결제 금액"에 "위약금 비율"을 곱한 금액을 "결제 금액"에서 빼 주어야 한다.

수식으로 정확히 표현하자면 "환불 금액 = 결제 금액 - (결제 금액 * 위약금 비율)"이다.

그렇다면 "위약금 적용 비율" 결정에서 반환되는 출력 데이터를 기반으로 이러한 계산 공식을 표현할 수 있는 방법은 없을까? 바로 이때 결정의 속성을 "Literal Expression"으로 선택해주면 된다.

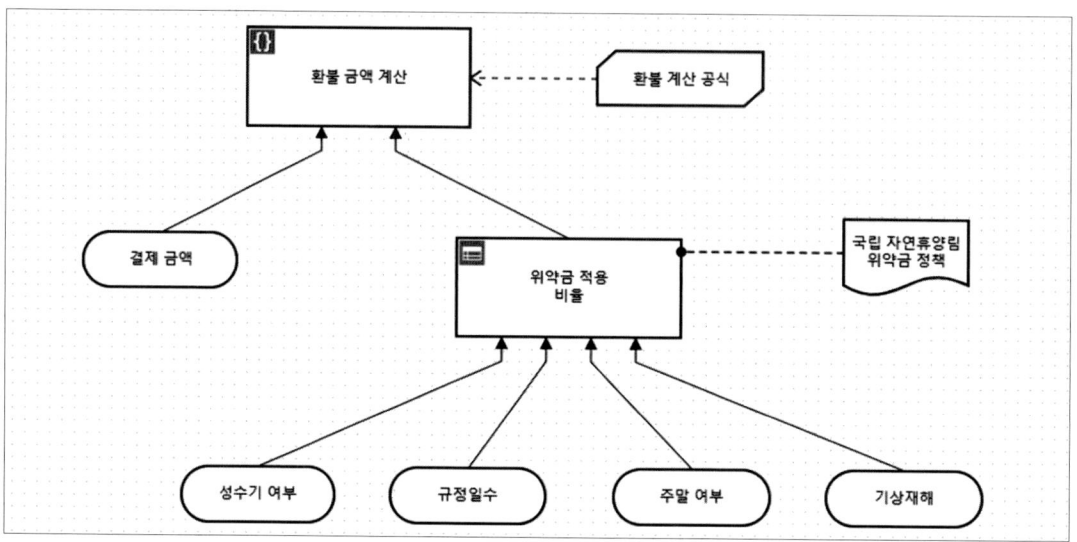

위 DRD(Decision Requirement Diagram, 결정 요구사항 다이어그램)를 보면 "위약금 적용 비율" 결정(Decision) 위로 "환불 금액 계산" 결정이 연결된 것을 볼 수 있다. 이것의 의미는 "위약금 적용 비율"에서 결정된 비율이 출력 데이터로서 다시 "환불 금액 계산" 결정의 입력 데이터로 제공되고 있다는 것이다.

그리고 이와 별도로 "결제 금액"이 "환불 금액 계산" 결정의 입력 데이터로 추가되었다.

그러면 결과적으로 "환불 금액 계산" 결정의 입력 데이터는 "결제 금액"과 "위약금 적용 비율" 이렇게 2개가 되는 것이다. 이렇듯이 결정(Decision)을 통해서 얻어진 출력 데이터를 다른 결정의 입력 데이터로 활용될 수 있다.

그런데 "환불 금액 계산" 결정에는 정해진 규칙이 아니라 앞에서 소개한 것처럼 환불 금액을 계산하는 공식이 정의되어야 한다.

이를 위해 결정의 속성에서 결정 테이블(Decision Table)이 아니라 "{ } Literal Expression"을 선택한 후 그 안에 앞에서 정리했던 계산 공식을 입력하면 된다.

```
Edit DRD    Close Overview

환불 금액 계산

환불 금액 = 결제 금액 - (결제 금액 * 위약금 적용 비율)




Variable name: 환불금액
Variable type: number
```

그러면 앞서 살펴보았던 국립 자연휴양림 위약금 정책이 결정 요구사항 다이어그램(DRD)으로 완성되었다.

마지막으로 지금까지 DMN을 통해서 정리했던 국립 자연휴양림 위약금 정책을 BPMN으로 작성한다면 어떠한 모습이 될까?

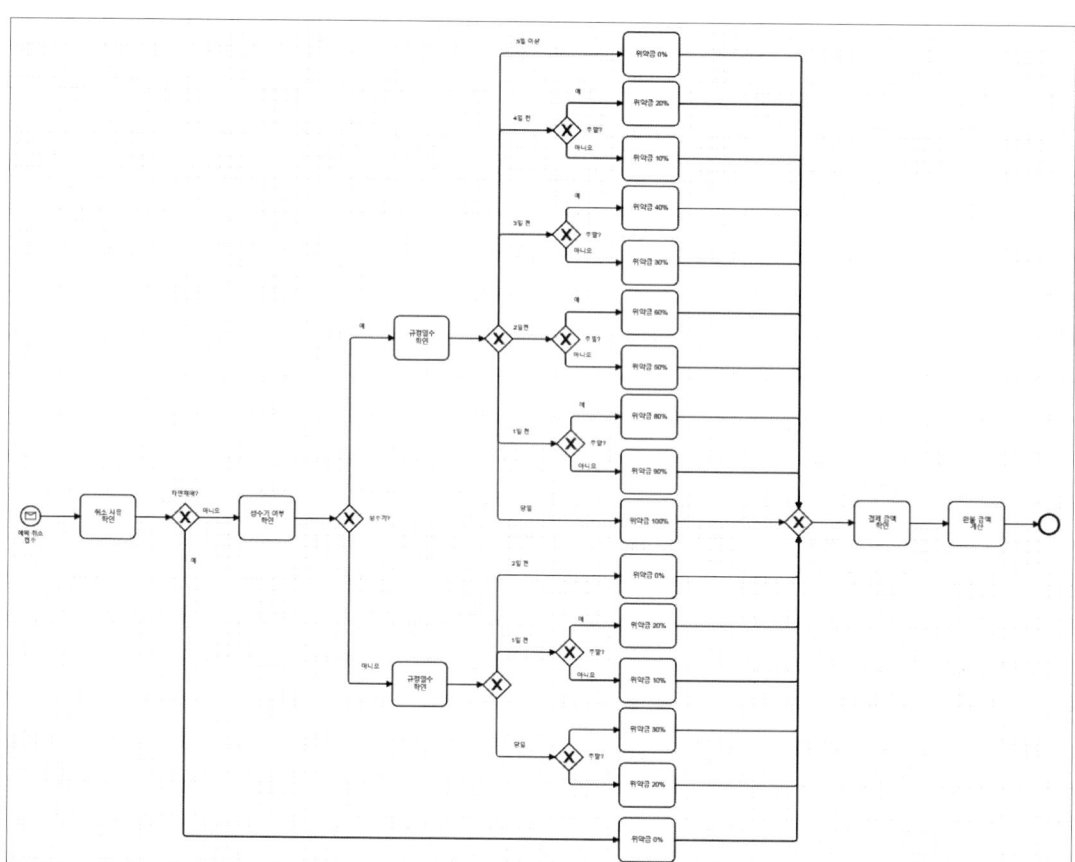

BPMN 다이어그램이 비교적 크다 보니 너무 작게 보여서 텍스트 보기가 쉽지 않을 만큼 BPMN으로 해당 내용을 정리하면 바로 위와 같은 모습이 된다. 위에서 중간에 일렬로 정렬되어 있는 작업(Task)의 숫자가 모두 16개이며, 이 부분이 결정 테이블에서 각각의 규칙(Rule)으로 정의된 항목들이다.

이렇듯 DMN에서는 복잡한 비즈니스 규칙을 결정 테이블을 이용해서 효율적으로 정의하는 것이 가능하며, 바로 이것이 우리가 비즈니스 규칙을 정의할 때 DMN을 사용해야 하는 이유가 되는 것이다.

2-5 MBTI 유형별 궁합 모델링

구분	INFP	ENFP	INFJ	ENFJ	INTJ	ENTJ	INTP	ENTP	ISFP	ESFP	ISTP	ESTP	ISFJ	ESFJ	ISTJ	ESTJ
INFP				♥		♥										
ENFP			♥		♥											
INFJ		♥					♥									
ENFJ	♥								♥							
INTJ		♥						♥								
ENTJ	♥															
INTP																♥
ENTP			♥													
ISFP				♥										♥		♥
ESFP													♥		♥	
ISTP														♥		♥
ESTP													♥		♥	
ISFJ									♥		♥					
ESFJ										♥		♥				
ISTJ									♥		♥					
ESTJ						♥										

♥ 천생연분　□ 좋은관계　■ 그럭저럭　■ 살려주삼　■ 파멸이다

위의 표는 MBTI 유형별 궁합을 정리해 놓은 표이다. 사실 필자는 띠(12간지)나 사주로 궁합을 보는 세대라서 성격별, 유형별, 성향별 MBTI의 세분화된 내용들이 잘 와닿지는 않지만, 그래도 좀 더 체계적으로 성향을 분석하고 이를 관리하려는 노력에 대해서는 반대하지 않으며, 오히려 권장하는 편이다.

사실 BPMN과 DMN도 모호함과 애매함을 줄이고, 좀 더 체계적으로 업무를 정의하기 위한 관점에서 출발했다. 동양적 사고관에서는 불가능해 보이는 영역에 대해서 쉽게 불가침 영역으로 해석하려는 경향이 강한 것 같다. 하지만 서양적 사고관은 좀 더 분석하려 하고 정리하려고 노력한다. 그게 100%가 아닐지라도 말이다.

이러한 관점의 태도가 방법론을 만들고 이론을 만들고, 솔루션을 만드는데 좀 더 유리한 접근 방법임은 두말할 여지가 없다.

바둑에서 구글의 알파고가 이창호 9단을 이긴 순간을 잊을 수가 없다. 그 당시 대부분의 사람들은 장기나 체스같이 단순한 룰의 경기는 컴퓨터가 인간을 이길 수도 있겠지만, 무수히 많은 경우의 수를 내포하고 있는 바둑에서 컴퓨터가 사람을 이기는 것은 불가능하며, 이긴다고 하더라도 최소 20년 이상은 더 필요하다고 얘기하고 있었을 때였다.

BPMN과 DMN은 사물이나 업무를 바라볼 때 좀 더 체계적으로 접근하고, 논리적으로 정리하는 것을 익숙하게 해주는데 도움이 된다. 지금 초, 중등 학생들에게 프로그램 코딩 교육을 하는데 이 교육의 목적은 전문 프로그래머를 육성하기 위함이 아니라 학생들에게 논리적인 사고력을 키워주기 위함이다.

그러나 논리적인 사고력을 키워주기 위해서 수식과 함수 그리고 프로그램의 논리 구조를 얘기하는 순간 대부분의 학생들은 코딩 교육에 대해서 오히려 벽을 느끼게 된다. 논리적인 사고력과 분석력을 높여주는데 BPMN과 DMN보다 훌륭한 교육 툴은 필자가 보기에 없는 것같다.

그리고 최근의 로우 코드(Low Code)와 노 코드(No Code) 솔루션들이 광범위하게 등장하고 있는데, 여기서도 가장 중요한 것은 전체 업무 흐름을 이해하고, 프로세스를 정리하는 일이다. 그것이 전제되지 않으면, 당연히 아무것도 할 수 없다.

You

BPMN이 논리적 사고력 증진에 도움이 됩니까?

ChatGPT

BPMN은 논리적 사고력을 향상시키는 데 도움을 줄 수 있습니다. 그러나 BPMN이 직접적으로 논리적 사고를 증진시키는 도구는 아니지만, 이를 사용함으로써 논리적 사고를 강화하는 데 도움이 될 수 있는 몇 가지 이유가 있습니다.

1. **구조화된 표현**: BPMN은 복잡한 프로세스를 구조화된 형태로 표현합니다. 이는 문제 해결과정이나 비즈니스 프로세스의 논리를 파악하고 이해하는 데 도움이 됩니다. 프로세스의 단계를 논리적으로 연결하고, 다양한 조건과 상황에 따른 흐름을 파악하는 데 도움이 됩니다.
2. **패턴 인식**: BPMN 다이어그램을 작성하고 분석하는 과정에서 일정한 패턴이나 구조를 파악하게 됩니다. 이는 유사한 유형의 문제에 대한 접근 방식을 이해하고 추론하는 것을 도와줍니다.
3. **논리적 순서와 조건**: BPMN은 프로세스 단계 간의 논리적인 순서와 조건을 명확하게 표현합니다. 이는 사고 과정에서 논리적 추론을 할 때 도움이 될 수 있습니다.
4. **문제 해결과 절차화된 사고**: 비즈니스 프로세스 모델링을 통해 문제를 절차적으로 접근하고, 문제 해결 방법을 단계별로 정리하는 데 도움이 됩니다. 이는 논리적 사고를 향상시키고 효율적인 문제 해결 방법을 고민하는 데 도움이 됩니다.

그러나 BPMN 자체가 논리적 사고력을 직접적으로 향상시키는 것은 아닙니다. 하지만 BPMN을 사용함으로써 구조적 사고와 문제 해결 능력을 향상시키는 데 도움을 줄 수 있으며, 이는 논리적 사고력에 긍정적인 영향을 미칠 수 있습니다.

얘기가 잠깐 다른 곳으로 흘렀지만, 위의 MBTI 유형별 궁합 표는 어렵지 않게 DMN으로 모델링할 수 있는 주제이다. 다만 위 표에서 정리된 구조를 이해하고, 이를 결정 테이블(Decision Table)을 기반으로 표현하기 위한 훈련이 필요하다.

위의 표를 보고 DMN을 이용해서 결정 테이블에 규칙을 정리해보라고 하면, 역시 처음에는 막막하게 느껴질 것이다. 그러나 그렇게 어렵지 않다.

결정 테이블에서는 규칙(Rule)을 기반으로 상황을 정리한다. 그렇다면 나의 MBTI와 상대방의 MBTI를 적용하기 위해서는 몇 개의 규칙이 필요할까? MBTI 유형은 모두 16개이다. 그러므로 나와 상대방의 MBTI가 대입될 수 있는 경우의 수는 16 * 16개이다. 그러므로 각각의 경우의 수를 대입해서 이를 모두 규칙으로 만들기 위해서는 총 256개의 규칙이 필요한 것이다.

그러나 앞에서 규칙을 만들 때 같은 조건에서 같은 결과를 반환하는 경우는 하나의 규칙으로 묶어낼 수 있다고 했다.

구분	INFP	ENFP	INFJ	ENFJ	INTJ	ENTJ	INTP	ENTP	ISFP	ESFP	ISTP	ESTP	ISFJ	ESFJ	ISTJ	ESTJ
INFP																
ENFP																
INFJ																
ENFJ																
INTJ																
ENTJ																
INTP																
ENTP																
ISFP																
ESFP																
ISTP																
ESTP																
ISFJ																
ESFJ																
ISTJ																
ESTJ																

우선 위 표는 MBTI 유형별 궁합을 가장 단순한 형태로 정리한 것이다. 위 표에서 첫 번째 행(Row)인 "INFP"를 살펴보면 대입되는 다른 모든 MBTI 유형들에 대해 두 가지 결과 즉, "좋은관계"와 "파멸이다"를 반환하게 된다. 그렇다면 "INFP"의 궁합을 결정 테이블에서 표현하기 위해서는 두 개의 규칙만 있으면 된다.

구분	INFP	ENFP	INFJ	ENFJ	INTJ	ENTJ	INTP	ENTP	ISFP	ESFP	ISTP	ESTP	ISFJ	ESFJ	ISTJ	ESTJ	규칙 수
INFP																	2
ENFP																	2
INFJ																	2
ENFJ																	2
INTJ																	2
ENTJ																	2
INTP																	2
ENTP																	2
ISFP																	2
ESFP																	2
ISTP																	2
ESTP																	2
ISFJ																	3
ESFJ																	3
ISTJ																	3
ESTJ																	3
																	36

이와 같은 방법으로 살펴보면 1번부터 12번째 행인 "ESTP"까지 모두 두 가지 결과를 반환한다. 그리고 13번째 행인 "ISFJ"부터 16번째 행인 "ESTJ"까지는 모두 세 가지 결과("파멸이다", "그럭저럭", "좋은관계")를 반환하게 된다. 이렇게 정리된 숫자를 모두 더해보면, (4 * 2) + (4 * 2) + (4 * 2) + (4 * 3)개의 규칙 즉, 모두 36개의 규칙이 만들어지게 된다.

구분	INFP	ENFP	INFJ	ENFJ	INTJ	ENTJ	INTP	ENTP	ISFP	ESFP	ISTP	ESTP	ISFJ	ESFJ	ISTJ	ESTJ	규칙 수
INFP																	2
ENFP																	2
INFJ																	2
ENFJ																	2
INTJ																	3
ENTJ																	2
INTP																	3
ENTP																	3
ISFP																	3
ESFP																	3
ISTP																	3
ESTP																	3
ISFJ																	4
ESFJ																	4
ISTJ																	4
ESTJ																	4
																	47

그런데 여기서 파란색 라인으로 테두리가 있는 "살려주삼" 영역이 추가됐다. 그러면 같은 기준으로 추가된 행의 규칙은 모두 하나씩 증가하게 된다. 그러면 모두 11개 행이 추가됐기 때문에 해당 행에는 각각 1개씩, 모두 11개의 규칙이 추가된다.

그러면 현재까지 정리된 규칙은 36 + 11이므로 모두 47개의 규칙이 정리된 것이다.

구분	INFP	ENFP	INFJ	ENFJ	INTJ	ENTJ	INTP	ENTP	ISFP	ESFP	ISTP	ESTP	ISFJ	ESFJ	ISTJ	ESTJ
INFP				♥		♥										
ENFP			♥		♥											
INFJ		♥					♥									
ENFJ	♥								♥							
INTJ		♥					♥									
ENTJ	♥							♥								
INTP					♥											♥
ENTP				♥												
ISFP				♥										♥		♥
ESFP													♥		♥	
ISTP														♥		♥
ESTP													♥		♥	
ISFJ										♥		♥				
ESFJ									♥		♥					
ISTJ										♥		♥				
ESTJ							♥		♥		♥					

그리고 이제 마지막으로 하트 표시가 되어있는 "천생연분" 단계가 추가됐다. 그러면 행을 기준으로 "천생연분" 단계가 포함된 행들은 각각 한 개씩의 규칙이 더 만들어지게 된다. 위 표를 보면 각기 모든 MBTI유형에 대해 "천생연분" 단계가 포함된 것이므로 총 16개 MBTI 유형에 해당하는 규칙이 최종 추가된다.

그러면 결과적으로 이전 규칙의 합이 47개이고, 지금 16의 규칙이 새로 추가됐으니 총 규칙의 수는 63개가 된다.

구분	INFP	ENFP	INFJ	ENFJ	INTJ	ENTJ	INTP	ENTP	ISFP	ESFP	ISTP	ESTP	ISFJ	ESFJ	ISTJ	ESTJ	규칙 수
INFP				♥		♥											3
ENFP			♥		♥												3
INFJ		♥					♥										3
ENFJ	♥								♥								3
INTJ		♥					♥										4
ENTJ	♥							♥									3
INTP					♥											♥	4
ENTP				♥													4
ISFP				♥										♥		♥	4
ESFP													♥		♥		4
ISTP														♥		♥	4
ESTP													♥		♥		4
ISFJ										♥		♥					5
ESFJ									♥		♥						5
ISTJ										♥		♥					5
ESTJ							♥		♥		♥						5
																	63

위 표에는 앞서 설명한 내용을 정리하면서 각 행마다 규칙 수를 정리한 내용이다. 최종적으로 오른쪽 하단에서 규칙의 수를 모두 더한 값이 63인 것을 확인할 수 있다.

그러면 이제 MBTI 궁합의 패턴과 구조에 대한 분석이 마무리됐기 때문에 이를 기반으로 DMN 모델링을 해보기로 하자. 이를 위해 우선 DRD(Decision Requirement Diagram) 결정 요구사항 다이어그램)를 작성해보기로 하자.

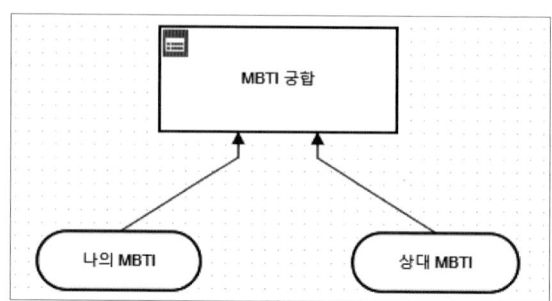

위의 결정 요구사항 다이어그램을 보면 매우 단순하다. 그도 그럴 것이 입력 데이터가 두 개밖에 없다. 그러면 이제 결정으로 들어가서 결정 테이블을 작성해야 한다. 앞서도 언급했지만 결정 테이블을 작성하기 전에 우선 엑셀로 관련 규칙들을 정리하는 것은 매우 중요하다. 엑셀은 우선 친숙하고, 그 구조가 행과 열로 이루어져 있기 때문에 결정테이블의 논리를 표현하는 것과 동일한 구조를 갖는다.

전체 개별 규칙 - 63개 규칙

	INFP	ENFJ	ENTJ							1
	INFP	INFP	ENFP	INFJ	INTJ	INTP	ENTP			2
	INFP	ISFP	ESFP	ISTP	ESTP	ISFJ	ESFJ	ISTJ	ESTJ	3
♥	ENFP	INFJ	INTJ							4
	ENFP	INFP	ENFP	ENFJ	ENTJ	INTP	ENTP			5
	ENFP	ISFP	ESFP	ISTP	ESTP	ISFJ	ESFJ	ISTJ	ESTJ	6
♥	INFJ	ENFP	ENTP							7
	INFJ	INFP	INFJ	ENFJ	INTJ	ENTJ	INTP			8
	INFJ	ISFP	ESFP	ISTP	ESTP	ISFJ	ESFJ	ISTJ	ESTJ	9
	ENFJ	INFP	ISFP							10
	ENFJ	ENFP	INFJ	ENFJ	INTJ	ENTJ	INTP	ENTP		11
	ENFJ	ESFP	ISTP	ESTP	ISFJ	ESFJ	ISTJ	ESTJ		12
♥	INTJ	ENFP	ENTP							13
	INTJ	INFP	INFJ	ENFJ	INTJ	ENTJ	INTP			14
	INTJ	ISFP	ESFP	ISTP	ESTP					15
	INTJ	ISFJ	ESFJ	ISTJ	ESTJ					16
	ENTJ	INFP	INTP							17
	ENTJ	ENFP	INFJ	ENFJ	INTJ	ENTJ	ENTP			18
	ENTJ	ISFP	ESFP	ISTP	ESTP	ISFJ	ESFJ	ISTJ	ESTJ	19
	INTP	ENTJ	ESTJ							20
	INTP	INFP	ENFP	INFJ	ENFJ	INTJ	INTP	ENTP		21
	INTP	ISFP	ESFP	ISTP	ESTP					22
	INTP	ISFJ	ESFJ	ISTJ						23
♥	ENTP	INFJ	INTJ							24
	ENTP	INFP	ENFP	ENFJ	ENTJ	INTP	ENTP			25
	ENTP	ISFP	ESFP	ISTP	ESTP					26
	ENTP	ISFJ	ESFJ	ISTJ	ESTJ					27
	ISFP	ENFJ	ESFJ	ESTJ						28
	ISFP	INTJ	ENTJ	INTP	ENTP	ISFJ	ISTJ			29
	ISFP	ISFP	ESFP	ISTP	ESTP					30
	ISFP	INFP	ENFP	INFJ						31
♥	ESFP	ISFJ	ISTJ							32
	ESFP	INTJ	ENTJ	INTP	ENTP	ESFJ	ESTJ			33
	ESFP	ISFP	ESFP	ISTP	ESTP					34
	ESFP	INFP	ENFP	INFJ	ENFJ					35
	ISTP	ESFJ	ESTJ							36
	ISTP	INTJ	ENTJ	INTP	ENTP	ISFJ	ISTJ			37
	ISTP	ISFP	ESFP	ISTP	ESTP					38
	ISTP	INFP	ENFP	INFJ	ENFJ					39
♥	ESTP	ISFJ	ISTJ							40
	ESTP	INTJ	ENTJ	INTP	ENTP	ESFJ	ESTJ			41
	ESTP	ISFP	ESFP	ISTP	ESTP					42
	ESTP	INFP	ENFP	INFJ	ENFJ					43
♥	ISFJ	ESFP	ESTP							44
	ISFJ	ISFJ	ESFJ	ISTJ	ESTJ					45
	ISFJ	ENTJ	ISFP	ISTP						46
	ISFJ	INTJ	INTP	ENTP						47
	ISFJ	INFP	ENFP	INFJ	ENFJ					48
	ESFJ	ISFP	ISTP							49
	ESFJ	ISFJ	ESFJ	ISTJ	ESTJ					50
	ESFJ	ENTJ	ESFP	ESTP						51
	ESFJ	INTJ	INTP	ENTP						52
	ESFJ	INFP	ENFP	INFJ	ENFJ					53
♥	ISTJ	ESFP	ESTP							54
	ISTJ	ISFJ	ESFJ	ISTJ	ESTJ					55
	ISTJ	ENTJ	ISFP	ISTP						56
	ISTJ	INTJ	INTP	ENTP						57
	ISTJ	INFP	ENFP	INFJ	ENFJ					58
	ESTJ	INTP	ISFP	ISTP						59
	ESTJ	ISFJ	ESFJ	ISTJ	ESTJ					60
	ESTJ	ENTJ	ESFP	ESTP						61
	ESTJ	INTJ	ENTP							62
	ESTJ	INFP	ENFP	INFJ	ENFJ					63

위의 표는 엑셀로 각 MBTI 유형별 적용되는 규칙들을 정리한 것이다. 모두 63가지의 규칙이 존재한다.

그러나 여기서 끝이 아니다. 앞에서도 설명했지만 같은 결과가 나올 수 있다면, 여러 규칙들을 하나로 통합할 수 있다.

구분	INFP	ENFP	INFJ	ENFJ	INTJ	ENTJ	INTP	ENTP	ISFP	ESFP	ISTP	ESTP	ISFJ	ESFJ	ISTJ	ESTJ
INFP				♥		♥			1	1	1	1	1	1	1	1
ENFP			♥		♥				1	1	1	1	1	1	1	1
INFJ		♥						♥	1	1	1	1	1	1	1	1
ENFJ	♥								♥							
INTJ			♥				♥		2	2	2	2	9	9	9	9
ENTJ	♥							♥								
INTP					♥				2	2	2	2	♥		♥	
ENTP		♥		♥					2	2	2	2	9	9	9	9
ISFP				♥	3	3	3	3	7	7	7	7	3	♥	3	♥
ESFP	11	11	11	11	4	4	4	4	7	7	7	7	♥	4	♥	4
ISTP	11	11	11	11	3	3	3	3	7	7	7	7	3	♥	3	♥
ESTP	11	11	11	11	4	4	4	4	7	7	7	7	♥	4	♥	4
ISFJ	11	11	11	11	8	5	8	8	5	♥	5	♥	10	10	10	10
ESFJ	11	11	11	11	8	6	8	8	♥	6	♥	6	10	10	10	10
ISTJ	11	11	11	11	8	5	8	8	5	♥	5	♥	10	10	10	10
ESTJ	11	11	11	11		6	♥		♥	6	♥	6	10	10	10	10

위의 표를 보면 각 행(Row) 별로 같은 결과가 나올 수 있는 항목들을 숫자로 구분했다. 예를 들어 첫 번째 행에서 세 번째 행은 ISFP 열부터 ESTJ 열까지 모두 같은 결과 "파멸이다"를 반환한다. 그러므로 이들은 하나의 규칙(Rule)으로 묶어낼 수 있다. 이렇게 행을 기준으로 두 개 이상의 같은 결과를 반환하는 행들은 모두 하나의 규칙으로 묶을 수 있기 때문에 같은 결과를 반환하는 행들을 번호로 구분했다.

위 표에서 보면 두 개 이상의 행에서 같은 결과를 반환하는 행의 가지수는 모두 총 11개이다.

그런데 역시나 여기도 끝이 아니다. 마지막으로 하트가 남아있다. 아래 표는 하트까지 한 번에 정리하면 너무 표가 복잡해 보여서 일부러 하트만 남겨놓고 정리한 것이다. 이제 이전 번호는 없애고, 하트 영역은 12번부터 시작하도록 하겠다.

구분	INFP	ENFP	INFJ	ENFJ	INTJ	ENTJ	INTP	ENTP	ISFP	ESFP	ISTP	ESTP	ISFJ	ESFJ	ISTJ	ESTJ
INFP				♥		♥										
ENFP			⑫		⑫											
INFJ		⑬						⑬								
ENFJ	♥								♥							
INTJ		⑬						⑬								
ENTJ	♥						♥									♥
INTP					♥											♥
ENTP			⑫		⑫											
ISFP				♥										♥		♥
ESFP													⑭	♥	⑭	
ISTP														♥		♥
ESTP													⑭		⑭	
ISFJ										⑮		⑮				
ESFJ									♥		♥					
ISTJ										⑮		⑮				
ESTJ						♥			♥		♥					

그러면 12번부터 15번까지 "천생연분"이라는 동일한 결과를 반환하는 같은 행들임을 확인할 수 있다. 숫자가 적혀 있지 않은 하트들은 모두 중복된 행이 없는 규칙들이다. 그러면 우선 이렇게 하나 이상의 동일한 결과를 반환하는 1번부터 15번까지 항목들을 다시 엑셀로 정리해 보기로 하자.

중복 규칙 - 15개 (42개 규칙을 15개로 묶음)

#										#
1	INFP	ISFP	ESFP	ISTP	ESTP	ISFJ	ESFJ	ISTJ	ESTJ	1
	ENFP	ISFP	ESFP	ISTP	ESTP	ISFJ	ESFJ	ISTJ	ESTJ	2
	INFJ	ISFP	ESFP	ISTP	ESTP	ISFJ	ESFJ	ISTJ	ESTJ	3
2	INTJ	ISFP	ESFP	ISTP	ESTP					4
	INTP	ISFP	ESFP	ISTP	ESTP					5
	ENTP	ISFP	ESFP	ISTP	ESTP					6
3	ISFP	INTJ	ENTJ	INTP	ENTP	ISFJ	ISTJ			7
	ISTP	INTJ	ENTJ	INTP	ENTP	ISFJ	ISTJ			8
4	ESFP	INTJ	ENTJ	INTP	ENTP	ESFJ	ESTJ			9
	ESTP	INTJ	ENTJ	INTP	ENTP	ESFJ	ESTJ			10
5	ISFJ	ENTJ	ISFP	ISTP						11
	ISTJ	ENTJ	ISFP	ISTP						12
6	ESFJ	ENTJ	ESFP	ESTP						13
	ESTJ	ENTJ	ESFP	ESTP						14
7	ISFP	ISFP	ESFP	ISTP	ESTP					15
	ESFP	ISFP	ESFP	ISTP	ESTP					16
	ISTP	ISFP	ESFP	ISTP	ESTP					17
	ESTP	ISFP	ESFP	ISTP	ESTP					18
8	ISFJ	INTJ	INTP	ENTP						19
	ESFJ	INTJ	INTP	ENTP						20
	ISTJ	INTJ	INTP	ENTP						21
9	INTJ	ISFJ	ESFJ	ISTJ	ESTJ					22
	ENTP	ISFJ	ESFJ	ISTJ	ESTJ					23
10	ISFJ	ISFJ	ESFJ	ISTJ	ESTJ					24
	ESFJ	ISFJ	ESFJ	ISTJ	ESTJ					25
	ISTJ	ISFJ	ESFJ	ISTJ	ESTJ					26
	ESTJ	ISFJ	ESFJ	ISTJ	ESTJ					27
11	ESFP	INFP	ENFP	INFJ	ENFJ					28
	ISTP	INFP	ENFP	INFJ	ENFJ					29
	ESTP	INFP	ENFP	INFJ	ENFJ					30
	ISFJ	INFP	ENFP	INFJ	ENFJ					31
	ESFJ	INFP	ENFP	INFJ	ENFJ					32
	ISTJ	INFP	ENFP	INFJ	ENFJ					33
	ESTJ	INFP	ENFP	INFJ	ENFJ					34
♥ 12	ENFP	INFJ	INTJ							35
	ENTP	INFJ	INTJ							36
♥ 13	INFJ	ENFP	ENTP							37
	INTJ	ENFP	ENTP							38
♥ 14	ESFP	ISFJ	ISTJ							39
	ESTP	ISFJ	ISTJ							40
♥ 15	ISFJ	ESFP	ESTP							41
	ISTJ	ESFP	ESTP							42

위 표는 기존에 개별적으로 존재했던 63개의 규칙 중 같은 결과를 반환하는 중복 규칙들 총 42개가 15개로 묶여진 모습이다.

중복 규칙 통합 - 15개로 정리

	#								
	1	INFP, ENFP, INFJ	ISFP	ESFP	ISTP	ESTP	ISFJ	ESFJ	ISTJ	ESTJ
	2	INTJ, INTP, ENTP	ISFP	ESFP	ISTP	ESTP				
	3	ISFP, ISTP	INTJ	ENTJ	INTP	ENTP	ISFJ	ISTJ		
	4	ESFP, ESTP	INTJ	ENTJ	INTP	ENTP	ESFJ	ESTJ		
	5	ISFJ, ISTJ	ENTJ	ISFP	ISTP					
	6	ESFJ, ESTJ	ENTJ	ESFP	ESTP					
	7	ISFP, ESFP, ISTP, ESTP	ISFP	ESFP	ISTP	ESTP				
	8	ISFJ, ESFJ, ISTJ	INTJ	INTP	ENTP					
	9	INTJ, ENTP	ISFJ	ESFJ	ISTJ	ESTJ				
	10	ISFJ, ESFJ, ISTJ, ESTJ	ISFJ	ESFJ	ISTJ	ESTJ				
	11	ESFP, ISTP, ESTP, ISFJ, ESFJ, ISTJ, ESTJ	INFP	ENFP	INFJ	ENFJ				
♥	12	ENFP, ENTP	INFJ	INTJ						
♥	13	INFJ, INTJ	ENFP	ENTP						
♥	14	ESFP, ESTP	ISFJ	ISTJ						
♥	15	ISFJ, ISTJ	ESFP	ESTP						

이러한 15개의 규칙 묶음들은 위와 같이 각각 하나의 규칙으로 묶어낼 수 있다.

그러면 위의 15개 규칙 외에 중복된 규칙이 없는 단일 규칙들의 숫자는 모두 21개이며 이 규칙들을 추가하면 최종적으로 36개의 규칙이 만들어지게 된다.

36개 규칙이 만들어지는 근거는 다음과 같다.

중복 규칙 15개 + 남은 개별 규칙 21개

	#								
	1	INFP, ENFP, INFJ	ISFP	ESFP	ISTP	ESTP	ISFJ	ESFJ	ISTJ	ESTJ
	2	INTJ, INTP, ENTP	ISFP	ESFP	ISTP	ESTP				
	3	ISFP, ISTP	INTJ	ENTJ	INTP	ENTP	ISFJ	ISTJ		
	4	ESFP, ESTP	INTJ	ENTJ	INTP	ENTP	ESFJ	ESTJ		
	5	ISFJ, ISTJ	ENTJ	ISFP	ISTP					
	6	ESFJ, ESTJ	ENTJ	ESFP	ESTP					
	7	ISFP, ESFP, ISTP, ESTP	ISFP	ESFP	ISTP	ESTP				
	8	ISFJ, ESFJ, ISTJ	INTJ	INTP	ENTP					
	9	INTJ, ENTP	ISFJ	ESFJ	ISTJ	ESTJ				
	10	ISFJ, ESFJ, ISTJ, ESTJ	ISFJ	ESFJ	ISTJ	ESTJ				
	11	ESFP, ISTP, ESTP, ISFJ, ESFJ, ISTJ, ESTJ	INFP	ENFP	INFJ	ENFJ				
♥	12	ENFP, ENTP	INFJ	INTJ						
♥	13	INFJ, INTJ	ENFP	ENTP						
♥	14	ESFP, ESTP	ISFJ	ISTJ						
♥	15	ISFJ, ISTJ	ESFP	ESTP						
♥	1	INFP	ENFJ	ENTJ						
	2	INFP	INFP	ENFP	INFJ	INTJ	INTP	ENTP		
	3	ENFP	INFP	ENFP	ENFJ	ENTJ	INTP	ENTP		
	4	INFJ	INFP	INFJ	ENFJ	INTJ	ENTJ	INTP		
♥	5	ENFJ	INFP	ISFP						
	6	ENFJ	ENFP	ENFP	ENFJ	INTJ	ENTJ	INTP	ENTP	
	7	ENFJ	ESFP	ISTP	ESTP	ISFJ	ESFJ	ISTJ	ESTJ	
	8	INTJ	INFP	INFJ	ENFJ	INTJ	ENTJ	INTP		
♥	9	ENTJ	INFP	INTP						
	10	ENTJ	ENFP	ENFP	ENFJ	INTJ	ENTJ	ENTP		
	11	ENTJ	ISFP	ESFP	ISTP	ESTP	ISFJ	ESFJ	ISTJ	ESTJ
♥	12	INTP	ENTJ	ESTJ						
	13	INTP	INFP	ENFP	INFJ	ENFJ	INTJ	INTP	ENTP	
	14	INTP	ISFJ	ESFJ	ISTJ					
	15	ENTP	INFP	ENFP	ENFJ	ENTJ	INTP	ENTP		
♥	16	ISFP	ENFJ	ESFJ	ESTJ					
	17	ISFP	INFP	ENFP	INFJ					
♥	18	ISTP	ESFJ	ESTJ						
♥	19	ESFJ	ISFP	ISTP						
♥	20	ESTJ	INTP	ISFP	ISTP					
	21	ESTJ	INTJ	ENTP						

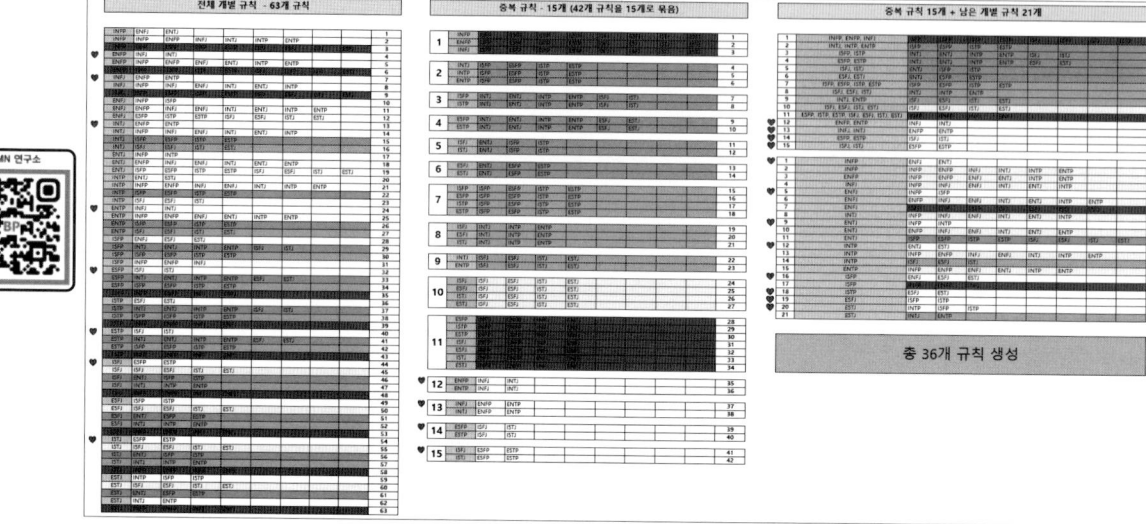

이 과정을 하나의 화면으로 정리하면 위와 같다. 지면이 부족해서 잘 보이지는 않겠지만 규칙이 정리되는 과정을 확인할 수 있을 것이다.

우리는 처음에 본인과 상대방의 MBTI 유형이 대입되는 경우의 수를 256(16 * 16)개의 규칙으로 확인했었다.

그러나 이중 42개의 규칙이 15개로 묶여질 수 있음을 확인했고, 묶여지지 않은 개별 규칙 21개가 더해져서 모두 36개의 규칙으로 정리가 된 것이다.

만일 규칙들을 묶어내지 않고 대입되는 모든 경우의 수를 고려해서 프로그램을 개발했다면, 총 256개의 IF문이 사용되었을 것이다.

그러나 지금은 36개의 IF문으로 동일한 결과를 반환할 수 있게 되었다.

이렇게 개발된 프로그램을 로직(Logic)이 잘 정리된 즉, 논리적으로 잘 정리된 프로그램이라고 하는 것이다.

이제 MBTI 궁합표를 분석하고, 규칙을 정리하는 작업이 마무리되었으니 위 내용을 기준으로 결정 테이블에 규칙들을 만들어 보기로 하자. 흔히들 엑셀에 관련 내용을 잘 정리한 후에 결정 테이블에 규칙을 추가하면서 실수하는 경우가 적지 않다.

정확도가 중요한 작업인 만큼 서두르지 말고, 천천히 값들을 확인하면서 작성해보기로 하자.

MBTI 궁합	Hit Policy: Unique		
#	When: 나의 MBTI ("INFP","ENFP","INFJ","ENFJ","INTJ","ENTJ","INTP","ENTP","ISFP","ES...)	상대 MBTI ("INFP","ENFP","INFJ","ENFJ","INTJ","ENTJ","INTP","ENTP","ISFP","ESFP","IST...)	Then: 궁합 ("천생연분","좋은관계","그럭저...)	Annotations
1	"INFP","ENFP","INFJ"	"ISFP","ESFP","ISTP","ESTP","ISFJ","ESFJ","ISTJ","ESTJ"	"파멸이다"	
2	"INTJ","INTP","ENTP"	"ISFP","ESFP","ISTP","ESTP"	"그럭저럭"	
3	"ISFP","ISTP"	"INTJ","ENTJ","INTP","ENTP","ISFJ","ISTJ"	"그럭저럭"	
4	"ESFP","ESTP"	"INTJ","ENTJ","INTP","ENTP","ESFJ","ESTJ"	"그럭저럭"	
5	"ISFJ","ISTJ"	"ENTJ","ISFP","ISTP"	"그럭저럭"	
6	"ESFJ","ESTJ"	"ENTJ","ESFP","ESTP"	"그럭저럭"	
7	"ISFP","ESFP","ISTP","ESTP"	"ISFP","ESFP","ISTP","ESTP"	"살려주삼"	
8	"ISFJ","ISTJ"	"INTJ","INTP","ENTP"	"살려주삼"	
9	"INTJ","ENTP"	"ISFJ","ESFJ","ISTJ","ESTJ"	"살려주삼"	
10	"ISFJ","ESFJ","ISTJ","ESTJ"	"ISFJ","ESFJ","ISTJ","ESTJ"	"좋은관계"	
11	"ESFP","ISTP","ESTP","ISFJ","ESFJ","ISTJ","ESTJ"	"INFP","ENFP","INFJ","ENFJ"	"파멸이다"	
12	"ENFP","ENTP"	"INFJ","INTJ"	"천생연분"	
13	"INFJ","INTJ"	"ENFP","ENTP"	"천생연분"	
14	"ESFP","ESTP"	"ISFJ","ISTJ"	"천생연분"	
15	"ISFJ","ISTJ"	"ESFP","ESTP"	"천생연분"	
16	"INFP"	"ENFJ","ENTJ"	"천생연분"	
17	"INFP"	"INFP","ENFP","INFJ","INTJ","INTP","ENTP"	"좋은관계"	
18	"ENFP"	"INFP","ENFP","ENFJ","ENTJ","INTP","ENTP"	"좋은관계"	
19	"INFJ"	"INFP","INFJ","ENFJ","INTJ","ENTJ","INTP"	"좋은관계"	
20	"ENFJ"	"INFP","ISFP"	"천생연분"	
21	"ENFJ"	"ENFP","INFJ","ENFJ","INTJ","ENTJ","INTP","ENTP"	"좋은관계"	
22	"ENFJ"	"ESFP","ISTP","ESTP","ISFJ","ESFJ","ISTJ","ESTJ"	"파멸이다"	
23	"INTJ"	"INFP","INFJ","ENFJ","INTJ","ENTJ","INTP"	"좋은관계"	
24	"ENTJ"	"INFP","INTP"	"천생연분"	
25	"ENTJ"	"ENFP","INFJ","ENFJ","INTJ","ENTJ","ENTP"	"좋은관계"	
26	"ENTJ"	"ISFP","ESFP","ISTP","ESTP","ISFJ","ESFJ","ISTJ","ESTJ"	"그럭저럭"	
27	"INTP"	"ENTJ","ESTJ"	"천생연분"	
28	"INTP"	"INFP","ENFP","INFJ","ENFJ","INTJ","INTP","ENTP"	"좋은관계"	
29	"INTP"	"ISFJ","ESFJ","ISTJ"	"살려주삼"	
30	"ENTP"	"INFP","ENFP","ENFJ","ENTJ","INTP","ENTP"	"좋은관계"	
31	"ISFP"	"ENFJ","ESFJ","ESTJ"	"천생연분"	
32	"ISFP"	"INFP","ENFP","INFJ"	"파멸이다"	
33	"ISTP"	"ESFJ","ESTJ"	"천생연분"	
34	"ESFJ"	"ISFP","ISTP"	"천생연분"	
35	"ESTJ"	"INTP","ISFP","ISTP"	"천생연분"	
36	"ESTJ"	"INTJ","ENTP"	"살려주삼"	

이제 최종적으로 결정 테이블에 36개의 규칙들이 잘 정리가 됐다.

그런데 이러한 논리적인 과정을 DMN으로 정리하지 않고, BPMN으로 정리했다면 어떻게 됐을까? 아마도 그 다이어그램을 출력하는데 A4 용지 10장 정도는 필요하지 않을까 싶다. 반복적으로 얘기하지만 이것이 우리가 DMN을 사용해야 하는 이유이다.

그러면 이렇게 열심히 MBTI에 대한 궁합을 알아보는 규칙을 DMN으로 정리했는데 이 규칙은 어디서 사용할까? 사용할 곳이 없으면 만들 이유도 없는 것이다.

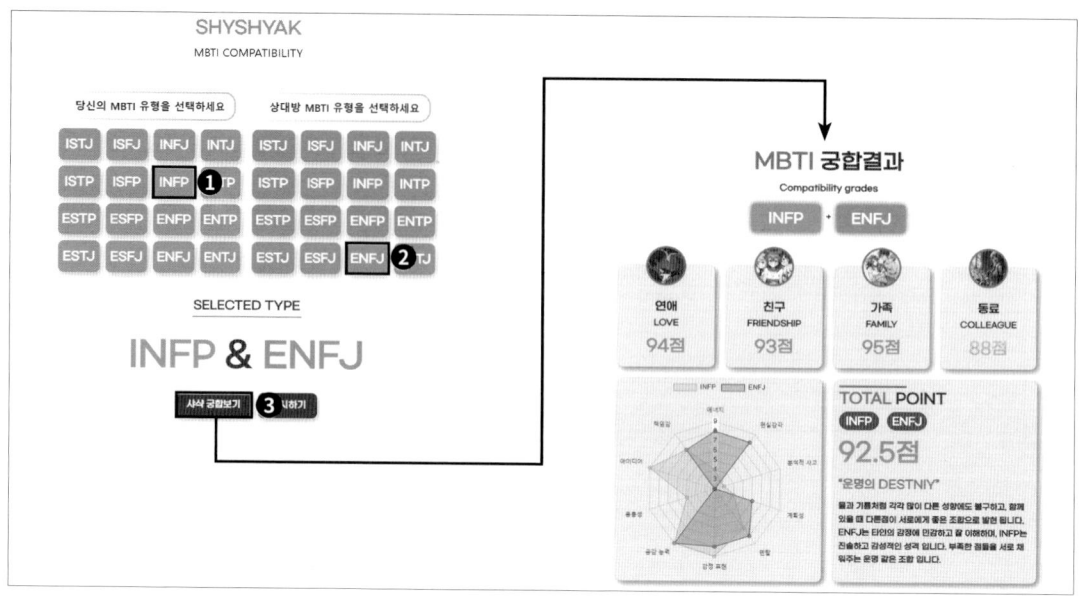

위 사이트를 보면 본인의 MBTI를 선택(1번)하고, 상대방의 MBTI를 선택(2번)한 다음 "궁합보기" 버튼을 클릭(3번)하면, 다음 페이지로 이동해서 궁합결과가 나타나게 된다. 물론 우리는 "천생연분", "좋은관계", "그럭저럭", "살려주삼", "파멸이다"와 같이 단순한 결과를 출력 데이터로 반환했다.

만일 위 사이트처럼 많은 양의 정보를 상세히 보여주기 원한다면 다양한 정보가 미리 준비되어 있어야만 하고, 거기에 따른 규칙들도 다시 정리되어야 할 것이다.

참고로 위 사이트는 샤샥(https://shyshyak.com)이란 사이트인데 인터넷에서 "MBTI 궁합"으로 검색해보면 위와 같은 서비스를 제공하는 사이트들이 많이 있는 것을 확인할 수 있다.

Exercises

chapter
4
DMN(Decision Model and Notation) 모델링

01 DMN(Decision Model and Notation)을 이용해서 작성된 다이어그램을 무엇이라고 하는가?

① DRD(Decision Requirement Diagram, 결정 요구사항 다이어그램)
② DMD(Decision Management Diagram, 결정 관리 다이어그램)
③ DRD(Decision Rule Diagram, 결정 규칙 다이어그램)
④ DBD(Decision Business Diagram, 결정 비즈니스 다이어그램)

02 다음 중 입력 데이터와 결정을 연결하여, 데이터나 정보가 제공되는 방향을 표시하는 연결선은 무엇인가?

① 지식 요구(Knowledge Requirement)
② 권한 요구(Authority Requirement)
③ 결정 요구(Decision Requirement)
④ 정보 요구(Information Requirement)

03 다음 중 결정(Decision)에 근거가 되는 관련 지식을 표현하기 위한 객체를 무엇이라고 하는가?

① 지식 요구(Knowledge Requirement)
② 지식 소스(Knowledge Source)
③ 비즈니스 지식 모델(Business Knowledge Moel)
④ 정보 요구(Information Requirement)

04 다음 중 결정 테이블에서 입력 데이터를 기준으로 규칙이 적용되어 반환되는 값을 무엇이라고 하는가?

① 반환 데이터(Return Data)
② 지식 데이터(Knowledge Data)
③ 정보 데이터(Information Data)
④ 출력 데이터(Output Data)

Exercises

05 다음 중 결정 테이블의 히트 정책에서 배타적 게이트웨이와 같이 조건에 맞는 하나의 규칙만 적용되어야 하는 히트 정책을 무엇이라고 하는가?

① 고유(Unique, U) ② 모두(Any, A)
③ 첫 번째(First, F) ④ 집계(Collect, C)

06 다음 중 결정 테이블의 히트 정책에서 조건에 맞는 여러 규칙들 중에서 원하는 결과를 반환하기 위해서 사용하는 히트 정책을 무엇이라고 하는가?

① 고유(Unique, U) ② 모두(Any, A)
③ 첫 번째(First, F) ④ 집계(Collect, C)

07 다음 중 결정 테이블에서 입력 데이터에 따라 출력 데이터를 반환하기 위한 기준을 무엇이라고 하는가?

① 결정 ② 규칙
③ 기준 ④ 조건

08 다음 중 결정 테이블의 집계 히트 정책의 옵션 중에서 조건에 맞는 규칙의 수를 반환하는 옵션을 무엇이라고 하는가?

① SUM ② Max
③ MIN ④ Count

09 다음 중 결정 테이블의 집계 히트 정책의 옵션 중에서 조건에 맞는 규칙의 합을 반환하는 옵션을 무엇이라고 하는가?

① SUM ② Max
③ 첫 번째(First, F) ④ 집계(Collect, C)

10 다음 중 입력 데이터 값이 무엇이든 상관없을 때 사용하는 표기는 무엇인가?

① - (대쉬) ② NOT
③ OR ④ AND

11 다음 중 입력 데이터에서 10에서 20사이 값의 범위를 정의할 때 사용하는 표기 방법은 무엇인가?

① (10~20) ② [10~20]
③ (10..20) ④ [10..20]

12 다음 중 영어 등급과 문과 이과에 따른 반환 값이 아래표와 같은 경우 만들어질 수 있는 규칙의 수는 몇개인가?

영어 등급	문과	이과
수	A 학점	A 학점
우	B 학점	A 학점
미	C 학점	B 학점
양	D 학점	C 학점
가	F 학점	F 학점

① 10개의 규칙 ② 8개의 규칙
③ 5개의 규칙 ④ 2개의 규칙

1	2	3	4	5	6	7	8	9	10
①	①	③	④	①	④	②	④	①	①
11	12								
④	②								

THE START

BPMN & DMN User Guide

5장
BPMN, DMN 모델링 실습

1. Camunda 솔루션 소개
    1-1 Camunda 툴(Tool) 소개
    1-2 1부터 100까지 더하기 BPMN 작성 실습
    1-3 구구단 계산 BPMN 작성 실습
2. 북 카페 대여 프로세스 모델링
    2-1 북 카페(Book Café) 대여 프로세스 모델링 준비
    2-2 대여 요청 프로세스 BPMN 모델링
    2-3 회원 등록 프로세스 BPMN 모델링
    2-4 대여 협의와 대여료 결제 프로세스 BPMN 모델링
    2-5 포인트 적립 DMN 모델링
    2-6 비즈니스 규칙 작업과 DMN의 결정(Decision) 연결
3. 자동차 견적내기 프로세스 모델링
    3-1 자동차 견적내기 프로세스
    3-2 엔진 타입과 구동 타입 BPMN 모델링
    3-3 외장 컬러 선택 BPMN 모델링
    3-4 차량 패키지와 타이어 및 휠 선택 BPMN 모델링
    3-5 내장 디자인 및 컬러 선택 BPMN 모델링
    3-6 옵션 패키지 및 개별옵션 선택 BPMN 모델링
    3-7 자동차 견적내기 DMN 모델링
4. 다이어그램 관리하기
    4-1 다이어그램 공유 및 저장하기
    4-2 다이어그램 이력 및 버전 관리하기
    4-3 Visual Studio Code에서 BPMN 사용하기

THE START

1 Camunda 솔루션 소개

1-1 Camunda 툴(Tool) 소개

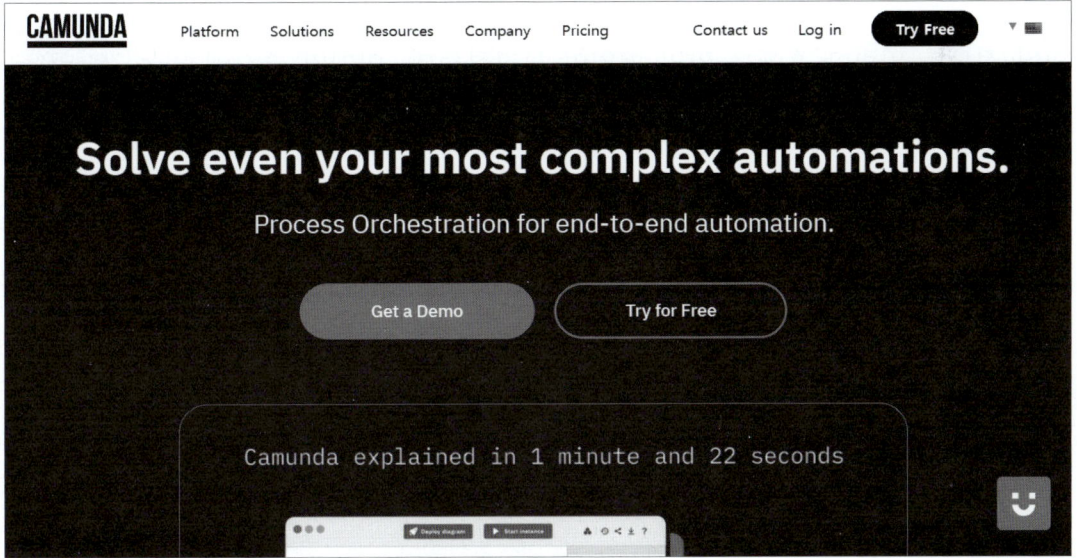

Camunda에서 제공하는 BPMN, DMN 툴을 사용하기 위해서는 Camunda 사이트(www.camunda.com)에서 회원 가입을 통해 계정을 생성해야 한다. 우선 무료로 사용할 수 있는 버전도 있으니 화면 중앙과 화면 오른쪽 상단에 있는 "Try for Free" 버튼을 누른다.

그런 다음 계정을 생성해야 하는데 구글이나 깃허브 계정을 이용하거나 아니면, 직접 사용하고 있는 이메일 기준으로 회원 정보를 입력할 수 있다.

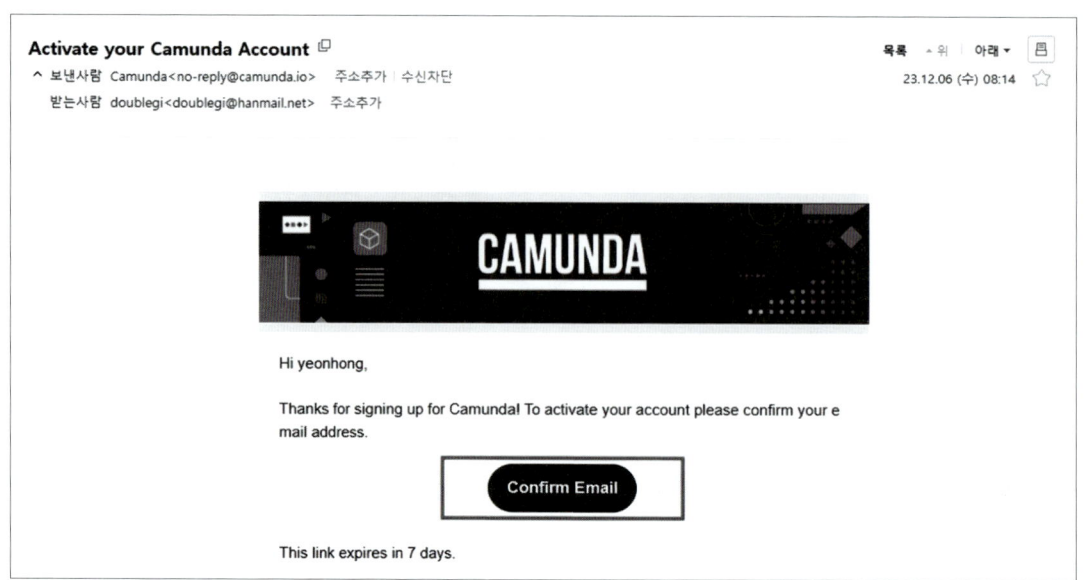

회원 정보를 입력한 후에는 확인 메일이 도착하는데, 이메일 중간에 있는 "Confirm Email" 버튼을 누르면, 등록된 계정이 활성화되고 자동으로 로그인 된다.

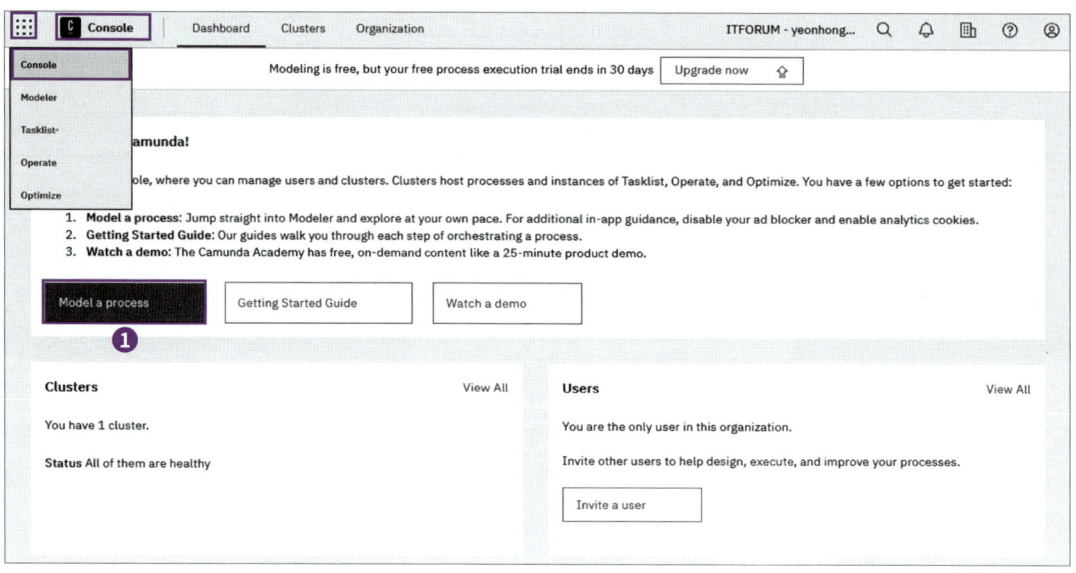

위 화면은 Console 화면인데 계정을 생성하면 30일 동안 프로세스를 실행할 수 있는 클러스터(Cluster)가 제공되며, 만일 이를 연장하고자 한다면 Free 비전이 아닌 Starter나 Enterprise 버전으로 업그레이드를 해야 한다. 그러나 30일이 지나더라도 클러스터 사용만 해제될 뿐 BPMN이나 DMN 다이어그램 작성은 무료로 할 수 있으니 걱정하지 않아도 된다.

그리고 혹시나 위 화면이 보이지 않는다면, 화면 왼쪽 상단에 있는 도시락(점9개) 버튼을 누른 다음 Console 항목을 선택하면 된다. 참고로 상단에 "Upgrade Now" 버튼을 누르면 라이선스 종류에 대해서 살펴볼 수 있고, 오른쪽 하단에 보면 "Invite a user" 버튼이 있는데 이 버튼을 누르면 Free 라이선스라도 5명까지 역할별로 초대해서 함께 다이어그램을 작성할 수 있다.

Console 화면에 많은 내용이 있는 것은 아니므로 간략히 살펴보기로 하고, 새로운 다이어그램을 만들기 위해서 왼쪽 중앙에 있는 "Model a Process" 버튼을 클릭(1번)해서 다음 화면으로 이동해보기로 하자.

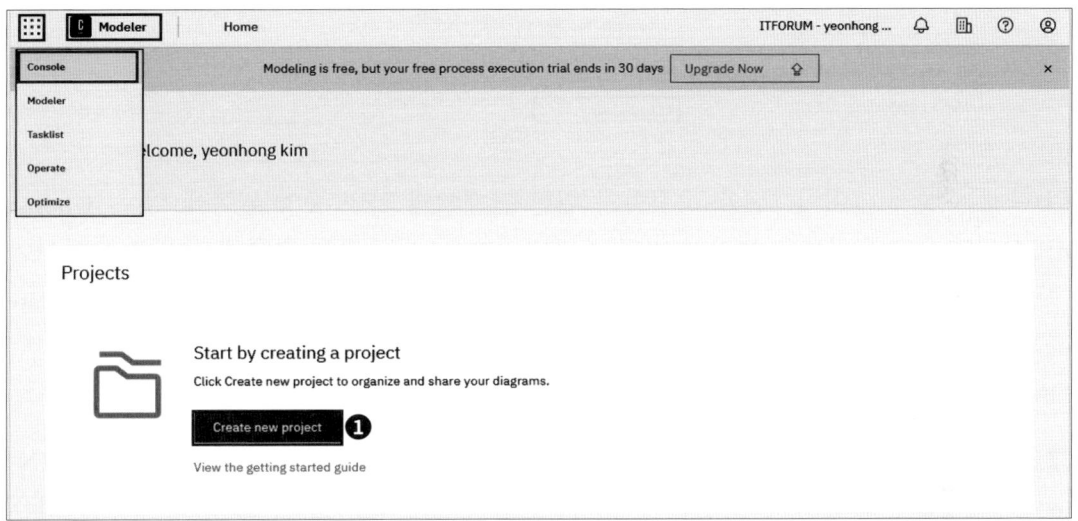

위 화면은 Modeler 화면인데 왼쪽 도시락 버튼을 누른 다음 "Modeler"를 선택해도 같은 페이지로 이동한다. 이 페이지 중앙에는 "Create new project" 버튼이 있는데, 이를 클릭(1번)하면 새로운 프로젝트가 생성되고, 해당 프로젝트 안에 여러 다양한 다이어그램들을 만들어서 관리할 수가 있기 때문에 규모가 있는 업무에 대한 여러 다이어그램들을 작성하기 위해서는 이와 같이 프로젝트 단위로 다이어그램을 작성하는 것이 훨씬 더 유리하다.

참고로 BPMN.io 사이트에서는 다이어그램들을 파일 단위로 관리해야만 했었다.

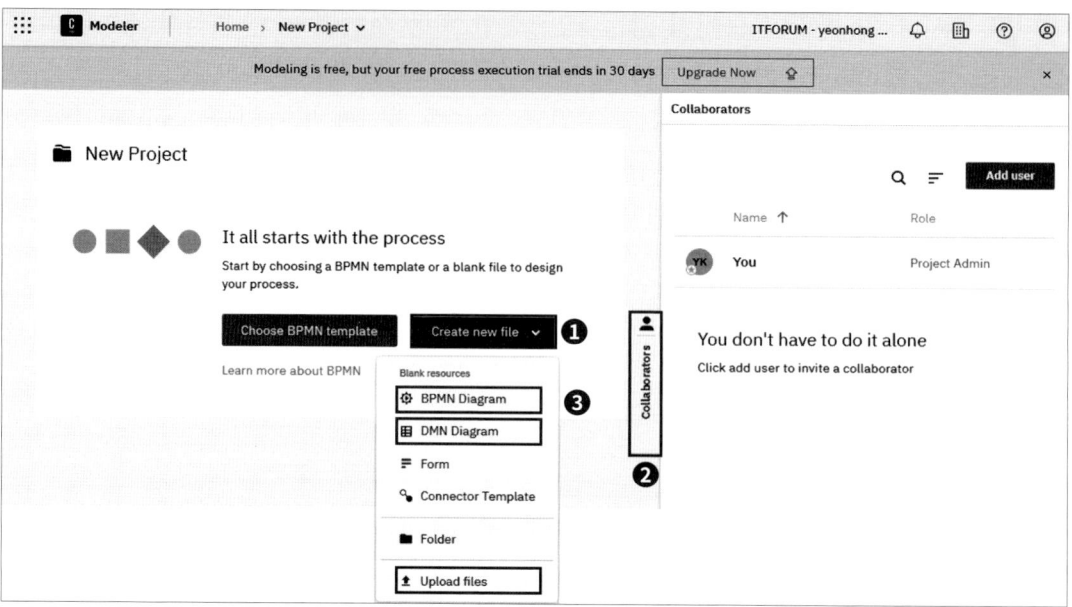

위 단계는 실제 다이어그램을 작성하기 위한 단계인데 화면 중앙 왼쪽에 있는 "Choose BPMN Template" 버튼을 눌러서 미리 준비된 BPMN 템플릿을 활용해서 새로운 다이어그램을 만들 수 있다. 템플릿을 사용하지 않고 새로운 파일을 만들기 위해서는 "Create new file" 드롭 다운 버튼(1번)을 누른 다음 현재 프로젝트에 추가하고 싶은 BPMN이나 DMN 다이어그램을 선택하면 된다.

그리고 하단에 보면 "Upload files" 항목이 있는데, 이를 통해 우리가 이전에 BPMN.io 사이트에서 작업했던 파일들을 현재 프로젝트에 추가할 수도 있다. 옆에 있는 Collaborations 영역은 함께 작업할 사용자를 추가하는 기능인데 우리는 혼자 실습을 진행할 것이기 때문에 이 기능은 사용하지 않을 것이다. "Collaborations" 버튼(2번)을 누르면, 해당 영역이 오른쪽으로 사라진다.

이제 새로운 BPMN 다이어그램을 만들 것이기 때문에 "BPMN Diagram" 항목(3번)을 눌러 보기로 하자.

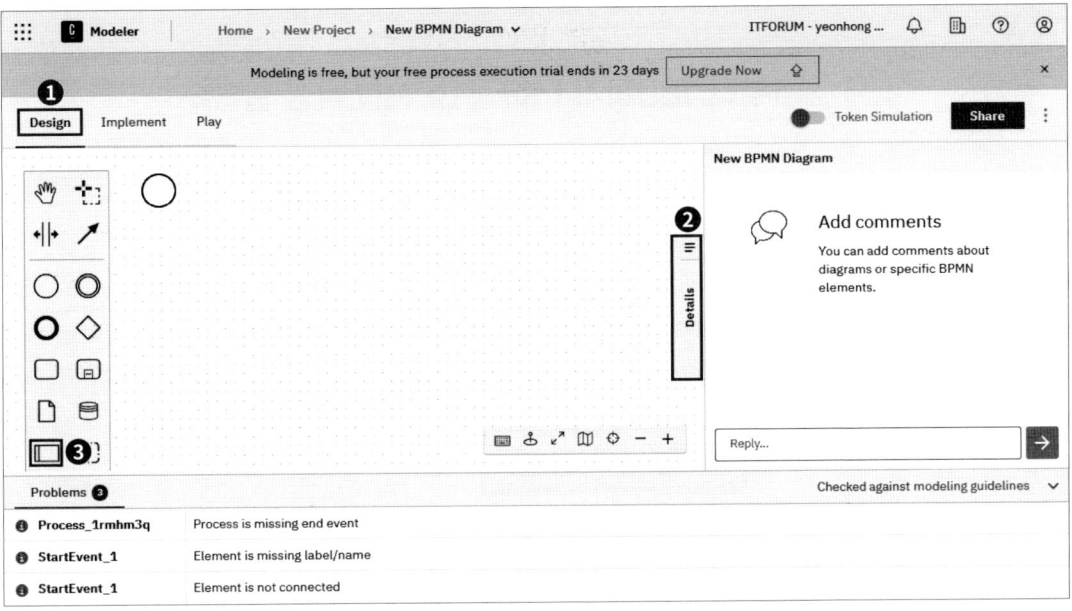

그러면 위와 같이 빈 다이어그램이 나타나게 된다. 우선 우리는 실행 가능한 BPMN 다이어그램을 작성하는 것이 목적이 아니라 다이어그램을 그리는 것이 목적이기 때문에 "Design" 탭 버튼(1번)을 누른다. 그리고 다이어그램 영역을 확장하기 위해 "Details" 버튼(2번)을 추가로 눌러서 다이어그램 영역을 확장한다.

현재 다이어그램에는 바탕에 시작 이벤트 하나만 덩그러니 있는 상황이기 때문에 다이어그램에 풀(Pool)을 추가하기 위해 왼쪽 팔레트 도구상자에서 풀을 선택(3번)한 다음 화면에 드래그 엔 드롭하면 된다.

아래쪽에 있는 Problems 목록은 현재 시점에서 다이어그램에 풀이 없기 때문에 첫 번째 메시지가 표시되는 것이고, 시작 이벤트의 이름이 없기 때문에 두 번째 메시지가 표시되며, 마지막으로 시작 이벤트와 연결된 객체가 하나도 없기 때문에 세 번째 메시지가 표시되는 것이다.

처음에 새로운 다이어그램을 생성할 때는 기본적으로 표시되는 메시지이니 신경 쓰지 않아도 된다.

이 외에 기본적인 다이어그램 작성 방법은 이전에 BPMN.io 사이트에서 소개했던 내용과 동일하다.

1-2 1부터 100까지 더하기 BPMN 작성 실습

1부터 100까지 더하기 순서도

- 시작
- 변수 2개 선언 (합 Sum, 증가값 N)
- 초기값 설정 (합 Sum, 증가값 N)
- Sum = Sum + N
- N = N + 1
- N <= 100 (예 → 반복 / 아니오 ↓)
- Sum 값 출력
- 종료

위 화면은 1부터 100까지 더한 값을 출력하는 과정을 설명하고 있는 순서도이다. 이를 위해서는 두 개의 변수(값을 저장해 놓기 위한 메모리 저장소)가 필요하다. 하나는 1부터 100까지 증가하는 값을 저장하기 위한 변수(N)이고, 또 하나는 증가하는 값을 더해서 저장하기 위한 변수(Sum)이다.

증가 값 N은 1부터 시작해서 해당 값을 Sum에 더한 후 계속 1씩 증가(N = N + 1)시키면서 이 작업을 반복해야 한다. 그리고 마지막 증가 값 N이 101이 되면 즉, 100보다 작거나 같지 않은 상황이 되면, 현재까지 더해진 Sum 값을 출력하고 프로세스는 종료된다.

전체 프로세스가 이해가 됐다면 이제 이 프로세스를 BPMN 다이어그램으로 작성해 보기로 하자.

그런데 아래에는 위 내용에 대한 다이어그램 작성 가이드가 나와 있기 때문에 우선 아래 해설을 보지 말고 직접 위 순서도에 있는 내용을 보고 직접 BPMN 다이어그램을 작성해 보기로 하자.

아마도 쉽게 작성하지 못하는 독자분들도 적지 않으실 듯하다. 이전에도 얘기했지만 BPMN과 DMN을 잘 하는 방법은 단순하다. 많이 보고, 많이 그려보는 것이다.

이제 다음 내용을 보면서 BPMN 다이어그램을 함께 작성해보기로 하자.

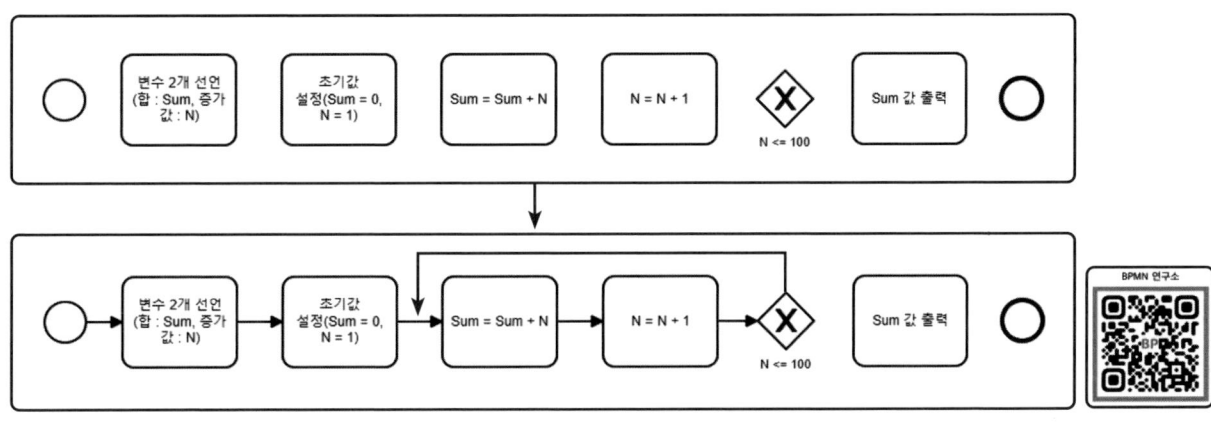

위 화면에서 첫 번째 다이어그램은 위의 순서도에서 표현된 각종 요소들을 모두 BPMN으로 정의해서 순서대로 나열한 것이다. 순서도를 BPMN 다이어그램으로 변환하는 작업은 우선 이 작업이 우선인 듯하다.

그런 다음 두 번째 다이어그램은 시작 이벤트부터 순서대로 시퀀스 플로를 연결하고 있는 모습이다. 여기서 "N <= 100" 게이트웨이에서 해당 조건에 만족하면 다시 "Sum = Sum + N" 단계로 이동해야 하기 때문에 그 이전에 게이트웨이를 추가해서 시퀀스 플로를 연결해 주어야 한다.

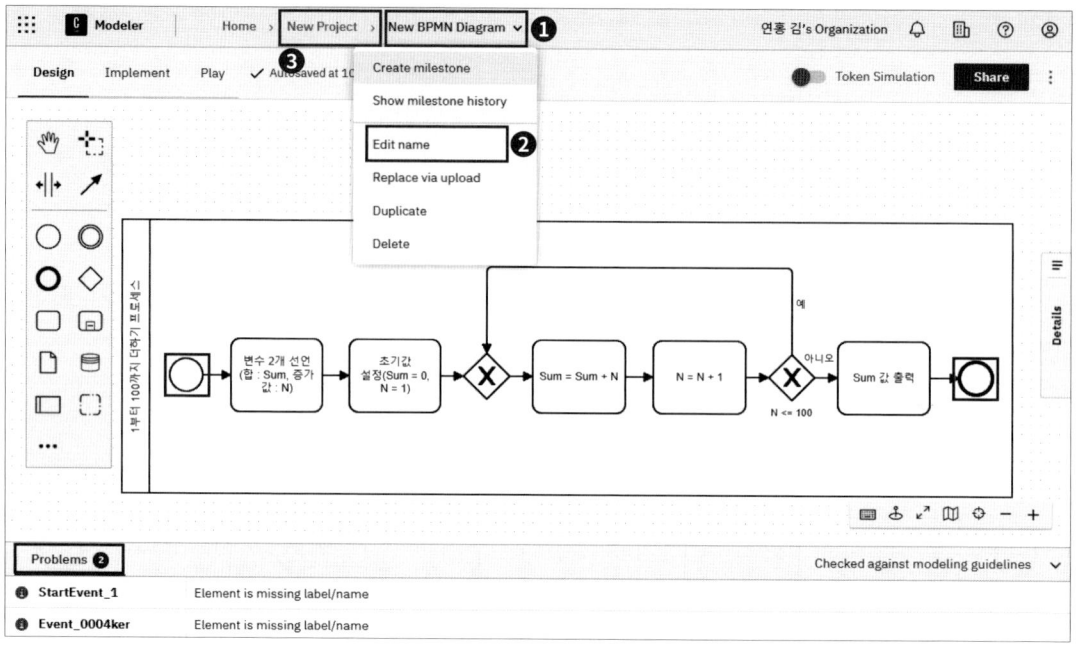

이제 마지막으로 종료 이벤트까지 시퀀스 플로를 연결해주면 BPMN 다이어그램 작성은 완료된다.

그런데 왼쪽 하단에 보면 Problems(2) 즉, 문제가 있는 곳이 두 군데가 있다고 표시되어 있다. 이러한 메시지가 나오는 이유는 기본적으로 Camunda 솔루션에서는 실행 가능한 프로세스를 지향하기 때문에 모든 요소에 적합한 텍스트가 필요하다는 것을 알려주고 있는 것이다.

그러므로 시작 이벤트와 종료 이벤트에 "시작"과 "종료" 이렇게 텍스트를 추가해주면 관련 메시지는 없어진다.

다음으로 다이어그램 작성이 완료됐기 때문에 해당 다이어그램의 이름을 정의해주어야 하는데 기본적으로 다이어그램이 만들어질 때의 기본 이름은 "New BPMN Diagram"이다. 이를 변경하기 위해서는 현재 다이어그램의 이름인 "New BPMN Diagram" 옆에 있는 드롭 다운 버튼(1번)을 누르면, 이름을 변경할 수 있는 "Edit name" 항목이 있는 것을 확인할 수 있다. "Edit name" 항목을 클릭(2번)한 후 다이어그램의 제목으로 "숫자 더해서 출력하기 BPMN"이라고 한다.

같은 방법으로 프로젝트 이름도 변경할 수 있는데 프로젝트 레벨로 이동하기 위해서는 현 다이어그램 상위 레벨에 있는 "New Project"를 클릭(3번)하면 된다.

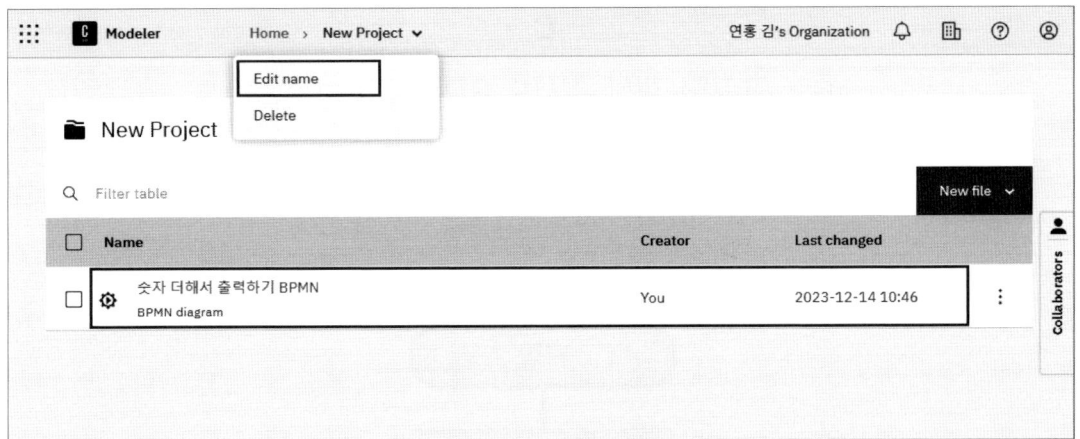

상위 단계로 이동하면 방금 전 만들어진 "숫자 더해서 출력하기 BPMN" 다이어그램이 현재 프로젝트에 등록되어 있는 것을 확인할 수 있다. 그리고 프로젝트의 이름도 변경하기 위해서는 이전과 같은 방법으로 "New Project" 드롭다운 버튼을 눌러서 같은 방법으로 수정하면 된다.

여기서 프로젝트의 이름으로는 "BPMN DMN 모델링 실습"이라고 하자. 그리고 Camunda 사이트에서 다이어그램을 작성하게 되면, 자동으로 저장되기 때문에 별도로 저장 버튼이 제공되지는 않는다.

이번 BPMN 다이어그램 작성 실습은 비교적 단순한 예제였는데, 여기에 한 단계만 레벨을 추가해보기로 하겠다. 다음 예제는 우리가 1장에서 BPMN을 소개하면서 잠시 보여줬던 구구단 계산 로직에 대한 것이다.

1-3 구구단 계산 순서도 BPMN 작성 실습

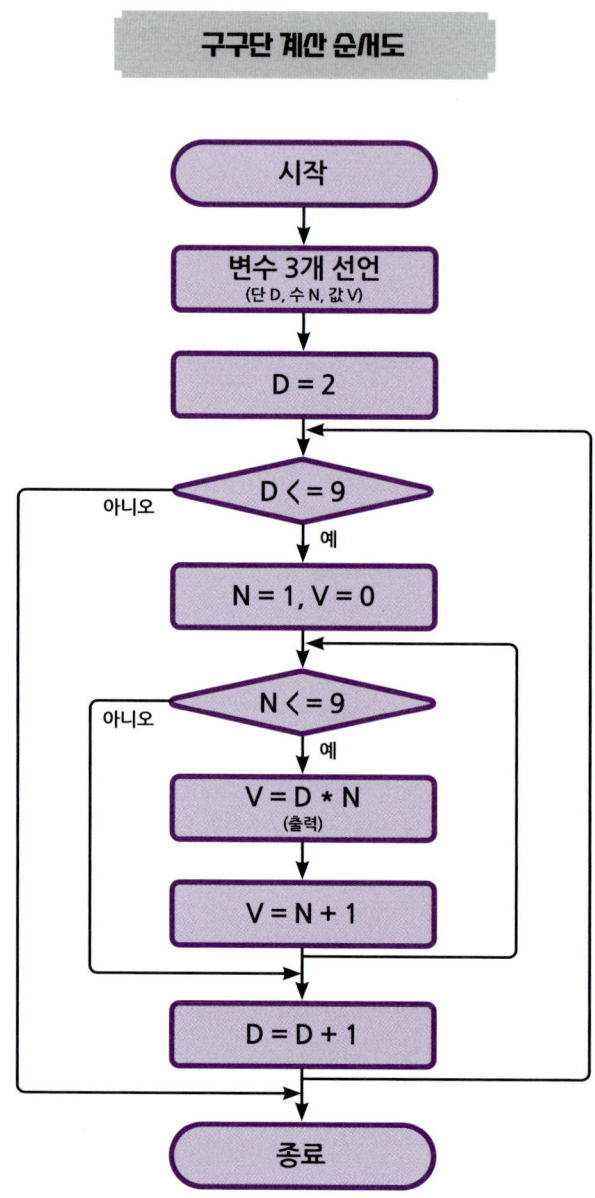

위 화면은 1장에서 순서도와 BPMN에 대한 소개를 하면서 사용했던 구구단 순서도이다. 이제 이 순서도를 BPMN으로 전환할 것이다. 이를 위해서는 우선 위 순서도에서 표현하고 있는 구구단 계산 과정에 대한 이해가 필요하다.

순서도를 많이 그려본 경험이 있거나 프로그램 개발 경험을 가지고 있다면 어렵지 않게 분석이 되겠지만, 아무래도 일반 분들이 위 순서도를 보고 구구단 계산 과정을 이해하는 데는 약간의 시간이 필요할 듯하다.

당연한 얘기지만 구구단 계산 과정을 이해해야 BPMN으로 다이어그램을 작성할 수 있다. 아무리 BPMN이 능숙하더라도 업무를 이해하지 못하고 있다면, 아무것도 할 수 없는 것이다. 그럼으로 우선 BPMN 다이어그램을 작성하기 전에 위 순서도를 통해서 구구단 계산 과정을 독자분들께서 분석을 해야만 한다.

잠시 시간내서 과정을 분석해 보고, 어느 정도 분석이 됐다면 아래 설명을 보지 말고 직접 BPMN 다이어그램을 작성해보기로 하자. 구구단이라 쉽게 생각할 수 있겠지만 아마도 쉽게 그려지는 않을 것이다. 그러므로 더더욱 아래 결과를 확인하기 전에 고민을 통해 직접 BPMN 다이어그램을 완성했으면 좋겠다.

다이어그램이 완성됐다면 아래 결과를 확인하면서 본인이 작성한 다이어그램과 비교해 보기로 하자.

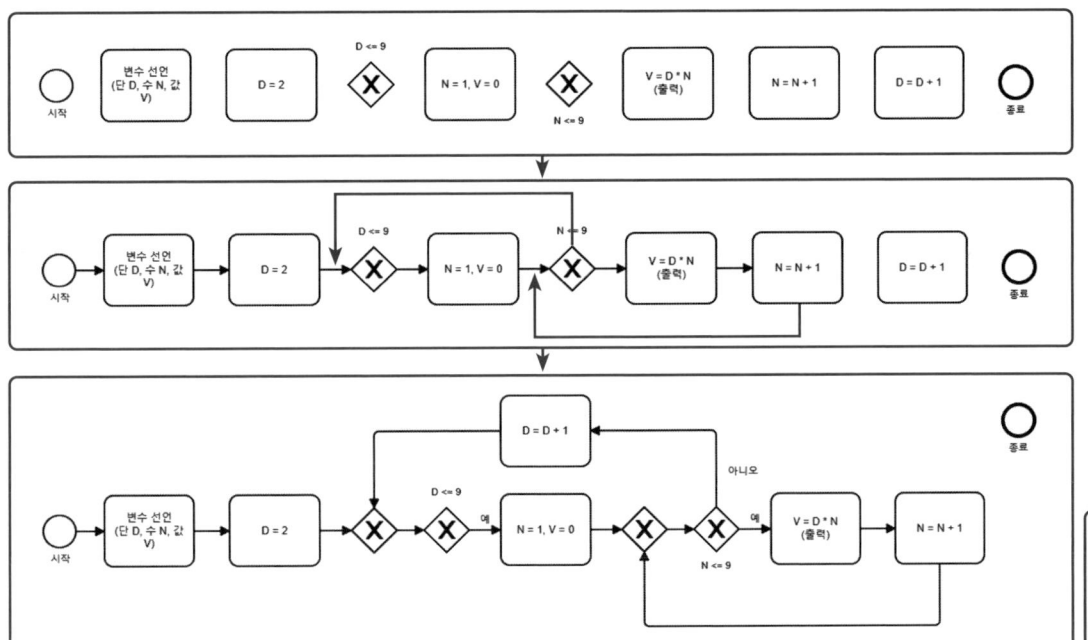

우선 첫 번째 다이어그램은 이전 예제와 마찬가지로 순서도에서 표현된 각종 요소들을 모두 BPMN으로 정의해서 나열한 것이다. 그런 다음 첫 번째 시작 이벤트부터 시퀀스 플로를 연결했는데 이때 "N = N + 1" 작업(Task) 다음에는 "N <= 9" 게이트웨이 앞으로 시퀀스 플로가 연결되어야 한다. 이 단계는 각 단의 구구단 계산 결과를 출력하는 단계이다. 그리고 "N <= 9"가 아닌 경우 즉, N이 9보다 작거나 같지 않은 경우에는 다시 단을 높여서 계산을 해야 하기 때문에 프로세스는 "D <= 9" 게이트웨이 앞으로 연결되어야 한다.

이를 위해서 "D <= 9" 게이트웨이 앞으로 프로세스가 이동할 수 있도록 게이트웨이를 추가해서 연결했다. 그리고 프로세스가 이동하는 과정에서 단을 1단 높여야 하기 때문에 "D <= 9" 게이트웨이 앞으로 이동할 때 "D = D + 1" 작업이 진행될 수 있도록 해서 단을 높여주도록 했다.

그렇다면 이제 남은 건 오른쪽 위에 있는 종료 이벤트 뿐이다.

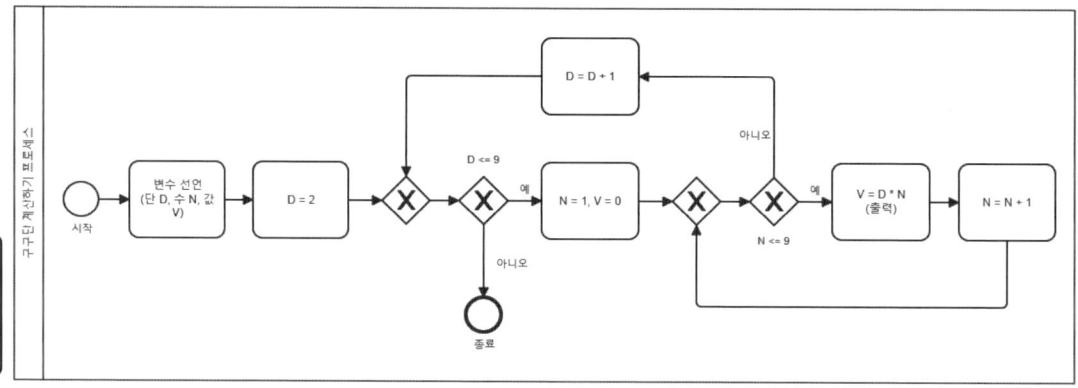

종료 이벤트의 경우 "D <= 9" 조건이 거짓이라면 즉, 단이 9보다 크다면 이제 구구단은 중단해야 하기 때문에 "D <= 9" 게이트웨이에서 판단의 결과가 "아니오"였을 때 종료 이벤트와 연결되도록 했다.

이렇게 결론을 보고 나면 그렇구나 하는데, 아무것도 없는 상태에서 작성하려면 순서도를 보고 난 후에 작성하는 것임에도 쉽지 않을 수 있다. 만일 스스로 위와 같이 다이어그램을 완성하지 못했다면, 한두 번 반복해서 BPMN 다이어그램의 표현에 대해서 익숙해졌으면 좋겠다.

사실 책을 집필할 때 지금 구구단 예제만 준비했었다. 그런데 생각 외로 구구단 예제를 BPMN 다이어그램으로 변환하는데 어려움을 느끼는 것을 보고 앞에서 1부터 100까지 더하기 프로세스를 추가했던 것이다.

위와 같이 BPMN 다이어그램이 완성했다면, 이제 토큰을 활용해서 프로세스가 정상적으로 동작하는지 시뮬레이션을 해보기로 하자. 이러한 시뮬레이션 기능은 Camunda 사이트에서만 제공하는 나름 재미있는 기능이다.

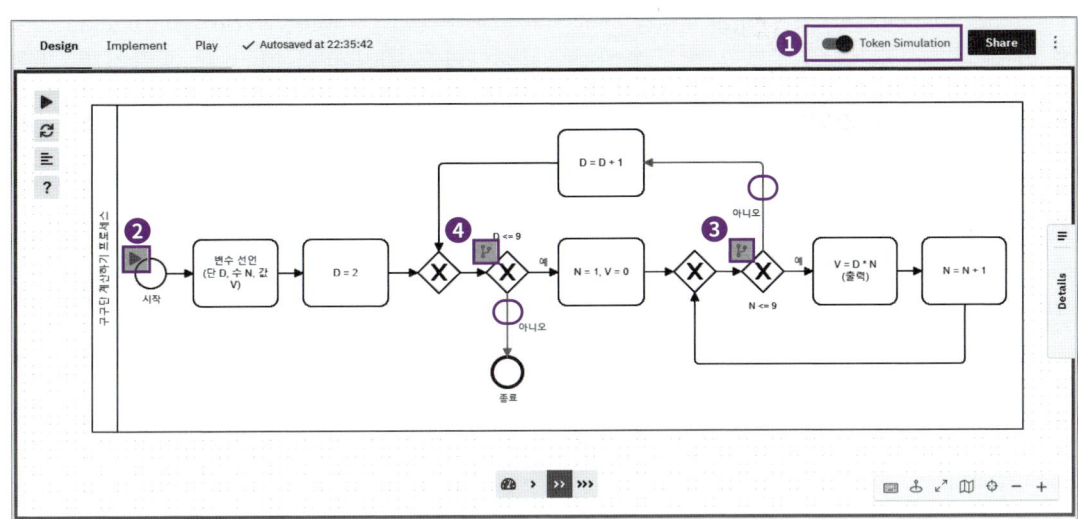

화면 오른쪽 상단에 보면 "Token Simulation" 토글 버튼이 있는데, 이 토글 버튼을 클릭(1번)해서 토큰 시뮬레이션 기능을 활성화하기로 하자. 그러면 위 화면처럼 다이어그램에 파란색 테두리가 처지게 되고, 시작 이벤트와 분할 게이트웨이 왼쪽 상단에 각각의 작은 팝업 버튼들이 나타나 있는 것을 확인할 수 있다.

우선 시작 이벤트에 생긴 시작 버튼 모양의 팝업 버튼은 "Trigger Event"라고 하는데, 해당 버튼(2번)을 누르면 토큰이 생성돼서 프로세스가 진행되는 과정을 보여준다. 그리고 분할 게이트웨이에 생긴 팝업 버튼(3번, 4번)은 "Set Sequence Flow"라고 하는데, 분할 게이트웨이를 통해 어느 방향으로 프로세스가 진행될 지를 선택적으로 결정할 수가 있다.

그리고 현재 다이어그램을 잘 보면 시퀀스 플로에 동그라미가 그려져 있는 "아니오" 시퀀스 플로와 "예" 시퀀스 플로의 색상이 다르다. "예"로 연결되는 시퀀스 플로의 색상은 진한 검정색이지만, "아니오"로 연결되는 시퀀스 플로의 색상은 옅은 회색이다.

프로세스가 진행되면 분할 게이트웨이에 토큰이 도착했을 때 다음 진행 경로는 진한 검정색 시퀀스 플로가 된다. 이때 이동하는 토큰의 흐름을 변경하려면 "Set Sequence Flow" 팝업 버튼을 클릭하면 프로세스의 흐름을 변경할 수 있다.

그러면 이제 시뮬레이션을 시작해보기로 하자.

이를 위해서 시작 버튼에 있는 팝업 버튼인 "Trigger Event"버튼을 클릭(1번)해 보면 토큰이 생성돼서 이동하는 모습을 볼 수 있을 것이다. 구구단 계산 프로세스에 따른 계산을 반복하는 과정에서 "N <= 9" 게이트웨이 위에 생성된 "Set Sequence Flow" 팝업 버튼(3번)을 누르면, 토큰이 단으로 올라가서 단을 증가시키는 작업(D = D + 1)으로 이동한 후 다시 하위 계산을 반복하게 된다. 지금 상황에서 변수의 값들이 자동 증가하거나 이에 따라 자동으로 다른 경로로 이동하거나 하는 상황은 발생하지 않는다. 왜냐하면 지금 이 단계는 단순한 시뮬레이션이기 때문이다.

이 상황을 보다 구체화하기 위해서는 현재 "Design" 단계를 넘어서 "Implement" 단계로 넘어가야 한다. 그러나 그 부분은 지금 이 책의 목적이 아니다. 그러므로 토큰이 이동하는 과정과 반복되는 모습을 보면서 프로세스의 진행 과정에 대한 내용만 살펴보면 좋을 듯하다.

이 후에 단이 증가된 상황을 감안해서 "D <= 9" 게이트웨이 위에 생성된 "Set Sequence Flow" 팝업 버튼(4번)을 누르면, 이제 토큰은 종료 이벤트로 이동해서 전체 프로세스는 마무리된다.

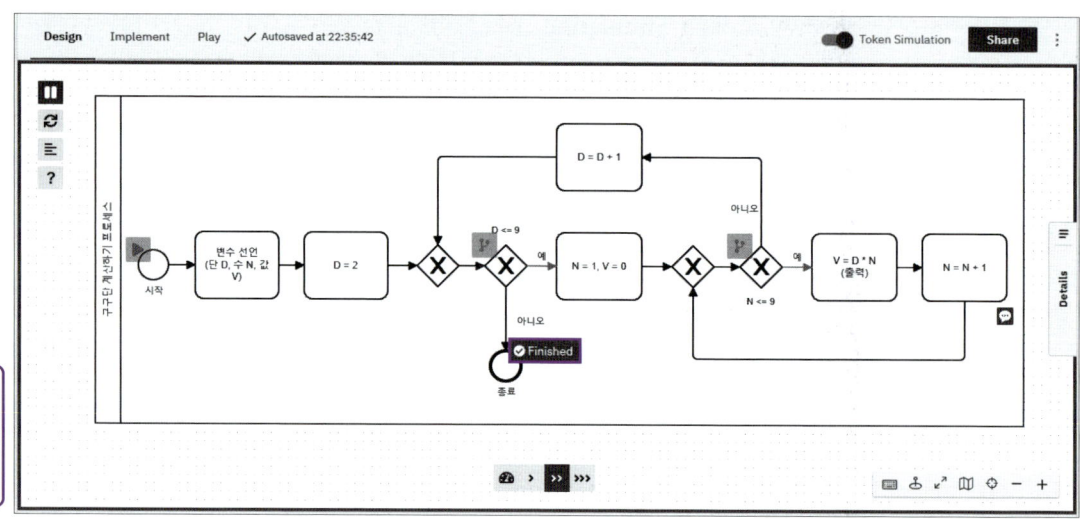

Camunda 사이트에서 제공하는 솔루션은 우리가 서두에 소개했던 BPMN.io 사이트와는 차원이 다르다는 것을 짐작했을 것이다. 아직 Design 단계에서 살펴보는 것이지만 원래 BPMN은 실행 가능한 비즈니스 프로세스를 정의하기 위해서 만들어진 표기법이라는 점을 항상 기억해두기로 하자.

이상으로 비교적 간단한 로직(Logic)을 BPMN 다이어그램으로 작성하는 연습을 해 보았다. 이제부터는 실제 업무 기반의 모델링을 할 것이다.

정리가 됐다면 다음으로 넘어가도록 하자.

THE START

2 북 카페 대여 프로세스 모델링

2-1 북 카페(Book Café) 대여 프로세스 모델링 준비

위 사진은 2019년 서울 시립대에서 전시된 "서울 만화방" 전시 공간 중 일부 사진이다. 요즘이야 북 카페라는 이름을 쓰지만 북 카페나 만화방이나 시기별 명칭이 다를 뿐이다. 이를 주제로 사용한 이유는 이 책을 읽고 계시는 독자분들 모두 다 관련된 비즈니스 프로세스를 이해하고 있기 때문이다.

비즈니스 프로세스를 이해하고 있기 때문에 모델링에 집중할 수 있는 것이다. 그리고 이전 예제에서 Camunda 툴에 대한 사용설명을 했기 때문에 이제부터는 꼭 필요한 경우만 설명하고, 모델링에 집중해서 설명하도록 하겠다.

그러면 바로 BPMN 모델링을 진행해보기로 하자.

① 어느 수준까지 상세히 작성할 것인지 결정

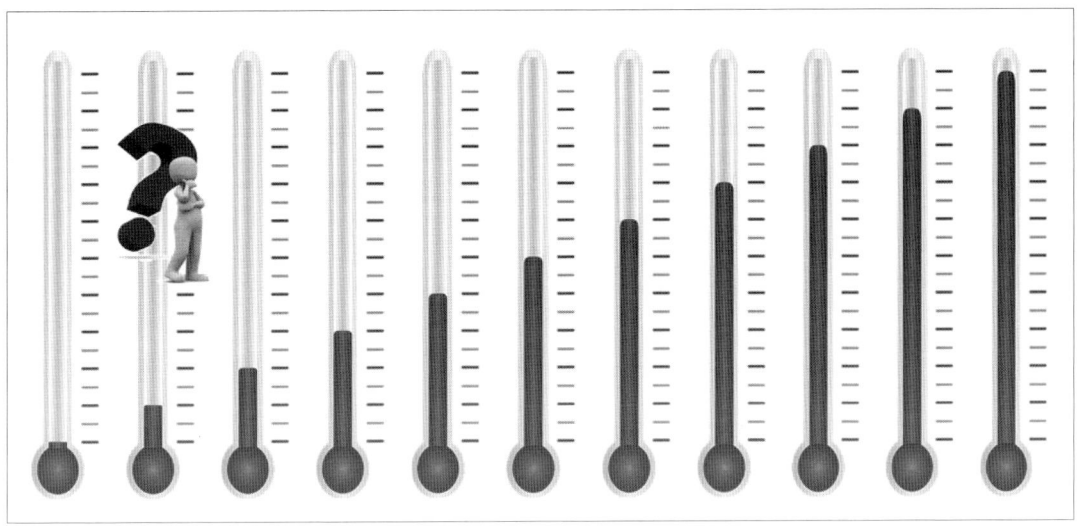

BPMN 모델링을 진행할 때 첫 번째로 고민하게 되는 건 어느 수준까지 상세하게 다이어그램을 작성해야 하는지를 결정하는 일이다. 자세히 작성하면 너무 다이어그램이 방대해질 것 같고, 그렇다고 너무 생략하게 되면 표현이 제대로 안될 것 같아서 고민하게 된다.

그러나 언제나 일관되게 말씀드리지만 다이어그램을 작성할 때 수준은 내 관점에서 결정하는 게 아니라 이 다이어그램을 보고 업무를 해야 하는 업무 담당자의 입장에서 다이어그램을 작성해야 한다는 것이다.

예를 들어 내가 지금 북카페 주인이라고 생각해보자. 그런데 만일 아이 졸업식 때문에 두 시간 정도 자리를 비워야 한다면 어떻게 해야 할까? 만일 그런 상황이 오면 나는 조카에게 용돈 줄 테니 두 시간 정도만 가게를 봐 달라고 요청할 것이다.

이렇게 내가 자리를 비우는 경우 조카는 나의 도움 없이 BPMN 다이어그램을 보고 스스로 가게를 볼 수 있어야 한다. 만일 졸업식에서 졸업장 받고 있는 장면을 핸드폰으로 촬영하고 있는데 조카에게 전화가 온다면? 이는 누구나 원하는 상황이 아니다.

그렇다면 결론은 하나다. 조카의 관점에서 조카 스스로 BPMN 다이어그램을 보고 업무를 진행할 수 있는 수준으로 다이어그램을 작성해야 한다.

그러면 업무 주제가 결정됐고, 작성할 수준이 결정됐다면, 이제 실제 BPMN 다이어그램을 작성해보기로 하자.

2-2 대여 요청 프로세스 BPMN 모델링

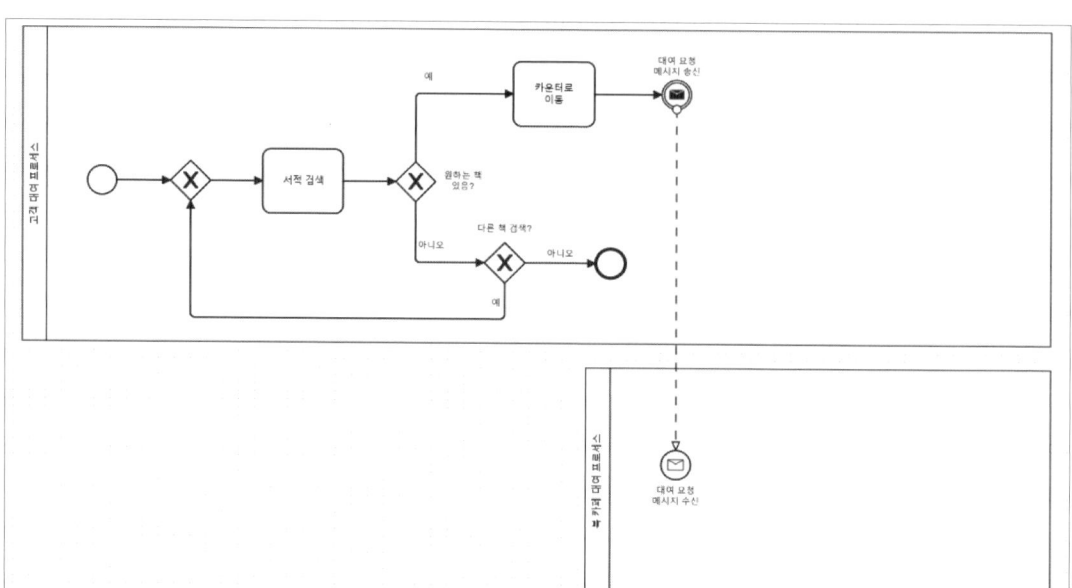

북 카페의 서적 대여 프로세스는 협업 모델로 작성되어야 한다. 왜냐하면 대여를 하기 위해서는 고객의 주문 프로세스가 있어야 하고, 대여점의 대여 프로세스가 독립적으로 존재해야만 하기 때문이다. 그러므로 "고객의 대여 프로세스"와 "북 카페의 대여 프로세스"가 상호 커뮤니케이션하면서 업무가 진행되는 것이다. 그러므로 협업 모델인 것이다.

최초 고객은 북카페 매장 안으로 들어와서 보고 싶은 책이 있는지를 찾아보게 된다. 그 내용이 "서적 검색" 작업으로 표현됐다. 서적 검색의 결과는 보고 싶은 책이 있을 수도 있고, 없을 수도 있다. 만일 보고 싶은 책이 없는 상황에서 다른 책의 대여를 원치 않는 경우에는 이 시점에 대여 프로세스가 종료되어야 한다.

그러나 다른 책이라도 찾아보길 원한다면 다시 "서적 검색" 작업으로 이동할 수 있도록 시퀀스 플로가 "서적 검색" 작업 앞으로 연결돼야만 한다. 고객이 서적을 검색한 후 대여하기를 원하는 책이 있다면, 고객은 해당 책을 들고 카운터로 이동해서 가게 주인에게 대여 요청을 해야 한다. 이때 서로의 풀이 다르기 때문에 대여 요청은 메시지 플로를 통해서 연결되어야 한다.

2-3 회원 등록 프로세스 BPMN 모델링

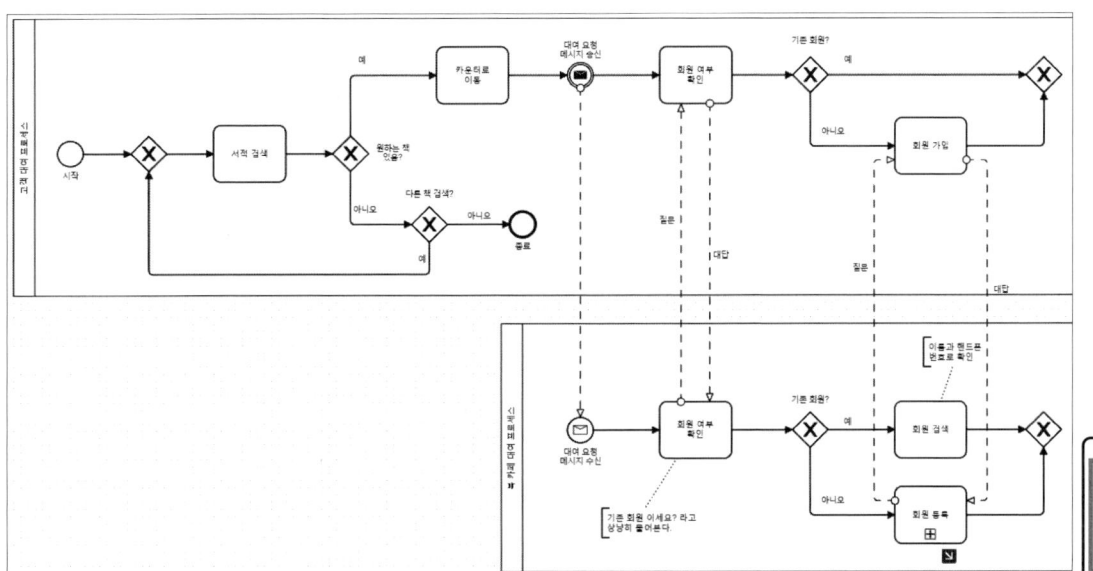

대여 요청 메시지를 전달받은 가게 주인이 해야 할 첫 번째 작업은 기존에 등록된 회원인지를 확인하는 일이다. 따라서 주석을 통해 "기존 회원 이세요?"라고 질문을 하도록 가이드를 했다. 만일 이렇게 주석을 달지 않았다면, 나는 조카 전화를 받게 된다. "삼촌 회원 여부 확인은 어떻게 하는 건가요?" 사실 알고 나면 아무것도 아니지만, 처음 업무를 하는 경우 모르면 물어볼 수밖에 없는 것이다.

그러므로 이렇게 주석을 달아주는 일은 해당 문서를 보는 신규 업무 담당자의 입장을 기준으로 상세히 기술해주는 것이 좋다.

회원 여부를 확인한 후에 프로세스는 둘로 갈라진다. 기존 회원이라면 해당 회원을 검색해서 대여 업무를 진행해야 하고, 기존 회원이 아니라면 "회원 등록" 작업부터 진행해야 한다. 회원을 등록하기 위한 과정은 절차적으로 설명이 필요한 작업이기 때문에 다음과 같이 하위 프로세스(Sub Process)로 정의했다.

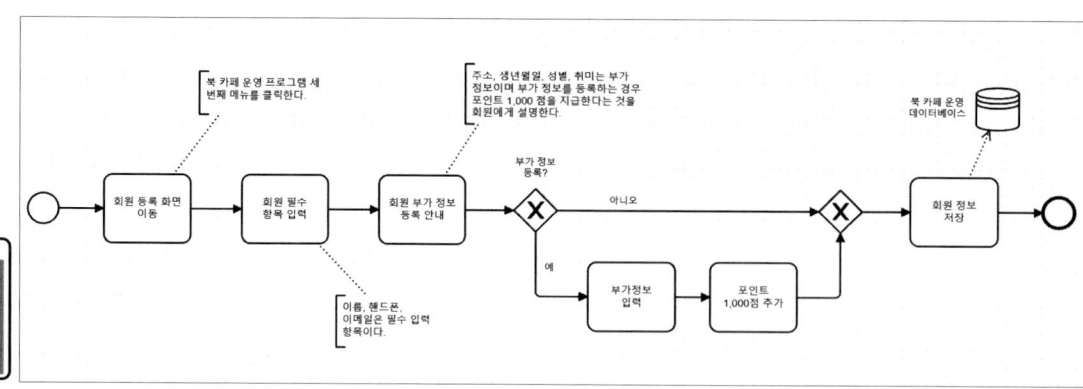

위 다이어그램은 "회원 등록" 하위 프로세스이다. 우선 회원을 등록하려면, 북카페 운영 프로그램에서 회원 등록 화면으로 이동해야 한다. 북카페 운영 프로그램이야 컴퓨터가 켜지면서 자동으로 실행되도록 할 수 있는 것이니 실행되고 있는 북카페 운영 프로그램에서 회원 등록 화면으로 이동하기 위한 안내를 주석으로 해 두었다.

그 다음 "회원 필수 항목 입력" 작업 단계인데, 필수 항목은 이름, 핸드폰, 이메일, 세 가지이다. 필수 항목은 반드시 입력해야 하며, 필수 항목을 입력한 다음에는 부가정보를 입력해야 한다. 부가 정보는 향후 마케팅을 위해 수집하는 것으로 부가 정보는 주소, 생년월일, 성별, 취미 이렇게 네 가지이다. 부가 정보를 등록하는 경우에는 해당 회원에게 포인트 1,000점을 지급하는 것이 북 카페의 정책이다.

담당자는 회원 등록 단계에서 이에 대한 설명과 함께 부가 정보 입력 작업을 진행한 후 포인트 점수를 추가하고 회원 정보를 저장하면 회원 등록 절차는 마무리된다. 이때 등록된 회원 정보는 "북 카페 운영 데이터베이스"에 저장된다.

그리고 부모 프로세스에서 "회원 등록" 하위 프로세스와 고객의 "회원 가입" 프로세스가 메시지 플로를 이용해서 서로 연결되어 있는데, 이는 "회원 등록" 하위 프로세스를 진행하면서 고객과 대화를 나누면서 업무를 진행한다는 것을 의미한다.

2-4 대여 협의와 대여료 결제 프로세스 BPMN 모델링

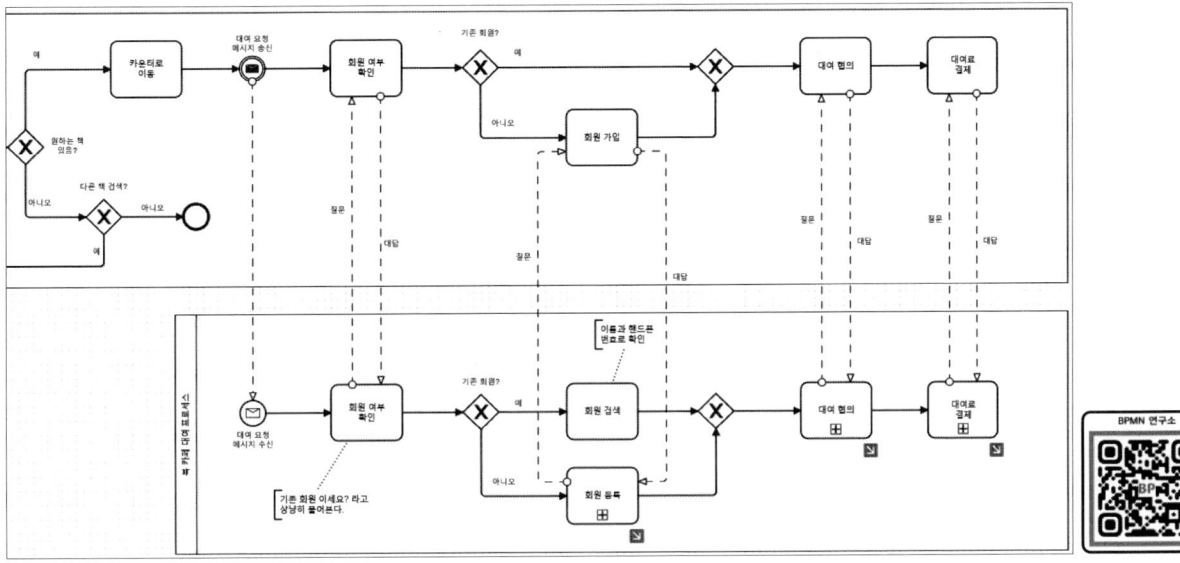

회원 등록을 마친 후 다음 단계는 "대여 협의"와 "대여료 결제" 작업을 진행해야 하는데, 이 두 작업은 모두 관련된 절차를 가지고 있기 때문에 부모 프로세스에 노출하지 않고 하위 프로세스로 구성했다.

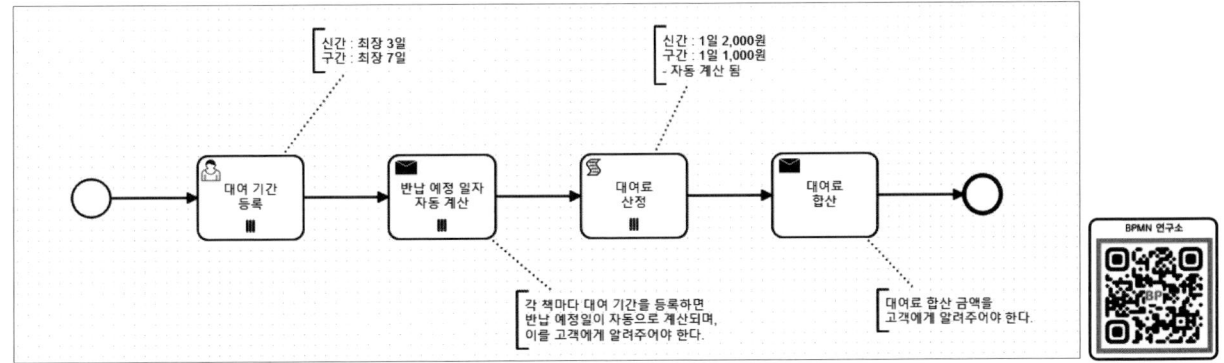

"대여 협의" 단계에서는 우선 대여하려고 하는 각 책들마다 대여기간을 등록해야 하며, 이 작업은 각각의 책마다 반복해야 하므로 병렬 다중 작업으로 정의했다. 예를 들어 3권을 대여한다고 했을 때 첫 번째 책과 두 번째 책은 3일 후에 반납하고, 세 번째 책은 5일 후에 반납할 수 있다. 그러므로 대여 기간은 각 책마다 등록해야 한다.

그리고 그렇게 대여 기간을 등록하면 반납 예정 일자가 자동으로 계산되며, 각 책마다 반납 예정일을 고객에게 알려주어야 한다는 내용을 주석으로 처리했다. 그리고 대여료는 신간이 1일 2,000원이고, 구간이 1일 1,000원씩이므로 대여 기간과 곱해져서 각 책마다 자동으로 계산되고, 이 계산이 마무리되면 각 책의 대여료를 합산해서 다시 이를 고객에게 알려주어야 한다.

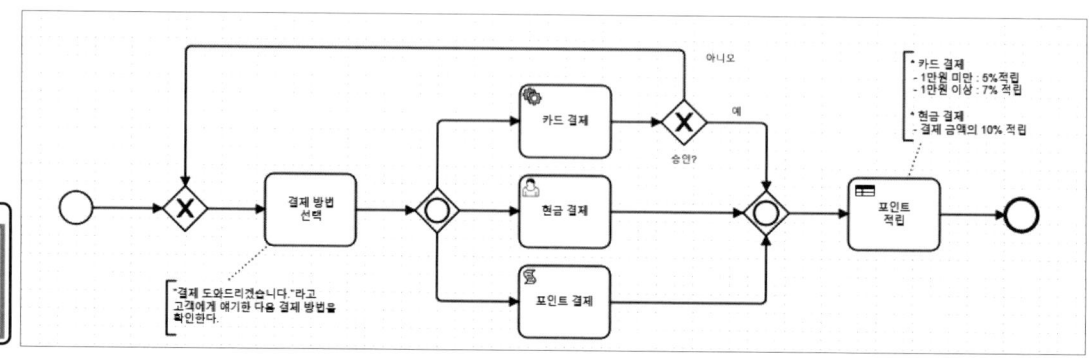

위 다이어그램은 대여료 결제 하위 프로세스의 모습이다. 그런데 위 다이어그램은 2장에서 "비즈니스 규칙"과 "스크립트 작업" 그리고 DMN 다이어그램을 설명하면서 이미 살펴본 적이 있다. 다만 차이가 있다면 주석을 삽입했다는 것이다. 그러므로 자세한 설명은 생략하기로 하겠다.

"대여 협의"와 "대여료 결제" 하위 프로세스를 진행하는 동안 역시 고객과 소통하면서 관련 업무를 진행하기 때문에 상호 메시지 플로로 연결되어 있다.

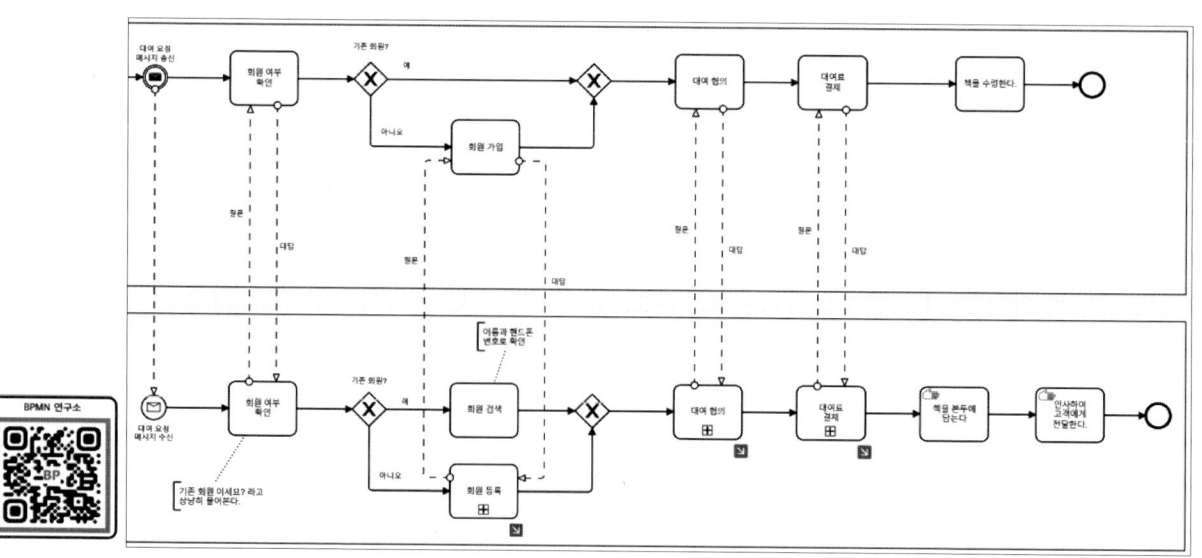

대여료 결제가 마무리되면, 책을 봉투에 담아서 고객에게 전달하면 된다. 이렇게 되면 서적의 대여 프로세스는 모두 마무리된다.

2-5 포인트 적립 DMN 모델링

포인트 적립	Hit Policy: Collect (Sum)			
	결제 방법 "카드 결제","현금 결제","포인트 ..."	And 결제 금액 number	Then 적립 금액 number	Annotations
1	"카드 결제"	<= 9999	결제 금액 * 0.05	카드 결제 시 1만원 미만은 5% 포인트 적립
2	"카드 결제"	>= 10000	결제 금액 * 0.07	카드 결제 시 1만원 이상은 7% 포인트 적립
3	"현금 결제"	-	결제 금액 * 0.1	현금 결제 시 10% 포인트 적립
4	"포인트 결제"	-	- 결제 금액	포인트 결제 시 결제 금액 만큼을 포인트 점수에서 빼준다.
+				

포인트 적립에 대한 정책도 역시 지난번 소개한 적이 있는 내용이다. 다만 카드 결제 시 기준 금액이 1만원으로 변경됐을 뿐이다. 결제 방법은 최소한 하나 이상의 방법으로 결제할 수 있기 때문에 각각의 결제 방법에 따른 결제 금액이 누적될 수 있도록 히트 정책은 "Collect (Sum)"으로 정의했다.

이상으로 북 카페의 대여비즈니스 프로세스를 BPMN과 DMN을 활용하여 모두 작성했다.

이제 내가 아이 졸업식에 가느라 가게를 비우게 되더라도, 조카 혼자서 훌륭히 가게를 볼 수 있게 될 것이다.

2-6 비즈니스 규칙 작업과 DMN의 결정(Decision) 연결

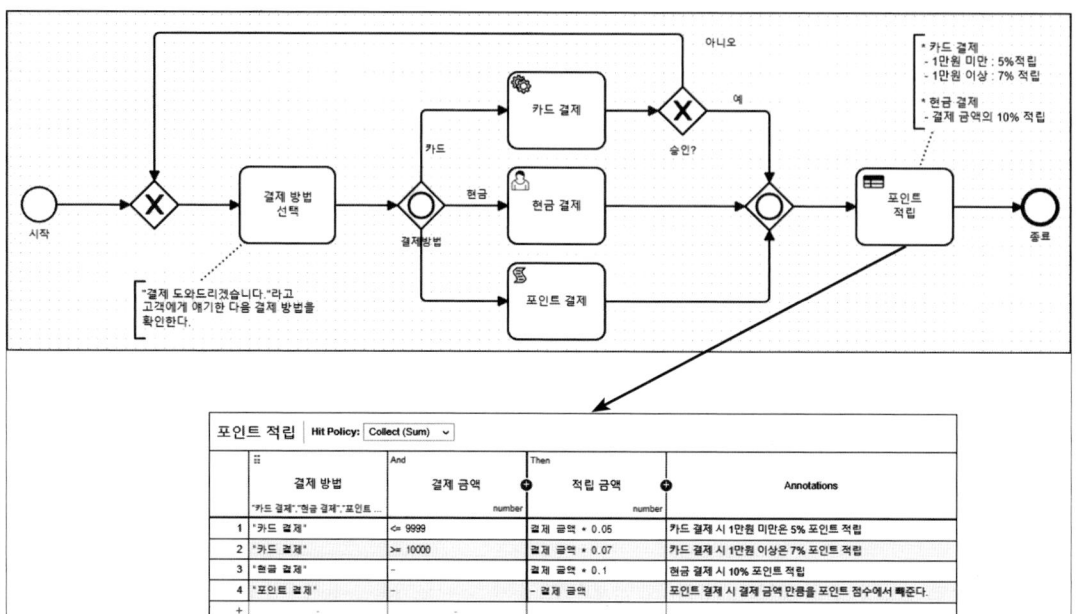

이전 실습에서 BPMN과 DMN을 작성한 후 필자는 각각 "북카페 BPMN 다이어그램", "북카페 DMN 다이어그램" 이렇게 파일명을 정의했으며, 프로젝트 이름은 "북카페 프로젝트"라고 정의했다.

이번에는 위 화면에서 보는 바와 같이 BPMN 다이어그램 내에 "대여료 결제" 하위 프로세스에 있는 포인트 적립 비즈니스 규칙 작업(Business Rule Task)과 DMN 다이어그램 내에 있는 "포인트 적립" 결정을 연결할 것이다.

이를 위해 BPMN 다이어그램 내에 "대여료 결제" 하위 프로세스로 이동해보기로 하자.

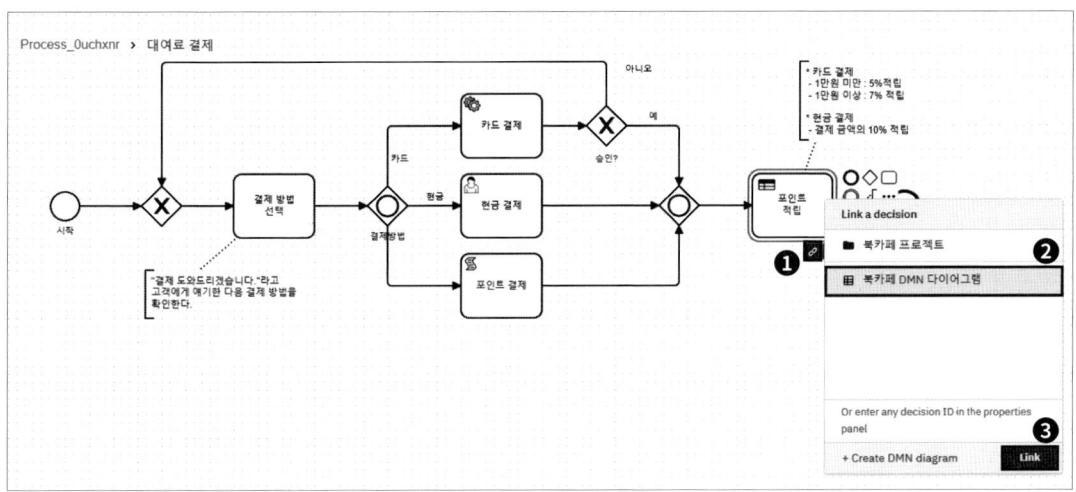

대여료 결제 하위 프로세스에서 비즈니스 규칙 작업(Business Rule Task)으로 되어 있는 "포인트 적립" 작업을 선택하면 하단에 링크 팝업 버튼이 나타난다. 이 링크 팝업 버튼을 클릭(1번)하면, 현재 프로젝트인 "북카페 프로젝트" 내에 있는 DMN 다이어그램들이 보이게 된다.

지금 프로젝트에서는 DMN 다이어그램이 하나밖에 없기 때문에 "북카페 DMN 다이어그램" 하나만 목록에 있는 것을 확인할 수 있다. 만일 해당 프로젝트 내에 여러 개의 DMN 다이어그램이 존재한다면, 해당 다이어그램 리스트가 목록으로 나타나게 된다. 여기서는 "북카페 DMN 다이어그램"을 선택(2번)하고, 아래 "Link" 버튼을 누르면 손쉽게 연결된다. 즉, 비즈니스 규칙 작업과 DMN 다이어그램이 연결된다.

그런데 만일 해당 DMN 다이어그램 내에 결정(Decision)이 여러 개가 있다면, 당연히 여러 결정들 중 원하는 결정을 선택할 수 있다. 여기서 다이어그램까지만 나타나고 결정 목록이 나타나지 않는 이유는 "북카페 DMN 다이어그램" 내에 결정(Decision)이 "포인트 적립" 하나만 있기 때문이다.

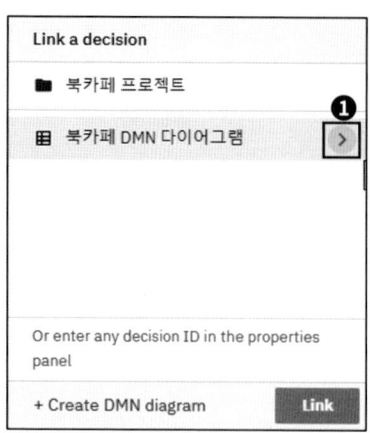 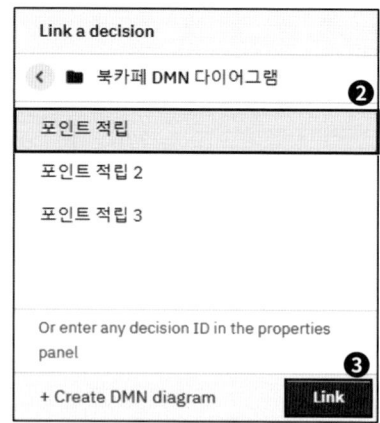

예를 들어서 위 화면은 "북카페 DMN 다이어그램" 내에 여러 결정(Decision)들이 있는 경우이다. 여기서는 "포인트 적립", "포인트 적립 2", "포인트 적립 3" 결정이 있는 경우이다. 이렇게 DMN 다이어그램 내에 여러 결정들이 존재한다면, 왼쪽 화면처럼 "북카페 DMN 다이어그램" 항목 오른쪽에 화살표 버튼이 나타난다. 그리고 이를 클릭(1번)하면, 오른쪽 화면처럼 해당 DMN 다이어그램에 있는 여러 결정들이 난다. 이 중 하나를 선택(2번)한 후 "Link" 버튼을 누르면(3번), 비로소 비즈니스 규칙 작업과 원하는 결정이 연결된다.

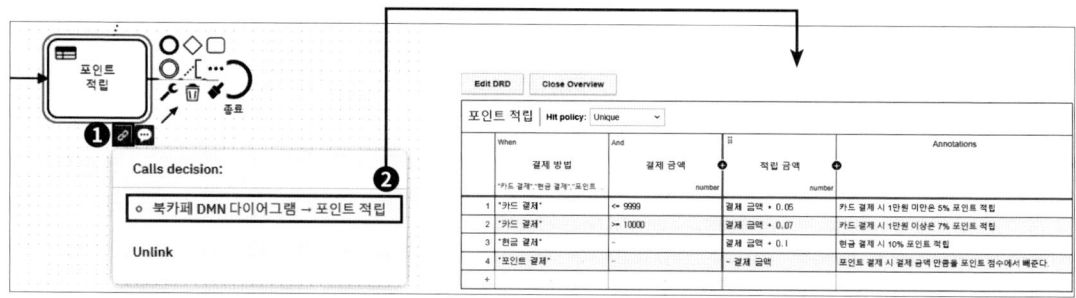

링크가 생성된 후에 다시 "포인트 적립" 비즈니스 규칙 작업을 선택한 후 링크 팝업 버튼을 클릭(1번)하면, 이제는 연결되어 있는 DMN 다이어그램에 결정 이름이 링크로 보이게 되고, 이를 클릭(2번)하면 해당 결정 테이블로 화면이 전환된다.

BPMN.io 사이트에서는 해당 다이어그램이 별도의 파일로 관리되기 때문에 이렇게 비즈니스 규칙 작업(Business Rule Task)과 결정(Decision)을 연결할 수 있는 기능이 제공되지 않는다.

그러므로 규모가 있는 사이트의 업무를 정의하는 경우에는 Camunda 솔루션과 같이 전문 솔루션을 사용하는 것이 필수라고 할 수 있다.

THE START

3 자동차 견적내기 프로세스 모델링

3-1 자동차 견적내기 프로세스

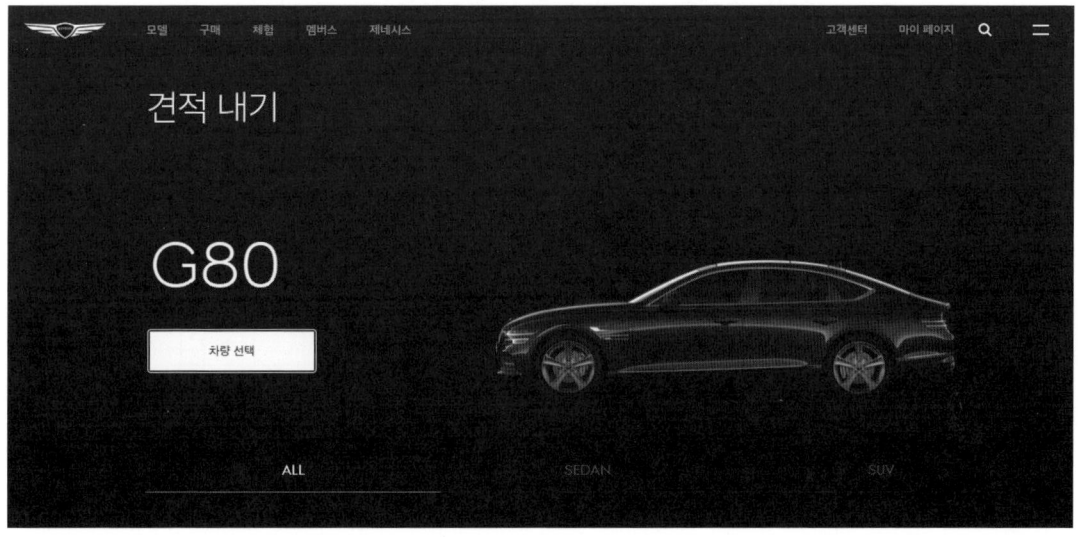

이번에 분석해서 모델링 해 볼 예제는 바로 자동차 견적내기이다. 자동차 회사 사이트에 들어가면 각기 자동차들에 대한 견적 기능을 지원하는데 자동차 견적을 위해서는 우선 차량에 대해 이해도가 있어야 하고, 더불어 차량에 적용될 수 있는 여러 다양한 선택 옵션들도 잘 알고 있어야만 본인에게 적합한 자동차 견적을 낼 수 있다.

그러나 필자는 자동차를 구매한 지 10년이 넘었고, 자동차를 이용해서 출퇴근하고 있지도 않으며, 심지어 당분간 자동차를 구매할 계획도 없기 때문에 막상 특정 자동차 회사 사이트에 들어가서 견적내는 과정을 살펴보는데 생각보다 모르는 것도 많았고, 또 복잡함의 난이도가 앞에서 다루었던 예제와는 비교가 안되는 높은 난이도를 가지고 있어서 책에서 소개할 예제로 적합한지 조금은 고민스러웠다.

그래도 무언가 있어 보이고, 만들면 좋은 예제가 될 수 있을 것같아 시도를 했는데 견적을 내기 위한 각 단계와 필요한 규칙(Rule) 항목들을 분석하는 데만 아마도 10시간 정도는 들어간 것 같고, 그 내용들을 정리해서 모델링 하는데도 아마 10시간 정도는 소요가 된 듯하다. 결론적으로 대략 3일 정도는 소요된 것 같다.

항목들이 비교적 많고 또 이들이 대부분 상호 조합으로 구성되어 있어서 자료를 정리하는데도 적지 않은 시간이 필요했다. 그리고 하다 보니 해당 사이트의 모든 자동차를 대상으로 자료를 정리하는데 물리적으로 너무 많은 시간이 필요할 듯해서 해당 사이트에서 가장 인기가 있는 자동차 1대를 대상으로 자동차에 들어가는 부품과 색상 그리고 옵션들을 정리했고, 이를 기준으로 모델링을 진행했다.

물론 자동차 1대를 대상으로 했다고 하더라도 규모가 작아지는 것은 아니다. 대부분 모든 자동차들이 비슷한 옵션 항목과 선택사항을 가지고 있어서 해당 구조로 대부분 자동차 견적을 처리할 수 있을 것이다. 그러나 차량이 많아지면 그 만큼 예외상황도 많아지기 때문에 다이어그램이 더욱 복잡해질 수밖에 없다.

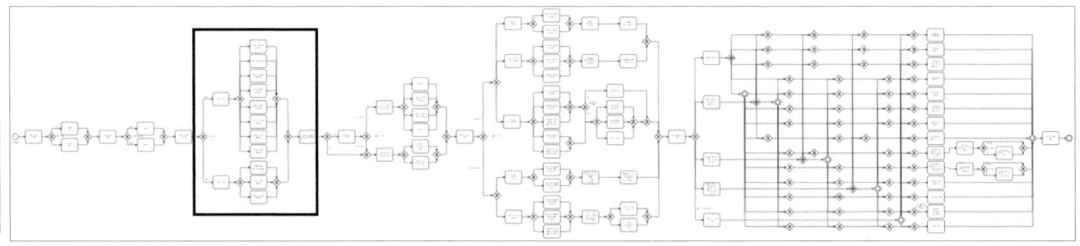

위 다이어그램이 바로 자동차 견적 내기 프로세스를 BPMN으로 모델링한 결과물이다. 이미지가 너무 작아서 내용이 잘 보이지 않을 텐데 대략적인 크기를 말씀드리면 안쪽에 사각형 테두리 영역이 A4용지로 출력했을 때 그나마 읽을 수 있는 정도의 크기이다.

원본 파일은 www.bpmn.co.kr 사이트에 올려놓았으니 참고하기로 하고, 그러면 이제부터 위 다이어그램을 작성하는데 필요한 내용을 하나씩 정리해보기로 하자.

다만 이번 실습을 함께 하기 위해서 독자분들이 위 사이트를 분석하기 위해서 최소 1 ~ 2시간 정도는 투자를 하면 좋을 것 같다. 그래야 용어와 진행 단계, 그리고 이어지는 옵션들에 대한 설명을 보다 쉽게 이해할 수 있을 것이다.

가장 중요한 건 업무 분석이다. BPMN은 분석된 내용을 공유하기 위해서 사용하는 표기법이다.

그러므로 누군가는 분석을 해서 BPMN 다이어그램을 작성해야 하고, 그 역할이 독자 분들이었으면 좋겠다.

업무 분석이 되지 않으면, 아무것도 할 수 없다.

💡 3-2 엔진 타입과 구동 타입 BPMN 모델링

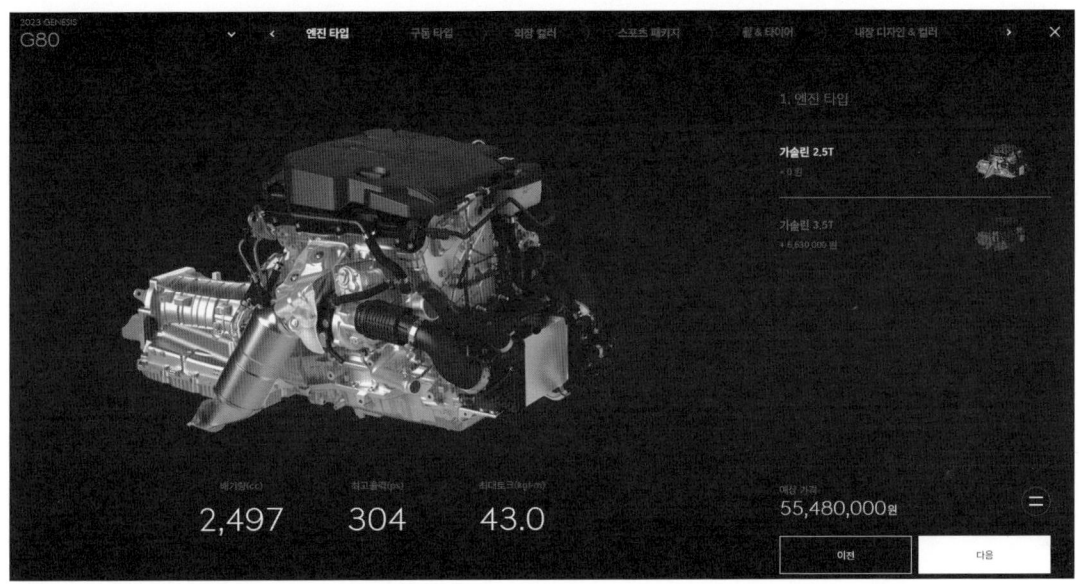

견적 내기를 원하는 자동차를 선택한 후 견적 첫 번째 단계는 엔진 타입과 구동 타입을 선택하는 단계이다. 우선 엔진 타입을 선택하게 되는데 여기에는 "가솔린 2.5T" 엔진과 "가솔린 3.5T" 엔진 두 가지 종류가 있다. 내가 선택한 차량에는 기본 가격이 있어서 해당 기본 가격에 "가솔린 2.5T"를 선택하면 추가비용이 발생하지 않지만, "가솔린 3.5T"를 선택하게 되면 추가 비용이 발생하게 된다. 그러면 원하는 엔진을 선택한 후 "다음" 버튼을 누른다.

다음 단계는 구동 타입을 선택하는 단계이다. 해당 모델의 구동 타입에는 "2WD"와 "AWD"가 있다. 마찬가지로 "2WD"를 선택하면 추가 비용이 발생하지 않지만, AWD를 선택하면 추가 비용이 발생하게 된다.

현재 단계는 어려움 없이 BPMN으로 프로세스를 모델링 할 수 있을 것이다. 결과는 다음과 같다.

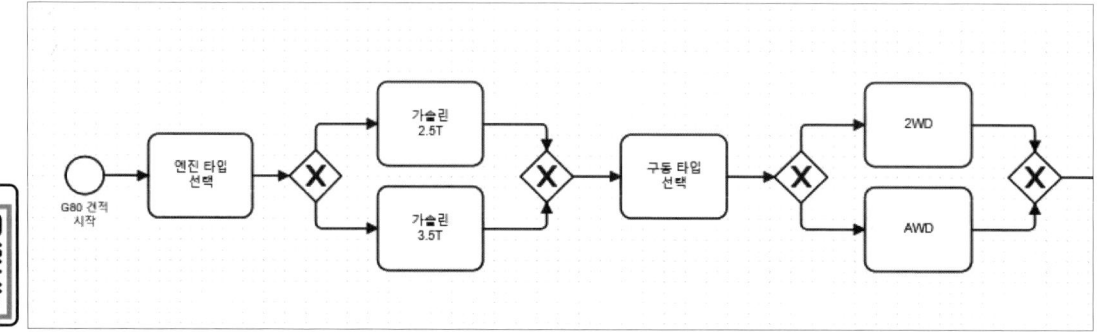

위 다이어그램을 이해하는데 별다른 어려움이 없을 듯하니 다음 버튼을 눌러서 다음 단계로 이동하기로 하자. 다음 단계는 외장 컬러를 선택하는 단계이다.

3-3 외장 컬러 선택 BPMN 모델링

외장 컬러의 유형은 두 가지 "글로시 (유광)"과 "매트 (무광)"이 있다. "글로시 (유광)"의 경우 선택할 수 있는 색상의 가짓수는 8가지이며, "매트 (무광)"의 경우 선택할 수 있는 색상의 가짓수는 3가지이다. 그러므로 총 선택할 수 있는 색상의 종류는 모두 11가지이다.

이를 모델링한 결과는 다음과 같다.

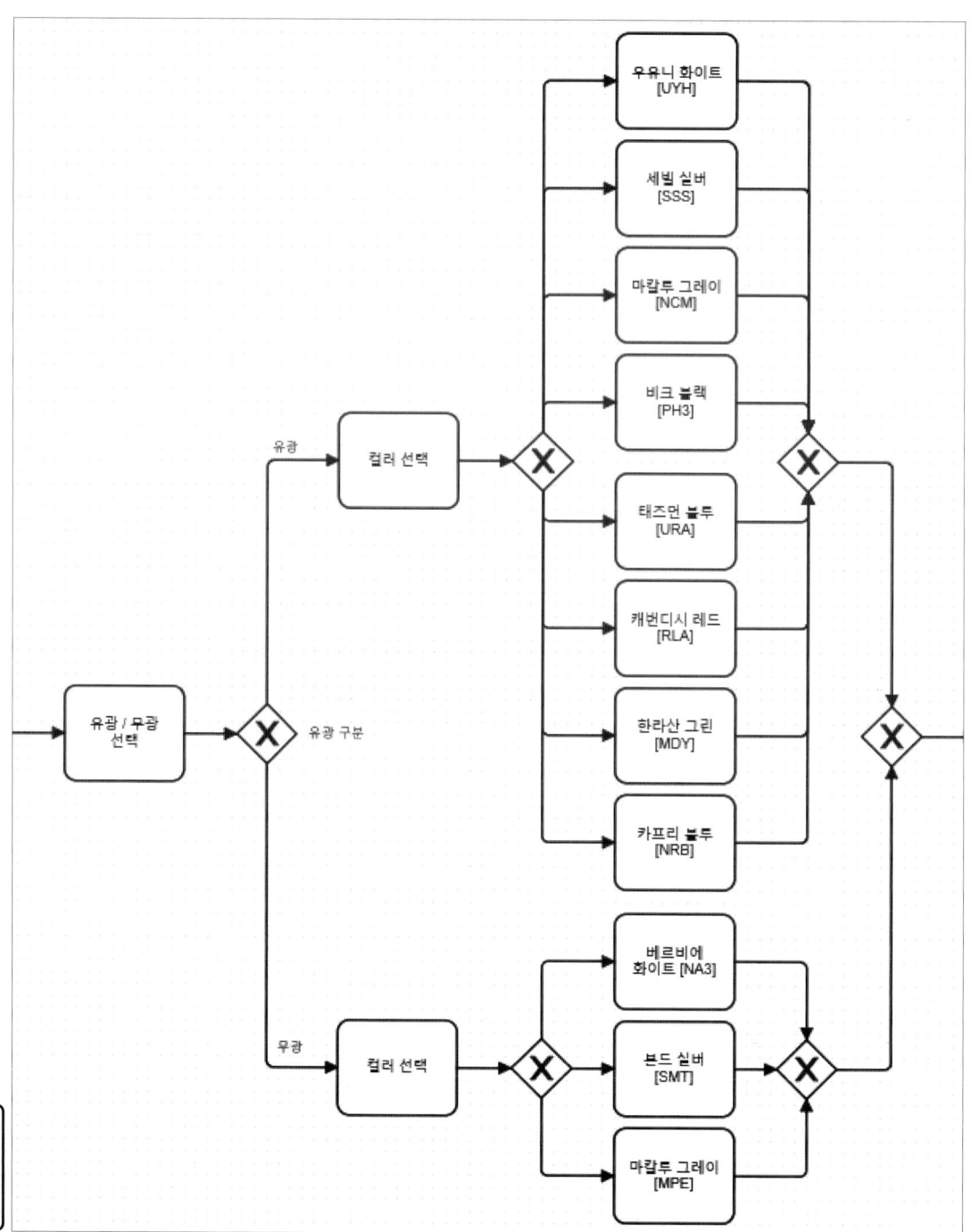

위 다이어그램도 이해하는데 별다른 어려움이 없을 듯하니 다음 버튼을 눌러서 다음 단계로 이동하기로 하자.

3-4 차량 패키지와 타이어 및 휠 선택 BPMN 모델링

차량 패키지는 "기본 모델"과 "스포츠 패키지" 두 가지가 존재한다. 여기서도 역시 "기본 모델"을 선택하면, 추가 비용이 발생하지 않지만, "스포츠 패키지"를 선택하면 추가 비용이 발생한다. 그리고 "기본 모델"을 선택하면 선택할 수 있는 타이어 및 휠의 종류가 4가지이지만, "스포츠 패키지"를 선택하면 선택할 수 있는 타이어 및 휠의 종류가 2가지이다.

그런데 여기서 주의할 점은 이전 단계에서 외장 컬러를 선택했는데, 외장 컬러들 중에 "캐번디시 레드 [RLA]" 색상을 선택했다면, 이 단계에서 선택할 수 있는 차량 패키지는 "스포츠 패키지" 뿐이다. 즉, "캐번디시 레드 [RLA]"는 스포츠 패키지의 고유 색상이라는 것이다.

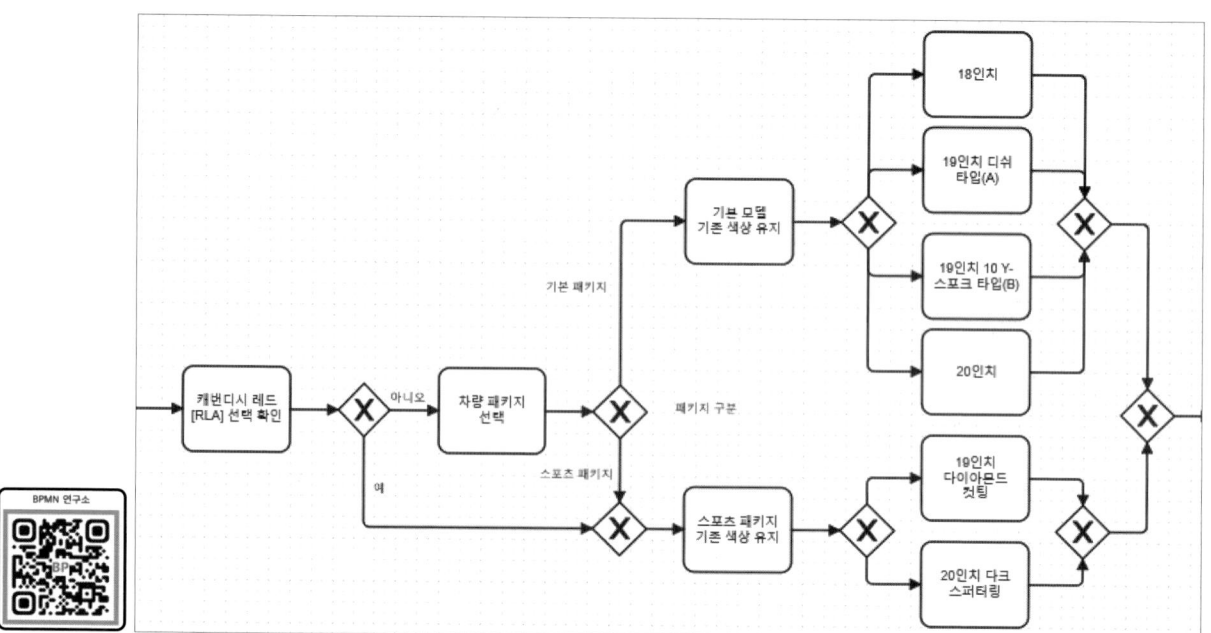

이를 위해 차량 패키지를 선택하기 전에 선택된 색상이 "캐번디시 레드 [RLA]"인지를 확인해서 해당 색상이 맞다 면 스포츠 패키지에 맞는 타이어와 휠을 선택할 수 있도록 흐름이 연결되어 있다. 만일 선택한 색상이 "캐번디시 레드 [RLA]"가 아니라면 이전 단계에서 선택한 차량 색상이 유지될 수 있도록 모델링 되어 있다.

3-5 내장 디자인 및 컬러 선택 BPMN 모델링

내장 디자인 및 색상을 선택하는 단계부터는 경우의 수가 급격히 늘어나게 된다. 내장 디자인은 이전 단계에서 선택했던 "기본 패키지"와 "스포츠 패키지"가 선택할 수 있는 카테고리와 옵션이 아예 다르다.

우선 "기본 패키지"의 경우 선택할 수 있는 카테고리는 "스탠다드 디자인", "시그니처 디자인 셀렉션 Ⅰ", "시그니처 디자인 셀렉션 Ⅱ" 이렇게 세 가지이고, 위 화면에서 보는 바와 같이 "스탠다드 디자인"은 두 개의 디자인 및 컬러가 있고, "시그니처 디자인 셀렉션 Ⅰ"은 세 개의 디자인 및 컬러가 있으며, "시그니처 디자인 셀렉션 Ⅱ"는 다섯 가지 디자인 및 컬러가 있다.

그리고 "스포츠 패키지"의 경우 "스포츠 스탠다드 디자인"과 "스포츠 디자인 셀렉션" 이렇게 두 가지 카테고리가 있는데, 각각 두 개와 세 개의 디자인 및 컬러를 선택할 수 있다.

이쯤에서 미리 이번 단계를 모델링한 BPMN 다이어그램을 살펴보기로 하자.

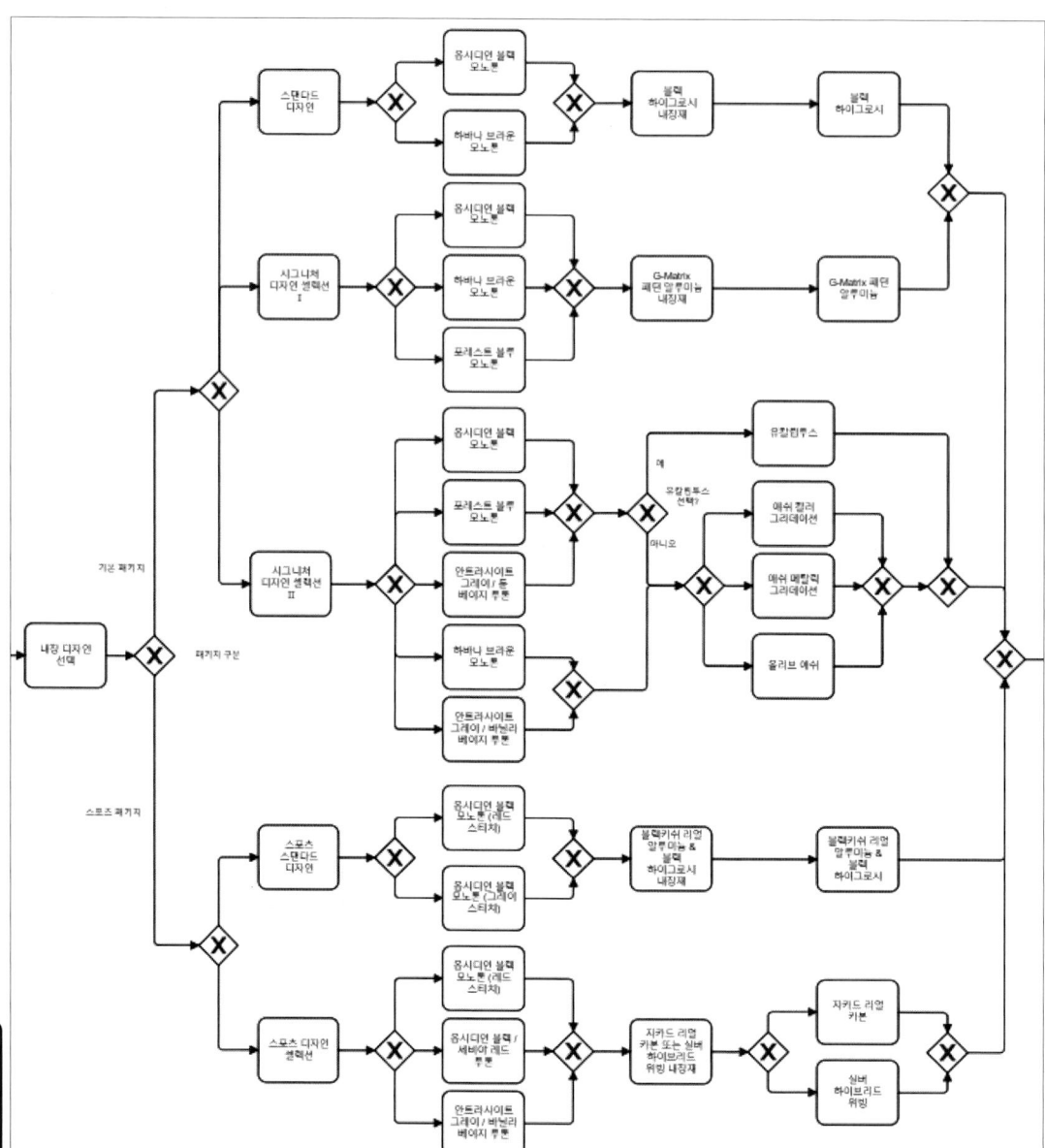

이 정도만 하더라도 텍스트를 보기가 쉽지는 않을 듯하다. 그러므로 www.bpmn.co.kr 사이트에서 자료를 다운받아서 보면서 정리하면 좋을 것 같다.

우선 앞에서 설명한대로 "기본 패키지"를 선택하면 세개의 카테고리 중 하나를 선택할 수 있으며, "스포츠 패키지"를 선택한 경우 두 개의 카테고리를 선택할 수 있다. 그리고 각 카테고리로 이동하면 원하는 디자인 및 컬러를 선택할 수 있는데, "스탠다드 디자인"과 "시그니처 디자인 셀렉션 Ⅰ" 그리고 "스포츠 패키지"의 "스포츠 스탠다드 디자인"의 경우 선택할 수 있는 내장재와 가니쉬는 하나만 선택할 수 있다.

그리고 "스포츠 패키지"의 "스포츠 디자인 컬렉션"에서 선택할 수 있는 내장재와 가니쉬는 두 가지가 있다.

이에 반해 "기본 패키지"의 "시그니처 디자인 셀렉션 Ⅱ"의 경우 선택할 수 있는 내장재는 한 가지이지만, 이후 선택할 수 있는 가니쉬는 모두 네 가지이다. 그러나 가니쉬 네 가지 모두를 선택할 수 있는 디자인 및 컬러 옵션은 "옵시디언 블랙 모노톤", "포레스트 블루 모노톤", "안트라사이트 그레이 / 바닐라 베이지 투톤" 이렇게 세 가지이며, "하바나 브라운 모노톤"과 "안트라사이트 그레이 / 듄 베이지 투톤"은 가니쉬로 "유칼립투스"는 선택할 수 없다.

그래서 "옵시디언 블랙 모노톤", "포레스트 블루 모노톤", "안트라사이트 그레이 / 바닐라 베이지 투톤"을 선택한 경우 "유칼립투스"를 선택할 수 있도록 했으며, "하바나 브라운 모노톤"과 "안트라사이트 그레이 / 듄 베이지 투톤"은 "유칼립투스"를 선택할 수 없도록 배타적 게이트웨이로 정리를 했다.

이번 BPMN 모델링은 비교적 복잡했지만, 그래도 업무를 이해하고 있다면 BPMN 다이어그램을 작성하는 레벨은 그리 높은 편은 아니다. 필자가 어려웠던 이유는 이전 단계와 다음 단계를 계속 오가면서 달라지는 옵션과 선택 사항들을 확인하고 정리하는 게 어려웠지 BPMN 다이어그램을 작성하는 것이 어렵지는 않았다.

물론 필자의 경우 BPMN을 많이 해봐서 그렇지 않느냐고 할 수 있겠지만, 그런 것보다 업무 관련 내용을 이해하고 있는 게 가장 핵심이라서 드리는 말씀이다.

독자분들께서는 직접 위에 있는 BPMN 다이어그램과 설명을 차분히 읽어보고, 해당 사이트에서 다음과 이전으로 오가면서 관련 내용을 한번 확인해보기 바란다. 앞서 말씀드린 바와 같이 BPMN 다이어그램을 보면서 필자의 설명을 들었다면, 위 내용을 이해하는 데 큰 어려움은 없을 것이다.

그런데 아무런 사전 지식 없이 사이트 들어가서 분석부터 하게 되면, 당연히 많은 시간이 소요될 수밖에 없을 것이다. 이것이 우리가 BPMN을 사용해야 하는 가장 중요한 이유이고, 이를 통해 BPMN이 회사나 단체 그리고 사회 전반에 가져올 생산성과 효율성은 그래서 막대할 수밖에 없는 것이다.

3-6 옵션 패키지 및 개별옵션 선택 BPMN 모델링

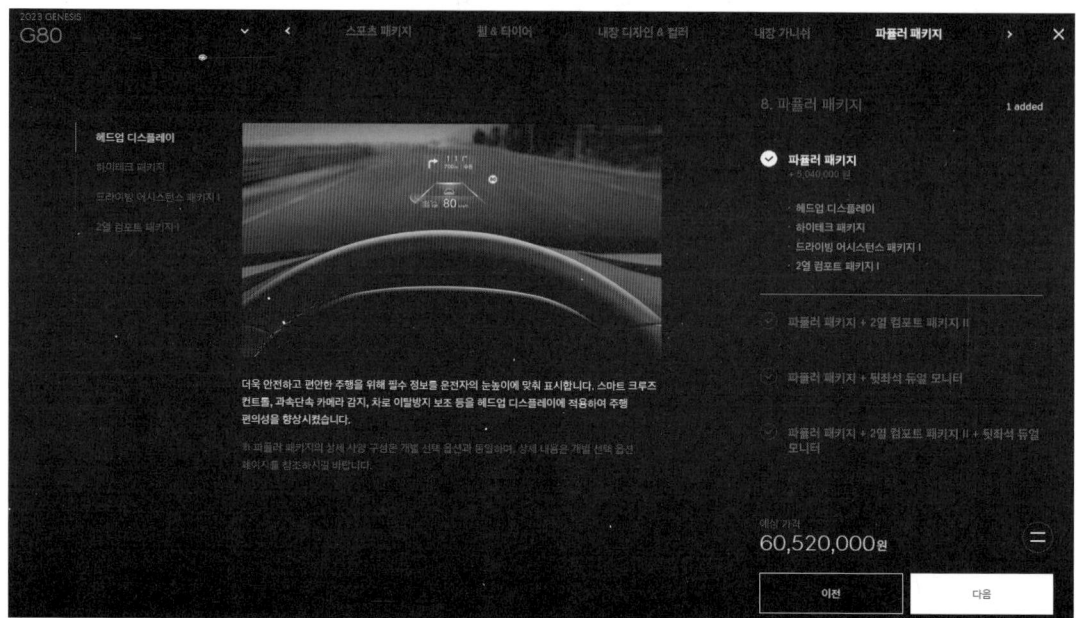

차량의 엔진과 변속기 그리고 내 외장 컬러와 내장재 등을 선택했다면, 이제 마지막으로 다양한 편의 기능과 안전 장치 그리고 최첨단 전자 시스템이 포함된 옵션 항목을 선택하는 단계이다. 옵션은 개별적으로 14가지 옵션 및 옵션 패키지로 구성되며, 이는 모두 개별적으로 선택할 수 있다. 그러나 14가지 옵션들 중 인기가 많을 것같은 옵션을 4가지 종류의 파퓰러 패키지로 묶여 있기도 하다.

이러한 옵션 항목들은 TV 광고나 자동차 관련 YouTube에서도 단골 주제로 나오는 내용들이어서 그렇게 낯설지는 않았다. 그러나 패키지 옵션을 선택한 상황에서 패키지에 묶여 있지 않은 옵션들을 추가로 선택할 수 있었고, 개별 옵션도 다른 옵션을 포함하고 있는 것들이 있으며, "프리뷰 전자제어 서스펜션" 옵션의 경우에는 "스포츠 패키지"에서는 선택할 수가 없고, "기본 패키지"에서만 선택할 수 있었다.

결론적으로 이렇게 옵션을 정리하는 과정이 BPMN 다이어그램으로 정리하는데 가장 고민을 많이 했던 부분이다.

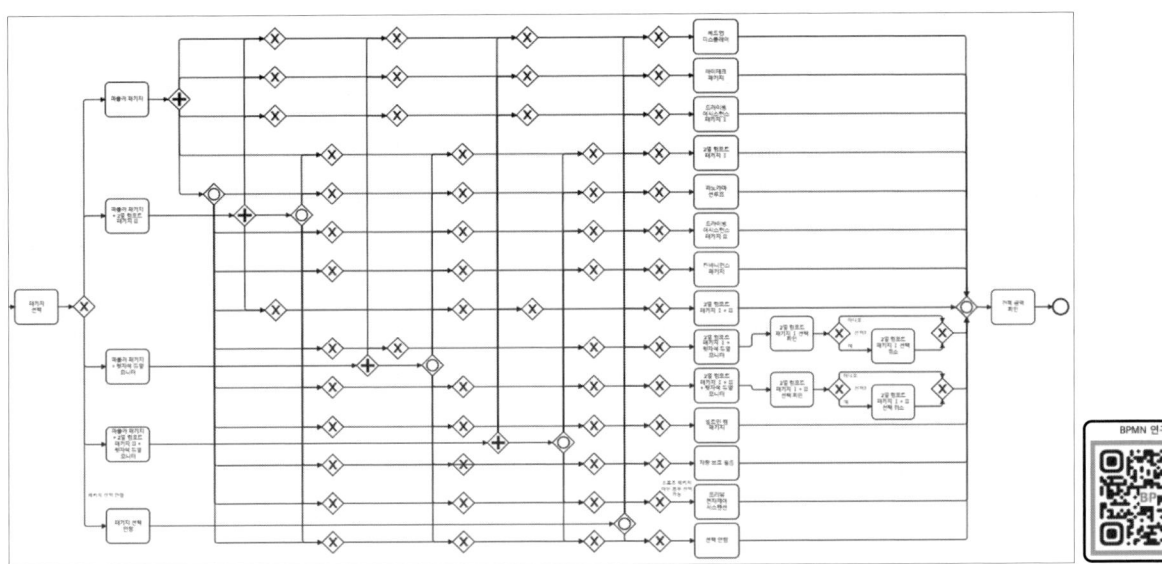

작성해 놓고 약간 축소해서 보면 반도체 회로 기판을 보는 것 같은 착각을 불러일으킬 만큼 여러 선들이 얽혀져 있다. 여기서는 사용된 게이트웨이는 우선 "배타적 게이트웨이"는 기본이고, "병렬 게이트웨이", "포괄적 게이트웨이"가 복잡하게 사용되고 있다.

그러면 이제 논리적으로 접근하면서 하나씩 정리해보기로 하자.

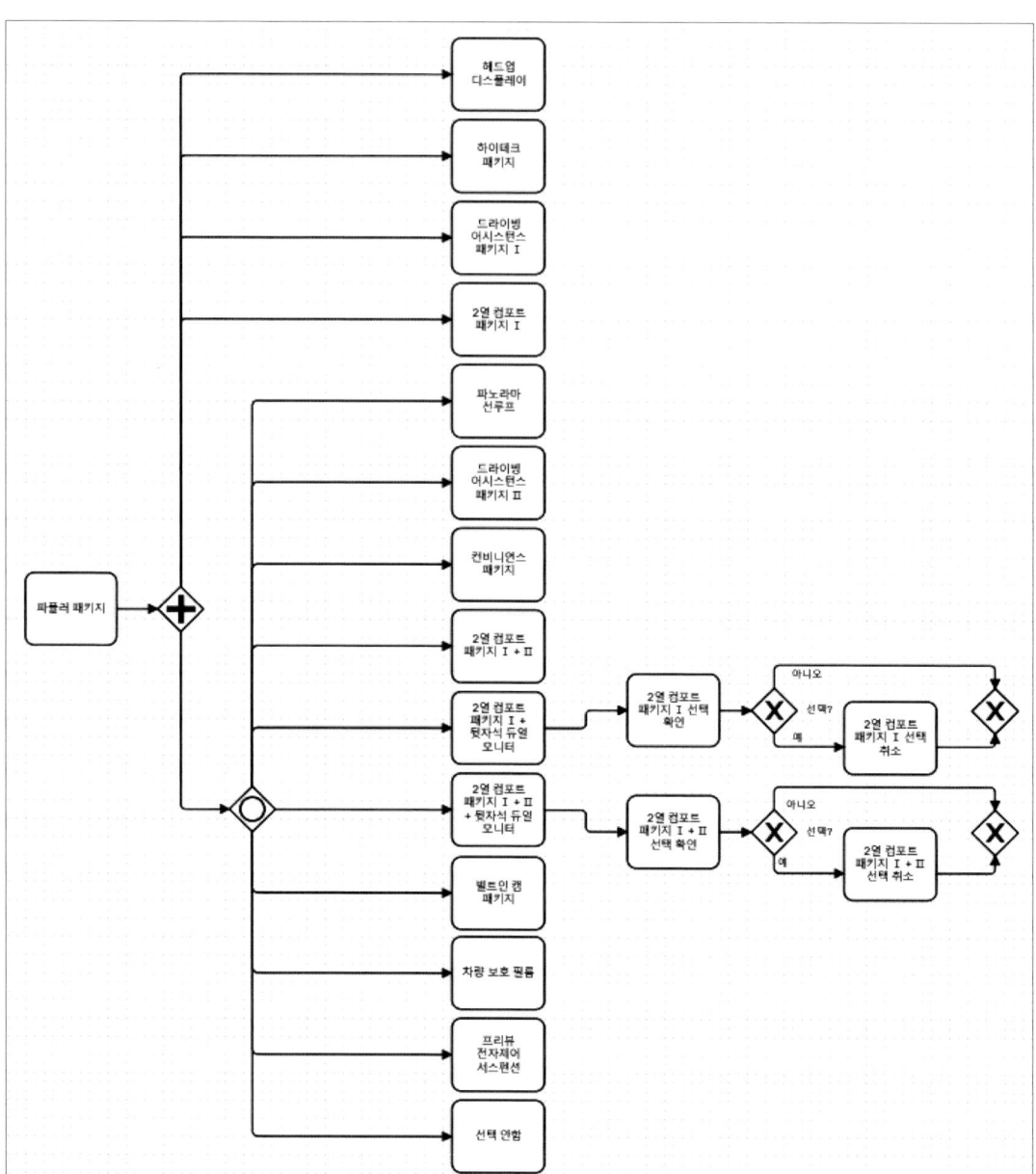

우선 "파퓰러 패키지"를 선택한 것만 살펴보기로 하자. 파퓰러 패키지를 선택하면 자동으로 "헤드업 디스플레이", "하이테크 패키지", "드라이빙 어시스턴스 패키지", "2열 컴포트 패키지 Ⅰ", 이렇게 4가지 옵션이 무조건 선택된다. 그래서 위 화면 맨 처음에 "파퓰러 패키지"를 선택한 경우 우선 병렬 게이트웨이를 통해 해당 4가지 옵션을 선택하는 것으로 표현을 했으며, 해당 패키지를 선택한 후에 나머지 옵션들 중 원하는 옵션은 자유롭게 선택할 수 있기 때문에 병렬 게이트웨이에서 포괄적 게이트웨이로 하나의 시퀀스 플로가 연결되어 있다.

그리고 포괄적 게이트웨이에서는 나머지 모든 옵션들을 선택할 수 있도록 선택 가능한 모든 옵션들과 연결되어 있다. 포괄적 게이트웨이는 최소한 하나 이상을 선택해야 하므로 만일 "파퓰러 패키지"만 선택하고, 그 외 옵션을 추가할 의사가 없는 고객을 위해서 가장 하단에 "선택 안함"이란 항목을 추가로 포함해서 최소한 하나 이상의 경로로 업무가 흘러갈 수 있게 준비했다.

이러한 패턴은 우리가 2장의 내용 중에 병렬 게이트웨이를 설명하면서 사용했던 패턴이다. 이해를 돕기 위해 다시한번 살펴보기로 하자.

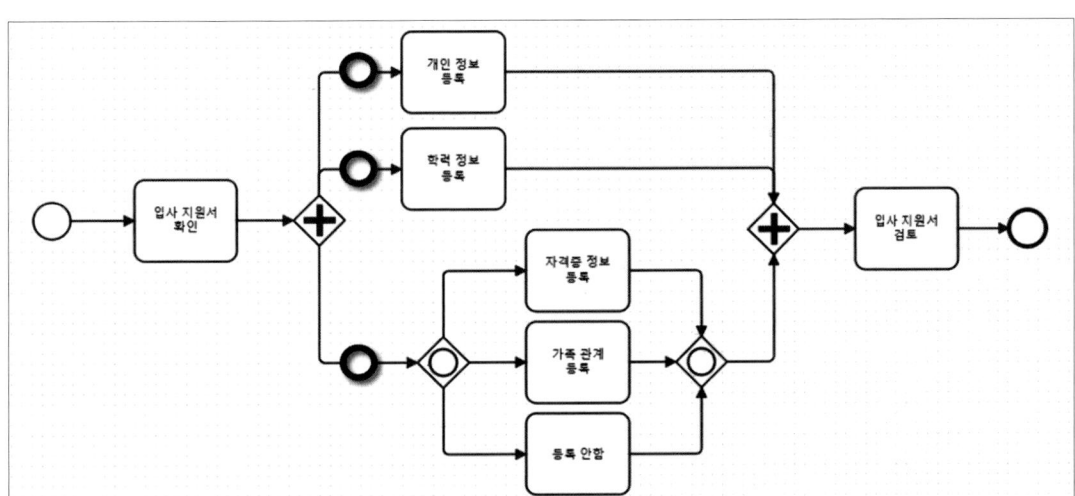

위 다이어그램을 보면 입사지원서 작성할 때 개인 정보와 학력 정보는 필수이다. 그리고 자격증 정보와 가족 관계 등록은 할 수도 있고, 안 할 수도 있는 것이다. 그러므로 병렬 게이트웨이를 통해 "개인 정보 등록"과 "학력 정보 등록" 그리고 포괄적 게이트웨이와 연결되도록 구성했다. 그리고 포괄적 게이트웨이에서 자격증 정보와 가족 관계는 있으면 등록하고, 없으면 입력하지 않아도 되도록 마지막에 "등록 안함" 작업을 추가했다.

자동차에서도 파퓰러 패키지의 경우 4가지 옵션은 필수로 선택되고, 4가지 선택 후 다른 옵션은 추가할 수도 있고, 안 할 수도 있는 것이다. 그러므로 가짓수만 많을 뿐 옵션 선택 다이어그램은 위와 같은 패턴인 것이다.

다만 복잡해 보이는 이유는 패키지의 종류가 4가지이기 때문에 각각의 패키지를 선택한 경우가 여러 게이트웨이들을 통해서 연결되기 때문에 다소 다이어그램이 복잡해진 것이다.

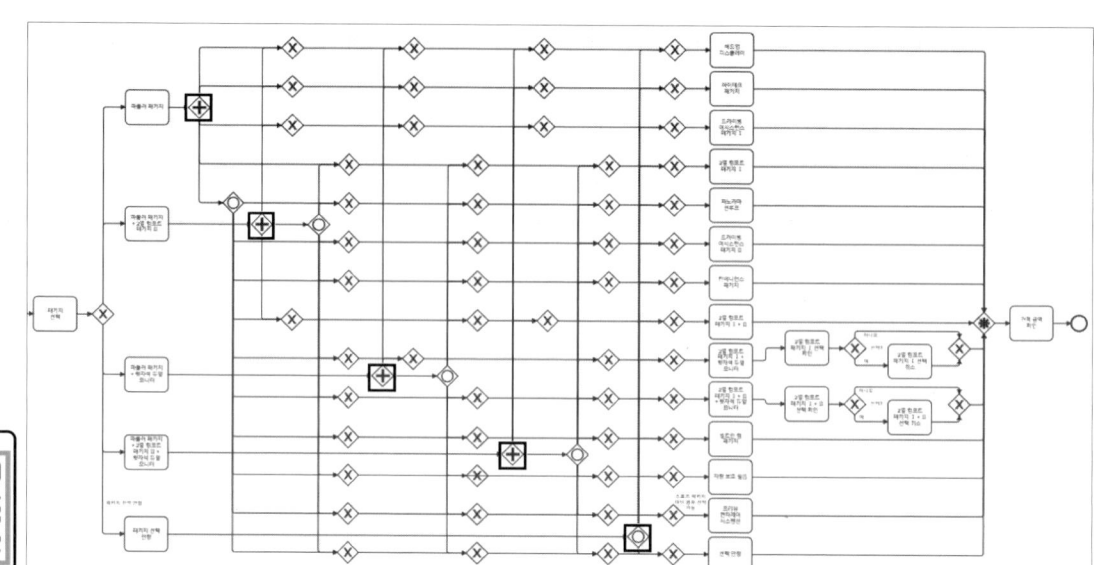

위 다이어그램을 다시 보면 각 패키지마다 프로세스가 분기하는 병렬 게이트웨이를 네모상자로 표시해둔 것이다. 그러면 좀 이해가 될 것같다. 그리고 마지막은 패키지 옵션을 선택하지 않고, 개별 옵션을 자유롭게 선택하는 경우를 표현하기 위한 포괄적 게이트웨이다.

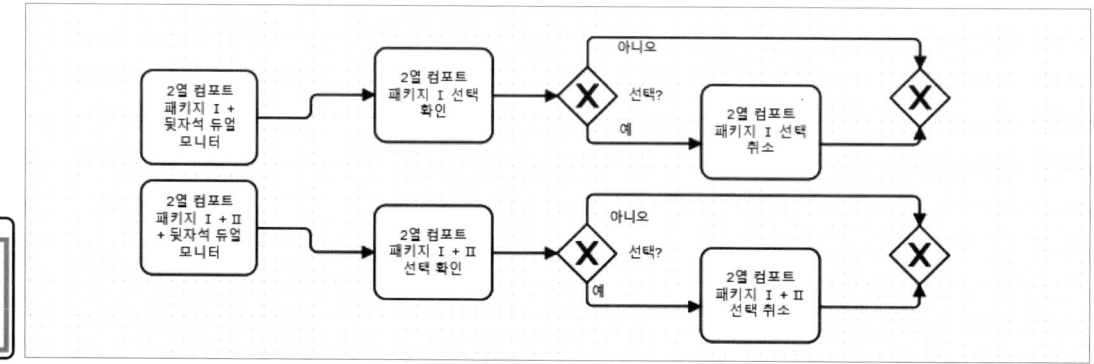

마지막 부분에 있는 두 가지 예외 처리는 해당 옵션의 내용이 다른 옵션을 포함하고 있어서 정리한 내용이다. 위 내용에서 첫 번째 내용을 보면 "2열 컴포트 패키지 Ⅰ + 뒷자석 듀얼 모니터" 옵션을 선택한 경우 만일 개별적으로 "2열 컴포트 패키지 Ⅰ" 패키지가 선택되어 있다면 이를 해제하는 로직이다.

이제 다시 바로 이전 다이어그램을 살펴보기로 하자.

"파퓰러 패키지"를 선택한 후 병렬 게이트웨이를 통해서 필수 4개의 옵션과 하나의 포괄적 게이트웨이로 시퀀스 플로가 연결됐고, 포괄적 게이트웨이를 통해서 나머지 개별적으로 선택할 수 있는 모든 옵션들이 연결되어 있다. 그리고 "파퓰러 패키지"를 통해 선택한 4개의 옵션 외에 아무런 개별 옵션도 선택하지 않을 수 있기 때문에 "선택 안함"이란 옵션을 추가했다.

바로 위 내용이 현재 다이어그램의 핵심이다.

이렇게 "파퓰러 패키지"와 연관된 옵션 항목들을 정리한 후 다음으로 나머지 3개 패키지들을 같은 방법으로 정리했으며, 마지막으로 패키지를 선택하지 않고 개별 옵션을 선택할 수 있는 경우를 정리한 후 이를 하나씩 추가해서 전체 프로세스를 정리했다.

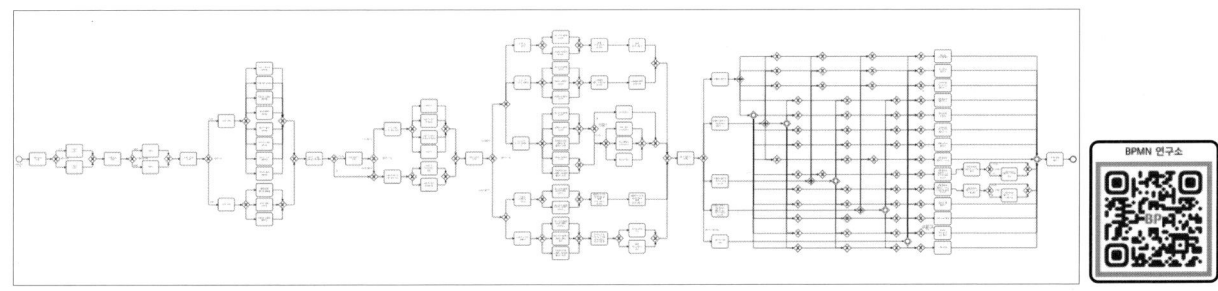

BPMN으로 전체 프로세스가 정리가 됐다면, 이제 각 단계별 프로세스들을 다음과 같이 하위 프로세스로 복잡한 프로세스들을 숨겨놓을 수 있을 것이다.

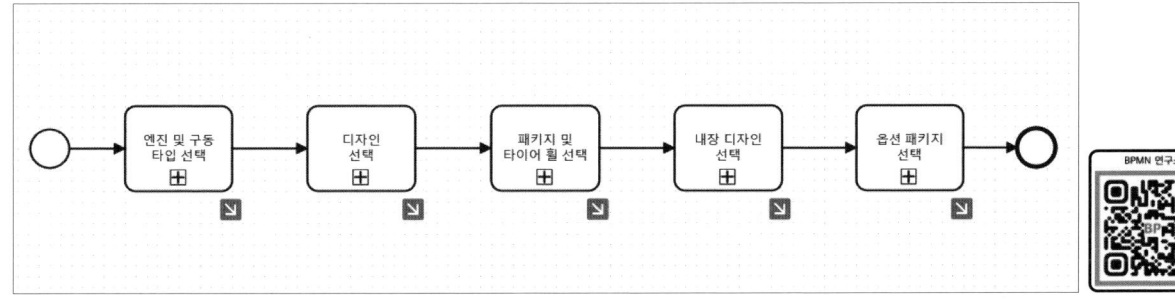

완성된 BPMN 다이어그램을 살펴보는 것으로 자동차 견적내기 BPMN 모델링을 마무리하도록 하겠다. 이제 이 내용을 기반으로 DMN 모델링을 해보기로 하자.

3-7 자동차 견적내기 DMN 모델링

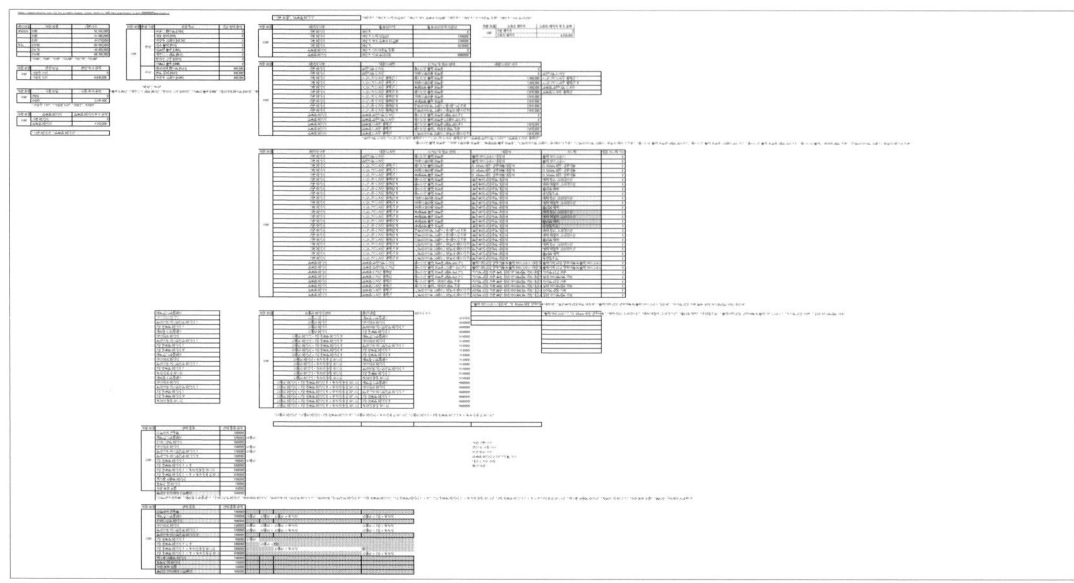

위 화면은 해당 자동차의 엔진, 내 외장 옵션과 색상 그리고 기능적인 옵션들이 적용되는 과정과 패키지 항목들을 분석하며 엑셀에 정리해 놓은 모습이다. 자동차 1대에 들어가는 옵션 사항이 저렇게나 많고 다양하다는 것을 이번에 제대로 느낄 수 있었다.

누차 강조하지만 DMN 모델링을 위해서는 위와 같이 적용되는 규칙들을 엑셀로 정리해 두는 것은 필수이다. 그리고 그 내용을 기준으로 각 항목별 선택 옵션에 맞게 결정(Decision)과 입력 데이터 그리고 출력 데이터를 정리해야 한다. 이 사이트는 자동차 견적 사이트이기 때문에 출력 데이터는 모두 각 결정 테이블에 있는 여러 규칙들이 적용돼서 얻어진 견적 가격이다. 그러므로 여러 결정 (Decision)에 다양한 입력 데이터를 통해서 출력 데이터가 금액으로 반환되고, 최종적으로 이를 취합하면 고객이 선택한 사양과 옵션에 맞는 자동차 견적 금액이 산출된다.

이렇게 모델링 한 결정 요구사항 다이어그램은 다음과 같다.

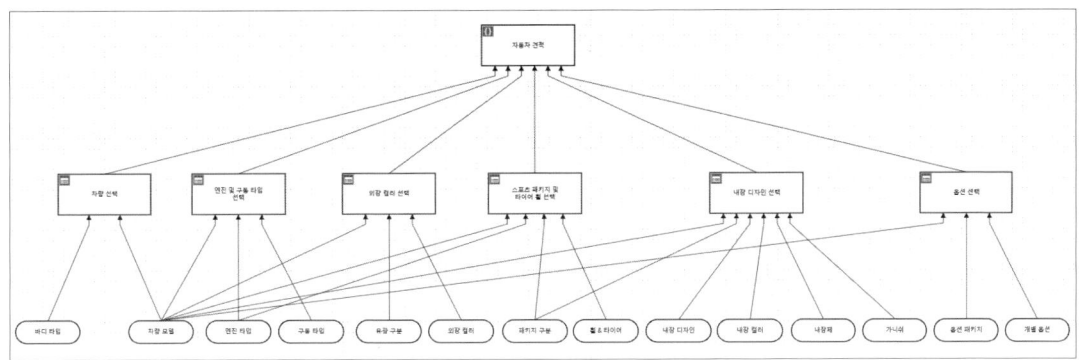

역시나 이전에 DMN 모델링 했던 결정 요구사항 다이어그램과는 차원이 다르다. 그러나 엑셀에 자료가 잘 정리되어 있다면 크게 염려할 필요는 없다. 그러면 첫 번째 결정 테이블부터 하나씩 만들어 보기로 하자.

① 차량 선택 결정 테이블

차량 선택	Hit Policy: Unique			
	When 바디 타입 "SEDAN","SUV"	And 차량 모델 "G90","G80","G70","GV80","GV...	Then 차량 기본 가격 number	Annotations
1	"SEDAN"	"G90"	94450000	
2	"SEDAN"	"G80"	55480000	
3	"SEDAN"	"G70"	43470000	
4	"SUV"	"GV80"	69300000	
5	"SUV"	"GV70"	50400000	
+				

첫 번째로 위 표는 "차량 선택" 결정 테이블이다. 여기에는 입력 데이터로 "바디 타입"과 "차량 모델"이 있으며 원하는 차량을 선택하면 해당 차량의 기본 가격이 출력 데이터로 반환된다. 앞서 BPMN 다이어그램을 작성하면서 말씀드린 것처럼 여기서는 "G80"모델을 기본으로 선택했다고 가정하고 모델링할 것이다.

② 엔진 및 구동 타입 결정 테이블

엔진 및 구동 타입 선택	Hit Policy: Unique			
	And	And	Then	
차량 모델	엔진 타입	구동 타입	엔진 및 구동 가격	Annotations
"G90","G80","G70","GV80","GV...	"가솔린 2.5T","가솔린 3.5T"	"2WD","AWD"	number	
1 "G80"	-	"2WD"	0	
2 "G80"	"가솔린 2.5T"	"AWD"	2770000	
3 "G80"	"가솔린 3.5T"	"AWD"	6630000	
+	-	-	-	

위 결정 테이블에서는 이전 결정 테이블에서 두 번째 규칙인 "G80" 차량이 선택됐다는 것을 가정해서 이후 엔진과 부품 및 구동 타입의 목록을 정리했다. 위의 내용은 엔진 타입에 상관없이 구동 모델로 "2WD"를 선택했다면 "엔진 및 구동 가격"에서 추가되는 금액은 0원이고, 구동 타입으로 "AWD"가 선택되면 엔진 타입에 따라 다른 가격이 출력 데이터로 반환된다.

③ 외장 컬러 선택 결정 테이블

외장 컬러 선택	Hit Policy: Unique			
When	And	And	Then	
차량 모델	유광 구분	외장 컬러	외장 컬러 가격	Annotations
"G90","G80","G70","GV80","GV...	"유광","무광"	"우유니 화이트 [UYH]","세빌 실...	number	
1 "G80"	"유광"	"우유니 화이트 [UYH]","세빌 실버 [SSS]","마칼루 그레이 [NCM]","비크 블랙 [PH3]","태즈먼 블루 [URA]","캐번디시 레드 [RLA]","한라산 그린 [MDY]","카프리 블루 [NRB]"	0	캐번디시 레드 [RLA] 색상의 경우 스포츠 패키지 전용이다.
2 "G80"	"무광"	"베르비에 화이트 [NA3]","본드 실버 [SMT]","마칼루 그레이 [MPE]"	690000	
+	-	-	-	

다음 단계는 색상을 선택하는 단계인데 "유광"인 경우는 비용이 0원이고, "무광"을 선택한 경우에는 690,000원이 추가된다. 그리고 색상 중에 "캐번디시 레드 [RLA]"를 선택한 경우는 이후 스포츠 패키지 선택 과정에서 무조건 스포츠 패키지가 선택된다.

④ 패키지 및 타이어 휠 선택 결정 테이블

위 내용은 휠과 타이어를 선택하는 단계인데 선택한 엔진과 패키지 그리고 선택한 타이어 및 휠에 따라서 관련된 비용이 발생한다. 그리고 "스포츠 패키지"의 경우 기본 비용이 발생하며, 추가로 타이어 및 휠에 따라 비용이 추가될 수 있다. 그래서 이번 단계에서는 히트 정책이 "Collect (Sum)"으로 선택된 것이다.

⑤ 내장 디자인 선택 결정 테이블

내장 디자인은 패키지와 디자인, 색상, 내장재, 가니쉬에 따라서 다양한 옵션들이 있으며, 이를 나열하니 상당히 많은 규칙이 만들어진다. 그런데 오른쪽 끝에 있는 출력 데이터 값을 확인해보면, 내장 디자인 비용이 같은 것들이 다수 존재한다.

Chapter 5 BPMN, DMN 모델링 실습 | 291

그런데 내장 디자인 가격이 같은 이유를 보니 내장 디자인 옵션에 따라서 가격이 미리 정해져 있다는 점이다. 그러므로 색상과 내장재, 가니쉬는 옵션으로 선택할 뿐 이는 전혀 가격에 영향을 주지 않는다. 그렇다면 이들은 입력 데이터를 받아서 내장 디자인 가격을 출력하는데 의미가 없다.

내장 디자인 선택	Hit Policy: Unique			
When 차량 모델 "G90","G80","G70","GV80","GV...	And 패키지 구분 "기본 패키지","스포츠 패키지"	And 내장 디자인 "스탠다드 디자인","시그니처 디자인 ...	Then 내장 디자인 비용 number	Annotations
1	"G80"	"기본 패키지"	"스탠다드 디자인"	0
2	"G80"	"기본 패키지"	"시그니처 디자인 셀렉션 I"	1480000
3	"G80"	"기본 패키지"	"시그니처 디자인 셀렉션 II"	2970000
4	"G80"	"스포츠 패키지"	"스포츠 스탠다드 디자인"	0
5	"G80"	"스포츠 패키지"	"스포츠 디자인 셀렉션"	2670000
6	-	-	-	

이를 정리하면 "내장 디자인 선택" 결정 테이블의 규칙(Rule) 수가 이렇게 획기적으로 줄어든다. 입력 데이터가 추가되면 해당 입력 데이터가 가지고 있는 경우의 수만큼 기존에 있는 규칙에 곱하기로 규칙의 수가 늘어나기 때문에 상당히 많은 규칙이 늘어나게 된다.

⑥ 옵션 선택 결정 테이블

옵션 선택	Hit Policy: Collect (Sum)			
When 차량 선택 "G90","G80","G70","GV80","GV...	And 옵션 패키지 "파퓰러 패키지","파퓰러 패키지 + 2열 컴포트 패키지 II","파퓰러 패키지 + 뒷자석...	And 개별 옵션 "파노라마 선루프","헤드업 디스플레이","컨비니언스 패키지","하이...	Then 옵션 비용 number	Annotations
1	"G80"	"파퓰러 패키지"	-	5040000
2	"G80"	"파퓰러 패키지"	"2열 컴포트 패키지 I + II"	3460000
3	"G80"	"파퓰러 패키지"	"2열 컴포트 패키지 I + 뒷자석 듀얼 모니터"	3460000
4	"G80"	"파퓰러 패키지"	"2열 컴포트 패키지 I + II + 뒷자석 듀얼 모니터"	5930000
5	"G80"	"파퓰러 패키지 + 2열 컴포트 패키지 II"	-	7510000
6	"G80"	"파퓰러 패키지 + 2열 컴포트 패키지 II"	"2열 컴포트 패키지 I"	990000
7	"G80"	"파퓰러 패키지 + 2열 컴포트 패키지 II"	"2열 컴포트 패키지 I + 뒷자석 듀얼 모니터"	3460000
8	"G80"	"파퓰러 패키지 + 2열 컴포트 패키지 II"	"2열 컴포트 패키지 I + II + 뒷자석 듀얼 모니터"	5930000
9	"G80"	"파퓰러 패키지 + 뒷자석 듀얼 모니터"	-	7510000
10	"G80"	"파퓰러 패키지 + 뒷자석 듀얼 모니터"	"2열 컴포트 패키지 I"	990000
11	"G80"	"파퓰러 패키지 + 뒷자석 듀얼 모니터"	"2열 컴포트 패키지 I + II"	3460000
12	"G80"	"파퓰러 패키지 + 뒷자석 듀얼 모니터"	"2열 컴포트 패키지 I + II + 뒷자석 듀얼 모니터"	5930000
13	"G80"	"파퓰러 패키지 + 2열 컴포트 패키지 II + 뒷자석 듀얼 모니터"	-	9980000
14	"G80"	"파퓰러 패키지 + 2열 컴포트 패키지 II + 뒷자석 듀얼 모니터"	"2열 컴포트 패키지 I"	990000
15	"G80"	"파퓰러 패키지 + 2열 컴포트 패키지 II + 뒷자석 듀얼 모니터"	"2열 컴포트 패키지 I + II"	3460000
16	"G80"	-	"파노라마 선루프"	1380000
17	"G80"	-	"컨비니언스 패키지"	1880000
18	"G80"	-	"드라이빙 어시스턴스 패키지 II"	1480000
19	"G80"	-	"렉시콘 사운드 패키지"	1380000
20	"G80"	-	"빌트인 캠 패키지"	740000
21	"G80"	-	"차량 보호 필름"	450000
22	"G80"	-	"프리뷰 전자제어 서스펜션"	1090000

이제 마지막으로 옵션을 추가하는 단계이다. 이 단계에서 아무 옵션도 선택하지 않은 차를 깡통차라는 표현을 하는데, 요즘은 디지털 첨단 시스템이 너무 훌륭해서 아마도 자기 자신이 타기 위한 차로 구매하는데 있어서 옵션을 선택하지 않는 경우는 없을 듯하다. 하지만 그래도 그 내용을 가장 하단에 규칙으로 표현했다.

옵션은 옵션 패키지를 선택하는 경우에 추가할 수 있는 옵션과 옵션과 상관없이 개별적으로 선택할 수 있는 옵션들이 존재한다. 여기서는 옵션 패키지를 선택한 후에 개별 옵션을 추가할 수 있기 때문에 선택한 옵션에 따라서 옵션 비용이 누적되어야 한다. 그러므로 히트 정책으로 "Collect (Sum)"을 선택했다. 그리고 옵션을 선택하지 않는 경우도 포함해야 하기 때문에 "선택 안함" 규칙도 마지막에 포함됐다.

그리고 BPMN에서는 옵션을 선택할 때 예외 처리를 했는데, DMN에서는 어떻게 예외 처리를 해야 하는지 궁금해하시는 분들이 계실 것이다. BPMN은 절차와 프로세스를 표현하지만 DMN은 결과만 표시한다. 그러므로 사용자가 선택한 경우 계산을 해주기 위한 규칙만 포함되는 것이다.

예외 처리는 BPMN을 기반으로 프로그램에서 처리해주면 된다. 예를 들어 특정 옵션을 선택하면 관련된 다른 옵션을 선택 해제하게 하면 되는 것이다. 결과적으로 중복된 내용을 선택한 값은 DMN에서 고려해야 할 필요가 없는 것이다.

⑦ 자동차 견적 문자 표현 결정(Decision Literal Expression)

그러면 이제 각기 결정 테이블(Decision Table)을 통해 각 단계에서 반환되는 출력 데이터를 최종 집계해서 결과를 합산하기 위한 "자동차 견적" 문자 표현 결정(Decision Literal Expression)에 수식을 적용해 주어야 한다.

이제 모든 "자동차 견적 내기" DMN 모델링 과정은 모두 마무리가 됐다. 중간에 내장 디자인을 선택하는 과정에서 과감히 세 개의 입력 데이터를 삭제했기 때문에 이제 결정 요구사항 다이어그램에서도 약간의 수정이 필요해졌으며, 이를 반영한 결정 요구사항 다이어그램은 다음과 같다.

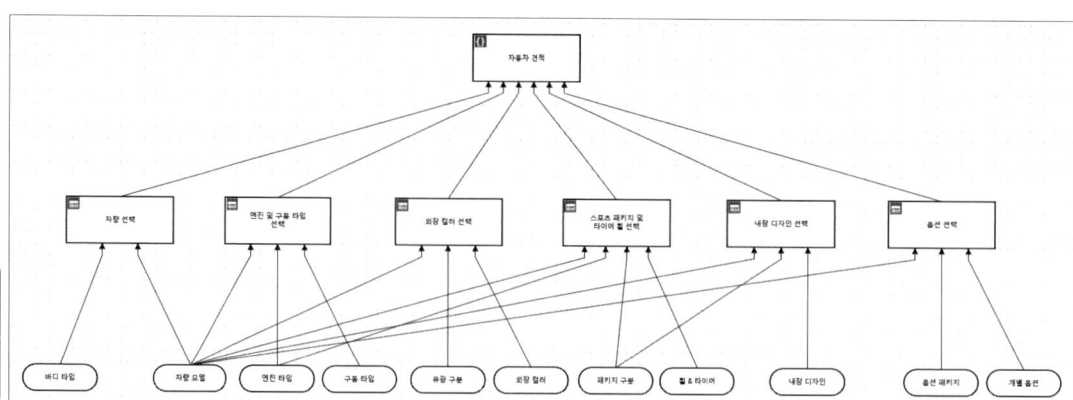

내장 디자인 선택 과정에서 입력 데이터가 줄어들어 약간은 복잡도가 적어진 듯한데 그래도 상당히 복잡한 건 사실이다.

앞선 예제에서도 그런 얘기를 했지만, 전체 흐름은 당연히 BPMN으로 정리해야 한다. 그러나 비즈니스 규칙을 정의하기 위한 방법으로는 DMN이 훨씬 더 효율적이다. 그러므로 BPMN과 DMN을 함께 활용할 수 있어야 보다 좋은 퀄리티의 다이어그램을 작성할 수 있게 되는 것이다.

이렇게 다이어그램을 작성하는데 분석부터 정리까지 3일 정도를 종일 투자해야 했다. 그러나 3일만에 이러한 과정과 결과를 정리했다는 것은 상당히 훌륭한 퍼포먼스라고 생각한다. 이제 이를 홈페이지를 개발하기 위한 관계자들과 엔지니어들에게 공유해주면, 관련 내용을 기반으로 정확한 프로그램이 개발될 수 있을 것이다.

원래 현업에서 이러한 업무를 규정하고 이를 구현 단계까지 정규화하는데 몇 달이 걸릴 수도 있다. 다만 필자는 몇 달이 걸린 결과물을 보고 정리했기 때문에 그 시간을 축약할 수 있었던 것이다.

그렇더라도 이 과정을 말이나 글로 아니면 칠판에 적어가면서 설명한다고 하면, 아마도 최소한 며칠은 서로 미팅하면서 관련 내용을 정리해야 했을 것이다. 그러나 이제는 위 다이어그램만 넘겨주면 된다. 이것이 바로 BPMN과 DMN의 해야하는 이유가 되는 것이다.

다이어그램 작성이 모두 마무리되었다면, 이제 토큰 시뮬레이션을 한번 해보면 좋을 것 같다.

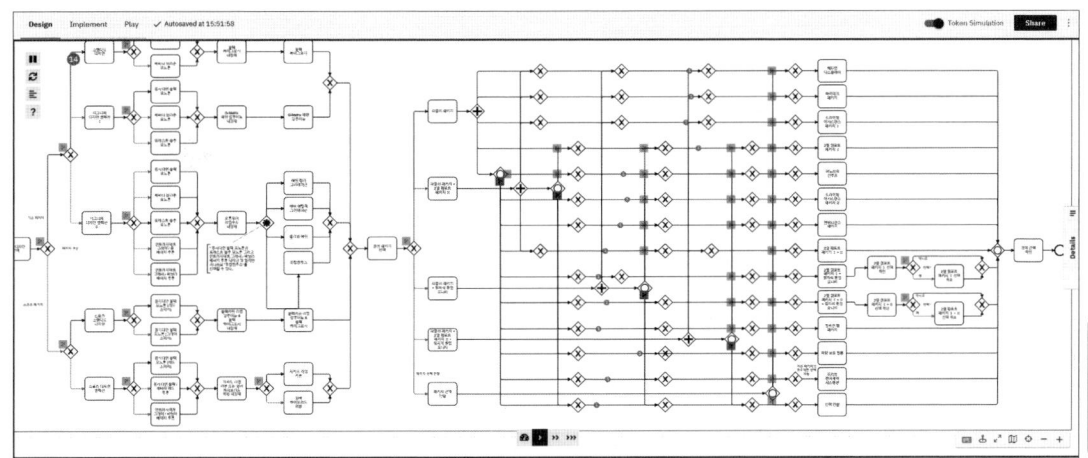

위 화면은 토큰 시뮬레이션 화면인데 견적 마지막 단계인 옵션 패키지 선택 과정에서 여러 게이트웨이를 지나면서 중간에 조그만 토큰들이 14개가 만들어져서 프로세스가 진행되는 모습을 캡쳐 한 것이다.

참고로 자동차 견적내기 BPMN, DMN 다이어그램은 2023년 10월경에 분석하고 정리했었다. 그런데 12월 말쯤 다시 내용을 확인해보기 위해 해당 사이트에 들어가니 선택할 수 있는 옵션 패키지가 단순하게 정리되어 있었다.

아무래도 2024년도 판매 전략에 따른 옵션 및 패키지 항목들을 정리한 듯싶다.

그렇더라도 전체 내용을 확인하는 데는 이상이 없으니 해당 사이트와 BPMN 그리고 DMN 다이어그램을 비교해가면서 분석하고 정리해보면 좋을 듯하다.

THE START

4 BPMN, DMN 다이어그램 관리하기

4-1 다이어그램 공유 및 저장하기

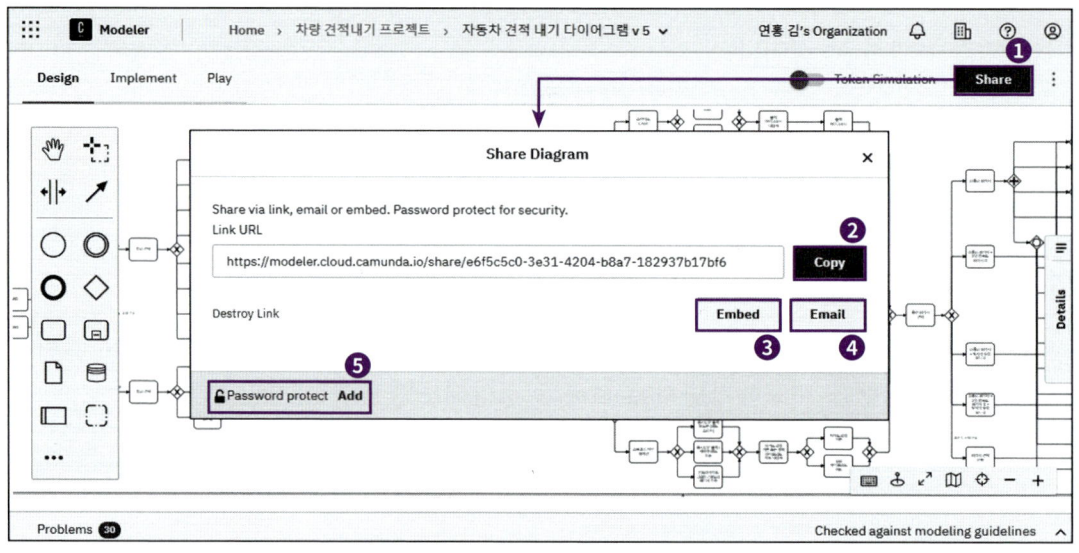

Camunda 솔루션의 장점은 웹기반 솔루션으로 작성된 다이어그램을 다양한 형태로 공유할 수 있다는 점이다. 이를 위해서 접근하는 방법은 그리 어렵지 않으니 함께 살펴보기로 하겠다.

우선 작성된 다이어그램을 공유하기 위해서는 오른쪽 상단에 "Share" 버튼(1번)을 누르면 "Share Diagram" 대화상자가 나타난다. 이 대화상자에서 공유할 수 있는 옵션에는 3가지가 있다.

① 다이어그램 링크 공유하기

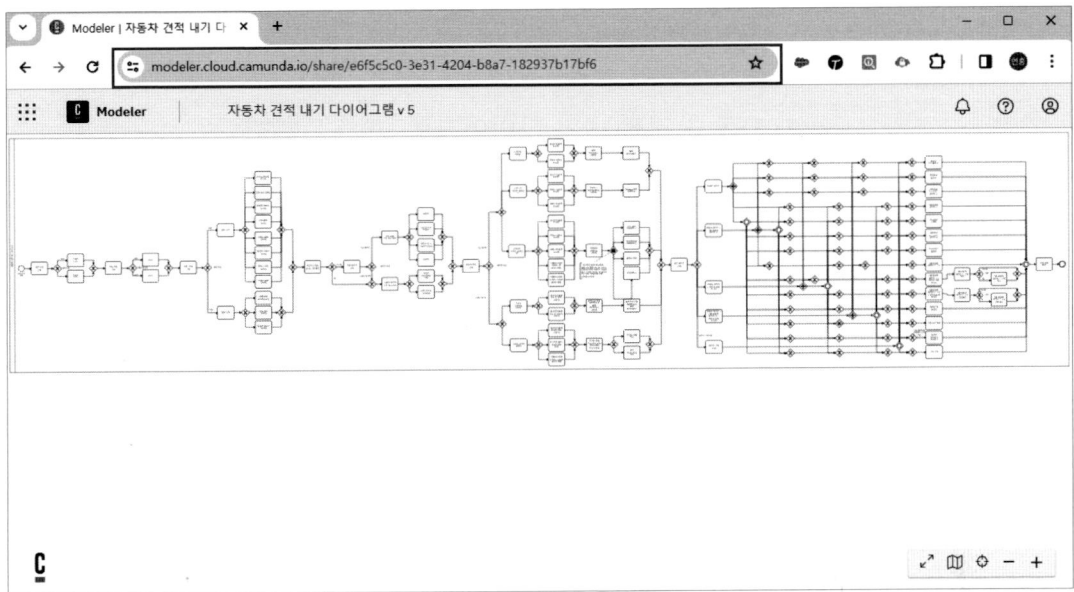

우선 첫 번째는 링크를 복사하는 것이다. 이를 위해 이전 화면에서 "Copy" 버튼을 클릭(2번)한 후 새로운 브라우저를 열어서 URL 입력란에 붙여 넣고 엔터를 치면, 위 화면처럼 해당 브라우저에서 다이어그램을 확인할 수 있다.

그러므로 해당 링크를 이용하여 작성된 다이어그램을 주위 사람들과 함께 공유할 수 있다. 물론 이렇게 전달받은 링크로는 해당 다이어그램을 수정할 수 없다.

② 다이어그램 HTML 코드조각 복사하기

```
<html>
    <head>
              <h1>자동차 견적 내기 다이어그램</h1>
    </head>
    <Body>
        <iframe   src="https://modeler.cloud.camunda.io/embed/e6f5c5c0-3e31-
        4204-b8a7-182937b17bf6"  style="width:1700px;height:600px;border:1px
        solid #ccc" allowfullscreen></iframe>
    </body>
</html>
```

두 번째는 HTML 코드를 복사하는 것이다. 이를 위해 이전 화면에서 "Embed" 버튼을 클릭(3번)한 후 메모장을 열어서 붙여넣기를 해보기로 하자. 그러면 위 HTML 코드에 〈iframe ~~~ 〉 태그 영역이 보일 것이다.

이 태그가 HTML의 Body 태그에 포함될 수 있도록 넣어주면 된다. 그리고 지금 보여줘야 하는 다이어그램 사이즈가 워낙 길다 보니 폭을 1,700 픽셀로, 너비는 600 픽셀로 늘려줬다. 어려운 내용이 아니기 때문에 위 코드를 보고 나머지 HTML 코드를 작성한 메모장에서 저장 버튼을 누르면, 아래와 같이 저장 대화상자가 나타난다.

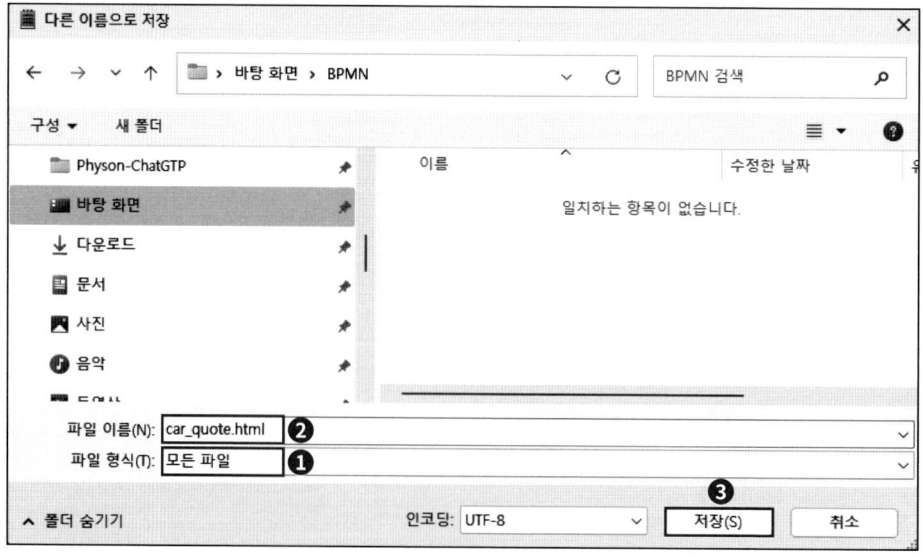

여기서 중요한 점은 파일의 형식을 모든 파일로 해야 한다는 점이다. 이를 위해서 "파일 형식"에서 "모든 파일"을 선택(1번)한다. 그리고 파일명은 아무거나 입력해도 상관은 없는데, 다만 확장자가 "html"이나 "htm"으로 해야 한다. 필자는 "car_quote.html"로 입력(2번)했다. 모두 완료 후 이제 마지막으로 저장 버튼(3번)을 누르면, html 파일로 저장된다.

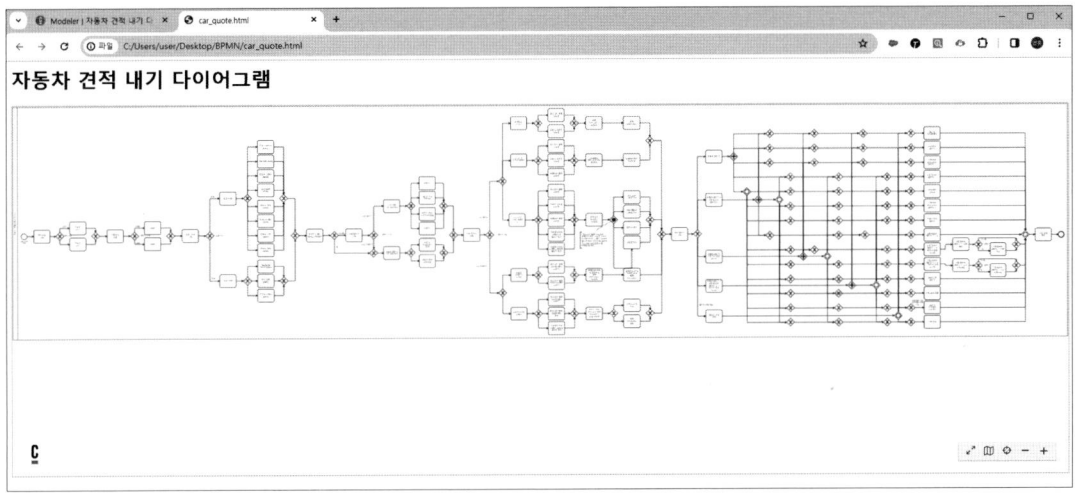

그러면 저장된 "car_quote.html" 파일을 더블 클릭해 보기로 하자. 그러면 위와 같이 웹 페이지에 다이어그램이 노출되는 것을 확인할 수 있다.

이 작업이 의미를 갖는 이유는 이렇게 함으로써 회사 홈페이지나 웹에 언제든 내가 원하는 곳에 BPMN 다이어그램을 노출시킬 수 있게 된다는 점이다.

③ 다이어그램 이메일 보내기

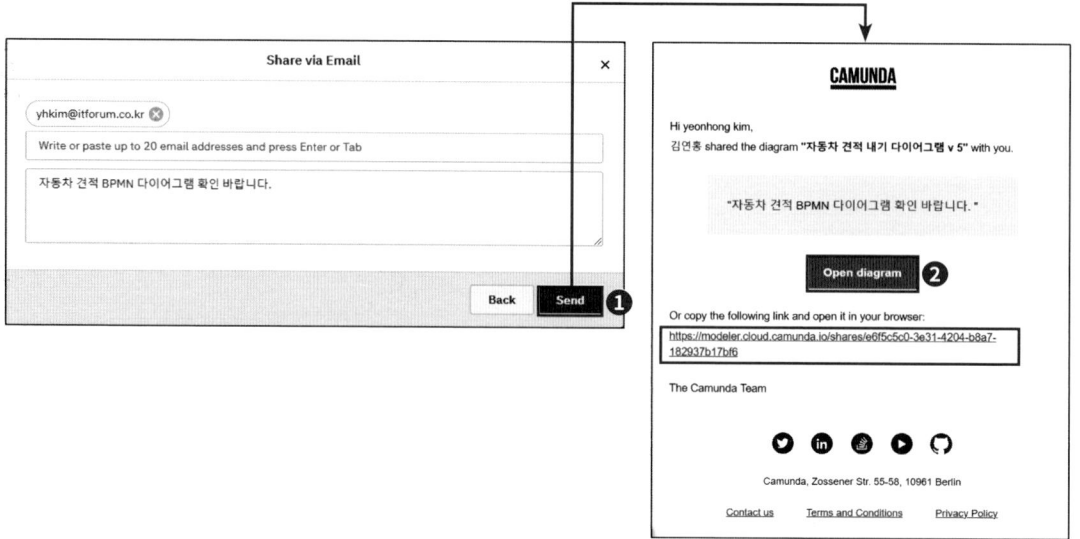

이전 화면에서 "Email" 버튼(4번)을 누르면 위 화면 왼쪽처럼 "Share via Email" 대화상자가 나타난다. 한 번에 보낼 수 있는 이메일 전송 대장자는 20명까지이며, 관련한 메시지도 포함할 수 있다. 여기서는 테스트이기 때문에 자신이 받아볼 수 있는 메일계정을 입력하고, 적당한 메시지를 작성한 후 "Send" 버튼(1번)을 눌러서 이메일을 보낸다.

보내진 메일 함으로 이동하면 메일이 도착한 것을 확인할 수 있으며, 위에서 왼쪽 화면처럼 메일이 도착한다. 메일을 확인하기 위해서는 중간에 있는 "Open Diagram" 버튼(2번)을 누르면, 첫 번째 링크를 전달했을 때와 같이 브라우저를 통해서 다이어그램을 확인할 수 있다.

그리고 메일 아래 보면 링크도 함께 있어서 다른 사람에게 추가로 링크를 전달해줄 수도 있다.

④ 다이어그램 비밀번호 설정하기

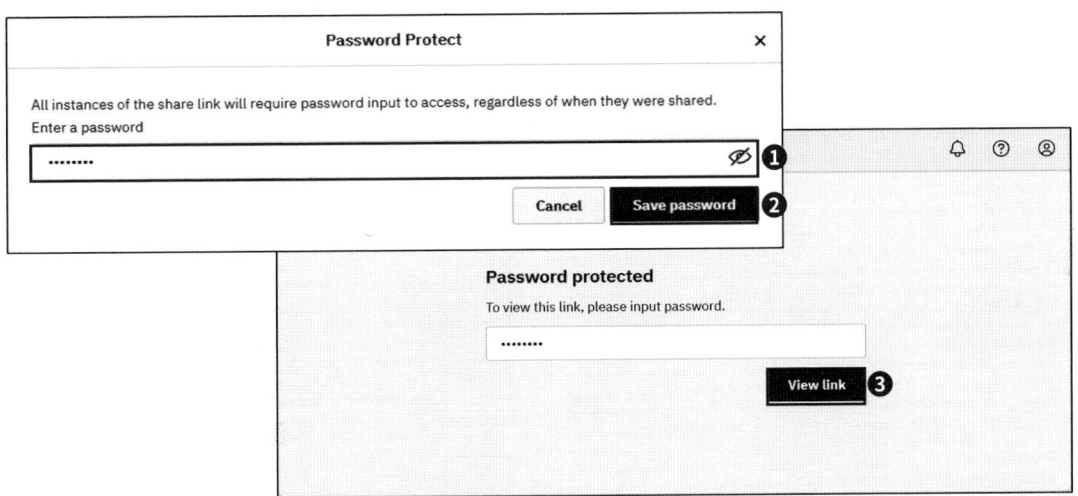

처음 화면인 "Share Diagram" 화면에서 왼쪽 하단에 보면 "Password protect" 문구 옆에 "Add" 링크가 있다. 이를 클릭(5번)하면 위 화면처럼 "Password Protect" 대화상자가 나타난다. 여기서 원하는 비밀번호를 입력(1번)한 후 오른쪽 하단에 있는 "Save password" 버튼(2번)을 누르면 비밀번호가 설정된다.

이렇게 비밀번호가 설정된 상태에서 링크나 이메일 또는 웹페이지에서 해당 BPMN 다이어그램을 확인하려고 하면, 위 화면 오른쪽 아래처럼 다이어그램을 열 때 비밀번호를 입력한 후 "View link"버튼(3번)누르면 정상적으로 다이어그램을 확인할 수 있다.

⑤ 다이어그램 저장하기

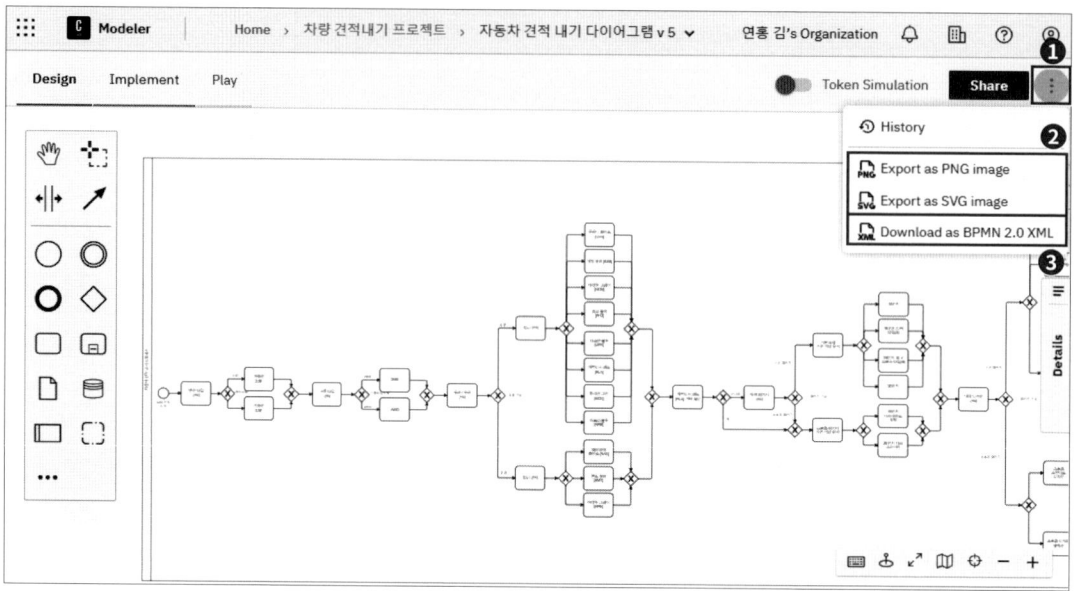

작성된 다이어그램은 이미지 형식이나 XML 파일 형태로 다운로드가 가능하다. 우선 다운로드를 받기 위해서 오른쪽 상단에 미트볼 버튼(1번)을 누르면 하위 항목들이 나타나는데, 여기서 "PNG" 파일이나 "SVG" 파일 형식의 이미지 파일로 다운로드 받을 수 있다. 여기서 "PNG" 이미지 파일 형식은 픽셀 기반의 파일 형식을 말하며, 이는 고해상도 이미지 파일이다. 반면에 "SVG" 파일 형식은 벡터 기반의 파일 포맷으로 크기를 변경해도 해상도가 저하되지 않는 장점을 갖는다.

원본 그대로를 사용하려고 한다면 "PNG" 형식이 유리하고, 이미지를 변경하길 원한다면 "SVG" 파일 형식을 사용한다고 생각하면 된다. "PNG" 파일을 열어서 보기 위해서는 이미지 뷰어 프로그램을 사용하면 되지만, "SVG" 파일을 사용하려면 전문 디자이너들이 사용하는 전문 그래픽 프로그램을 사용해야 한다.

여기서는 "Export as PNG image" 파일을 선택(2번)해서 확인해보면 좋을 듯하다.

마지막으로 다이어그램 자체를 다운로드 받기 위해서는 "Download as BPMN 2.0 XML" 항목을 선택(3번)하면 된다. 이렇게 다운로드 된 파일은 Camunda 솔루션의 다른 프로젝트에 추가하거나, BPMN.io 사이트에서 다이어그램을 열어볼 수 있으며, 수정도 할 수 있다.

참고로 DMN 다이어그램의 경우 링크 공유만 할 수 있으며, 이미지 다운로드는 지원하지 않는다.

4-2 다이어그램 이력 및 버전 관리하기

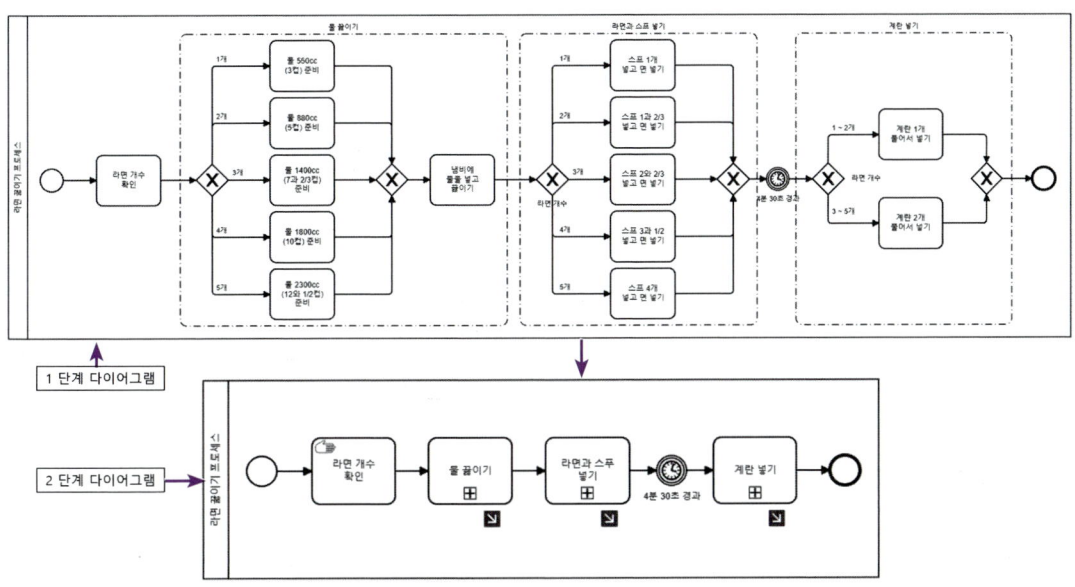

이번에는 좀 규모가 작은 예제로 다이어그램 History 관리 방법에 대해 살펴보기로 하겠다. 위 예제는 라면 끓이기 BPMN 다이어그램이다. 위에 있는 1단계 다이어그램은 최초 작성했던 다이어그램이고, 아래에 있는 다이어그램은 하위 프로세스를 이용한 2단계 다이어그램이다. 1단계에서 2단계로 넘어가는 시점에 마일스톤을 생성해서 History가 관리될 수 있도록 해보기로 하자.

우선 새로운 BPMN 다이어그램을 추가하면서 이름을 "라면 끓이기 BPMN 다이어그램"이라고 한 후 기존에 작성된 라면 끓이기 다이어그램을 복사해서 붙여넣기를 해보기로 하자. Camunda 솔루션의 편리한 점 중에 하나는 이렇게 BPMN 다이어그램 간에 복사, 붙여넣기가 가능하다는 점이다. 물론 다른 솔루션들도 대부분 지원하는 기능이긴 하다.

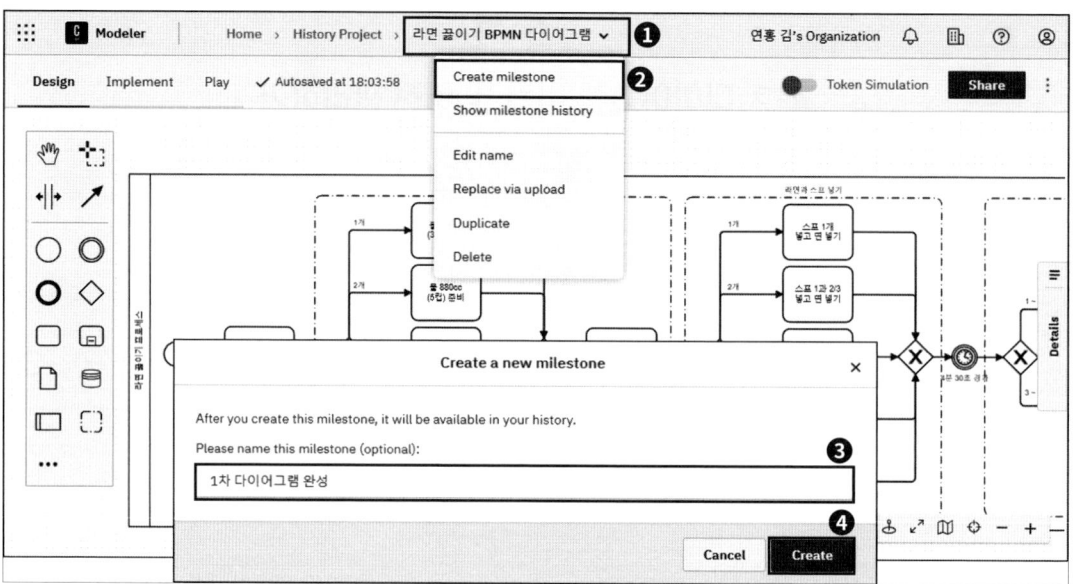

다이어그램에 대한 History를 관리하기 위해서는 우선 현재 다이어그램 이름인 상단에 "라면 끓이기 BPMN 다이어그램" 드롭 다운 버튼을 클릭(1번)한 후 "Create milestone" 항목을 클릭(2번)한다. 그러면 아래와 같이 "Create a new milestone" 대화상자가 나타나는데, 여기에서 "1차 다이어그램 완성"이라고 마일스톤(Milestone) 이름을 입력(3번)한 후 "Create" 버튼을 눌러(4번) 현재까지의 작업 시점을 기준으로 새로운 마일스톤을 생성한다.

✳ 마일스톤(Milestone)

마일스톤(Milestone)은 작업 스케줄 상의 특정 시점을 표현하기 위한 것을 말한다. 보통 가로로 이어지면서 작업의 시간 범위 및 단계를 구분할 때 사용되는데, BPMN 솔루션에 따라서 화면에 가로로 Milestone을 표시해 주기도 한다. 하지만 Camunda의 경우 History 관리 즉, 이력관리 개념으로 Milestone이 사용된다.

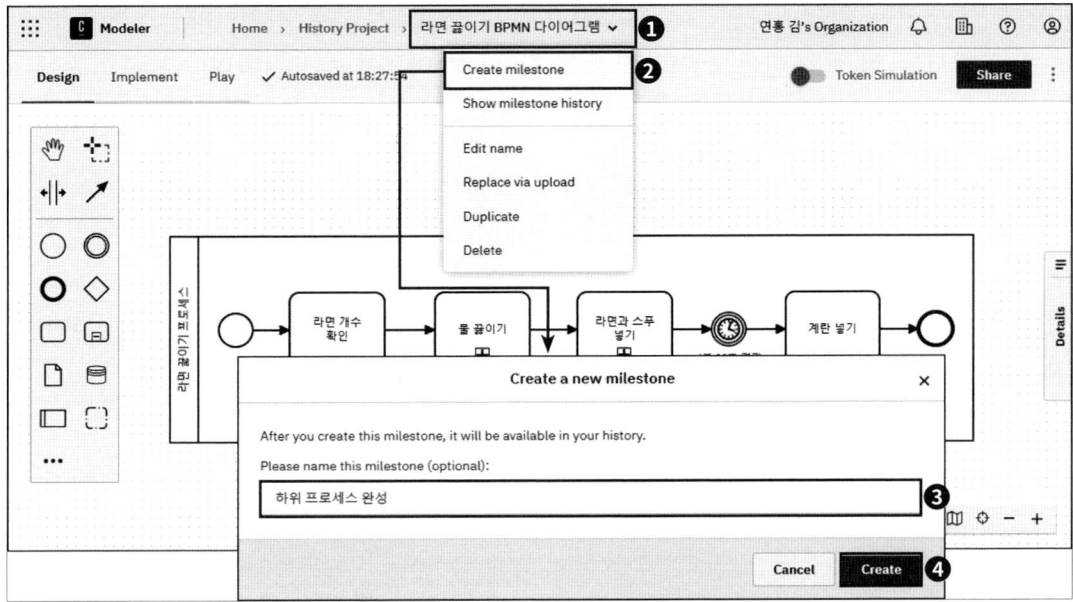

마일스톤을 생성했다면, 이제 그 다음으로 "2단계 다이어그램"의 모습과 같이 각각의 그룹별 프로세스들을 모두 하위 프로세스 안으로 넣어서 전체 다이어그램을 완성한다. 그런 다음 새로운 마일스톤을 생성하기 위해 다시 현재 다이어그램의 이름 드롭 다운 버튼을 클릭(1번)한 다음 "Create milestone"을 클릭(2번)한다.

그 다음으로 새로운 마일스톤 이름으로 "하위 프로세스 완성"이란 이름을 입력(3번)한 후 "Create"버튼을 눌러서(4번) 새로운 마일스톤을 생성한다.

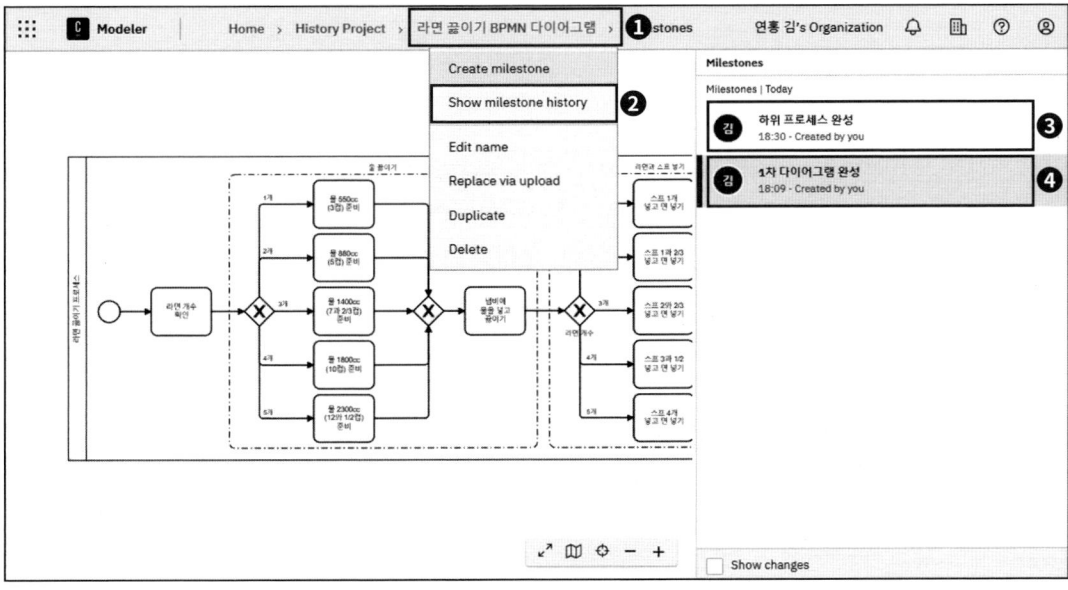

마일스톤 생성을 완료했다면, 이제 마일스톤을 확인해보기로 하자. 마일스톤을 확인하기 위해서는 현재 다이어그램의 이름 드롭 다운 버튼을 클릭(1번)한 다음 이번에는 "Show milestone history"를 클릭(2번)한다.

그러면 위 화면처럼 오른쪽에 "Milestones" 대화상자가 나타나는데, 현재 "1차 다이어그램 완성" 마일스톤과 "하위 프로세스 완성"이란 마일스톤 두 개가 등록된 것을 확인할 수 있다. 우선 "1차 다이어그램 완성" 마일스톤을 클릭(3번)하면, 이전에 그대로 노출된 형태의 다이어그램이 보이게 되고, 다시 "하위 프로세스 완성" 마일스톤을 클릭(4번)하면 현재 하위 프로세스로 작성된 다이어그램이 보이게 된다.

한마디로 History 즉, 이력 관리와 버전 관리가 가능하다는 것이다.

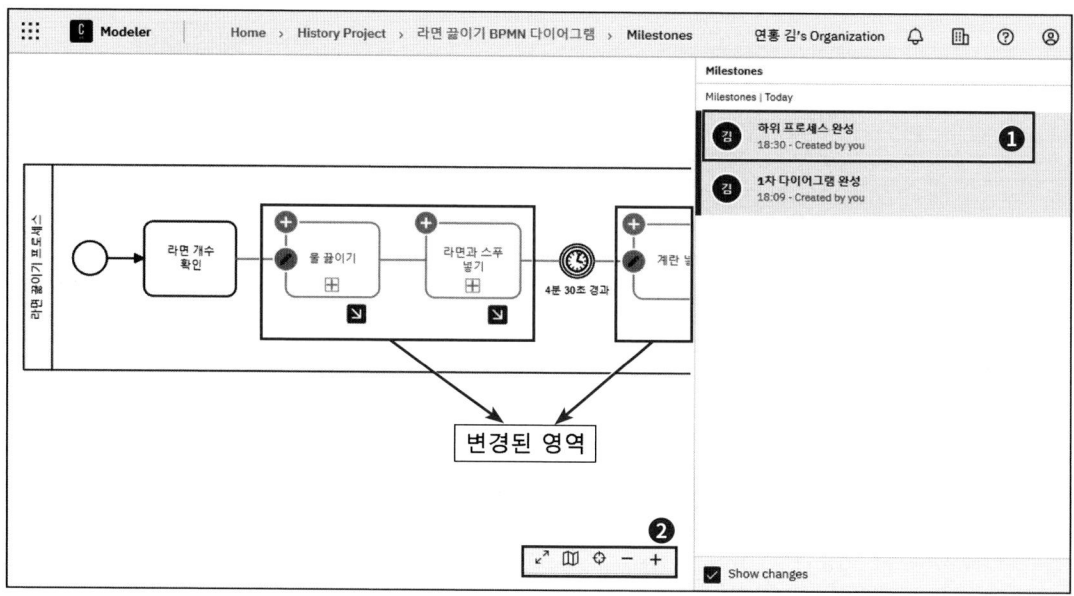

마지막으로 Milestones 대화상자 하위에 보면 "Show changes" 옵션 버튼이 있는데, 우선 현재 버전인 "하위 프로세스 완성" 마일스톤을 선택(1번)한 후 "Show changes" 옵션 버튼을 클릭(2번)하면, 다이어그램 중에 변경된 객체들의 색상이 반전돼서 표현된다.

그리고 해당 객체들의 왼쪽 동그라미 안에 "+" 마커와 "연필" 마커가 추가되는데, 여기에 마우스 포인터를 올려놓으면 해당 작업에 대한 간략한 설명들을 확인할 수 있다.

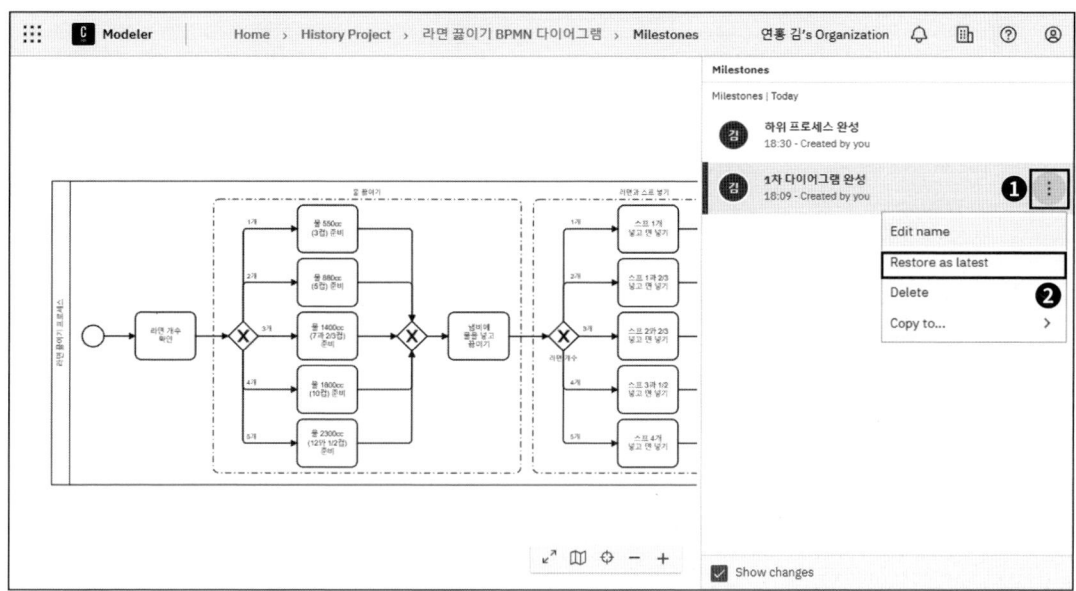

이제 마지막으로 이전 마일스톤으로 되돌리는 기능에 대해서 살펴보기로 하자. 우리는 하위 프로세스를 이용해서 마지막 작업을 완료했고, "하위 프로세스 완성"이란 이름의 마일스톤까지 만들었다. 그런데 사용자들이 하위 프로세스로 작성된 다이어그램보다는 첫 번째 다이어그램과 같이 모두 노출된 다이어그램을 원한다고 생각해보자.

그렇다면 간단히 원하는 버전의 마일스톤으로 현재 다이어그램을 변경할 수 있다.

이를 위해서 "Milestones" 대화상자에서 "1차 다이어그램 완성" 마일스톤 오른쪽 끝 부분에 마우스 포인터를 가져가면 동그란 미트볼 버튼이 나타나는데, 이를 클릭(1번)하면 하위 메뉴 항목이 나타난다. 여기에서 우리는 현재 마일스톤을 최신 마일스톤으로 변경할 것이므로 두 번째 항목인 "Restore as latest" 항목을 클릭(2번)한다.

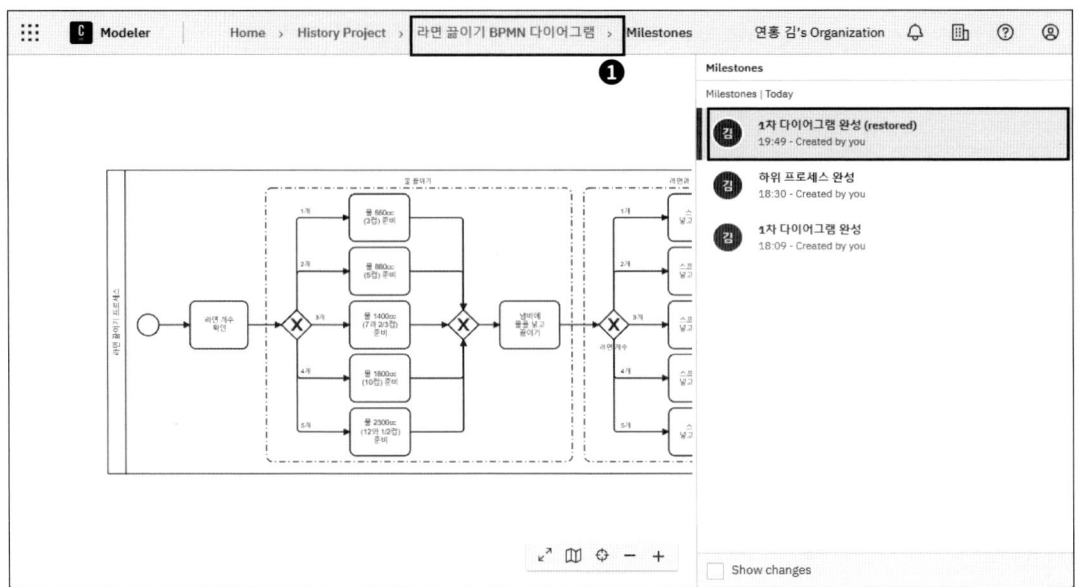

그러면 가장 최신의 마일스톤으로 "1차 다이어그램 완성 (Restored)"이란 이름의 마일스톤이 생성되며, 하위 프로세스로 작성하기 전 다이어그램으로 현재 다이어그램이 변경된다. 이를 현재 화면에서도 확인할 수 있지만, 실제 현재 화면을 확인하기 위해 상단에 현재 다이어그램 이름을 클릭(1번)하면, 첫 번째 마일스톤 단계로 현재 다이어그램이 변경되어 있는 것을 확인할 수 있다.

추가로 현재 상황에서 다시 "하위 프로세스 완성" 단계로 현재 상태를 반영하고 싶다면, 마찬가지로 "하위 프로세스 완성" 마일스톤을 선택한 후 미트볼 버튼을 누른 다음 "Restore as latest" 항목을 클릭하면 된다.

이를 다이어그램 버전 관리라고 한다.

4-3 Visual Studio Code에서 BPMN 사용하기

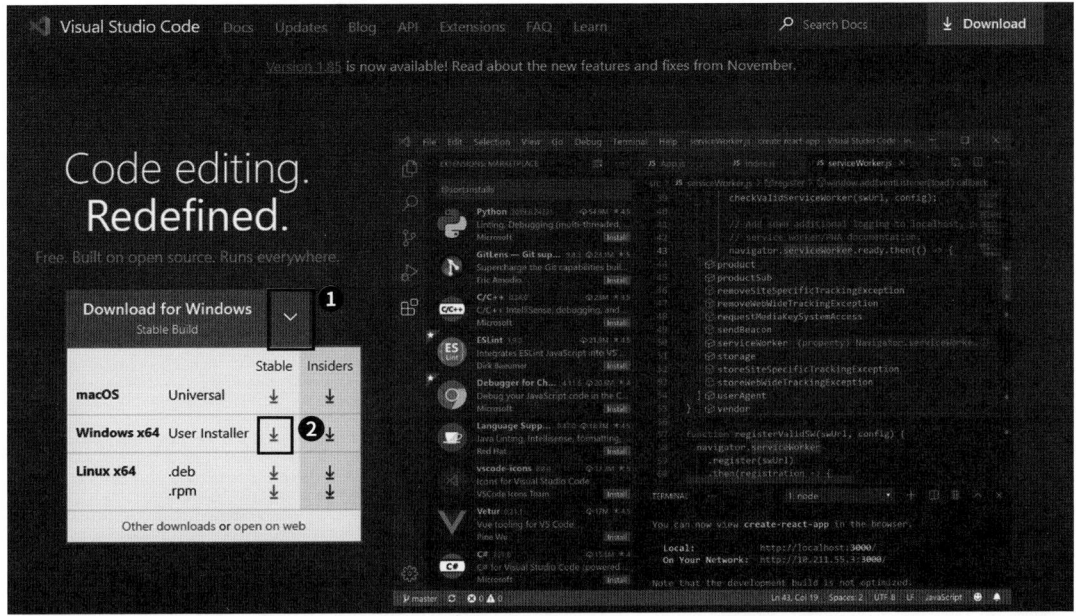

지금 설명할 내용은 프로그래머분들에게 해당되는 내용이므로 일반 현업에 종사하시는 분들은 생략하셔도 됩니다.

Visual Studio Code(이하 VSCode)는 마이크로소프트사가 다양한 운영체제 환경(Windows, MacOS, Linux)에서 사용할 수 있도록 개발한 소스 코드 에디터(편집기)이며, 다양한 개발 언어는 물론이고, 여러 스크립트 언어들도 지원하고 있는 프리웨어 소프트웨어이다.

특히나 에디터로써 다양한 편집기능을 지원하고, Git과의 연동 뿐만 아니라 다양한 플러그인을 지원함으로써 확장성 또한 우수한 편이라 많은 프로그래머들에게 사랑받고 있는 고급 편집기이다.

우선 VSCode를 다운받기 위해서 다음 사이트로 이동해보기로 하자.

 https://code.visualstudio.com/

그러면 위와 같은 페이지가 보이게 되는데 여기서 화면 왼쪽에 있는 콤보 버튼을 클릭(1번)하면, 하단에 운영 환경에 따른 설치 프로그램을 다운 받을 수가 있다. 이 단계에서는 일반적으로 Windows 운영체제를 사용하고 있다고 가정하고 두 번째에 있는 Windows x64 항목에 있는 다운로드 아이콘을 클릭(2번)해서 VSCode 설치 파일을 다운로드 하도록 하자. 독자 분들은 자신에게 적합한 운영체제의 설치 프로그램을 다운 받으시면 됩니다.

참고로 다운로드 항목에는 Stable과 Insiders 두 가지가 있는데 Insiders 항목이 더 최신버전이기는 하지만 아직 버그 픽스가 완벽하지 않은 버전이다.

다운로드가 완료되면 해당 설치 파일을 실행해서 설치를 완료하면, VSCode 실행 아이콘이 생성되며 이를 더블 클릭해서 실행하면 다음과 같이 VSCode 에디터가 실행된다.

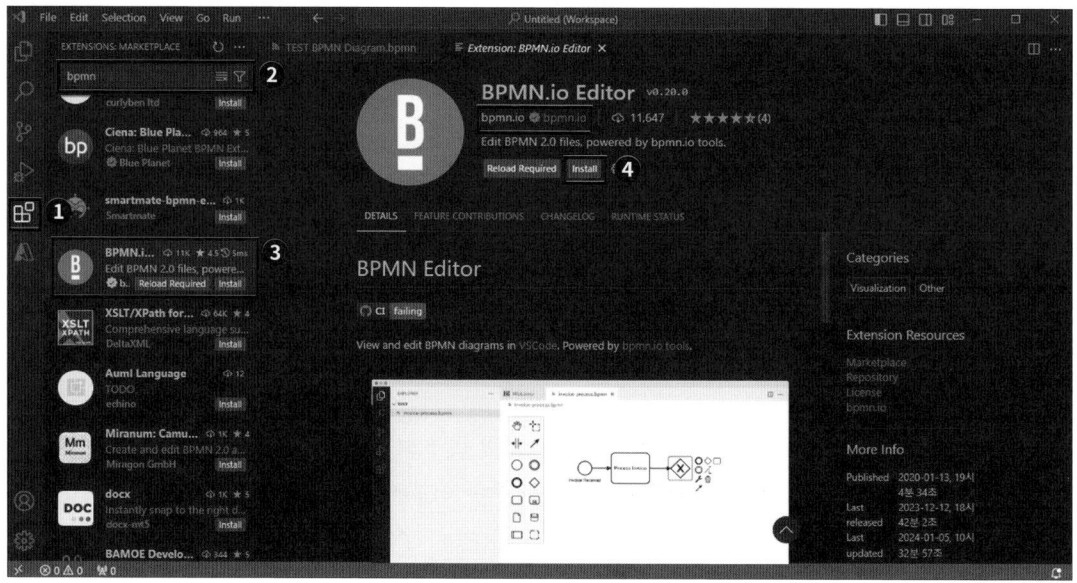

이번에는 VSCode에 BPMN 플러그인을 설치할 차례이다. 이를 위해서 우선 화면 왼쪽에 있는 "Extensions" 버튼을 클릭(1번)한 후 검색 상자에서 "BPMN"을 입력한 후 엔터(2번)를 치면 여러 관련 플러그인들이 검색되는데 여기에서 "Bpmn.io"에서 제공하는 "BPMN.io Editor"를 선택(3번)한다.

그러면 오른쪽에 선택된 BPMN.io Editor에 대한 소개 페이지가 나타나게 되는데 여기에서 "Install" 버튼을 클릭(4번)하면, 자동으로 해당 플러그인을 사용할 수 있는 상태가 되는 것이다. 그리고 참고로 BPMN으로 검색하면 BPMN.io 과련 플러그인이 세 개 정도 검색되는데 각각의 기능을 확인한 후 하나를 선택해서 설치하면 된다.

참고로 필자는 가장 다이어그램 편집에 가장 일반적인 기능을 가지고 있는 "Edit BPMN 2.0 Files. Powered by bpmn.io tools"라고 설명되어 있는 "BPMN.io Editor" 플러그인을 설치했다. 참고로 만일 SVG파일로 내보내기 기능을 이용하고 싶다면, "BPMN Editor Ultimate" 플러그인을 설치해야만 한다.

BPMN 플러그인을 설치했다면, 이제 BPMN 파일을 만들어 보기로 하자.

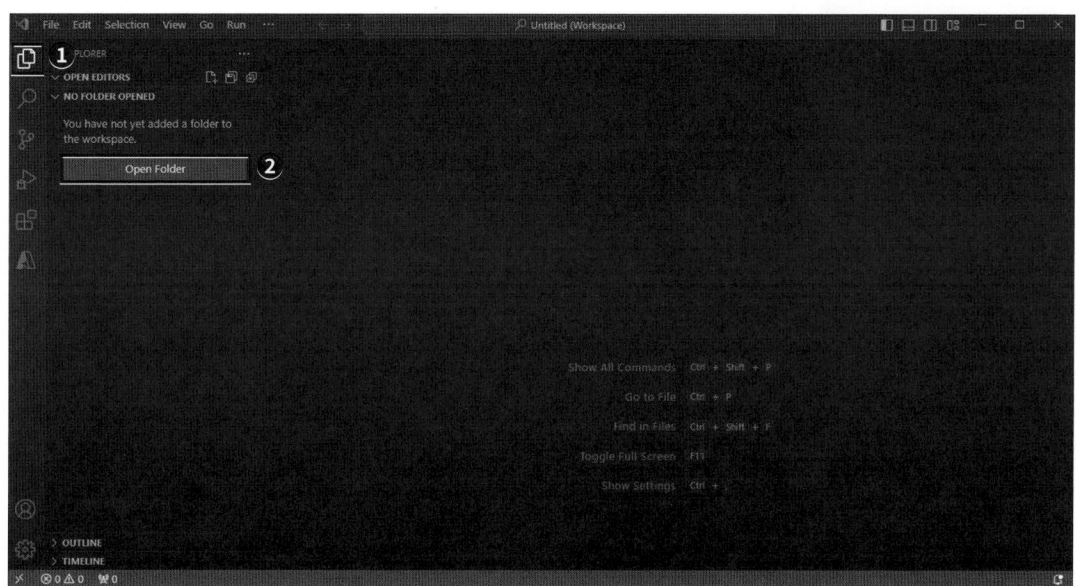

BPMN 플러그인을 설치한 후에는 바로 왼쪽 상단에 File 메뉴를 통해서 새로운 파일을 만들 수도 있지만, 일반적으로 폴더를 만들고 그 안에 여러 프로그램 관련 파일들을 정리하기 때문에 해당 작업에 사용할 폴더를 미리 지정해두는 것이 좋다.

필자는 이를 위해서 바탕화면에 "BPMN Project"라는 이름의 폴더를 미리 만들어 두었으며, 그 이후 왼쪽 상단에 있는 "Explorer" 버튼을 클릭(1번)한 후 "Open Folder" 버튼을 클릭(2번)해서 미리 만들어 둔 "BPMN Project" 폴더를 선택한다.

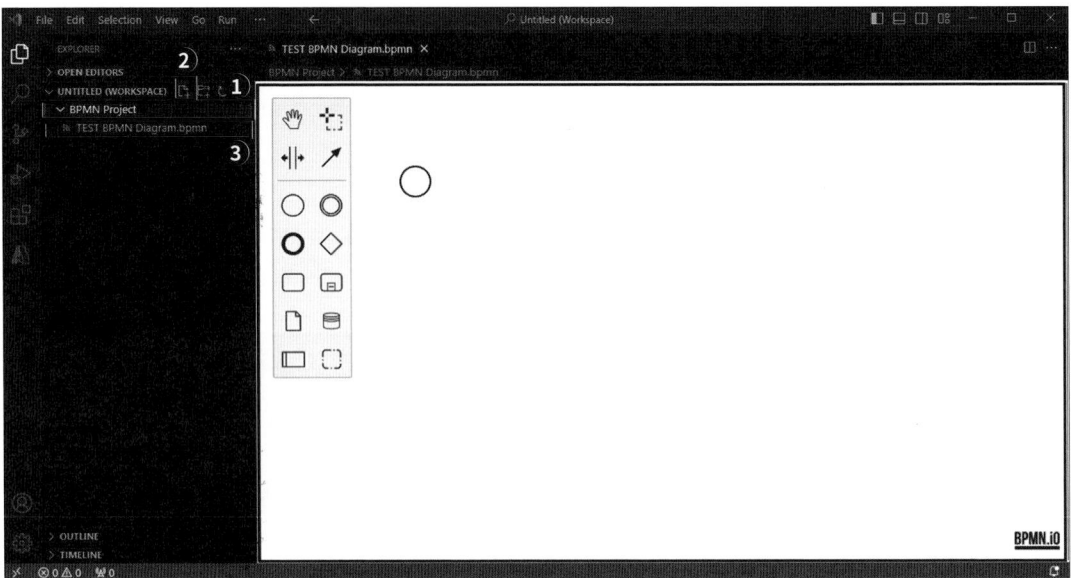

그러면 위 화면처럼 "BPMN Project" 폴더가 등록된 것을 확인할 수 있는데, 이 폴더에 BPMN 다이어그램 파일을 추가하기 위해서는 우선 방금 전 등록된 "BPMN Project" 폴더를 선택(1번)한 후 상단에 있는 "New File" 버튼을 클릭(2번)한다.

그러면 파일명을 입력할 수 있는 입력 상자가 해당 폴더 아래에 생성되는데 이때 원하는 파일명과 함께 확장자로 "BPMN"을 사용해주면 된다. 필자는 "TEST BPMN Diagram.bpmn"이라고 입력했다. 파일명을 입력한 후 엔터(3번)를 치면, 해당 파일이 만들어지게 되는데 이때 오른쪽 화면에 BPMN 다이어그램 화면이 나타나게 된다.

그럼 이제 BPMN 다이어그램을 작성하면 되는 것이다.

이렇게 되면 개발 작업을 진행할 때 BPMN을 직접 참조하면서 개발에 집중할 수 있기 때문에 보다 원활하게 프로그램을 개발할 수 있다.

이상으로 BPMN과 DMN 표기법에 관한 내용부터 이를 기반으로 실습하는 전반적인 내용에 대해서 정리해보았습니다. 모쪼록 이 책을 통해서 BPMN과 DMN의 단순한 표기법에 대한 학습을 넘어서 독자분들이 앞으로 평생 사용하게 될 하나의 훌륭한 언어를 공부했다고 생각해주시면 좋겠습니다.

끝까지 읽어 주셔서 감사합니다.

INDEX

B

BPEL	19
BPM	3
BPM N 2.0	18
BPMI(Business Process Management Initiative)	12
BPMN	8
BPMN	9
BPMN.io	39
BPMN의 3단계 수준	36
BPMS	6
BPR	30

C

Camunda	245

D

DMN	189
DRD	192

E

ER-Model	17

O

OMG	10, 13

P

PI	30

U

UML	10

V

Visual Studio Code	309
VSCode	309

ㄱ

게이트웨이	32, 57
결정	192
결정 테이블	191, 194
경계 이벤트	156
고유 정책	195
권한 요구	193
그룹	33
기본 흐름	62

ㄷ

다이어그램 공유	296
다이어그램 버전 관리	308
다이어그램 이력 관리	303
다이어그램 이메일 보내기	300
다이어그램 저장	302
다이어그램(Diagram)	11
다중 데이터 객체	183
다중 병렬 시작 이벤트	89
다중 시작 이벤트	87
다중 인스턴스 액티비티	131

다중 인스턴스 참가자	151
다중 종료 이벤트	95
대화형 다이어그램	153
데이터 객체	33
데이터 기반 배타적 게이트웨이	58
데이터 모델링(Data Modeling)	15
데이터 객체	180
디지털 트랜스포메이션	7

ㄹ

레인	31
링크 중간 이벤트	100

ㅁ

마일스톤	304
마커	32
메시지 송신 중간 이벤트	97
메시지 수신 시작 이벤트	84
메시지 수신 중간 이벤트	97
메시지 수신 중간 이벤트	172
메시지 중간 이벤트	96
메시지 플로	145
메지시 송신 종료 이벤트	91
모델(Model)	11
모두 정책	196
문자 표현	208

ㅂ

반복 액티비티	130
방해 에스컬레이션 중간 이벤트	165
방해 이벤트	156, 172
배타적 병합 게이트웨이	61

배타적 분할 게이트웨이	61
배타적 게이트웨이	58
병렬 다중 인스턴스 액티비티	131
병렬 병합 게이트웨이	65
병렬 분할 게이트웨이	65
병렬 게이트웨이	64
병합	32
병합 게이트웨이	61
보상 송신 종료 이벤트	174
보상 송신 중간 이벤트	178
보상 수신 시작 이벤트	177
보상 이벤트	174
보상 작업	174
보상 중간 이벤트	174
보상 프로세스	174
복합 게이트웨이	71
복합 병렬 게이트웨이	73
복합 분할 게이트웨이	73
부모 프로세스	120
분석 수준	37
분할	32
분할 게이트웨이	61
블랙 박스 풀	149
비 방해 에스컬레이션 중간 이벤트	164
비 시작 참가자	152
비 방해 중간 이벤트	159
비밀번호 설정	301
비어 있는 풀	149
비즈니스 규칙 작업	114
비즈니스 지식 모델	192
비즈니스 프로세스	4
비즈니스 프로세스 관리	3
비즈니스 프로세스 관리 시스템	6
비즈니스 프로세스 재설계	30

ㅅ

사용자 작업	113
서비스 작업	109
서술 수준	36
소스 링크 중간 이벤트	101
송신 작업	111
수 작업	113
수신 작업	112
순서도	9, 24
순차 다중 인스턴스 액티비티	133
스윔레인	30
스크립트 작업	116
시뮬레이션	257
시작 이벤트	81, 82
시작 참가자	152
신호 수신 중간 이벤트	156
신호 시작 이벤트	86
신호 종료 이벤트	94
실행 수준	38

ㅇ

아티팩트	33
안무 다이어그램	151
안무 액티비티	152
액티비티	31, 106
에스컬레이션 송신 종료 이벤트	165, 166
에스컬레이션 수신 중간 이벤트	166
에스컬레이션 중간 이벤트	164
연결 객체	31
영역 선택	48
오류 송신 종료 이벤트	163
오류 수신 중간 이벤트	163
오류 중간 이벤트	161
우선순위 정책	199
위치 이동	48
이벤트	32, 79
이벤트 기반 배타적 게이트웨이	59, 103
이벤트 기반 프로세스 체인	26
이벤트 하위 프로세스	167
이벤트 기반 결정	103
일반(추상) 작업	117
임의적인 하위 프로세스	134
입력 데이터	192
입력 데이터 객체	182

ㅈ

작업	106
작업의 유형	107
정보 요구	193
조건 시작 이벤트	86
조건 중간 이벤트	100
조건 플로	60
종결 종료 이벤트	92, 168
종료 이벤트	90, 91
주석	33
중간 이벤트	96
지식 소스	193
지식 요구	193
집합 정책	200

ㅊ

처음 정책	198
출력 데이터 객체	182

ㅌ

타깃 링크 중간 이벤트	101

타이머 시작 이벤트	83
타이머 중간 이벤트	98
토큰	65
트랜잭션	170
트랜잭션 하위 프로세스	175

ㅍ

포괄적 병합 게이트웨이	67
포괄적 분할 게이트웨이	67
포괄적 게이트웨이	67
풀	31
프로세스 혁신	30
프로세스 호출	127
플러그인	310

ㅎ

하위 프로세스	106
하위 프로세스	118
협력	143
협업	143
히트 정책	195

⌐THE START

BPMN & DMN
User Guide

저자	김연홍
초판 발행	2024년 6월 1일
발행처	아이티포럼
발행인	김연홍
디자인	Studio 7kg
편집	이재덕
주소	경기도 안산시 단원구 당곡1로 28번지 912동 502호
전화	02) 865-3701
등록번호	제 2012-000001 호
등록일자	2012년 1월 26일
ISBN	978-89-97945-08-5 93000
가격	32,000원

이 책은 저작권법에 따라 보호받는 저작물로 무단제제 및 무단복제를 금지합니다.
이 책의 전부 또는 일부를 이용하려면 반드시 저작권자의 서면 동의를 받아야 합니다.
학교를 제외한 기관에서 이 책을 교육용 교재로 사용할 경우 저작권자의 서면 동의를 받아야 합니다.
본 서적의 수업 자료 및 오탈자, 수정 내용은 BPMN 연구소 홈페이지(www.bpmn.co.kr)에서
제공 및 안내 받으실 수 있습니다.
잘못 만들어진 책은 구입하신 곳에서 교환하여 드립니다.